날마다 양식으로 읽는
웨스트민스터 표준교리

VI

김병훈 지음

날마다 양식으로 읽는
웨스트민스터 표준교리 VI

발행일 2025년 11월 14일
지은이 김병훈
펴낸이 김기영

펴낸곳 도서출판 영음사
주 소 서울특별시 강남구 광평로 56길 8-13, 1406호
전 화 02-3412-0901
팩 스 02-3412-1409
이메일 biblecomen@daum.net
등 록 2008년 4월 21일 제2021-000311호

ISBN 978-89-7304-207-4(03230)

※ 신저작권법에 의하여 보호받는 저작물이므로 무단 전재와 무단 복제를 금합니다.
※ 책 값은 뒷표지에 있습니다.
※ 잘못된 책은 구입처에서 교환하여 드립니다.

날마다
양식으로 읽는
웨스트민스터
표준교리

VI

김병훈 지음

"전하, 제 말을 믿으시기 바랍니다. 하나님의 교회는 요리문답이 없이는 결코 보존되지 않을 것입니다. 이것은 알곡이 죽지 않도록 보존하고, 그것을 계속해서 번성하게 하는 씨앗과도 같습니다"
- 존 칼빈, 에드워드 6세에게 보낸 서한 중에서

머리말

장로교회 신앙표준문서, 『웨스트민스터 신앙고백서』, 『웨스트민스터 대요리문답』, 『웨스트민스터 소요리문답』이 대한예수교장로회 합신 교단 신학연구위원회의 새로운 번역으로 2024년 11월에 출간되었다. 이것은 대단히 기쁜 일이다. 그동안에도 번역본이 몇 가지 있었으나 신학연구위원회가 신학의 진술 내용을 깊이 살피면서 공동의 작업으로 번역을 한 것은 이것이 처음이다. 과연 문장의 진술이 무엇을 의미하는지를 헤아리기가 쉽게 잘 번역이 되어 있어 교회에서 사용하기가 아주 유용하다는 점에서 크게 칭찬할 만하다.

신앙표준문서의 중요성에 대해서는 달리 말할 필요가 없다. 흔히들 신앙표준문서를 읽고 학습하는 일에 대하여 부담감을 갖는 목회자나 교인들을 만난다. 이것은 번역문서가 잘 읽히도록 번역되지 않은 탓이 제일 크다. 그리고 교리의 중요성을 강조하는 분들 가운데 일부가 먼저 알고 있는 교리 지식을 잣대로 예수님께서 사랑하는 교회와 교인들을 판단하며 비방하거나 심지어 정죄까지 하는 경직된 태도를 보인 탓도 있다. 성경의 가르침에 바르게 기반하는 교리는 예수 그리스도의 복음을 향해 집중된다. 따라서 교리의 지식은 경건의 지식과 동일한 실체이며 동일한 열매를 맺게끔 되어 있다.

과연 지식은 사람을 교만하게 하는 위험성이 크다. 그러나 성경의 올바른 지식이 사람을 교만하게 할 수 없듯이, 교리의 충만한 지식도 사람을 교만하게 할 수는 없다. 오히려 교리를 잘 학습하여 성경의 복음에 대한 체계적인 이해를 갖추어 그리스도의 복음의 풍요로움과 확실성을 더욱 확고히 하여야 한다. 그리하여 교회의 모든 가르침이 성경의 올바른 이해 위에 굳건히 서도록 하여 그리스도의 양무리가 영적 양식으로 배부르게 하며, 온갖 이단과 사이비로부터 양무리를 보호하는 책임을 다하여야 한다.

종교개혁자들의 교회 개혁 운동은 "오직 성경만으로"를 신앙의 표준으로 삼으며, 성경이 가르치는 바에 충실한 신앙표준문서를 작성하고 이를 고백하며 가르치는 노력을 통해 추진되었다. 종교개혁이 추구했던 성경에 일치하는 신앙 운동의 성공은 사실상 신앙표준문서를 읽고 학습하여 교회를 하나님 말씀의 토대 위에 견실하게 세우는 일에 달려 있었다. 칼빈은 영국 국교회를 개신교회로 전환하기 위해 노력하는 영국 왕 에드워드 6세에게 다음과 같이 신앙표준문서를 요리문답으로 가르칠 필요를 역설하였다.

그럼에도 참으로, 지나친 방종을 허용하는 열광주의자들의 경박함을 피하고, 또한 엉뚱하며 새로운 교리 일체에 대해 문을 닫는 것은 옳으며 적절합니다. 그러나 하나님께서 우리에게 지시하신 대로의 방법이 좋으며 적절합니다. 첫째로, 주교와 신부들이 따르기로 맹세한, 이들 모두가 설교해야 할 확립된 교리 내용이 있어야 합니다.…다음으로, 그들 모두(주교와 신부)는 어린아이들과 무지한 사람들의 교육을 위한 공통된 신조를 가지고 있어야 하며, 이들로 하여금 올바른 교리를 잘 알 수 있도록 도와야 합니다.…전하, 제 말을 믿으시기 바랍니다. 하나님의 교회는 요리문답이 없이는 결코 보존되지 않을 것입니다. 이것(요리문답)은 알곡이 죽지 않도록 보존하고, 그것을 계속해서 번성하게 하는 씨앗과도 같습니다.[1]

칼빈이 이렇게 절절한 마음으로 편지를 쓰는 까닭은 교회가 부패하지 않고 그 진리의 토대가 쉽게 무너지지 않게 하는 일에 있어서 신앙의 표준을 가르치는 일이 너무나도 중요하다고 판단하기 때문이다.

과연 그렇다. 요리문답을 포함하는 신앙표준문서를 가르치는 일은 하나님의 교회를 진리 가운데 보존하기 위하여 필수적이다. 우리나라 교회가 처음부터 지금까지 칼빈의 이 권면을 따라 실천해 왔다면 지금 이 나라에 있는 그 많은 이단과 사이비는 훨씬 줄었을 것이다. 2023년 어느 통계자료에 의하면 우리나라 교회 출석자 추정 수는 약 550만 명이다. 개신교인이라 말하지만 교회를 출석하지 않는 소위 '가나안' 교인은 약 200만 명에 이르는 것으로 추정된다. 그리고 이단에 속한 자의 수가 약 50만 명으로 추정된다. 전체 교인의 10%가 이단에 속해 있는 것이다.[2]

---

[1] "Vray est cependant quil est bon et expedient dobvier a la legerete des espritz fantastiques qui se permettent trop de license, de fermer aussi la porte a toutes curiositez et doctrines novelles; mais le moyen y est bon et propre tel que Dieu nous la monstre. Cest premierement quil y ait une somme resoulue de la doctrine que tous doibvent prescher, laquelle tous prelatz et cures iurent de suyvre, … Apres quil y ayt ung formulaire commun dinstruction pour les petis enfans et les rudes du peuple, qui soit pour leur rendre la bonne doctrine familiere, … Croyez, Monseigneur, que iamais lEglise de Dieu ne se conservera sans Cathechisme. Car cest comme la semence, pour garder que le bon grain ne perisse, mais quil se multiplié daage en aage." CO, 13. 71-72. 영역은 다음을 참조. John Calvin, "Letter to the Protector Somerset," (Geneva, 22. Oct, 1548), in Jules Bonnet compiled., *Letters of John Calvin* vol. II (Edingurgh: Thomas Constable and Co., 1857), 177.

[2] https://www.christiandaily.co.kr/news/127327 (2024.12.12.에 접속)
https://www.christiandaily.co.kr/news/123033 (2024.12.12.에 접속)

그런데 교회의 장래에 대한 기대는 밝아 보이지 않는다. 이단도 이단이지만, 소위 '가나안' 교인의 수가 점차 늘어날 것을 염려하게 되고, 특별히 세대별 교인 수를 분류해 보면 젊은 세대의 교인 분포도는 현저히 떨어진다. 어떻게 해야 할까? 젊은 세대가 교회를 떠나는 여러 이유 가운데 가장 많이 지적되는 것은 목회자에 대한 존경심의 상실이다. 목회자에게서 권위주의적인 태도, 도덕적 실패, 물질주의적 탐욕의 모습을 보면서 큰 실망감에 교회를 떠난다. 이것에 이어서 제시되는 또 다른 이유는 젊은 세대가 묻는 신앙의 질문에 대해 만족스러운 설명을 듣지 못한 실망감이다. 이 두 이유는 사실 하나로 묶여 있다. 칼빈이 말한 대로 하나님을 아는 지식은 그것이 바로 경건으로 연결되기 때문이다. 성경과 교리를 통해 하나님을 알아가는 참된 지식이 없다면 경건의 실천적 삶도 없는 것이다. 젊은 세대가 교회를 떠나지 않게 하는 길은 성경과 바른 교리의 지식을 가르치어 신앙의 질문들에 답을 주고 신앙체계를 확립하면서, 이 토대 위에서 경건의 삶을 살아가는 일에 성실함을 보이는 것에 있다.

이 책은 이러한 목회와 신앙의 과제를 이행하는 데에 작은 기여를 할 것으로 기대하는 마음으로 만들어졌다. 매일 하루의 분량을 읽어 가면 1년 365일에 웨스트민스터 신앙표준문서인 신앙고백서, 대요리문답, 소요리문답 전 분량을 다 읽게 된다. 이 일을 매년 반복하여 행하면 결코 무시할 수 없는 견고한 교리 이해가 세워지게 된다. 처음에는 낯설겠지만 익숙해지면서 어느새 진리를 분별하는 능력을 갖추게 될 것이다. 그리고 이 진리의 말씀에 따라 살기를 바라며 함부로 흐트러진 삶을 살아가지 않도록 기준을 제시해 주게 될 것이다. 지교회의 온 성도가 각각 이 책을 자신의 교리 양식으로 삼아 날마다 하루 분량을 읽어 가는 영적 문화는 목회자의 큰 자랑이며 큰 상급이 될 것이다. 특별히 목회자는 주님의 양 무리 가운데 젊은 세대의 신앙을 세워야 하는 목양의 책임을 이

행하는 데에 적지 않은 도움을 얻게 될 것이다.

무엇보다도 가족이 함께 읽으면 더없이 좋다. 한자리에 가족이 매일 모여 읽는 것이 가장 좋겠지만, 사정이 어려우면 각각 읽더라도 주일에 한자리에서 일주일의 분량에 대한 나눔을 갖는다면 가정의 신앙은 든든히 세워질 것이다. 부모는 자녀의 신앙을 지도할 책임의 상당 부분을 이 책을 함께 매일의 분량을 읽어 가는 노력으로 이행하는 기쁨과 감사가 있게 될 것이다. 적어도 자녀가 성장하면서 신앙을 떠나는 일을 걱정하는 바가 크게 줄어들 것이다.

우리나라 교회를 사랑하시는 하나님의 은혜에 감사와 찬송을 올리며, 이 책이 각 교회마다 널리 사용되어 기대하는 영적 유익들이 폭넓게 향유되기를 간절히 바라며 기도한다.

끝으로 이 책에서 사용된 모든 웨스트민스터 신앙표준문서는 신학연구위원회(합신)에서 수고한 귀한 번역을 사용하였음을 밝히며 합신 총회에 깊은 감사의 인사를 드린다. 번역을 위하여 오랜 시간을 함께 수고한 신학연구위원 여러분을 향한 특별한 감사의 마음이 더욱 뜨겁다. 그리고 어려운 출판 상황에도 불구하고 우리나라 교회가 건강한 신앙 위에 든든히 서기를 바라는 열정으로 이 책을 출판하는「도서출판 영음사」에 진심을 담아 감사를 드린다.

더 많은 읽기를 바라는 독자는 이 책을 구성하면서 참고한 책들을 살펴보면 도움을 받을 것이다. 특별히 〈일년 통독 일정표〉 작성은 Morton H. Smith, *Harmony of the Westminster Confession and Catechisms: 350th Anniversary of the Westminster Assembly 1643-1993* (Greenville, SC: Southern Presbyterian Press, 1990. 4th Reprint,

1999)를 토대로 약간의 수정을 하였다. 교리 해설과 적용 질문을 위해서는 여러 책을 참조하는 가운데 특별히 다음 책들의 도움이 컸다. J. V. Fesko, *The Theology of the Westminster Standards: Historical Context and Theological Insights* (Wheaton, IL: Crossway, 2014); James Fisher, *The Assembly's Shorter Catechism Explained, by way of Question and Answer* (Staffs, U.K.: Berith Publication, 1998; reprinted 2003, 2005, 2006); Archibald Alexander Hodge, *The Westminster Confession: A Commentary* (Edinburgh, Scotland; Calisle, Penn: Banner of Truth Trust, 2002); Joseph A. Pipa, *The Westminster Confession of Faith Study Book: A Study Guide for Churches.* (Fearn, U.K.: Christian Focus, Revised 2012); Clark R. Scott, *Recovering the Reformed Confession: Our Theology, Piety, and Practice* (Phillipsburg, NJ: P&R Pub., 2008); Robert Shaw, *The Reformed Faith: An Exposition of The Westminster Confession of Faith* (Fearn, Ross-shire, Scotland: Christian Heritage; Revised edition, 2008); R. C. Sproul, *Truths We Confess* (hillipsburg, NJ: P&R Publishing Co., 2006); Chad Van Dixhoorn, *Confessing the Faith* (Edinburgh, Scotland: Banner of Truth, 2014); Thomas Vincent, *Explanation of the Assembly's Shorter Catechism.* (Philadelphia, PN: Presbyterian Board of Publication, 1854); J. Geerhardus Vos, *The Westminster Larger Catechism* (Phillipsburg, NJ: P&R Publishing Co., 2002); Thomas Watson, *A Body of Practical Divinity, in a Series of Sermons on the Shorter Catechism.* (422Philadelphia, PN: Thoams Wardle, 1833. First published 1686); Alexander Whyte, *An Exposition on the Shorter Catechism* (Fearn, U.K.: Christian Focus, Revised 2012); G. I. Williamson, *The Westminster Confession of Faith: for Study Classes*

(Phillipsburg, NJ: P&R Publishing Co., 1964. 2004 2nd Edition); 정요석,『웨스트민스터 신앙고백, 삶을 읽다』상, 하 (서울: 크리스천 르네상스, 2022); 신호섭,『웨스트민스터 소요리문답 강해』(서울: 좋은 씨앗, 2024).

김병훈 목사
합동신학대학원대학교 조직신학 석좌교수
나그네 교회(합신) 담임목사

사용 안내

이 책은 날마다 〈신앙표준문서 하루 양식〉, 〈말씀 요절〉, 〈교리 해설〉, 〈적용 질문〉의 네 부분으로 구성된 분량을 읽도록 되어 있다. 신앙표준문서를 읽고, 관련된 성경 요절이 무엇인지를 살피고, 이제 신앙표준문서의 교리에 대하여 설명을 들으며, 신앙 실천과 연관된 질문에 대해 답하도록 하는 진행이다.

진행을 위하여 제안하는 한 가지 순서는 이러하다.

1. 시작 기도: 신앙의 도리를 깨달아 알고 자신에게 주어지는 실천적 적용을 위하여 성령 하나님의 도우심을 구한다.

2. 표준신앙문서 읽기: 천천히 또박또박 읽는다. 주어와 서술어, 그리고 수식어의 글 형식과 특징을 살펴보는 의식을 가지고 읽는다. 가급적 소리 내어 읽으면 좋다.

3. 말씀 요절: 표준신앙문서에 표시되어 있는 각주에 속한 요절이 신앙 표준문서의 어떤 내용과 연결되는지를 확인하며 성경 말씀을 읽는다.

4. 교리 해설: 오늘 읽은 교리에 대한 이해를 더하기 위하여 교리 해설을 읽는다. 중요하다고 생각되거나 모르는 부분에 줄을 치거나 형광펜 등으로 표시한다. 내년에 다시 읽을 때 그 부분이 올해보다 더 잘 이해되었는지를 비교해 본다. 그렇게 수년을 해마다 반복하여 읽어 가면 어느새 교리와 그 설명이 자신의 언어로 설명할 수 있을 만큼 자신의 것이 되어 있음을 확인하게 될 것이다. 이해가 얼른 오지 않는 부분을 만나면 표시만 해두고 넘어간다. 다음 날에도 같은 주제로 설명이 이어지고 있는 경우가 많으므로 그날에 도움을 받을 수 있다. 그렇지 않더라도 한 해가 지나고 다음 해에는 이해가 되지 않은 부분 가운데 상당한 양이 이해되는 경험을 하게 될 것이다. 교리는 서로 상관적으로 호응하며 연결되어 있기 때문이다. 이것은 또한 하나님의 말씀인 성경의 진리가 그렇게 연결되어 있기 때문이다. 성경은 정당한 문법적 이해를 토대로 한 문해력의 바탕 위에서 신학적으로 해석해야 한다. 이를 토대로 구성된 교리 또한 동일한 이치를 따르기 때문에 이해가 되지 않는 부분 때문에 어려움을 겪지 말고 매일 매일 읽어나가도록 한다.

5. 적용 질문: 교리의 이해를 더하기 위한 질문이나, 또는 단지 지식에 머물지 않도록 하는 신앙 실천과 관련한 질문이 주어진다. 질문의 답을 교리 해설에서 학습한 바를 통해 찾아본다. 그리고 자신과 주변에서 겪는 여러 경험과 관련하여 질문에 대한 답을 정리해 보면서 자신의 신앙의 시각을 새롭게 하는 기회로 삼는다.

6. 마침 기도: 학습을 통해 배운 은혜에 감사하고 찬송하며, 자신에게 적용되는 교훈과 관련한 실천을 위해 기도한다.

교회는 이 책의 순서에 따라 한 달 동안의 읽기 진행표를 만들어 교인으로 하여금 한 달에 한 번씩 실행 여부를 표시한 후에 제출토록 하고 이를 칭찬하고 격려할 수 있다.

날마다
양식으로 읽는
웨스트민스터
표준교리

VI

도서출판 **영음사**

목차

27A장. 말씀과 성례 — 21

11월 1일: 진노와 저주를 피할 수 있도록 하나님께서 요구하시는 것 — 22
11월 2일: 그리스도의 구속의 유익을 전달하는 외적 수단들 — 31
11월 3일: 구원을 효과 있게 하는 말씀 — 38
11월 4일: 모든 사람이 읽어야 하는 하나님의 말씀 — 48
11월 5일: 하나님의 말씀을 읽고 듣는 자세 — 55
11월 6일: 하나님의 말씀의 설교자 — 64
11월 7일: 하나님의 말씀의 설교자에게 요구하는 의무 — 72
11월 8일: 하나님의 말씀을 듣는 자에게 요구하는 의무 — 83

27B장. 말씀과 성례 — 91

11월 9일: 성례의 의미 — 92
11월 10일: 은혜언약의 거룩한 표지이며 인장인 성례 — 100
11월 11일: 성례의 표지와 실체의 성례전적 연합 — 108
11월 12일: 구원의 효과 있는 수단인 성례 — 115
11월 13일: 성례가 구원의 효과 있는 수단이 되는 근거 — 122
11월 14일: 그리스도께서 제정하신 두 가지 성례 — 128
11월 15일: 그리스도께서 제정하신 두 성례의 합법적 시행자 — 134
11월 16일: 구약의 성례 — 140

28장. 세례   *145*

11월 17일: 세례의 의미   *146*
11월 18일: 세례의 의미와 의의   *153*
11월 19일: 세례의 요소와 시행   *159*
11월 20일: 세례의 방식   *164*
11월 21일: 세례를 베풀기에 합당한 자   *169*
11월 22일: 세례의 유익을 더욱 누리기 위해 해야할 일   *176*
11월 23일: 세례의 필요성   *184*
11월 24일: 세례의 효력   *192*
11월 25일: 세례의 횟수   *199*

29장. 주의 만찬(성찬)   *203*

11월 26일: 주의 만찬의 의미   *204*
11월 27일: 주의 만찬의 제정과 목적   *211*
11월 28일: 희생제사가 아닌 주의 만찬   *216*
11월 29일: 주의 만찬의 시행   *224*
11월 30일: 주의 만찬의 시행과 제한   *230*
12월 1일: 주의 만찬의 본질에 역행 하는 행위들   *236*
12월 2일: 외적 요소와 그것이 의미하는 것의 성례전적 관계   *242*
12월 3일: 화체설의 오류   *249*
12월 4일: 주의 만찬에 합당한 참여자가 그리스도의 몸과 피를 먹는 방식   *256*
12월 5일: 주의 만찬에 합당하게 참여하지 않는 죄의 위험성   *265*
12월 6일: 주의 만찬에 합당하게 참여하기 위한 준비   *271*

12월 7일: 주의 만찬에 합당한 준비가 되어 있는지를 의심하는 280
   자의 참여
12월 8일: 주의 만찬에 참여를 금해야 하는 경우 288
12월 9일: 주의 만찬을 받는 사람에게 요구되는 일 294
12월 10일: 주의 만찬을 받은 후에 행하여야 할 일 302
12월 11일: 세례와 주의 만찬이 일치하는 점 312
12월 12일: 세례와 주의 만찬이 다른 점 319

30장. 교회 권징 327

12월 13일: 교회 정치와 교회 직원 328
12월 14일: 천국 열쇠의 권세 335
12월 15일: 교회 권징의 의도와 목표 342
12월 16일: 교회 권징의 유형 348

31장. 대회와 공의회 355

12월 17일: 대회와 공의회의 필요성 256
12월 18일: 대회와 공의회의 합법적 소집 362
12월 19일: 대회와 공의회의 결정과 그것의 기준 370
12월 20일: 대회와 공의회의 결정과 오류 가능성 378
12월 21일: 대회와 공의회의 관할권 384

32장. 사람의 사후 상태와 죽은 자의 부활 389

12월 22일: 죽음의 필연성 390
12월 23일: 그리스도 안에서 죄 사함을 받은 자의 죽음의 의미 396
12월 24일: 죽음의 성질과 중간 상태 402
12월 25일: 부활과 그로 인한 영광스러운 변화 408
12월 26일: 의인의 영광스러운 부활과 악인의 수치스러운 부활 417

33장. 최후의 심판 423

12월 27일: 부활 직후에 일어날 일 424
12월 28일: 최후의 심판 430
12월 29일: 심판 날에 악인이 당할 형벌과 의인이 누릴 복 439
12월 30일: 의인을 향한 긍휼의 영광과 악인을 향한 공의의 영광 448
12월 31일: 최후의 심판과 신앙 실천을 위한 하나님의 뜻 456

웨스트민스터 신앙표준문서 일 년 통독 일정표 463

날마다 양식으로 읽는
웨스트민스터 표준교리 Ⅵ

27A장.

말씀과 성례

11월 1일

진노와 저주를 피할 수 있도록 하나님께서 요구하시는 것

소요리문답 85
대요리문답 153

소요리문답 85:

문85. 우리가 죄로 인해 마땅히 받아야 할 진노와 저주를 피할 수 있도록 하나님께서 우리에게 요구하시는 것은 무엇입니까?

답. 우리가 죄로 인해 마땅히 받아야 할 진노와 저주를 피하도록 하나님께서 예수 그리스도를 향한 믿음과 생명에 이르는 회개,[1] 그리고 그리스도께서 구속의 유익을 우리에게 전달하시는 외적 수단들을 부지런히 사용할 것을[2] 우리에게 요구하십니다.

1) 행 20:21.
2) 잠 2:1-5; 8:33-36; 사 55:3.

대요리문답 153:

문153. 율법을 범했기 때문에 우리가 마땅히 받아야 할 진노와 저주를 피할 수 있도록 하나님께서 우리에게 요구하시는 것은 무엇입니까?

답. 율법을 범했기 때문에 우리가 마땅히 받아야 할 진노와 저주를 피하도록 하나님께서 그분을 향한 회개와 우리 주 예수 그리스도를 향한 믿음,[1] 그리고 그리스도께서 중보의 유익을 우리에게 전달하시는 외적 수단들을 부지런히 사용할 것을 우리에게 요구하십니다.[2]

1) 행 20:21; 마 3:7-8; 눅 13:3, 5; 행 16:30-31; 요 3:16-18.
2) 잠 2:1-6; 8:33-36.

◀ 말씀 요절

행 20:21 "유대인과 헬라인들에게 하나님께 대한 회개와 우리 주 예수 그리스도께 대한 믿음을 증언한 것이라"

눅 13:3 "너희에게 이르노니 아니라 너희도 만일 회개하지 아니하면 다 이와 같이 망하리라"

요 3:16-18 "하나님이 세상을 이처럼 사랑하사 독생자를 주셨으니 이는 그를 믿는 자마다 멸망하지 않고 영생을 얻게 하려 하심이라 하나님이 그 아들을 세상에 보내신 것은 세상을 심판하려 하심이 아니요 그로 말미암아 세상이 구원을 받게 하려 하심이라 를 믿는 자는 심판을 받지 아니하는 것이요 믿지 아니하는 자는 하나님의 독생자의 이름을 믿지 아니하므로 벌써 심판을 받은 것이니라"

잠 2:1-6 "내 아들아 네가 만일 나의 말을 받으며 나의 계명을 네게 간직하며 네 귀를 지혜에 기울이며 네 마음을 명철에 두며 지식을 불러 구하며 명철을 얻으려고 소리를 높이며 을 구하는 것 같이 그것을 구하며 감추어진 보배를 찾는 것 같이 그것을 찾으면 여호와 경외하기를 깨달으며 하나님을 알게 되리니 대저 여호와는 지혜를 주시며 지식과 명철을 그 입에서 내심이며"

잠 8:34-35 "누구든지 내게 들으며 날마다 내 문 곁에서 기다리며 문설주 옆에서 기다리는 자는 복이 있나니 대저 나를 얻는 자는 생명을 얻고 여호와께 은총을 얻을 것임이니라"

사 55:3 "너희는 귀를 기울이고 내게로 나아와 들으라 그리하면 너희의 영혼이 살리라 내가 너희를 위하여 영원한 언약을 맺으리니 곧 다윗에게 허락한 확실한 은혜이니라"

◀ 교리 해설

오늘 읽는 소요리문답 85항과 대요리문답 153항은 5월 27일에 "진노와 저주를 받지 않도록 하기 위해 하나님께서 요구하시는 것"이라는 제목 아래 이미 살펴보았습니다. 오늘 다시 이것을 읽는 것은 27A장 "말씀과 성례"를 다루면서 그리스도의 중보의 유익을 받기 위한 은혜의 외적 수단을 언급하기 위함입니다. 두 문답서는 앞서 십계명에 관한 문답을 전개하고 율법을 범한 죄와 그 죄로 인해 받아야 할 보응에 대한 교훈에 뒤이어 나옵니다. 두 문답서의 질문과 답변은 동일한 교훈을 제시합니다. 질문은, 율법을 범한 죄로 인해 마땅히 받아야 할 하나님의 진노와 저주를 피할 길을 내어주신 하나님께서 우리에게 무엇을 요구하시는가 하는 것입니다. 답변은 세 가지 요구를 제시합니다. 첫째는 믿음이고, 둘째는 회개이며, 마지막은 중보자 그리스도께서 우리에게 전달하시는 외적 수단을 부지런히 사용하는 것입니다. 먼저 말한 하나님의 진노와 저주, 그리고 세 가지 요구에 대하여 대요리문답 153항을 중심으로 네 가지 주제로 구별하여 차례대로 살펴보도록 하겠습니다.

(1) "율법을 범했기 때문에 우리가 마땅히 받아야 할 진노와 저주를 피하도록": 앞서 8월 27일부터 30일까지 대요리문답 149, 150, 151, 152항을 읽으면서 율법의 저주 아래 놓인 인간의 비참함을 살펴보았습니다. 오늘 읽는 153항은 이러한 비참함을 율법을 범함으로 인하여 마땅히 받아야 할 진노와 저주라고 분명하게 진술합니다. 아담이 온 인류의 대표자로 행위 언약을 어김으로써 그의 후손인 인류가 놓인 상태에 대해 성경은 "하나님의 심판 아래"(롬 3:19), 또한 "저주 아래"(갈 3:10) 있다고 밝힙니다. 이러한 비참한 상태의 인간은 흔히 '연약함'이라는 말로 표현되기도 합니다.

그런데 반드시 유의하고 기억해야 할 사실은, 현재 우리의 상태가 일반적으로 말하는 '연약함'과 신학적으로 말하는 '연약함' 사이에 차이가 있다는 점입니다. 보통 '연약하다'라는 표현은 사람이 피조물이라는 한계로 인해 육체의 노쇠와 질병 아래 놓인 처지라든지, 또는 어떤 일을 감당하기에 지식이나 능력이나 의지가 부족하다는 점을 가리킵니다. 이러한 연약함은 하나님 앞에서 도덕적 또는 영적 범죄를 저지르는 행위가 아니며, 또한 심판의 대상도 아닙니다. 오히려 이러한 연약함은 아담의 범죄로 인해 사람에게 주어진 죄의 현세적 형벌의 증후입니다. 이 점은 3월 3일에 살핀 신앙고백서 6.6에서 고백되고 있습니다.

이와 달리, 신학적 의미에서의 '연약함'은 아담의 범죄로 인해 그의 후손에게 전이된 부패한 본성으로 말미암아 하나님의 율법을 온전히 성취할 능력을 상실한 상태를 가리킵니다. 이는 흔히 '전적 부패'라고 알려진 상태이며, 이 상태에서는 영적인 선을 행하는 일에 전적으로 무능력합니다(롬 7:18-19). 또한 이러한 상태는 하나님을 대적합니다(롬 8:7). 오늘 읽는 신앙고백서는, 사람이 하나님의 공의로운 심판 아래 있으며 또한 저주 아래 있다는 진술을 통해, 신학적 의미에서 '연약함' 가운데 있음을 교훈합니다. 곧 인간의 전적 부패와 전적 영적 무능력은 그 자체가 심판 아래 있는 현세적 형벌이면서, 동시에 영원한 심판을 초래하는 법적·언약적 심판의 선언인 저주입니다.

(2) "하나님께서 그분을 향한 회개와": 죄인이 율법을 범한 죄로 인해 마땅히 받아야 할 진노와 저주를 피할 수 있도록 하나님께서 죄인에게 "회개"를 요구하십니다(행 17:30). 여기서 회개가 의미하는 바는 6월 1일에 소요리문답 87, 대요리문답 76, 신앙고백서 15.2을 읽으며 학습하였습니다. 신앙고백서 15.2을 인용하면 이와 같습니다: "회개를 통해 죄인은 자신의 죄가 하나님의 거룩한 본성과 의로운 율법에 반대되는 것으로 위험할 뿐만 아니라 더럽고 혐오스럽다는 것을 보고 자각함으로써, 그리고 참회하는 자들을 향한 그리스도 안에 있는 하나님의 긍휼을 깨달음으로써, 자신의 죄를 몹시 슬퍼하며 미워하고 모든 죄에서 하나님께로 돌이켜 그분의 모든 계명의 길에 그분과 동행하기를 의도하고 애쓴다." 하나님께서는 죄인으로 하여금, 죄로 인해 마땅히 받아야 할 진노와 저주를 피하기 위하여, 자신의 죄가 더럽고 혐오스러우며 하나님의 율법에 반대되는 위험한 것임을 자각하도록 요구하십니다(시 51:3-4). 그리고 그가 참회하며 하나님의 긍휼만을 바라고 나아오기를 요구하십니다(눅 18:13). 회개는 사람의 공로가 아닙니다. 신앙고백서 15.1이 이르듯이, "생명에 이르는 회개는 복음의 은혜"입니다. 이 회개는 그리스도의 복음과 불가분의 관계를 가집니다(행 20:21). 복음이 전제

되지 않는 회개는 율법의 정죄로 인한 두려움과 자책감에서 비롯되어, 죄의 결과인 형벌을 피하려는 자기중심적 행위에 그칩니다(마 27:3-5). 그러나 복음이 전제되는 회개는, 죄로 인해 하나님의 사랑을 거역한 것에 대해 애통하며 죄를 하나님에 대한 반역으로 철저히 인식합니다(슥 12:10). 그리고 그리스도의 십자가 은혜를 바라보고 용서받음을 감사하며, 하나님과의 관계 회복을 원하고 하나님의 말씀에 순종하기를 기뻐합니다(롬 2:4).

(3) "우리 주 예수 그리스도를 향한 믿음": 하나님의 진노와 저주를 피하기 위하여서는 복음에 따른 회개는 회개를 바른 방향으로 이끄는 복음에 대한 믿음과 불가분의 관계로 연결됩니다. 복음은 바로 우리 주 예수 그리스도의 순종과 속상을 믿음으로 의롭다 하심을 받는 구원을 제시합니다. 이 진리에 대해서는 4월 7일에 신앙고백서 8.4을 읽으면서, 또 5월 15일에 신앙고백서 11.3을 읽으면서 학습하였습니다. 이러한 예수 그리스도를 믿음으로 의롭다 하심을 받는 믿음은 은혜입니다. 이 진리는 5월 10일 읽은 대요리문답 72항이 다음과 같이 진술합니다: "의롭다 하심을 받는 믿음은 성령 하나님과 말씀이 죄인의 마음속에 일으키신 구원의 은혜입니다. 이 은혜로 죄인은 자신의 죄와 비참함을 확신하고, 또한 자신을 비롯하여 다른 아무 피조물도 자신을 타락한 상태에서 회복할 능력이 없음을 확신합니다. 그럼으로써 복음이 말하는 약속의 진리에 동의할 뿐만 아니라, 죄 용서를 받고, 하나님 보시기에 용납되고 의롭다고 여김을 받아 구원을 얻기 위해 복음에 제시된 그리스도와 그분의 의를 받아들이고 의지합니다." 요컨대 믿음은 예수 그리스도를 의지하는 것이며 또한 그리스도의 중보로 인하여 죄 사함과 새로운 생명, 그리고 하나님과 화목하게 되는 언약을 의지하고 붙드는 것입니다. 그리할 때 이 믿음은 죄인을 그리스도와 연합하며(엡 3:17), 그리스도께서 중보자로 베푸시는 모든 유익을 누릴 수 있게 합니다.

(4) "그리스도께서 중보의 유익을 우리에게 전달하시는 외적 수단들을 부지런히 사용할 것을 우리에게 요구하십니다": 하나님께서는 그리스도의 중

보의 유익을 누리기 위하여 우리가 마땅히 행하여야 할 일을 요구하십니다. 그리스도께서 모든 구속의 사역을 성취하셨다고 하더라도 그 사실만으로 구원의 유익이 우리에게 적용되지 않습니다. 그리스도께서는 자신이 성취하신 구속의 유익을 누리기 위하여 우리가 행하여야 할 규례를 정하셨습니다. 이것은 말씀과 성례와 기도입니다. 이 세 가지 방편에 대하여 우리는 앞으로 차례로 자세히 살펴볼 것입니다. 오늘 우리가 염두에 두어야 하는 교훈은 이러한 방편들을 "부지런히" 사용하여야 한다는 점입니다. 여기서 "부지런히"는 행위의 열심을 말하지 않습니다. 이 표현이 주고 있는 교훈은 은혜의 방편들이 기계적으로 또는 형식적으로 그 효과들을 주지 않는다는 점에 유의해야 한다는 것입니다. 말씀을 전하고 듣는 행위에 참여한다는 것만으로는 어떤 효과도 전달되지 않습니다. 은혜의 수단은 결코 주술적인 의식이 아니며, 참 신앙에서 우러나오는 신앙 활동에 의하여 행해져야 합니다. '부지런히'라는 표현은 은혜의 수단에 참여하는 사람이 마음의 중심에서 진실함으로 참여하기를 부지런히 하여야 할 것임을 가르칩니다. 은혜를 받고자 하는 능동성과 은혜의 필요를 자각하고 이를 구하는 의도성이 있어야 할 것임을 교훈합니다. 만일 교회에 출석하여 이 모든 은혜의 수단들을 행하고 있다고 하여도 마음 없이 외적으로만 참여하거나, 참여 자체에 무관심하다면, 그리스도의 중보의 유익이 전달되고 있다고 보기 어렵습니다. 예배의 자리를 임의로 떠나거나, 말씀을 마음으로 받지 않거나, 성례를 경홀히 여기거나, 기도를 등한시한다면 이는 결코 "부지런히" 사용하는 일이 아닙니다. 이러한 사례는 구약 교회가 제사의 행위는 열심히 하였으나 하나님께서는 헛된 예물이라 하시며 형식적 예배를 책망하신 일에서 찾아볼 수 있습니다(사 1:12; 말 1:7-8, 13). 신학적으로 "부지런히"라는 표현은 성례에 참여하는 형식적인 노력만으로 성례의 효과가 주어진다는 소위 말하는 '사효성'(ex opere operato), 곧 성례가 '행해진 행위 그 자체로부터' 효과를 준다는 천주교회의 주장이 잘못된 것임을 반영합니다. 성례의 유익은 참여자의 '부지런함' 곧 성실함과 은혜를 바라는 의도성을 담은 믿음으로 참여할 때 주어집니다. 이러한 까닭에 은혜의 방편은 "외적 수단"입니다. 곧 외적으로나 형식을 따라 참여하는 것에 그치지 않고 믿음으로 참여할 때 약속된 은혜가 주어지는 수단입니다.

적용 질문

1. 본문에서 말하는 '연약함'은 일반적인 인간적 한계와 어떻게 다르며, 왜 이것이 하나님의 진노와 저주의 표현이라고 할 수 있겠습니까? 여러분은 우리의 죄와 부패함을 단순한 약점이나 실수로 여기지 않고, 하나님 앞에서 심판을 받아 마땅한 죄악으로 진지하게 인식하고 계십니까?

2. 회개가 단순히 형벌을 피하려는 두려움에서 비롯될 때와, 복음에 기초한 참된 회개는 어떤 차이가 있겠습니까? 여러분은 회개하실 때 죄를 하나님에 대한 반역으로 인식하며 그리스도의 은혜와 긍휼을 바라보고 계십니까, 아니면 단순히 마음의 불안과 두려움을 달래는 데 그치고 계십니까?

3. 믿음은 어떻게 죄인을 의롭다 하심에 이르게 하며, 왜 그것이 하나님의 은혜의 선물이라고 할 수 있겠습니까? 여러분은 자신의 죄와 무능력을 인정하고, 다른 어떤 것을 의지하지 않고 오직 그리스도의 의와 중보에 붙들려 하나님과의 화목을 구하고 계십니까?

4. 왜 말씀, 성례, 기도와 같은 은혜의 수단은 자동적으로 효력을 가지지 않으며, 부지런히 사용하라는 요구가 강조되는 것입니까? 여러분은 예배와

말씀, 성례, 기도에 단순히 형식적으로 참여하는 것이 아니라, 마음 깊이 은혜를 갈망하며 진실하게 참여하여 그리스도의 중보의 유익을 누리고 계십니까?

11월 2일

그리스도의 구속의 유익을 전달하는 외적 수단들

소요리문답 88
대요리문답 154

소요리문답 88:

문88. 그리스도께서 구속의 유익을 우리에게 전하시는 외적이고 통상적인 수단들은 무엇입니까?

답. 그리스도께서 구속의 유익을 우리에게 전달하시는 외적이고 통상적인 수단들은 그분의 규례인데, 특히 말씀과 성례와 기도입니다. 이 모든 것은 택함을 받은 자들이 구원받는 데 효과적입니다.[1]

1) 마 28:19-20; 행 2:42, 46-47.

대요리문답 154:	문154. 그리스도께서 중보의 유익을 우리에게 전달하시는 외적 수단들은 무엇입니까?

답. 그리스도께서 중보의 유익을 우리에게 전달하시는 외적이고 통상적인 수단은 그분의 모든 규례인데, 특히 말씀과 성례와 기도입니다. 이 모든 것은 택함을 받은 자들이 구원을 얻는 데 효과적입니다.[1]

1) 마 28:19-20; 행 2:42, 46-47.

말씀 요절

마 28:19-20 "그러므로 너희는 가서 모든 민족을 제자로 삼아 아버지와 아들과 성령의 이름으로 세례를 베풀고 내가 너희에게 분부한 모든 것을 가르쳐 지키게 하라 볼지어다 내가 세상 끝날까지 너희와 항상 함께 있으리라 하시니라"

행 2:42, 46-47 "그들이 사도의 가르침을 받아 서로 교제하고 빵을 떼며 오로지 기도하기를 힘쓰니라 … 날마다 마음을 같이하여 성전에 모이기를 힘쓰고 집에서 빵을 떼며 기쁨과 순전한 마음으로 음식을 먹고 하나님을 찬미하며 또 온 백성에게 칭송을 받으니 주께서 구원 받는 사람을 날마다 더하게 하시니라"

◀ 교리 해설

그리스도의 구속의 유익을 전달하는 수단을 가리켜 '은혜의 수단'이라고 흔히 일컫습니다. 하나님께서는 우리의 구원을 위한 모든 일을 성취하시도록 그분의 아들 그리스도를 보내셨고, 그리스도께서는 필요한 모든 구속 사역을 성취하셨습니다. 그리스도께서는 자신이 이루신 구속의 은택이 우리에게 적용될 수 있는 방편을 정하셨습니다. 이 수단에 대하여 오늘 읽는 소요리문답 88항과 대요리문답 154항은 동일한 질문과 답을 주고 있으므로 대요리문답의 진술을 세 가지 내용으로 나누어 살펴보겠습니다.

(1) "그리스도께서 중보의 유익을 우리에게 전달하시는 외적이고 통상적인 수단은": 어제 소요리문답 85항과 대요리문답 153항을 살피면서 하나님께서는 그리스도께서 중보의 유익을 우리에게 전달하시는 외적 수단들을 부지런히 사용할 것을 우리에게 요구하신다는 사실을 살폈습니다. 여기서 우리는 외적 수단들이 바로 말씀과 성례와 기도라는 사실을 언급했습니다. 그리고 이러한 수단들이 "외적"인 까닭에 형식적으로 참여하는 것으로는 어떤 유익도 전달되지 않는다는 사실을 언급하면서, "부지런히" 참여한다는 것이 단지 행위의 열심을 말하는 것에 그치는 것이 아니라 마음에서 은혜를 받고자 하는 능동성과 은혜의 필요를 자각하고 이를 구하는 의도성을 포함하는 표현임을 학습하였습니다. 오늘 읽는 문답에서 보듯이 은혜의 수단은 "외적"입니다.

이것은 은혜의 수단인 말씀을 읽으며 설교로 듣는 것처럼(롬 10:14-17), 또한 세례를 물로 적시어 받고(마 3:16; 행 8:36-39), 성찬을 빵과 포도주로 받아서 먹는 것처럼(고전 10:16-17; 11:23-26; 마 26:26-29), 그리고 기도를 말하거나(삼상 1:10-13; 렘 33:3) 침묵의 행위로 하는(느 2:4-5) 것처럼 모두 우리의 몸을 매개로 사용하는 가시적이며 감각을 사용한다는 점을 말합니다. 이러한 외적인 특성 때문에 형식주의나 의식주의에 빠지는 잘못을 범하지 않아야 합니다. 은혜의 수단은 성령 하나님께서 이러한 외적 수단을 사용하여 내적으로 역사하실 때 그 은혜가 마음에 전달이 됩니다. 따라서 "믿음으로" 참여할 때라야 은혜가 전달됩니다. "통상적"인 수단이라는 말은 그 자체로는 "일반적" 또는 "보통으로"라는 의미에서, 보편 교회가 "공통적으로" 그리고 "표준적으로" 행하는 수단이라는 뜻을 표현합니다. 어느 시대나 어떤 교회나 은혜의 수단을 임의로 만들어 행하여서는 안 됩니다. 그리스도께서 제정하신 그 방식을 표준으로 삼아 교회가 정한 의식을 따라 질서 있게 행하여야 합니다. 교회가 주일에 공적 예배를 통해서 하나님의 말씀을 바르게 강설하고, 성례를 합법적으로 성경에서 지시하는 규례를 따라 세례와 성찬의 두 규례로만 시행하며, 공동체 또는 개인이 기도를 합당하게 드리는 통상적인 일을 행할 때, 교인들은 그리스도의 중보의 유익을 전달받습니다. 이 중보의 유익에 대해서는 5월 26일에 소요리문답 36항에서 살펴보았습니다. 그것은 의롭다 함이며, 하나님의 자녀 됨이고, 거룩함으로 나아가는 변화이며, 하나님의 신실하신 은혜 가운데 보존됨이며, 양심의 평안과 성령 안에서 기쁨을 누리는 모든 은혜입니다. 은혜의 수단이 바르게 시행될 때 성도들은 이러한 그리스도의 구속의 유익을 실제로 받아 누리는 은혜를 받게 됩니다.

(2) "그분의 모든 규례인데, 특히 말씀과 성례와 기도입니다.": 그리스도께서 제정하신 규례들은 앞서 은혜의 수단과 관련하여 언급한 말씀과 성례와 기도만이 아닙니다. 대요리문답은 그리스도께서 제정하신 모든 규례들이란 교회가 예배와 복음 사역을 위하여 행하도록 명령하신 모든 것들을 뜻한다고 말합니다. 이를테면 말씀과 성례와 기도와 찬송으로 공예배를 드리는 일(행 2:42; 마 18:19), 교회에 직분자를 세워 성도를 돌보며 다스리는 일(엡 4:11-12; 마 18:17-18), 또한 전도하고 교육하는 일(마 18:19-20; 행 1:8), 이 모두가 그리스도의 규례입니다. 대요리문답은 이 모든 규례 가운데 특히 그리스도의 구속의 유익을 전달하시는 외적이고 통상적인 수단 가운데 대표

적인 것으로 말씀과 성례와 기도를 말합니다. 여기서 말씀은 은혜의 수단 가운데 가장 기본적이며 핵심입니다. 믿음은 들음에서 나기 때문입니다(롬 10:17). 내용적으로 공적 예배에서 성경을 공적으로 봉독하고 강설하고 이를 경청하여 듣는 일입니다. 그리고 개인적으로 성경을 읽고 묵상하며 가르치는 일도 포함합니다. 말씀이 없다면 다른 은혜의 수단은 그것을 통해 전할 은혜의 내용이 사라집니다. 성례는 말씀에 의해 전달된 복음을 강화하는 것이며, 기도는 말씀을 통해 주어진 교훈을 따라 행하여야 하기 때문입니다.

(3) "이 모든 것은 택함을 받은 자들이 구원을 얻는 데 효과적입니다": 대요리문답은 이 진술을 통해 두 가지 사항을 강조합니다. 첫째, 그리스도께서 정하신 말씀, 성례, 그리고 기도와 같은 규례들은 비록 그 자체로는 외적이지만, 구원을 얻는 데에 효과적이라는 점입니다.

둘째, 이 은혜의 수단들이 택함을 받은 자들에게만 효과적이라는 점입니다. 먼저, 어떻게 은혜의 수단이 효과적인지를 살펴보겠습니다. 앞서 말한 바와 같이 은혜의 수단들은 물리적이고 가시적으로 행해지는 외적 행위입니다. 그러므로 이러한 규례들은 그 자체로 구원을 주는 어떤 내적인 능력을 가지고 있지 않으며, 단지 참여한다고 해서 자동적으로 구원의 효과를 일으키지 않습니다(롬 2:28-29). 그럼에도 이 규례들은 하나님께서 구원의 유익이 전달되도록 직접 제정하셨다는 사실에서, 은혜를 전달하는 효과성과 관련한 자체적 특징을 지닙니다. 은혜의 수단은 그리스도께서 친히 제정하신 것에 근거한 규례이기에, 구원의 은혜를 전달하는 외적 조건을 갖춘 것입니다(마 28:19-20; 고전 11:23-25). 따라서 사람은 스스로의 종교적 열심과 의도로 은혜의 수단을 고안해서는 안 되며, 하나님께서 정하신 수단을 통해서만 구원의 은혜가 전달된다는 사실을 분명히 교훈합니다(신 12:32). 비록 은혜의 수단이 외적이지만, 그리스도의 중보의 유익을 전달하는 데에 효과적인 특징을 갖습니다. 그러나 이 수단이 참으로 은혜를 전달하는 데 효과성을 나타내는 일은 기계적으로 이루어지지 않고, 오직 성령 하나님의 사역으로 말미암습니다. 성령 하나님께서 이 외적 수단들을 사용하여 그를 통해 은혜를 전달하시는 것입니다(요 6:63; 고전 2:4-5). 따라서 은혜의 수단이 "효과적"이라는 진술은 성령 하나님의 은혜로운 사역과, 이 규례에 참여하는 자의 믿음을 전제로 합니다(히 4:2). 이러한 전제는 또한, 은혜의 수단이 오직 그리스도께서 제정하신 방식에 따른 것일 때에만 의미가 있다는 사실을 보여줍니다. 이런 점에서 은혜의 수단은 비록 외적이지만 "효과적"입니다.

끝으로 오늘 대요리문답은 이러한 은혜의 수단의 효과가 오직 "택함을 받은 자들"에게만 주어진다고 진술합니다. 은혜의 수단을 통해 그리스도의 중보의 유익이 전달되지만, 참여하는 모든 사람이 동일하게 이 유익을 누리는 것은 아닙니다. 은혜는 하나님께서 주권적으로 선택하신 자들 안에서 성령 하나님에 의해 믿음이 주어지는 일을 통해 전달됩니다(행 13:48; 엡 2:8). 은혜의 수단을 사용하였다는 인간의 행위가 공로가 되어, 그것을 근거로 은혜를 받는 것이 전혀 아닙니다(딛 3:5). 은혜의 수단은 모든 사람에게 제시되지만, 믿음으로 참여할 때라야 은혜를 누릴 수 있습니다. 이러한 믿음의 참여는 성령 하나님께서 믿음을 일으키실 때만 가능합니다(요 1:12-13; 빌 1:29). 이처럼 은혜의 전달, 곧 적용은 오직 택함을 받은 자들에게 주어지는 하나님의 주권적 은혜의 역사입니다(롬 8:30; 살후 2:13-14). 이 사실에 대하여서는 5월 3일에 읽은 다음의 대요리문답 68항과 이에 대한 해설을 참고하시기 바랍니다: "모든 선택받은 자, 오직 이들만이 효과 있는 부르심을 받습니다. 비록 선택받지 못한 사람들이 말씀 사역에 의해 외적으로 부르심을 받을 수도 있고, 가끔 실제로 받기도 하며, 성령 하나님의 일반적인 활동을 어느 정도 누릴 수 있을지라도, 이들은 자신들에게 제안된 은혜를 고의적으로 무시하고 경멸하기 때문에 당연히 불신 가운데 있게 되어 결코 예수 그리스도께로 참되게 나오지 못합니다."

적용 질문

1. 그리스도께서 중보의 유익을 전달하시는 외적이고 통상적인 수단이 무엇인지 여러분은 분명히 알고 있습니까? 그렇다면 여러분은 이 수단들을 얼마나 소중히 여기며, 주일 예배와 개인 경건에서 부지런히 참여하고 있습니까?

2. 말씀, 성례, 기도가 은혜의 수단으로서 외적이지만 효과적이라는 교리를 여러분은 바르게 이해하고 있습니까? 그렇다면 여러분은 단순히 형식적으로 참여하지 않고, 믿음으로 은혜를 받고자 하는 마음으로 말씀을 듣고, 성례에 참여하며, 기도에 힘쓰고 있습니까?

3. 은혜의 수단이 오직 그리스도께서 제정하신 방식에 따라 시행될 때만 의미가 있다는 점을 여러분은 분별하고 있습니까? 그렇다면 여러분은 사람의 전통이나 임의로 만든 방식이 아닌, 그리스도께서 명하신 예배와 규례를 따라 하나님을 예배하고 있습니까?

4. 은혜의 수단이 모든 사람에게 제시되지만, 오직 성령 하나님께서 믿음을 일으키실 때만 택자에게 효과적이라는 사실을 여러분은 깨닫고 있습니까? 그렇다면 여러분은 우리의 구원이 전적으로 하나님의 은혜임을 인정하며, 성령께서 우리의 마음에 믿음을 주시기를 간절히 구하고 있습니까?

11월 3일

구원을 효과 있게 하는 말씀

소요리문답 89
대요리문답 155

소요리문답 89:

문89. 말씀이 어떻게 구원을 얻는 데 효과 있게 됩니까?

답. 성령 하나님께서는 말씀을 읽는 것, 특별히 말씀의 선포를 효과 있는 수단으로 사용하셔서, 죄책을 드러내시고 죄인을 회개시키시고, 믿음을 통해 거룩함과 위로 가운데 굳게 세우셔서 구원에 이르게 하십니다.[1]

1) 느 8:8; 고전 14:24~25; 행 26:18; 시 19:8; 행 20:32; 롬 15:4; 딤후 3:15~17; 롬 10:13~17; 1:16.

대요리문답 155:

문155. 말씀이 어떻게 구원을 얻는 데 효과 있게 됩니까?

답. 성령 하나님께서는 말씀을 읽는 것, 특별히 말씀의 선포를 효과 있는 수단으로 사용하셔서,[1] 죄인들의 마음을 밝히시고 죄책을 드러내시며 겸손하게 하시고,[2] 이들을 자신에게서 끌어내 그리스도에게로 나아가도록 하시고,[3] 그리스도의 형상을 본받게 하시며[4] 그분의 뜻에 복종하게 하시고,[5] 이들이 유혹과 부패에 빠지지 않도록 강하게 하시며,[6] 은혜 안에서 자라게 하시고[7] 믿음을 통해 이들의 마음을 거룩함과 위로 가운데 굳게 세우셔서 구원에 이르게 하십니다.[8]

1) 느 8:8; 행 26:18; 시 19:8.
2) 고전 14:24-25; 대하 34:18-19, 26-28.
3) 행 2:37, 41; 8:27-39.
4) 고후 3:18.
5) 고후 10:4-6; 롬 6:17.
6) 마 4:4, 7, 10; 엡 6:16-17; 시 19:11; 고전 10:11.
7) 행 20:32; 딤후 3:15-17.
8) 롬 16:25; 살전 3:2, 10-11, 13; 롬 15:4; 10:13-17; 1:16.

◀ 말씀 요절

느 8:8 "하나님의 율법책을 낭독하고 그 뜻을 해석하여 백성에게 그 낭독하는 것을 다 깨닫게 하니"

고전 14:24-25 "그러나 다 예언을 하면 믿지 아니하는 자들이나 알지 못하는 자들이 들어와서 모든 사람에게 책망을 들으며 모든 사람에게 판단을 받고 그 마음의 숨은 일들이 드러나게 되므로 엎드리어 하나님께 경배하며 하나님이 참으로 너희 가운데 계신다 전파하리라"

행 26:18 "그 눈을 뜨게 하여 어둠에서 빛으로, 사탄의 권세에서 하나님께로 돌아오게 하고 죄 사함과 나를 믿어 거룩하게 된 무리 가운데서 기업을 얻게 하리라 하더이다"

고후 3:18 "우리가 다 수건을 벗은 얼굴로 거울을 보는 것 같이 주의 영광을 보매 그와 같은 형상으로 변화하여 영광에서 영광에 이르니 곧 주의 영으로 말미암음이니라"

롬 6:17 "하나님께 감사하리로다 너희가 본래 죄의 종이더니 너희에게 전하여 준 바 교훈의 본을 마음으로 순종하여"

시 19:11 "또 주의 종이 이것으로 경고를 받고 이것을 지킴으로 상이 크니이다"

딤후 3:15-17 "또 어려서부터 성경을 알았나니 성경은 능히 너로 하여금 그리스도 예수 안에 있는 믿음으로 말미암아 구원에 이르는 지혜가 있게 하느니라 모든 성경은 하나님의 감동으로 된 것으로 교훈과 책망과 바르게 함과 의로 교육하기에 유익하니 이는 하나님의 사람으로 온전하게 하며 모든 선한 일을 행할 능력을 갖추게 하려 함이라"

살전 3:2, 10-11 "우리 형제 곧 그리스도의 복음을 전하는 하나님의 일꾼인 디모데를 보내노니 이는 너희를 굳건하게 하고 너희 믿음에 대하여 위로함으로 … 주야로 심히 간구함은 너희 얼굴을 보고 너희 믿음이 부족한 것을 보충하게 하려 함이라 하나님 우리 아버지와 우리 주 예수는 우리 길을 너희에게로 갈 수 있게 하시오며"

교리 해설

오늘 읽은 소요리문답 89항과 대요리문답 155항은 어제 살펴본 내용에 이어지는 질문을 다룹니다. 어제 우리는 말씀과 성례와 기도와 같은 그리스도의 규례들, 곧 은혜의 수단이 택함을 받은 자들이 구원을 얻는 데 효과적이라는 사실을 알아보았습니다. 그렇다면 이제 구체적으로 말씀은 어떻게 구원을 얻는 데 효과 있게 되는 것인지를 살펴보겠습니다. 소요리문답 89항과 대요리문답 155항은 역시 동일한 내용을 교훈하고 있으므로 대요리문답을 중심으로 전체 내용을 세 개로 나누어 차례대로 살펴보겠습니다.
(1) "성령 하나님께서는 말씀을 읽는 것, 특별히 말씀의 선포를 효과 있는 수단으로 사용하셔서": '말씀 선포'는 그리스도의 구속의 유익을 전달하는 은혜의 수단입니다. 그러나 말씀이 선포되어도 듣는 자에게 선포된 말씀이 그 자체로 은혜를 전달하는 효과를 낳지 않습니다. 동일한 말씀을 듣고도 어떤 이는 복음의 은혜 앞에 나오는 반면, 다른 어떤 이는 전혀 깨달음이 없거나 오히려 반발하기도 합니다. 이처럼 반응이 다르게 나타나는 일은 마치 은혜의 수단으로서 말씀이 자동적으로 효과를 주는 것이 아니라는 사실을 잘 보여줍니다. 그러면 무엇이 이러한 차이를 드러내는 것일까요? 오늘 대요리문답 155항은 "성령 하나님"의 사역으로 인한 것임을 교훈합니다. 말씀의 선포가 듣는 자에게 복음의 은혜와 중보자의 유익을 받는 효과로 나타나는 것은 성령 하나님께서 "말씀의 선포를 효과 있는 수단으로 사

용"하심으로 이루어지는 것이라고 진술합니다. 이러한 진리는 1월 7일에 대요리문답 4항과 신앙고백서 1.5을 읽으면서 성경이 하나님의 말씀으로서 참된 계시라는 사실과 이것이 과연 그러하다는 것을 아는 일이 성령 하나님의 사역으로 인한 것임을 학습하면서 살펴본 바와 연결됩니다.

대요리문답 4항은 "성경이 하나님의 말씀이라는 것은 어떻게 나타납니까?"라는 질문에 대하여 다음과 같이 답을 합니다: "성경은 그 자체가 하나님의 말씀임을 명백하게 드러냅니다. 성경의 장엄함과 순수함, 모든 부분의 일치와 모든 영광을 하나님께 돌리는 전체의 목적, 또한 죄인임을 드러내어 회개시키며, 신자를 위로하며 구원에 이르도록 세우는 그 빛과 능력이 성경 자체가 하나님의 말씀임을 명백하게 드러냅니다. 그러나 성경으로, 또한 성경과 함께 사람의 마음 안에서 증언하시는 성령 하나님만이 성경이 하나님의 말씀임을 온전히 설득하실 수 있습니다." 먼저 성경은 그 자체로 하나님의 말씀임을 명백하게 드러냅니다. 그러하기에 하나님의 말씀의 선포는 구원의 은혜를 전달하는 수단이 된다는 점은 명백합니다. 하지만 성경이 하나님의 말씀이라는 것을 온전히 설득하는 일은 성령 하나님만의 사역입니다. 그러하기에 은혜의 수단이 성경의 말씀 선포가 효과를 나타내는 일도 성령 하나님의 은혜의 사역이 있어야만 가능합니다. 성경 말씀이 성령 하나님의 영감으로 기록되었듯이, 기록된 성경을 읽고, 듣고, 깨닫는 일 또한 성령 하나님의 사역으로 인하여 이루어집니다. 이것을 가리켜 성령 하나님의 조명의 은혜라고 일컫습니다. 성령 하나님께서 성경의 말씀으로 은혜를 전달하시는 일을 가리켜서 흔히들 성령 하나님께서는 "말씀을 가지고 또는 함께"(Cum Verbo) 사역을 하신다고 표현합니다. 이러한 진술은 성경에서 "이는 우리 복음이 너희에게 말로만 이른 것이 아니라 또한 능력과 성령과 큰 확신으로 된 것임이라 우리가 너희 가운데서 너희를 위하여 어떤 사람이 된 것은 너희가 아는 바와 같으니라"(살전 1:5)라고 하신 말씀에 근거합니다.

(2) "죄인들의 마음을 밝히시고 죄책을 드러내시며 겸손하게 하시고, 이들을 자신에게서 끌어내 그리스도에게로 나아가도록 하시고, 그리스도의 형상을 본받게 하시며 그분의 뜻에 복종하게 하시고, 이들이 유혹과 부패에 빠지지 않도록 강하게 하시며, 은혜 안에서 자라게 하시고 … 이들의 마음을 거룩함과 위로 가운데 굳게 세우셔서": 성령 하나님께서 말씀을 수단으로 하여 전달하시는 은혜의 유익들을 일곱 가지 효과로 제시합니다. ① 성령 하나님께서는 "죄인들의 마음"을 밝혀주십니다. 아담의 타락 이후에 모든 인류는 원죄로 인하여 영적 진리를 불완전하며 왜곡되게 인지합니다. 죄의 영향으로 인하여 인류는 진리를 아는 일에 있어 총명이 어두워지고 무지하며 마음이 굳어져 있고 하나님과의 관계가 단절되어 있습니다(엡 4:18). 하나님이 계신다는 것을 핑계할 수 없음에도 하나님을 영화롭게도 아니하고 감사하지도 아니합니다. 스스로 지혜 있다고 하지만 미련한 마음에 어두워진 자들입니다(롬 1:21-22). 따라서 자연인, 곧 육에 속한 사람은 성령의 일을 어리석게 여기며 알지도 못합니다(고전 2:14). 따라서 하나님의 말씀이 선포되어도 이들은 귀로만 들을 뿐 그 말씀을 스스로 깨닫지를 못합니다. 이들이 선포된 하나님의 말씀을 통하여 그리스도의 구속의 유익을 받는 길은 이들의 마음을 먼저 밝히시는 성령 하나님의 은혜뿐입니다. ② 성령 하나님께서는 "죄책"을 드러내십니다. 죄인들의 마음을 밝히시어 하나님의 율법 앞에 서 있는 자신을 보게 하시고 자신의 죄를 보게 하십니다. 그리고 양심의 찔림을 받습니다(히 4:12). ③ 성령 하나님께서는 "겸손하게" 하십니다. 죄인은 자신의 마음에 빛을 받아, 하나님의 말씀 앞에서 자신의 죄와 이에 대한 심판을 알게 되며, 이러할 때 자신이 의롭다고 생각한 일체의 교만이 무너지고 하나님의 긍휼을 바라는 겸손한 마음으로 무릎을 꿇게 됩니다. 그리하여 통회하고 애통해합니다(사 66:2). ④ 성령 하나님께서는 죄인들을 "자신에게서 끌어내 그리스도에게로 나아가도록" 하십니다. 이제 하나님의 긍휼 외에 자신이 의지할 바가 없다는 사실을 깨달

은 죄인은 더 이상 자신의 의나 공로를 의지하지 않습니다. 다만 오직 그리스도만을 구원의 소망임을 고백하고 그리스도에게로 나아갑니다(요 6:44). 바울 사도는 그리스도를 아는 것 이외에 다른 율법의 의는 구원에 이르는 데 해가 될 뿐이라고 말합니다. 바울에게 있어서 자신의 의란 자신이 행한 율법의 의가 아니라 오직 믿음으로 말미암는 그리스도의 의일 뿐입니다(빌 3:7-9). ⑤ "그리스도의 형상을 본받게 하시며 그분의 뜻에 복종하게 하시고": 믿음으로 말미암는 그리스도의 의를 전가받은 신자는 법적으로 의롭다 하심을 받은 신분상의 변화에 머무르지 않습니다. 신자는 그리스도의 형상을 본받고 그리스도의 뜻에 복종하는 데로 나아가는 거룩한 상태로의 변화, 곧 성화를 이루어 갑니다. 이러한 일은 성령 하나님의 은혜입니다. 이것은 5월 22일에 읽은 신앙고백서 13.1에서 읽은 바와 같습니다: "효과 있는 부르심을 받아 중생하여 자신 안에 창조된 새 마음과 새 영을 가진 사람들은 더 나아가, 그리스도의 죽으심과 부활의 능력으로 인하여, 또 그분의 말씀과 이들 안에 거하시는 성령 하나님으로 말미암아 실제로 또 인격적으로 거룩하게 하심을 받는다." 여기서 신앙고백서는 "거룩하게 하심"(성화)에 대해 교훈하면서 성령 하나님께서 말씀을 수단으로 사용하셔서 거룩함을 이루어 가게 하심을 명확하게 밝혀줍니다. ⑥ "이들이 유혹과 부패에 빠지지 않도록 강하게 하시며": 앞서 언급한 신앙고백서 13.1은 인용한 부분에 이어서 이렇게 진술합니다: "즉 온몸에 대한 죄의 지배는 파괴되고 그것으로 인한 여러 욕정은 점점 더 약화되며 죽게 된다." 이 진술은 바로 성령 하나님의 은혜로 인하여 말씀은 유혹과 부패에 빠지도록 하는 욕정을 약화하는 데에 효과있게 사용됨을 밝혀줍니다. 하나님의 말씀을 가까이하고 묵상하며 그 교훈을 자신의 마음과 삶에 적용할 때 유혹과 부패의 영향력은 약화되고 이것에 대한 대항력은 더욱 강화됩니다. ⑦ "은혜 안에서 자라게 하시고 믿음을 통해 이들의 마음을 거룩함과 위로 가운데 굳게 세우셔서": 하나님의 말씀으로 인하여 이루어지는 모든 영적 유익은 성령 하나님께서 행하시는 은혜의 사역입니다. 따라서 이러한 유익을 풍성하게 누리는 일은 오직 은혜로 인한 것입니다. 그리고 이 은혜로 인하여 성도는 그 마음에 거룩함과 위로를 확고하게 붙듭니다. 특별히 거룩한 삶을 인내로 견디며 살아가는 일에 있어서 하나님의 말씀은 성도에게 죄 사함과 하나님의 자녀의 신분과 장차 누릴 영광과 부활의 소망을 바라보면서 위로를 누리게 합니다.

(3) "구원에 이르게 하십니다": 오늘 읽는 대요리문답 155항의 질문은 말씀과 구원의 효과와의 연결에 관한 것입니다. 대요리문답은 성령 하나님께서 말씀을 효과 있는 수단으로 사용하셔서 앞서 언급한 일곱 가지 영적 유익을 이루시고, 그 결과로 신자를 "구원에 이르게 하신다"라고 진술합니다. 하나님의 말씀은 단지 복음에 관한 지식적 정보를 전달하는 데 그 효과가 그치지 않습니다. 성령 하나님께서는 이 말씀을 사용하여 실제로 구원에 이르도록 역사하십니다. 5월 29일에 읽은 신앙고백서 14.1은 이와 관련하여 분명하게 다음과 같이 진술합니다. "선택된 자들은 믿음의 은혜로 인하여 믿을 수 있게 되어 영혼의 구원에 이르게 된다. 이 믿음의 은혜는 그리스도의 성령께서 이들 마음 안에서 행하시는 일이며, 통상적으로 말씀 사역에 의해 이루어진다. 또한 말씀 사역에 의해, 그리고 성례의 시행과 기도에 의해 이 믿음이 증가되고 강화된다." 구원은 그리스도를 믿는 믿음으로 말미암아 주어집니다. 이 믿음은 성령 하나님께서 행하시는 은혜입니다. 그리고 성령 하나님께서는 통상적으로 말씀 사역을 통해 이 믿음의 은혜를 이루십니다. 말씀은 구원의 은혜를 붙드는 믿음을 창조하고 강화하는 수단입니다. 성령 하나님께서 성도를 구원에 이르게 하기 위해 말씀을 사용하신다는 사실에 대해, 대요리문답 73항은 의롭다 하심을 받는 믿음을 설명하면서 이렇게 명확히 진술합니다. "의롭다 하심을 받는 믿음은 성령 하나님과 말씀이 죄인의 마음속에 일으키신 구원의 은혜입니다." 또한 이어지는 76항은 이렇게 고백합니다. "생명에 이르는 회개는 성령 하나님과 말씀이 죄

인의 마음속에 일으키신 구원의 은혜입니다." 이처럼 성령 하나님께서 이루시는 구원의 은혜는 통상적으로 하나님의 말씀을 수단으로 하여 역사하신다는 사실은 개혁교회 신앙의 표준적인 고백입니다. 곧 이것은 성령 하나님에 대한 개혁교회의 가장 핵심적인 신앙고백 가운데 하나입니다.

적용 질문

1. 성령 하나님께서 말씀이 효과 있게 역사하시지 않는다면 왜 동일한 설교를 들어도 사람마다 전혀 다른 반응을 보이는 것입니까? 여러분은 말씀을 단순한 지식이나 교양으로 받아들이는 것이 아니라, 성령 하나님의 조명하심을 구하며 그분의 은혜 가운데 말씀을 깨닫고 믿음으로 반응하고 있습니까?

2. 성령 하나님께서 말씀을 통해 죄인을 어떻게 겸손하게 하시며, 왜 이것이 회개와 복음으로 나아가는 출발점이 됩니까? 여러분은 말씀을 들을 때마다 자신을 의롭다 여기던 교만을 버리고, 죄인으로서 하나님 앞에 무릎 꿇으며 긍휼을 간구하는 겸손으로 나아가고 있습니까?

3. 성령 하나님께서 죄인을 자신에게서 끌어내어 오직 그리스도께로 나아가게 하신다는 것은 어떤 의미입니까? 여러분은 여전히 자신이 쌓은 의나 공로를 붙드는 것이 아니라, 오직 그리스도만을 구원의 소망으로 의지하며 그분께 나아가고 있습니까?

4. 말씀이 성도를 유혹과 부패에서 지켜내며, 은혜 안에서 자라게 하여

거룩함과 위로 가운데 굳게 세운다는 것은 어떤 방식으로 이루어집니까? 여러분은 말씀을 꾸준히 가까이하며, 그 말씀 안에서 죄와 싸우는 힘과 장차 누릴 영광의 소망을 얻어 실제로 거룩함과 위로 가운데 굳게 서고 있습니까?

11월 4일

모든 사람이 읽어야 하는 하나님의 말씀

대요리문답 156

대요리문답 156:

문156. 하나님의 말씀을 모든 사람이 읽어야 합니까?

답. 비록 모든 사람이 회중 앞에서 공적으로 말씀을 읽도록 허락되어 있지는 않으나,[1] 모든 사람은 개별적으로,[2] 그리고 가족과 함께 말씀을 읽어야만 합니다.[3] 이 목적을 위해 성경은 원어에서 각 나라의 보통 언어로 번역되어야만 합니다.[4]

1) 신 31:9, 11-13; 느 8:2-3; 9:3-4.
2) 신 17:19; 계 1:3; 요 5:39; 사 34:16.
3) 신 6:6-9; 창 18:17, 19; 시 78:5-7.
4) 고전 14:6, 9, 11-12, 15-16, 24, 27-28.

◀ 말씀 요절

신 31:9, 11-13 "또 모세가 이 율법을 써서 여호와의 언약궤를 메는 레위 자손 제사장들과 이스라엘 모든 장로에게 주고 … 온 이스라엘이 네 하나님 여호와 앞 그가 택하신 곳에 모일 때에 이 율법을 낭독하여 온 이스라엘에게 듣게 할지니 곧 백성의 남녀와 어린이와 네 성읍 안에 거류하는 타국인을 모으고 그들에게 듣고 배우고 네 하나님 여호와를 경외하며 이 율법의 모든 말씀을 지켜 행하게 하고 또 너희가 요단을 건너가서 차지할 땅에 거주할 동안에 이 말씀을 알지 못하는 그들의 자녀에게 듣고 네 하나님 여호와 경외하기를 배우게 할지니라"

계 1:3 "이 예언의 말씀을 읽는 자와 듣는 자와 그 가운데에 기록한 것을 지키는 자는 복이 있나니 때가 가까움이라"

신 6:6-9 "오늘 내가 네게 명하는 이 말씀을 너는 마음에 새기고 네 자녀에게 부지런히 가르치며 집에 앉았을 때에든지 길을 갈 때에든지 누워 있을 때에든지 일어날 때에든지 이 말씀을 강론할 것이며 너는 또 그것을 네 손목에 매어 기호를 삼으며 네 미간에 붙여 표로 삼고 또 네 집 문설주와 바깥 문에 기록할지니라"

시 78:5-7 "여호와께서 증거를 야곱에게 세우시며 법도를 이스라엘에게 정하시고 우리 조상들에게 명령하사 그들의 자손에게 알리라 하셨으니 이는 그들로 후대 곧 태어날 자손에게 이를 알게 하고 그들은 일어나 그들의 자손에게 일러서 그들로 그들의 소망을 하나님께 두며 하나님께서 행하신 일을 잊지 아니하고 오직 그의 계명을 지켜서"

고전 14:9, 11-12 "이와 같이 너희도 혀로써 알아 듣기 쉬운 말을 하지 아니하면 그 말하는 것을 어찌 알리요 이는 허공에다 말하는 것이라 … 그러므로 내가 그 소리의 뜻을 알지 못하면 내가 말하는 자에게 외국인이 되고 말하는 자도 내게 외국인이 되리니 그러므로 너희도 영적인 것을 사모하는 자인즉 교회의 덕을 세우기 위하여 그것이 풍성하기를 구하라"

교리 해설

성령 하나님께서는 하나님의 말씀을 수단으로 하여 구원의 효과가 나타나도록 하십니다. 이러한 효과는 사람이 하나님의 말씀을 읽는 것을 전제로 합니다. 하나님의 말씀을 읽거나 듣지 않고는, 통상적으로 하나님의 말씀을 사용하여 구원의 은혜를 베푸시는 성령 하나님의 사역이 이루어질 기회가 없기 때문입니다. 오늘 읽는 대요리문답 156항은 모든 사람이 하나님의 말씀을 읽어야 한다는 사실과, 이를 위하여 성경은 각 나라의 언어로 번역되어야 함을 교훈합니다. 대요리문답 156항을 세 부분으로 나누어 살펴봅니다.

(1) "비록 모든 사람이 회중 앞에서 공적으로 말씀을 읽도록 허락되어 있지는 않으나": 하나님의 말씀은 모든 사람이 읽어서 하나님께서 내리시는 은혜를 누려야 합니다. 그런데 오늘 대요리문답은 "회중 앞에서 공적으로"라는 제한을 덧붙이면서, 모든 사람이 말씀을 읽도록 허락되어 있지 않다고 말합니다. 이는 회중이 모여 드리는 공예배에서 하나님의 말씀을 낭독하는 일이 곧 말씀을 공적으로 선포하는 예배 행위에 속하기 때문입니다. 공적으로 말씀을 봉독하는 일은 개인 경건 생활을 위한 성경 읽기나, 가정 예배에서의 성경 읽기와는 구별됩니다. 공예배에서 말씀을 읽는 일은 교회의 직분 체계에 따라 예배를 드리는 원리에 속하며, 합법적인 직분자에게

맡겨진 직무입니다. 공적 예배에서 말씀을 읽는 것은 목사를 통해 하나님의 말씀이 직접 선포되는 예배의 한 부분입니다.

이것은 소위 "만인 제사장직"을 부정하는 것이 아닙니다. 만인 제사장론에 따르면, 성도는 누구든 예수 그리스도 외에 다른 중보자 없이 하나님께 나아갈 수 있으며, 이러한 의미에서 하나님과의 관계에 있어 목사나 직분자와 신분적 차이를 갖지 않습니다. 또한 모든 성도는 자신의 신앙생활에 책임을 지며, 다른 사람을 위해 기도하고 말씀을 전하며 가르치는 신앙의 의무를 가집니다. 그럼에도 공예배에서 말씀을 읽는 일을 목사나 직분자에게 맡기는 이유는 예배를 품위 있고 질서 있게 하기 위함입니다(고전 14:40). 공예배에 모인 교인들은 하나님의 은혜언약 아래에 있는 자들입니다. 이들을 향해 하나님의 말씀을 낭독하고 듣게 하는 일은 교회의 직분자로 세움을 입은 자가 행하는 것이 질서의 원리에 합당합니다. 또한 말씀 봉독 역시 말씀 선포 행위에 속하기 때문에, 공적 예배에서 말씀 선포를 목사가 맡듯이 말씀 봉독도 목사에게 맡겨집니다. 말씀 봉독을 맡을 자는 단순히 글을 잘 읽는 능력으로 정해지는 것이 아니라, 교회를 영적으로 보호하고 가르칠 책임에 의해 정해집니다. 오늘날 한국 교회의 상당수와 복음주의적 성격을 가진 여러 교회들은 직분자가 아닌 성도에게 성경 봉독을 맡기거나, 회중과 함께 교독이나 합독을 하기도 합니다. 이러한 관행은 오늘 읽는 대요리문답의 교훈과 차이를 보입니다.

(2) "모든 사람은 개별적으로, 그리고 가족과 함께 말씀을 읽어야만 합니다": 공적 예배에서 말씀을 봉독하는 일은 모든 성도에게 맡겨진 일이 아닙니다. 그러나 모든 성도는 개별적으로, 또 가족과 함께 성경을 읽어야 합니다. 먼저 모든 사람은 "개별적으로" 말씀을 읽어야 합니다. 이것은 신자가 스스로 성경을 펴서 읽고 그 뜻을 살펴야 함을 의미합니다. 홀로 읽는 말씀을 통해 각 개인은 다른 사람의 도움이나 중개 없이 하나님을 직접 만나는 시간을 갖습니다. 성경 본문을 직접 읽을 때 성령 하나님의 깨우치시

는 은혜를 받아 하나님의 뜻을 배우게 된다는 점에서 이 시간은 매우 중요합니다. 뿐만 아니라 대요리문답은 "가족과 함께" 말씀을 읽을 것을 교훈합니다. 이는 개인만이 아니라 가족 전체가 하나님의 언약 대상이기 때문입니다. 예를 들어, 하나님께서 아브라함에게 "내 언약을 나와 너 및 네 대대 후손 사이에 세워서 영원한 언약을 삼고 너와 네 후손의 하나님이 되리라"(창 17:7) 하신 말씀이 이를 보여 줍니다. 이러한 이유로 성경은 부모가 자녀에게 하나님의 말씀을 부지런히 읽고 가르칠 의무가 있음을 교훈합니다. "네 자녀에게 부지런히 가르치며 집에 앉았을 때에든지 길을 갈 때에든지 누워 있을 때에든지 일어날 때에든지 이 말씀을 강론할 것이며"(신 6:7). 언약의 이러한 이해에 따라 개혁교회는 개인이 각자 자신의 믿음으로 그리스도와 연합되지만, 가족 전체도 하나님 앞에 서 있는 언약 공동체임을 강조합니다. 따라서 하나님의 말씀은 개인적으로만이 아니라 가족과 함께 읽어야 합니다. 오늘날 개인별 성경 읽기를 강조하는 것은 그 자체로 좋은 일이지만, 가족 전체가 언약 공동체로서 함께 말씀을 읽는 것이 언약 신앙의 필수적 의무라는 사실을 오늘 읽는 대요리문답 156항은 잘 가르쳐 줍니다.

(3) "이 목적을 위해 성경은 원어에서 각 나라의 보통 언어로 번역되어야만 합니다": 개인과 가족 전체가 하나님의 말씀을 읽고 그 뜻을 알기 위해서는 성경이 이해할 수 있는 언어로 번역되어 있어야 합니다. 구약 성경을 히브리어로, 신약 성경을 헬라어로 읽을 수 있다면 가장 좋을 것입니다. 그러나 모든 성도가 성경 원어를 배워 읽을 수는 없기 때문에 성경의 번역이 반드시 필요합니다. 종교개혁자들은 성경을 번역하는 일을 가장 우선적인 과제로 삼았습니다. 종교개혁 이전까지 중세 교회는 불가타(Vulgata) 라틴어 판을 사용했지만, 대부분의 일반 교인들은 라틴어를 해독하지 못했습니다. 라틴어는 교육을 받은 극소수만 이해할 수 있는 언어였고, 심지어 사제들조차도 히브리어는 물론 라틴어조차 제대로 해석하지 못하는 경우가 많았습니다. 단지 미사 문구를 암송할 뿐이었으며, 그 뜻을 알지 못한 채 미사

의식만 수행하곤 했습니다. 이런 상황에서 성경은 일반 교인들에게 완전히 닫힌 책이었습니다. 이러한 상황을 타개하기 위해 종교개혁자들은 자국어로 성경을 번역했습니다. 그래서 오늘 읽는 대요리문답은 성경이 원어에서 각 나라의 보통 언어로 번역되어야 한다고 진술합니다. 선교 활동에서 성경을 번역하는 일은 가장 우선적인 사역 가운데 하나여야 합니다. 또한 글을 읽을 수 없는 장애를 가진 사람들을 위해 다양한 방식으로 성경을 접할 수 있는 길을 마련하는 것도 필요합니다. 점자 성경이나 오디오 성경과 같은 도구를 개발하여, 모든 사람이 하나님의 말씀을 직접 들을 수 있도록 해야 합니다.

적용 질문

1. 왜 대요리문답 156항은 모든 사람이 말씀을 읽어야 한다고 하면서도, 회중 앞에서 공적으로 성경을 봉독하는 일은 모든 성도에게 허락되지 않는다고 말합니까? 여러분은 공예배에서의 성경 봉독이 단순한 낭독이 아니라 질서와 직분에 따라 맡겨진 예배 행위임을 인정하며, 예배를 질서 있게 드리는 일에 마음을 다하고 있습니까?

2. 성경은 왜 개인적으로 읽어야 하며, 동시에 가족과 함께 읽어야 한다고 교훈합니까? 여러분은 개인 경건 생활 속에서 하나님의 말씀을 직접 펴고 읽으며 하나님을 만나는 시간을 갖고 있습니까, 그리고 가정이 언약 공동체임을 기억하며 가족과 함께 말씀을 읽는 일에 힘쓰고 있습니까?

3. 종교개혁자들은 왜 성경을 각 나라의 언어로 번역하는 일을 가장 우선

적인 과제로 삼았습니까? 여러분은 성경이 모국어로 주어진 은혜를 감사히 여기고 있으며, 또한 읽을 수 없는 이들을 위하여 성경을 다양한 방식으로 접할 수 있게 하는 사역에 관심과 기도를 드리고 있습니까?

4. 오늘날 교회와 성도들에게 대요리문답 156항의 가르침은 어떤 도전을 줍니까? 당신은 개인 성경 읽기와 가정 성경 읽기를 균형 있게 실천하며, 성경이 모든 사람에게 열려야 한다는 원리를 오늘의 신앙생활과 선교적 삶 속에서 어떻게 적용하고 있습니까?

11월 5일

하나님의 말씀을 읽고 듣는 자세

소요리문답 90
대요리문답 157

소요리문답 90:

문90. 말씀이 구원에 효과 있게 되도록 어떻게 읽고 들어야 합니까?

답. 말씀이 구원에 효과 있게 되도록 근면과[1] 준비와,[2] 기도로써[3] 말씀에 집중하고, 믿음과 사랑으로 말씀을 받아들여야 하며,[4] 우리의 마음에 말씀을 간직해야 하고,[5] 우리의 삶에서 말씀을 실천해야 합니다.[6]

1) 잠 8:34.
2) 벧전 2:1-2.
3) 시 119:18.
4) 히 4:2; 살후 2:10.
5) 시 119:11.
6) 눅 8:15; 약 1:25.

대요리문답 157:

문157. 하나님의 말씀을 어떻게 읽어야 하십니까?

답. 성경은 높이 여기고 경외하는 마음으로 읽어야 합니다.[1] 성경이 곧 하나님의 말씀이며, 하나님께서만이 우리로 성경을 깨달을 수 있게 하실 수 있다는 굳은 확신과[2] 성경에 계시된 하나님의 뜻을 알고, 믿고, 순종하고자 하는 갈망을 가지고[3] 부지런히,[4] 성경의 내용과 의도에 주의하면서,[5] 묵상하며[6] 적용하고[7] 자기 부정을 하며[8] 기도하면서 읽어야 합니다.[9]

1) 시 19:10; 느 8:3-6, 10; 출 24:7; 대하 34:27; 사 66:2.
2) 벧후 1:19-21; 눅 24:45; 고후 3:13-16.
3) 신 17:19-20.
4) 행 17:11.
5) 행 8:30, 34; 눅 10:26-28.
6) 시 1:2; 119:97.
7) 대하 34:21.
8) 잠 3:5; 신 33:3.
9) 잠 2:1-6; 시 119:18; 느 7:6, 8.

◀ 말씀 요절

시 19:10 "금 곧 많은 순금보다 더 사모할 것이며 꿀과 송이꿀보다 더 달도다"

잠 8:34 "누구든지 내게 들으며 날마다 내 문 곁에서 기다리며 문설주 옆에서 기다리는 자는 복이 있나니"

벧전 2:1-2 "그러므로 모든 악독과 모든 기만과 외식과 시기와 모든 비방하는 말을 버리고 갓난 아기들 같이 순전하고 신령한 젖을 사모하라 이는 그로 말미암아 너희로 구원에 이르도록 자라게 하려 함이라"

시 119:18 "내 눈을 열어서 주의 율법에서 놀라운 것을 보게 하소서"

살후 2:10 "불의의 모든 속임으로 멸망하는 자들에게 있으리니 이는 그들이 진리의 사랑을 받지 아니하여 구원함을 받지 못함이라"

시 1:2 "오직 여호와의 율법을 즐거워하여 그의 율법을 주야로 묵상하는도다"

시 119:67 "고난 당하기 전에는 내가 그릇 행하였더니 이제는 주의 말씀을 지키나이다"

신 33:3 "여호와께서 백성을 사랑하시나니 모든 성도가 그의 수중에 있으며 주의 발 아래에 앉아서 주의 말씀을 받는도다"

약 1:25 "자유롭게 하는 온전한 율법을 들여다보고 있는 자는 듣고 잊어버리는 자가 아니요 실천하는 자니 이 사람은 그 행하는 일에 복을 받으리라"

◀ 교리 해설

어제 읽은 대요리문답 156항은 모든 사람은 직접 하나님의 말씀을 읽고 하나님의 교훈을 받아야 할 것을 교훈합니다. 오늘은 하나님의 말씀을 읽거나 듣는 마음과 태도에 대해서 교훈합니다. 소요리문답 90항과 대요리문답 157항에서 진술하는 바를 여덟 부분으로 나누어 살펴봅니다.

(1) "성경은 높이 여기고 경외하는 마음으로 읽어야 합니다"(대요리문답 157): 성경을 읽는 일은 다른 일반 책들을 읽는 것과 다른 마음으로 읽어야 합니다. 성경은 사람의 글이 아니라 하나님께서 영감하신 말씀입니다. "모든 성경은 하나님의 감동으로 된 것으로 교훈과 책망과 바르게 함과 의로 교육하기에 유익하니"(딤후 3:16). 성경을 읽을 때는 지금 내게 말씀하시는 하나님을 생각하며 하나님에 대한 경외심으로 그 교훈에 순종하기를 구하며 자신을 낮추어야 합니다. 대요리문답이 성경을 읽는 마음과 태도에 대하여 "높이 여기고 경외하는 마음으로"라고 표현한 것은 성경이 드러내는 하나님의 뜻을 최종적인 권위의 말씀으로 인정할 것을 뜻합니다. 공적 예배에서 성경을 낭독하는 일은 목사나 직분자에게 속한 일이라는 것은, 성경을 읽는 일이 본질상 예배의 성격을 갖는 것을 의미합니다. 성령 하나님께서 깨우쳐 주시기를 바라며 겸손한 마음으로 하나님의 교훈을 듣고자 하는 마음으로 읽어야 합니다.

(2) "성경이 곧 하나님의 말씀이며, 하나님께서만이 우리로 성경을 깨달을 수 있게 하실 수 있다는 굳은 확신과"(대요리문답 157): 성경이 하나님의 영감으로 된 말씀이라는 사실을 믿음으로 굳게 확신하여야 합니다. 그리고 성경의 말씀은 하나님에게서 기원하는 것이므로 그것을 깨닫는 은혜도 하나님께서 주신다는 점을 굳게 확신하여야 합니다. 그래서 성경을 학문적으로 연구하여 그 내용을 정리하고 분석하여 결과물을 설명할 수 있어도 그것으로는 아직 성경을 읽은 것이라고 할 수 없습니다. 성경의 내용이 하나

님의 말씀인 줄을 믿음으로 겸손하게 인정하면서 그 말씀이 주는 영적인 각성을 위하여 성령 하나님께서 깨우쳐 주시기를 바라는 기도 가운데 읽어야 합니다. 다음의 성경 말씀은 이 사실을 가르칩니다. "우리가 세상의 영을 받지 아니하고 오직 하나님으로부터 온 영을 받았으니 이는 우리로 하여금 하나님께서 우리에게 은혜로 주신 것들을 알게 하려 하심이라 우리가 이것을 말하거니와 사람의 지혜가 가르친 말로 아니하고 오직 성령께서 가르치신 것으로 하니 영적인 일은 영적인 것으로 분별하느니라 육에 속한 사람은 하나님의 성령의 일들을 받지 아니하나니 이는 그것들이 그에게는 어리석게 보임이요, 또 그는 그것들을 알 수도 없나니 그러한 일은 영적으로 분별되기 때문이라"(고전 2:12-14).

(3) "말씀이 구원에 효과 있게 되도록 근면과 준비와 기도로써 말씀에 집중하고"(소요리문답 90); "성경에 계시된 하나님의 뜻을 알고, 믿고, 순종하고자 하는 갈망을 가지고"(대요리문답 157): 하나님의 영감으로 된 하나님의 말씀을 읽고 깨닫는 일은 성령 하나님의 은혜입니다. 이러한 은혜를 굳게 확신하면서 성경을 읽는 신자는 성경을 읽을 때 준비해야 할 마음의 자세가 있습니다. 무엇보다도 근면의 태도입니다. 어쩌다 생각나거나 기회를 따라 성경을 펼치는 것이 아니라, 말씀을 알고자 부지런한 습관을 따라 말씀을 향해 나아가야 합니다. 그리고 말씀을 부지런히 읽기 위하여 이를 방해할 만한 여러 세속적인 일들을 정리하고 생각을 말씀에 집중하는 준비와 노력이 필요합니다. 그리고 기도가 필요한 까닭은 앞서 살핀 것처럼 성경을 읽고 그 뜻을 아는 일과 믿고 순종하는 일이 모두 성령 하나님의 은혜로 되는 것이기 때문입니다. 따라서 하나님의 뜻을 알고, 믿고 순종하는 열망을 가지고 기도로 성령 하나님의 도우심을 구하며 성경을 읽어야 합니다. 에스라가 성경을 봉독하면서 행하였던 태도는 좋은 모범적 실례를 제공합니다. "에스라가 모든 백성 위에 서서 그들 목전에 책을 펴니 책을 펼 때에 모든 백성이 일어서니라 에스라가 위대하신 하나님 여호와를 송축하매 모

든 백성이 손을 들고 아멘 아멘 하고 응답하고 몸을 굽혀 얼굴을 땅에 대고 여호와께 경배하니라"(느 8:5-6).

(4) "성경의 내용과 의도에 주의하면서"(대요리문답 157): 성경을 부지런히 집중하여 읽어야 합니다. 그것은 성경 본문이 말하는 내용을 파악하고, 그 말씀하는 바가 무엇을 의도하는지를 알고자 하는 태도를 가지고 읽어야 함을 뜻합니다. 이처럼 내용과 의도를 알고자 하는 태도는 성경을 읽는 내적인 마음 자세만을 말하지 않습니다. 여기서 말하는 내용과 의도는 성경 전체가 가리키고 있는 중심 주제를 가리킵니다. 곧 성경이 말하고자 하는 중심적인 의도를 파악하기에 주의를 기울여야 할 것을 말합니다. 그것은 그리스도 안에서 베푸시는 하나님의 긍휼의 영광과 그리스도의 사역 그리고 성령 하나님의 거룩하게 하시는 구속 사역의 적용 등입니다. 이것은 예수님께서 모세와 모든 선지자의 글이 자기에 관한 것임을 말씀하신 것(눅 24:27)을 반영합니다. 또한 "오직 이것을 기록함은 너희로 예수께서 하나님의 아들 그리스도이심을 믿게 하려 함이요 또 너희로 믿고 그 이름을 힘입어 생명을 얻게 하려 함이니라"(요 20:31)라는 말씀은 성경의 내용과 의도가 바로 하나님의 아들 예수 그리스도에 관한 것임을 보여줍니다.

(5) "우리의 마음에 말씀을 간직해야 하고"(소요리문답 90); "묵상하며 적용하고 자기 부정을 하며"(대요리문답 157): 하나님의 말씀을 읽는 일이 구원에 효과를 나타내려면, 단순히 읽는 데 그치지 않고 말씀을 마음에 새기고 간직해야 합니다. 이를 위해 대요리문답은 묵상, 적용, 자기 부정을 제시합니다. 묵상은 하나님의 말씀을 눈으로 읽고 귀로 듣는 데 그치지 않고, 그 교훈을 깊이 헤아려 자신의 생각과 마음에 새겨두는 행위입니다(시 1:2). 적용은 묵상한 말씀을 삶 속에서 열매로 맺히도록 구체화하는 행위입니다. 즉, 하나님의 말씀에 대한 묵상이 삶의 방향과 가치를 형성하도록 하는 것입니다. 자기 부정은 말씀을 적용하는 데 방해가 되는 자기중심적 사고와 판단, 그리고 자기 의를 내려놓는 것입니다. 예수님께서 "자기를 부인

하고 자기 십자가를 지고 나를 따를 것"이라고 하셨을 때, 여기서 자기 부인은 자신을 주인으로 삼는 모든 행위에 대한 부정을 뜻합니다. 이는 자기 의, 욕망, 자아 중심적 주권 의식을 신뢰하지 않는 것을 의미합니다. 이러한 자기 부정은 오직 십자가의 대속의 은혜를 의지할 때 가능합니다. 곧, 성경의 내용과 의도인 그리스도의 사역을 묵상하고 적용할 때 자기 부정의 열매가 풍성히 맺힙니다.

(6) "믿음과 사랑으로 말씀을 받아들여야 하며"(소요리문답 90): 말씀이 우리에게 구원의 유익을 전달하려면, 그것을 받아들여야 합니다. 말씀을 받아들인다는 것은 그 말씀을 믿는 것이며, 그 말씀에 담긴 은혜를 붙드는 믿음이 사랑의 열매를 맺도록 하는 과정을 포함합니다. 예수님께서 좋은 땅에 떨어져 백 배, 육십 배, 삼십 배의 열매를 맺는 믿음을 비유하시면서 "말씀을 듣고 깨닫는 자"(마 13:23)라 하신 것은 곧 "믿음과 사랑으로 말씀을 받아들이는 것"을 가리킵니다. 믿음과 사랑은 분리될 수 없는 말씀 읽기의 영적 성질이며, 이는 성령 하나님의 은혜로 가능합니다.

(7) "기도로써 말씀에 집중하고"(소요리문답 90); "기도하면서 읽어야 합니다"(대요리문답 157): 하나님의 말씀이 구원의 효과를 나타내려면 반드시 기도가 필요합니다. 기도는 말씀을 이해하기 위하여 영적 눈을 열어 주시고 깨닫게 하시는 성령 하나님의 도우심을 구하는 행위입니다. 앞서 살펴본 것처럼, 성경이 하나님의 말씀임을 믿는 일조차 기도 가운데 가능하다는 점이 중요합니다. 이는 성경이 하나님의 말씀이라는 사실을 성령께서 믿음을 주실 때에만 알 수 있기 때문입니다. 또한 말씀을 깨닫고 믿는 일 역시 성령의 조명하시는 은혜를 통해서만 가능합니다. 이 은혜를 구하는 수단이 바로 기도입니다. 따라서 성경을 읽으며 하나님의 뜻을 깨닫는 일에는 반드시 기도가 필요합니다. 인간은 원죄로 인해 영적 사실을 인식하는 능력이 철저히 왜곡되고 무능력해졌기 때문에, 자기 힘만으로는 불가능합니다. 시편 기자 다윗은 말씀을 가르쳐 달라고 간구했습니다. "여호와여 주의 율례

의 도를 내게 가르치소서 내가 끝까지 지키리이다. 나로 하여금 깨닫게 하소서 내가 주의 법을 준행하며 전심으로 지키리이다"(시 119:33-34). 기도 없이 성경을 읽는 것은 단지 형식적인 독서에 그치지만, 기도로 조명의 은혜를 구하며 말씀을 읽을 때 성령 하나님의 은혜가 마음에 새겨지고, 감사와 찬송으로 나아가게 됩니다.

(8) "우리의 삶에서 말씀을 실천해야 합니다"(소요리문답 90): 대요리문답은 "하나님의 말씀을 어떻게 읽어야 합니까?"라고 묻습니다. 이 질문은 성경 읽기가 일반 서적을 읽는 것과 다르다는 점을 전제합니다. 그렇지 않다면 이 질문은 아무 의미가 없을 것입니다. 소요리문답은 90항에서 "말씀을 구원에 효과 있게 어떻게 읽고 들어야 합니까?"라고 묻습니다. 이는 단순히 "읽는 방법론"이 아니라, 말씀을 통해 구원의 효과가 실제로 나타나는 일에 관한 질문입니다. 소요리문답은 이 효과가 삶의 실천으로 이어져야 함을 강조합니다. 믿음과 실천은 모두 성령 하나님의 은혜로 이루어집니다. 말씀을 믿음으로 받아들이는 것과 말씀을 실천으로 나타내는 순종은 동일한 성령 하나님의 은혜에서 비롯되며, 동전의 양면과 같습니다. 따라서 말씀을 읽을 때 성령 하나님의 도우심에 따라 말씀은 구원의 효과를 나타내며, 우리의 삶을 변화시키는 능력으로 역사합니다.

◀ 적용 질문

1. 성경을 읽는 일은 왜 일반 책을 읽는 것과 달리 경외와 존중의 태도를 요구합니까? 여러분은 성경을 읽을 때 지금 하나님께서 직접 말씀하신다는 사실을 인식하며 겸손과 경외로 그 말씀을 받아들이고 있습니까?

2. 성경을 깨닫는 일은 오직 성령 하나님의 조명으로만 가능하다는 교훈은 무엇을 의미합니까? 여러분은 성경을 단순한 학문적 탐구의 대상으로 여기지 않고, 성령의 조명을 간구하며 말씀을 믿음과 확신 가운데 읽고 있습니까?

3. 말씀을 구원에 효과 있게 읽기 위해 근면과 준비, 그리고 기도가 왜 필요합니까? 여러분은 말씀을 읽을 때 우연히 시간을 내는 것이 아니라 부지런히 습관을 세우고, 마음을 정리하며, 기도로 성령의 도우심을 구하는 태도를 갖고 있습니까?

4. 성경의 내용을 묵상하고 삶에 적용하며 자기 부정을 실천해야 하는 이유는 무엇입니까? 여러분은 말씀을 단순히 이해하는 데 그치지 않고, 삶 속에서 말씀의 열매를 맺도록 적용하며 자기 의와 욕망을 내려놓고 순종의 길을 걷고 있습니까?

11월 6일

하나님의 말씀의 설교자

대요리문답 158

대요리문답 158:

문158. 하나님의 말씀은 누가 설교할 수 있습니까?

답.   하나님의 말씀은 충분한 은사를 받았을 뿐만 아니라,[1] 그 직무를 감당하도록 공식적으로 인허받고 부름을 받은 사람만이 설교할 수 있습니다.[2]

1) 딤전 3:2, 6; 엡 4:8-11; 호 4:6; 말 2:7; 고후 3:6.
2) 렘 14:15; 롬 10:15; 히 5:4; 고전 12:28-29; 딤전 3:10; 4:14; 5:22.

◀ 말씀 요절

딤전 3:2 "그러므로 감독은 책망할 것이 없으며 한 아내의 남편이 되며 절제하며 신중하며 단정하며 나그네를 대접하며 가르치기를 잘하며"

호 4:6 "내 백성이 지식이 없으므로 망하는도다 네가 지식을 버렸으니 나도 너를 버려 내 제사장이 되지 못하게 할 것이요 네가 네 하나님의 율법을 잊었으니 나도 네 자녀들을 잊어버리리라"

엡 4:11 "그가 어떤 사람은 사도로, 어떤 사람은 선지자로, 어떤 사람은 복음 전하는 자로, 어떤 사람은 목사와 교사로 삼으셨으니"

렘 14:15 "그러므로 내가 보내지 아니하였어도 내 이름으로 예언하여 이르기를 칼과 기근이 이 땅에 이르지 아니하리라 하는 선지자들에 대하여 여호와께서 이와 같이 말씀하셨노라 그 선지자들은 칼과 기근에 멸망할 것이요"

롬 10:15 "보내심을 받지 아니하였으면 어찌 전파하리요 기록된 바 아름답도다 좋은 소식을 전하는 자들의 발이여 함과 같으니라"

고전 12:28-29 "하나님이 교회 중에 몇을 세우셨으니 첫째는 사도요 둘째는 선지자요 셋째는 교사요 그 다음은 능력을 행하는 자요 그 다음은 병 고치는 은사와 서로 돕는 것과 다스리는 것과 각종 방언을 말하는 것이라 다 사도이겠느냐 다 선지자이겠느냐 다 교사이겠느냐 다 능력을 행하는 자이겠느냐"

◀ 교리 해설

오늘날에는 누구라도 '유튜브, 팟캐스트, SNS, 디지털 플랫폼'과 같은 여러 수단을 활용하여 '설교자'와 같은 영향력을 행사할 수 있습니다. 이러한 상황 속에서 오늘 읽는 대요리문답 158항은 설교와 설교자에 관하여 핵심적인 교훈을 전합니다. 언약 공동체인 교회가 들어야 하는 설교는 누구든 자칭하여 하나님의 말씀이라고 주장하며 전하는 내용으로 대체될 수 없습니다. 왜냐하면 비록 설교자가 입을 열어 설교를 하지만, 그 설교 가운데 참으로 말씀하시는 분은 하나님이시기 때문입니다. 이를 위해 하나님께서는 설교자를 부르시고, 교회를 통하여 그를 설교자로 인준하십니다. 유튜브와 같은 매체를 사용하여 어떤 사람이 상당한 영향력을 끼친다 하더라도, 그 영향력이 그 사람이 하는 말을 설교로 만들어 주는 것은 아닙니다.

대요리문답 158항은 "하나님의 말씀은 누가 설교할 수 있습니까?"라는 질문에 대한 답을 통하여 주는 교훈을 네 가지로 나누어 살펴볼 수 있습니다.

(1) "하나님의 말씀은 … 부름을 받은 사람만이 설교할 수 있습니다.": 대요리문답은 먼저, 하나님의 말씀의 설교는 모든 신자가 행사할 수 있는 사역이나 권리가 아님을 밝힙니다. 설교는 공적 예배에서 하나님의 말씀을 선포하는 거룩한 직무입니다. 예배는 하나님께서 말씀 안에서 제정해 놓으신 규례에 따라 드려져야 합니다. 이것은 제2계명에서 요구하는 의무임을, 7월 17일에 살펴본 대요리문답 108항에서 확인하였습니다. 대요리문답 108항은 다음과 같이 시작합니다: "제2계명에서 요구하는 의무는 하나님께서 말씀 안에 제정해 놓으신 모든 종교적 예배 방식과 규례를 받아들이고, 준수하며, 순전하고 온전하게 보존하는 것입니다. 특별히 … 말씀을 읽고, 선포하고, 듣는 것 … 입니다." 예배와 규례는 사람이 고안한 방식이 아니라, 하나님께서 말씀으로 규정하신 방식대로 드려져야 한다는 원리에 비추어 볼

때, 예배 가운데 선포되는 설교 또한 하나님께서 정하신 방식에 따라 이루어져야 합니다. 오늘 읽는 대요리문답 158항은 설교가 공적 직무임을 밝히며, 따라서 하나님께서 설교자로 부르신 자가 행하여야 하는 규례임을 분명히 진술합니다. 설교 직무는 하나님께 부름을 받은 자가 행하는 것이 하나님께서 세우신 질서입니다. 그러므로 설교는 개인적인 은혜 나눔이나 권면, 혹은 단순한 가르침과는 명확히 구별되는 공적이고 거룩한 직무임을 분명히 인식해야 할 것입니다.

(2) "충분한 은사를 받았을 뿐만 아니라": 대요리문답은 하나님께서 설교자로 부르시는 자를 분별하는 기준으로 "충분한 은사"를 제시합니다. 설교자가 갖추어야 할 은사 가운데 가장 중요한 것은 성경 말씀을 올바르게 해석할 수 있는 이해의 은사입니다. "너는 진리의 말씀을 옳게 분별하며 부끄러울 것이 없는 일꾼으로 인정된 자로, 자신을 하나님 앞에 드리기를 힘쓰라"(딤후 2:15). 설교자는 성경을 홀로 이해하는 데에 그치지 않고, 하나님의 말씀을 회중에게 전달하는 사명을 지닌 자입니다. 그러므로 그는 말씀을 잘 설명하고 가르칠 수 있는 능력을 갖추어야 합니다. "그러므로 감독은 책망할 것이 없으며 한 아내의 남편이 되며, 절제하며 신중하며 단정하며, 나그네를 대접하며, 가르치기를 잘하며"(딤전 3:2). 또한 설교자는 단순히 성경을 연구하고 가르치는 학자나 교사와는 다른 사명을 가집니다. 설교자는 하나님의 백성인 회중을 목양하는 책임을 동시에 지니기 때문입니다. 그러므로 설교자는 하나님의 말씀이 성도의 삶 속에 실제로 적용되도록 교훈을 제시하는 안목과 지혜를 가져야 합니다. "미쁜 말씀의 가르침을 그대로 지켜야 하리니, 이는 능히 바른 교훈으로 권면하고 거슬러 말하는 자들을 책망하게 하려 함이라"(딛 1:9). 아울러 설교자는 회중에게 그리스도를 믿는 신앙인으로 인정되고, 존경할 만한 삶을 살아야 합니다. "누구든지 네 연소함을 업신여기지 못하게 하고, 오직 말과 행실과 사랑과 믿음과 정절에 있어서 믿는 자에게 본이 되어, 내가 이를 때까지 읽는 것과 권하는

것과 가르치는 것에 전념하라"(딤전 4:12-13). 이와 더불어 설교자는 목회자로서 따뜻한 목양의 마음을 지녀야 합니다. 무엇보다도 사람들과 다투기를 좋아하지 아니하고, 온유와 사랑으로 교인들을 대할 수 있는 자질이 요구됩니다. "주의 종은 마땅히 다투지 아니하고 모든 사람에 대하여 온유하며 가르치기를 잘하며 참으며"(딤후 2:24). 이러한 은사들은 사람이 본래 타고난 능력이나 성품을 가리키지 않습니다. 오직 그리스도를 믿는 신앙 안에서 성령 하나님의 은혜로 주어지는 은사입니다. 자연적 재능도 귀한 것이지만, 그것만으로는 설교자에게 요구되는 "충분한 은사"가 되지 못합니다. 성령께서 주시는 은사는 설교자가 전하는 하나님의 말씀을 먼저 믿음으로 받아들이고 자신의 삶 속에 적용하는 신앙인의 자질과 결합되어 나타납니다. 따라서 어떤 사람이 대중의 마음에 잘 호소하는 감각이 있고, 상당한 영향력을 발휘하며 인기를 얻는다 하더라도, 그것은 좋은 설교자를 분별하는 기준이 될 수 없습니다. 설교자는 하나님의 사람으로서, 성령께서 주시는 은사와 영적 자질을 지녀 교회를 진리 가운데 이끌기에 합당한 자이어야 하기 때문입니다.

(3) "그 직무를 감당하도록 공식적으로 인허받고": 설교자가 합법적으로 설교 직무를 수행하기 위해서는, 자신이 스스로 충분한 은사가 있다고 주장하거나 사람들이 그것을 인정해 주는 것만으로는 충분하지 않습니다. 반드시 교회의 공적 권위인 장로회 총회와 노회에 의해 인허와 임명을 받아야 합니다. "네 속에 있는 은사 곧 장로의 회에서 안수 받을 때에 예언을 통하여 받은 것을 가볍게 여기지 말며"(딤전 4:14). 설교자로 서는 자는 총회나 노회의 심사를 거쳐야 하며, 공적으로 성경 이해와 전달의 은사, 복음에 합당한 믿음, 그리고 여러 영적 자질에 대해 평가와 시험을 치르고 인준을 받아야 합니다. 이렇게 함으로써 교회는 어떤 이가 스스로 설교자로 자임하여 하나님의 말씀을 왜곡되게 전하는 일을 방지하며, 성도들을 바른 진리로 인도하고, 교회의 영적 질서를 바르게 세워갑니다. 이 교훈은 오늘날 일

부 사람들이 자신이 받은 은사를 근거로 영향력을 행사하면서 소위 독립 교회의 형태로 모임을 만들고 설교자로 서는 모습에 대하여 분명한 경고를 줍니다. 특히 유튜브나 다른 SNS 매체를 사용하여 온라인 모임을 만들거나, 그것을 오프라인으로 연결해 나가 그 모임에서 설교자로 활동하는 경우는, 장로교회의 교회 정치 원리에 비추어 볼 때 용납될 수 없는 일임을 분명히 인식해야 합니다. 합법적인 설교자는 반드시 교회의 공적 권위에 의해 공식적으로 인허를 받아야 한다는 것이 장로교회의 가르침입니다.

(4) "부름을 받은 사람만이 설교할 수 있습니다.": 설교자에게 충분한 은사와 더불어 요구되는 것은 바로 '소명'입니다. 설교 직무를 위하여 과연 하나님께로부터 부름을 받았는지를 점검하는 것이 필요합니다. 성경은 그리스도께서 "그가 어떤 사람은 사도로, 어떤 사람은 선지자로, 어떤 사람은 복음 전하는 자로, 어떤 사람은 목사와 교사로 주셨으니"(엡 4:11)라고 말씀하시며, 설교자를 세우시는 부르심을 교훈합니다. 설교자로의 소명은 '외적 부르심'과 '내적 부르심'으로 구별할 수 있습니다. 앞서 언급한 "충분한 은사"를 확인하는 일과, 교회의 공적 권위에 의해 설교자로 세움 받기에 합당하다고 인준받는 일은 모두 외적 부르심에 속합니다. 반면, 설교자에게는 내적 부르심 또한 요구됩니다. 이는 설교자로 서는 일이 단순한 직업 선택이 아님을 보여주는 매우 핵심적인 점검 항목입니다. 설교자로 서고자 하는 자의 마음에는 성령 하나님께서 주시는 설교 사역, 곧 그리스도의 복음을 전하고자 하는 강렬한 열망과 사명감이 일어나야 합니다. 예레미야 선지자가 말한 바와 같습니다. "내가 다시는 여호와를 선포하지 아니하며 그의 이름으로 말하지 아니하리라 하면, 나의 마음이 불붙는 것 같아서 골수에 사무치니 답답하여 견딜 수 없나이다"(렘 20:9). 설교자가 되고자 하는 사람은 자신의 마음속에 하나님의 말씀을 전하려는 거룩한 열망이 있는지를 살펴야 합니다. 또한 말씀을 연구하고 아는 일에 큰 기쁨을 느끼는지, 영혼을 구원하고 돌보는 목양적 수고를 즐거워하는지, 세상의 명예나 물질적 이

익과 즐거움을 뒤로 하고 주님의 교회를 위한 사역에 헌신하고자 하는 각오가 있는지를 살펴야 합니다. 이러한 내적 부르심에 합당한 열망과 헌신은 단순히 "목사가 좋아 보여서 목사가 되고 싶다"라는 정도의 마음을 훨씬 뛰어넘는 것입니다. 그러나 동시에 "내가 반드시 목사가 되어야 한다"라는 과도한 집착과는 구별됩니다. 그것은 강한 내적 부르심처럼 보일 수 있지만, 사실 자신의 욕망에서 비롯된 것일 수 있기 때문입니다. 참된 내적 부르심은 결국 그리스도의 나라를 세우는 일에 대한 올바른 이해와 연결됩니다. 자신을 위한 것이 아니라, 그리스도의 나라를 위하여 말씀을 전하고 영혼들을 돌보고자 하는 소원과 열망이 있으며, 이를 위해 자신의 어려움도 기꺼이 감수하려는 헌신이 있어야 합니다. 이러한 소망과 열망과 헌신이 진실하다면, 그 사람은 자신 안에 내적 부르심이 있음을 겸손히 인정할 수 있습니다.

◀ 적용 질문

1. 왜 대요리문답 158항은 설교가 모든 신자가 자유롭게 할 수 있는 일이 아니라, 하나님께서 부르신 자만이 맡아야 하는 공적 직무라고 말합니까? 여러분은 설교가 단순한 가르침이나 권면이 아니라 하나님께서 제정하신 예배의 규례이며, 그분이 세우신 질서에 따라 드려져야 함을 인정하며 설교를 듣고 있습니까?

2. 설교자가 되기 위해 "충분한 은사"가 필요하다고 할 때, 그것은 어떤 은사와 자질을 의미합니까? 여러분은 설교자가 단순히 말재주나 대중적 영향력이 아니라, 성령께서 주시는 은사와 영적 자질로 교회를 목양해야 한

다는 사실을 기억하며, 참된 은사가 있는 설교자를 분별하고 존중하고 있습니까?

3. 왜 설교자는 교회의 공적 권위에 의해 공식적으로 인허를 받아야 합니까? 여러분은 오늘날 유튜브나 SNS와 같은 매체에서 스스로 설교자라 주장하는 이들이 많다는 사실을 기억하면서, 공적으로 인준받은 참된 설교자의 말씀에 귀를 기울이고 있습니까?

4. 설교 직무에는 외적 부르심뿐 아니라 내적 부르심도 필요하다고 할 때, 내적 부르심은 어떤 특징을 지니고 있습니까? 여러분은 설교자가 단순히 직업을 택한 사람이 아니라, 그리스도의 복음을 전하려는 성령의 불타는 열망과 사명을 지닌 자임을 기억하며, 그러한 설교자를 통해 말씀하시는 하나님께 순종하고 있습니까?

11월 7일

하나님의 말씀의 설교자에게 요구하는 의무

대요리문답 159

대요리문답 159:

문159. 설교하도록 부름을 받은 사람은 하나님의 말씀을 어떻게 설교해야 합니까?

답. 말씀 사역에 수고하도록 부름을 받은 사람은 바른 교훈을 설교하되[1] 때를 얻든지 못 얻든지[2] 부지런히,[3] 사람의 지혜의 권하는 말로 하지 아니하고 성령의 나타남과 능력으로[4] 단순하게,[5] 하나님의 모든 경륜을 알 수 있도록[6] 충실하게,[7] 듣는 사람들의 필요와 이해 능력에 맞도록 8) 지혜롭게,[9] 하나님과[10] 그분의 백성의 영혼에 대한[11] 뜨거운 사랑을 품고 열정적으로,[12] 하나님의 영광과[13] 백성의 회심,[14] 건덕,[15] 구원을[16] 목표로 삼아 진실하게[17] 설교해야 합니다.

| 대요리문답 159: | 1) 딛 2:1, 8.
2) 딤후 4:2.
3) 행 18:25.
4) 고전 2:4.
5) 고전 14:19.
6) 행 20:27.
7) 렘 23:28; 고전 4:1-2.
8) 고전 3:2; 히 5:12-14; 눅 12:42.
9) 골 1:28; 딤후 2:15.
10) 고후 5:13-14; 빌 1:15-17.
11) 골 4:12; 고후 12:15.
12) 행 18:25.
13) 살전 2:4-6; 요 7:18.
14) 고전 9:19-22.
15) 고후 12:19; 엡 4:12.
16) 딤전 4:16; 행 26:16-18.
17) 고후 2:17; 4:2. |

◀ 말씀 요절

딛 2:1, 8 "오직 너는 바른 교훈에 합당한 것을 말하여 … 책망할 것이 없는 바른 말을 하게 하라 이는 대적하는 자로 하여금 부끄러워 우리를 악하다 할 것이 없게 하려 함이라"

딤후 4:2 "너는 말씀을 전파하라 때를 얻든지 못 얻든지 항상 힘쓰라 범사에 오래 참음과 가르침으로 경책하며 경계하며 권하라"

고전 2:4 "내 말과 내 전도함이 설득력 있는 지혜의 말로 하지 아니하고 다만 성령의 나타나심과 능력으로 하여"

고전 3:2 "내가 너희를 젖으로 먹이고 밥으로 아니하였노니 이는 너희가 감당하지 못하였음이거니와 지금도 못하리라"

골 1:28 "우리가 그를 전파하여 각 사람을 권하고 모든 지혜로 각 사람을 가르침은 각 사람을 그리스도 안에서 완전한 자로 세우려 함이니"

골 4:12 "그리스도 예수의 종인 너희에게서 온 에바브라가 너희에게 문안하느니라 그가 항상 너희를 위하여 애써 기도하여 너희로 하나님의 모든 뜻 가운데서 완전하고 확신 있게 서기를 구하나니"

고전 9:19 "내가 모든 사람에게서 자유로우나 스스로 모든 사람에게 종이 된 것은 더 많은 사람을 얻고자 함이라"

딤전 4:16 "네가 네 자신과 가르침을 살펴 이 일을 계속하라 이것을 행함으로 네 자신과 네게 듣는 자를 구원하리라"

고후 2:17 "우리는 수많은 사람들처럼 하나님의 말씀을 혼잡하게 하지 아니하고 곧 순전함으로 하나님께 받은 것 같이 하나님 앞에서와 그리스도 안에서 말하노라"

◀ 교리 해설

오늘 읽는 대요리문답 159항은 설교의 직무를 맡도록 부름 받은 사람이 이 고귀한 직무를 어떻게 수행해야 하는지를 교훈합니다. 이는 곧 "설교란 무엇인가"라는 질문과 깊이 연결됩니다. 대요리문답이 이 주제를 다루는 본질적인 이유는, 설교를 통한 말씀 선포가 하나님 나라를 세워 가는 일에 참으로 중요하기 때문입니다. 동시에 역사적 상황을 살펴보면, 로마 가톨릭의 미사가 하나님의 말씀을 중심에 두지 않고 성례 중심의 의식주의로 변질되어, 말씀을 선포하고 듣는 일이 극도로 약화되어 있었습니다. 이는 말씀 선포를 통해 주시는 하나님의 은혜를 가로막는 심각한 왜곡이었습니다. 또한, 아무나 나서서 성경을 불건전하게 해석하고, 하나님의 말씀을 왜곡하는 일을 막아야 할 필요도 있었습니다. 이러한 맥락 속에서 대요리문답은, 먼저 158항에서 설교자는 반드시 합법적인 부르심을 받아야 함을 교훈했고, 이어서 159항에서는 설교 직무가 어떠한 방식으로 수행되어야 하는지를 명확히 진술합니다. 이에 우리는 여덟 가지 항목으로 나누어 그 내용을 살펴보겠습니다.

(1) "말씀 사역에 수고하도록 부름을 받은 사람은": 설교자는 하나님의 말씀을 공적으로 선포하고 가르치는 직무를 맡습니다. 따라서 설교자는 이 직무를 올바르게 수행하기 위해 말씀을 연구하고, 이를 강설하며, 실천으로 적용하도록 교훈하는 수고를 감당해야 합니다. 설교자가 이러한 수고를 올바르게 행할 때, 설교 사역은 11월 3일에 살펴본 대요리문답 155항에서 말한 바와 같이 성령 하나님의 은혜가 임하는 방편으로 사용됩니다. 곧 성령 하나님께서 말씀을 통해 베푸시는 은혜는 다음과 같이 진술되었습니다. "죄인들의 마음을 밝히시고, 죄책을 드러내시며, 겸손하게 하시고, 이들을 자신에게서 끌어내 그리스도에게로 나아가게 하시며, 그리스도의 형상을 본받게 하시고, 그분의 뜻에 복종하게 하시며, 유혹과 부패에 빠지지 않

도록 강하게 하시고, 은혜 안에서 자라게 하시며, … 이들의 마음을 거룩함과 위로 가운데 굳게 세우신다." 요컨대, 이는 구원의 효력을 베푸시는 은혜입니다. 성령 하나님께서는 이러한 은혜를 설교자의 수고를 통하여 베푸십니다. 그러므로 설교자는 무엇보다 먼저 말씀 연구에 힘써야 합니다. 성경 본문의 의미를 정확히 해석하기 위해 설교자는 원문을 살피고, 가까운 문맥과 성경 전체의 맥락 속에서 뜻을 분별해야 합니다. 또한 1월 13일에 살펴본 신앙고백서 1.9의 원리에 따라 "성경 유비"와 "신앙 유비"에 근거해 해석하며, 최종적으로 교리적 체계와 연결하는 신학적 작업을 수행해야 합니다. 그러나 설교자는 단순히 연구에만 전념하는 학자가 아니라, 성도들에게 하나님의 말씀을 선포하고 가르쳐야 하는 강설의 수고를 감당해야 합니다. 풀어진 의미가 과연 그러하다는 사실이 성도들에게 납득되도록 설명하고, 성도들이 말씀의 교훈을 자신의 삶의 자리에서 적용하며 살아가도록 안내하고 설득하며 도전해야 합니다. 또한 이 모든 수고가 열매 맺도록 성령 하나님의 도우심을 구하는 기도의 수고도 반드시 필요합니다. 오늘 대요리문답은 단 한 구절, "말씀 사역에 수고하도록 부름을 받은"이라는 표현 속에 이러한 모든 차원의 수고를 함축하여 담고 있습니다.

(2) "바른 교훈을 설교하되": 설교자는 반드시 "바른 교훈"(sound doctrine)을 설교해야 합니다. 여기서 "바른"이라는 말은 성경의 진리에 충실하며, 다른 요소에 의해 오염되지 않은 순수성을 뜻합니다. 동시에 이는 교회의 정통 신앙고백과 일치함을 가리킵니다. 성경 말씀에 근거한 순수성이 "바른 교훈"을 결정하는 이유는, 1월 10일에 살펴본 것처럼 신앙고백서 1.6이 "하나님 자신의 영광, 사람의 구원, 믿음, 그리고 생활에 필요한 모든 것과 관련한 하나님의 전체 경륜"이라고 분명하게 진술하고 있는 것에서 잘 드러납니다. 기록된 말씀 외에 다른 것을 더하거나 보태는 것은 곧 성경의 순수성을 훼손하고, 진리를 오염시키는 행위가 됩니다. 성경은 또한 "바른 말을 본받아 지키라"(딤후 1:13; 참조, 딛 1:9)고 말씀하면서, 그 기준을 "내

게 들은 바", 곧 사도의 교훈에 두고 있습니다. 이는 바른 교훈이란 곧 사도의 가르침에 충실히 서 있는 교훈임을 뜻합니다.

(3) "때를 얻든지 못 얻든지 부지런히": 설교자는 설교 사역을 반드시 "부지런히" 감당해야 합니다. 여기서 "부지런히"라는 말은 설교를 해도 되고 하지 않아도 되는 일로 여겨서는 안 된다는 점을 강조합니다(딤후 4:2). 설교자에게 있어 설교는 언제나 항상 행해야 하는 직무이며, 이를 위해 꾸준히 성실하게 준비해야 하는 의무입니다. "때를 얻든지 못 얻든지"라는 표현은 다소 의아하게 들릴 수 있습니다. 설교는 기본적으로 공적 예배에서 행하는 일이기 때문에, "때를 얻지 못한다"라는 말이 무슨 뜻인지 의문이 생길 수 있기 때문입니다. 마치 "때를 얻을 때면 언제든 부지런히"라고 하는 것이 더 자연스러워 보일 수도 있습니다. 그러나 여기서 "때를 얻든지 못 얻든지"라는 말은, 설교자가 예배에서만이 아니라 성도를 심방하거나 권면할 때, 혹은 다른 어떤 기회 속에서도 말씀을 준비하여 권위 있게 선포해야 하는 책임을 지고 있음을 뜻합니다. 특히 상황적으로 보면, 설교자의 말을 들을 준비가 되어 있는 사람에게 전하는 것은 "때를 얻은 것"이 되고, 반대로 듣기를 거부하거나 싫어하는 사람에게 전하는 것은 "때를 얻지 못하는 것"이라 할 수 있습니다. 곧 설교자는 복음을 선포하기에 좋은 환경이 아닐지라도, 자신이 여전히 말씀 전파자로 부름 받은 자임을 잊지 말아야 합니다. 따라서 청중의 반응이 냉랭하거나 분위기가 불리하다 하여, 진리의 내용을 희석하거나 생략하려 해서는 안 됩니다. 설교자는 언제나 담대히 진리를 전해야 하며, 동시에 전도자로서의 소명을 잊지 말아야 합니다.

(4) "사람의 지혜의 권하는 말로 하지 아니하고 성령의 나타남과 능력으로 단순하게": 설교는 반드시 "단순하게", 곧 "이해하기 쉽게", "명료하게" 전달되어야 합니다. 여기서 "단순하게"란 내용을 단순화시켜 가볍게 만든다는 뜻이 아니라, 성도가 말씀을 분명히 깨달을 수 있도록 명확하게 전한다는 의미입니다. 반대로 "사람의 지혜의 권하는 말"이란, 말씀을 풀어낸다고

하면서도 사람의 논리와 상상으로 과도하게 꾸며서 성도들이 오히려 분명히 알아듣기 어렵게 만드는 방식을 가리킵니다. 바울은 이러한 설교를 "허공에다 말하는 것"(고전 14:9)에 비유했습니다. 그러므로 설교는 성도가 명확히 알아들을 수 있도록 분명하게 전달되어야 합니다. 또한 사람의 지혜나 말하는 기술에 의존해서는 안 되며, 오직 성령 하나님의 능력에 의지해야 합니다. 이럴 때 말씀을 통해 역사하시는 성령께서 성도들의 마음에 깨닫는 은혜를 주십니다. 설교자는 성경의 교훈을 바르게, 정확하게 전하며, 성령 하나님께서 복음을 통해 듣는 자들의 영혼을 그리스도께로 이끄신다는 사실을 믿고 강단에 서야 합니다. 따라서 설교자는 하나님의 말씀을 기록된 그대로 드러내고, 올바른 신앙고백의 교리에 일치하도록 충실히, 그리고 단순하게 곧 명료하게 전달하는 것이 직무임을 잊지 말아야 합니다. 반면, 설교가 단순히 사람이 처한 문제를 간증이나 심리 상담으로 풀어내거나, 사회적 이슈에 대한 정치적 견해를 제시하거나, 청중이 즐거워할 만한 오락·쇼적 요소를 보여주거나, 혹은 자기 계발 아이디어를 제공하는 것에 머문다면, 그것은 더 이상 올바른 의미에서의 설교가 아닙니다.

(5) "하나님의 모든 경륜을 알 수 있도록 충실하게": 설교자는 반드시 "충실하게" 설교해야 합니다. 여기서 "충실하다"라는 것은, 내용에 있어서 "하나님의 모든 경륜"을 전체적으로 조화를 이루며 해석된 그리스도의 복음을 전한다는 의미입니다. 범위와 관련해서 "하나님의 모든 경륜"은 성경의 모든 교훈을 포괄하는 것을 뜻합니다. 그러므로 설교자는 본문을 선택할 때 자기 생각에 맞는 주제나 청중이 듣기 좋아할 만한 부분만 편향적으로 택해서는 안 됩니다. 이는 곧 개혁신학 설교자가 루터파·아르미니우스파·로마 가톨릭 신학과 같은 해석 차이를 전혀 가질 수 없다는 의미는 아닙니다. 해석 차이가 있을 수 있으나, 설교자는 자신의 신학적 체계 안에서라도 하나님의 전체 경륜을 드러내는 방향으로 설교해야 한다는 것을 뜻합니다. 그렇게 함으로써 설교자가 본문 선택을 임의로 제한하여 자기 신학 안

에서도 균형을 잃는 일이 없도록 해야 합니다. 성경의 모든 말씀, 곧 교훈·책망·바르게 함·의로 교육하는 내용을 임의로 생략하지 않아야 합니다(딤후 3:16). 반대로, 자신의 사상이나 선호를 계시인 것처럼 첨가해서도 안 됩니다. 설교자는 본문을 선택하거나 회피할 때 자신의 성향이나 회중의 반응에 좌우되어서는 안 됩니다. 예를 들어, 설교자가 그리스도 안에서 모든 자가 용서받은 은혜만 강조하고 싶다는 이유로, 하나님께서 죄를 미워하시고 성도를 거룩한 삶으로 부르신다는 본문을 회피하는 것은 충실하지 못한 태도입니다. 또 성도들이 말씀 앞에서 자신의 연약함과 죄성을 직면하고, 그리스도의 용서 안에서 새롭게 결단하도록 인도하지 않고, 단지 용서의 확신만을 반복적으로 강조하여 듣기에 편안한 메시지만 주는 것도 마찬가지입니다. 설교자는 청중이 듣기 좋아하는 대중적이고 무난한 본문만 선택하여, 성경 전체의 경륜에 비추어 볼 때 편중된 설교를 하지 않도록 유의해야 합니다. 바로 이러한 이유 때문에, 개혁교회는 역사적으로 본문을 순차적으로 이어가며 성경 전체를 다루는 강해설교(expository preaching)를 주된 설교 방식으로 삼아 왔습니다. 오늘 읽은 대요리문답 159항의 교훈은 그 전통적 이유를 잘 설명해 줍니다.

(6) "듣는 사람들의 필요와 이해 능력에 맞도록 지혜롭게": 설교자는 반드시 "지혜롭게" 설교해야 합니다. 여기서 "지혜롭게"란, 하나님의 말씀을 회중에게 전달할 때 회중의 필요와 이해 능력에 적절하게 맞추는 일을 뜻합니다. 성도의 영적 성숙도는 다양합니다. 또 삶의 처지도 제각기 다릅니다. 어떤 이는 믿은 지 얼마 되지 않은 초신자이고, 어떤 이는 오랜 신앙의 길을 걸어온 성도입니다. 어떤 이는 고난 가운데 있고, 또 다른 이는 평안 가운데 지냅니다. 그러므로 설교자는 회중 개개인의 상태를 분별하고, 그들의 영적 필요를 헤아릴 책임이 있습니다. 그리고 신앙의 연륜과 성숙도의 차이로 인해 말씀을 이해하는 능력에도 차이가 있습니다. 따라서 설교자는 이러한 상태를 잘 살피고, 말씀을 풀어내며 적실한 적용을 제시하는 지혜를

발휘해야 합니다. 설교자는 진리의 말씀을 "충실하게" 전하되, 단지 정보 전달에 머물지 않고 양 떼를 돌보는 목자로서 돌봄의 목적을 가지고 설교해야 합니다. 바울이 권면한 대로, 설교자는 게으른 자를 권계하고, 마음이 약한 자를 격려하며, 힘이 없는 자를 붙들어 주는(살전 5:13-14) 은혜의 사역을 감당해야 합니다. 이를 위해서는 말씀 준비와 선포뿐 아니라, 무엇보다도 기도로 지혜를 구하는 일이 필요합니다. 설교자가 회중이 자신의 설교를 어떻게 듣는지 전혀 고민하지 않고, 단지 말씀을 무심히 "내던지듯" 선포한다면, 그것은 지혜로운 설교가 아닙니다. 설교자는 성도의 신앙 수준과 삶의 현실을 깊이 살피며, 목양적 마음으로 그리스도의 은혜와 하나님의 크신 사랑을 전해야 합니다. 설교를 "지혜롭게" 행한다는 것은, 진리를 충실히 전하는 동시에 회중의 형편과 영적 상태를 살피며, 그 말씀을 적절히 적용해 양 떼를 돌보는 목자의 심정으로 설교하는 것을 의미합니다. 이것이 참된 지혜의 설교입니다.

(7) "하나님과 그분의 백성의 영혼에 대한 뜨거운 사랑을 품고 열정적으로": 설교자는 반드시 "뜨거운 사랑을 품고 열정적으로" 설교해야 합니다. 왜냐하면 설교는 단지 하나님의 말씀에 담긴 내용을 지식적으로 전달하는 것에 그치지 않기 때문입니다. 설교자는 하나님의 말씀에 담긴 구원의 은혜를 먼저 받은 자로서, 하나님께서 그분의 백성을 향해 베푸시는 크신 긍휼과 인애를 뜨거운 사랑의 마음으로, 열정적으로 선포해야 합니다. 이 사랑은 곧 하나님의 은혜에 감사하여 하나님께 드리는 사랑이며, 동시에 하나님께서 사랑하시는 그분의 자녀를 향한 목자의 사랑입니다. 만일 이 사랑이 없는 열정적인 설교는 단순히 자기주장을 높이는 데 그칠 뿐입니다. 반대로 사랑은 있으나 열정이 없다면, 목자로서의 목양적 마음이 설교 가운데 드러나지 않습니다. 그러므로 참된 설교는 사랑과 열정이 결합된 모습이어야 합니다. 설교자는 설교 가운데 하나님과 그분의 백성을 향한 사랑을 담고, 그것을 열정적으로 표현하는 태도와 동기를 반영해야 합니다. 이

릴 때 설교는 단순한 지식 전달을 넘어, 하나님의 은혜와 사랑을 살아 있는 말씀으로 드러내게 됩니다.

(8) "하나님의 영광과 백성의 회심, 건덕, 구원을 목표로 삼아 진실하게 설교해야 합니다": 설교자는 반드시 "진실하게" 설교해야 합니다. 이것은 설교자가 설교할 때 가져야 할 가장 근본적인 동기가 "하나님의 영광"에 있다는 사실과 직결됩니다. 설교자는 언제나 하나님 앞에서 성도에게 말씀을 전합니다. 그러나 성도는 사람이기에, 설교자는 사람에게서 인정과 칭찬을 받고자 하는 유혹에 마음을 빼앗기기 쉽습니다. 또한 교세의 확장이나 자기 영향력을 목표로 설교하는 잘못에 빠질 위험도 있습니다. 하지만 설교자는 결코 이러한 동기를 따라 설교해서는 안 됩니다. 설교의 목적은 오직 하나님께서 그의 백성을 구원하고자 하시는 은혜의 사역을 선포하여, 성도가 회심하고, 덕을 세우며, 마침내 구원에 이르도록 돕는 데 있습니다. 소위 말하는 "구령의 열정"이 바로 설교자의 참된 목표여야 합니다. 따라서 "진실하게" 설교한다는 것은 설교자의 마음이 정직하게 말하며, 오직 하나님의 영광에 집중되어 있어야 함을 의미합니다.

◖ 적용 질문

1. 왜 대요리문답은 설교를 단순한 개인적 권면이나 가르침과 구별되는 공적이고 거룩한 직무라고 말합니까? 여러분은 공예배의 설교를 하나님의 직접적인 말씀 선포로 여기며, 사람의 말이 아닌 하나님의 음성에 귀 기울이는 태도로 예배에 임하고 있습니까?

2. 설교자가 반드시 바른 교훈을 전해야 한다고 할 때, 그것은 어떤 기준

에 따라 결정되는 것입니까? 여러분은 말씀을 들을 때 단순히 감동이나 유익만을 찾는 것이 아니라, 성경의 진리에 충실한 교훈인가를 분별하며 말씀을 받고 있습니까?

3. 설교자가 회중의 필요와 이해 능력에 맞추어 지혜롭게 설교해야 한다는 것은 어떤 의미입니까? 여러분은 말씀을 들을 때 자신의 형편과 영적 상태를 비추어 주시는 하나님의 교훈으로 받고, 그것을 삶 속에서 실천하려는 준비된 마음을 가지고 있습니까?

4. 왜 설교자는 하나님의 영광과 백성의 회심과 구원을 최종적인 목표로 삼아야 합니까? 여러분은 설교자가 하나님의 영광을 드러내고 구원의 은혜를 전할 때, 그것을 단순히 지식이나 정보로 듣는 데 그치지 않고, 자신의 구원과 거룩한 삶을 위한 하나님의 부르심으로 겸손히 받아들이고 있습니까?

11월 8일

하나님의 말씀을 듣는 자에게 요구하는 의무

대요리문답 160

대요리문답 160:

문160. 선포된 말씀을 듣는 사람에게 요구되는 것은 무엇입니까?

답. 선포된 말씀을 듣는 사람에게 요구되는 것은 근면과 준비와 기도로써 선포된 말씀에 집중하고,[1] 들은 것을 성경으로 살피고,[2] 믿음과 사랑과 온유와 준비된 마음을 가지고 그 진리를 하나님의 말씀으로 받고,[3] 묵상하며[4] 말씀을 서로 나누고,[5] 마음에 간직하며,[6] 생활에서 말씀의 열매를 맺는 것입니다.[7]

1) 잠 8:34; 벧전 2:1-2; 눅 8:18; 시 119:18; 엡 6:18-19.
2) 행 17:11.
3) 히 4:2; 살후 2:10; 약 1:21; 행 17:11; 살전 2:13.

> 대요리문답 160:
> 4) 눅 9:44; 히 2:1.
> 5) 눅 24:14; 신 6:6-7.
> 6) 잠 2:1; 시 119:11.
> 7) 눅 8:15; 약 1:25.

◀ 말씀 요절

벧전 2:2 "갓난 아기들 같이 순전하고 신령한 젖을 사모하라 이는 그로 말미암아 너희로 구원에 이르도록 자라게 하려 함이라"

행 17:11 "베뢰아에 있는 사람들은 데살로니가에 있는 사람들보다 더 너그러워서 간절한 마음으로 말씀을 받고 이것이 그러한가 하여 날마다 성경을 상고하므로"

살전 2:13 "이러므로 우리가 하나님께 끊임없이 감사함은 너희가 우리에게 들은 바 하나님의 말씀을 받을 때에 사람의 말로 받지 아니하고 하나님의 말씀으로 받음이니 진실로 그러하도다 이 말씀이 또한 너희 믿는 자 가운데에서 역사하느니라"

신 6:6-7 "오늘 내가 네게 명하는 이 말씀을 너는 마음에 새기고 네 자녀에게 부지런히 가르치며 집에 앉았을 때에든지 길을 갈 때에든지 누워 있을 때에든지 일어날 때에든지 이 말씀을 강론할 것이며"

히 2:1 "그러므로 우리는 들은 것에 더욱 유념함으로 우리가 흘러 떠내려

가지 않도록 함이 마땅하니라"

시 119:11 "내가 주께 범죄하지 아니하려 하여 주의 말씀을 내 마음에 두었나이다"

눅 8:15 "좋은 땅에 있다는 것은 착하고 좋은 마음으로 말씀을 듣고 지키어 인내로 결실하는 자니라"

약 1:25 "자유롭게 하는 온전한 율법을 들여다보고 있는 자는 듣고 잊어버리는 자가 아니요 실천하는 자니 이 사람은 그 행하는 일에 복을 받으리라"

◀ 교리 해설

오늘 읽는 대요리문답 160항은 지금까지 설교와 관련하여 155항에서부터 159항까지 다루었던 내용을 이어서, 이제는 하나님의 말씀을 듣는 회중에게 초점을 맞추어 교훈합니다. 하나님의 말씀은 그것을 바르게 설교하는 일이 중요한 만큼, 바르게 듣는 일도 또한 중요합니다. 아무리 잘 전해져도 듣는 자가 바르게 듣지 않으면 소용이 없기 때문입니다. 이 주제와 관련하여 내용을 여섯 가지로 나누어 살펴봅니다.

(1) "선포된 말씀을 듣는 사람에게 요구되는 것은 근면과 준비와 기도로써 선포된 말씀에 집중하고": 설교를 듣는 사람은 설교를 듣는 일에 집중하여야 합니다. 집중한다는 것은 무엇을 의미하는가? 이에 대하여 세 가지가 언급됩니다. "근면과 준비와 기도"입니다. 이것은 설교를 듣기 전에 무엇인가를 준비하는 일을 근면과 기도로 하라는 뜻만이 아닙니다. 설교를 듣는 가

운데에도 적용되는 것으로, 설교를 듣는 자가 단지 수동적이 아니라 능동적인 태도로 임해야 함을 의미합니다. 설교를 "근면," 곧 부지런함으로 듣는다는 것은 예배에 성실히 참석하여 말씀을 듣는 기회를 놓치지 않고, 설교 시간에 졸거나 다른 일에 마음과 생각을 빼앗기지 않으며, 설교를 통해 하나님께서 말씀하신다는 사실을 인식하면서 진지하게 듣는 태도를 가리킵니다. "준비"는 설교를 듣기 전에 심리적 환경을 정돈하여 마음 밭을 기경하고, 마음에 채워진 세상의 염려나 죄의 생각, 정욕 등을 비우고 고요한 가운데 말씀을 기다리는 태도를 말합니다. "기도"는 하나님의 말씀을 듣고 깨닫는 일이 전적으로 하나님의 은혜로 되는 줄을 알고 구하는 것입니다. 아울러 말씀을 깨닫고 자신 안에 성령 하나님의 능력으로 변화의 열매가 나타나기를 바라며 구하는 것입니다. 동시에 자신을 위한 기도만이 아니라, 하나님의 말씀을 바르게 선포하는 설교자를 위하여 기도하는 것도 포함됩니다. 설교자를 위한 기도는 곧 설교를 듣는 자신을 위한 기도의 진실함으로 연결됩니다. 그리고 이 기도는 설교를 듣기 전뿐만 아니라 설교를 듣는 중에도, 또 설교 후에도 필요합니다. 설교 전에는 깨닫는 은혜를 구하고, 설교 중에는 집중하여 말씀을 잘 받도록 기도하며, 설교 후에는 받은 말씀의 은혜를 잘 새기고 마음이 굳어져 은혜를 잃지 않도록 기도해야 합니다.

(2) "들은 것을 성경으로 살피고": 설교를 듣는 사람은 자신이 듣고 있는 설교가 과연 성경의 가르침에 합당한지를 능동적으로 살펴야 합니다. 설교가 본문을 토대로 제시하는 주제나 교훈, 교리, 적용 등이 성경과 일치하는지를 분별하는 것입니다. 왜냐하면 설교가 잘못되었을 때 그것을 바로잡아 교회를 하나님의 진리의 말씀 위에 든든히 세우는 일은 당회만의 책임이 아니라 회중 전체와 각 사람에게도 주어진 일이기 때문입니다. 회중은 설교자의 가르침을 아무런 분별 없이 따라가서는 안 됩니다. 설교자가 아무리 영향력이 크더라도, 설교를 듣는 사람은 베뢰아 사람들이 사도 바울의 가르침을 듣고 그것이 성경의 말씀과 일치하는지를 상고했던 것처럼 확인

해야 합니다. 물론 이때 주의할 점은, 설교가 단지 자신의 의견과 다르다는 이유로 비판해서는 안 된다는 것입니다. 설교를 살피는 일은 그것이 성경에 비추어 합당한 교훈이나 해석을 제시하고 있는지를 점검하는 것이며, 이는 성경의 바른 교훈이 잘못된 해석으로 왜곡되지 않도록 하기 위한 것입니다. 무엇보다도 설교를 듣는 자 자신이 이러한 살핌을 통해 하나님의 교훈을 더욱 깊이 받아들여 경건한 신자로 자라나기 위함입니다. 그러므로 설교를 살피는 일은 목회자를 판단하거나 단순한 비평을 하기 위함이 아니라, 경건의 유익을 얻기 위한 진리 확인임을 명심해야 합니다. 만일 이것에서 벗어나면, 설교를 성경에 비추어 살핀다는 명분 아래 오히려 설교를 통해 받아야 할 은혜를 놓치고 설교자를 평가하는 자리에 서는 잘못을 범하게 됩니다. 이 모든 노력은 우리의 신앙과 삶의 최종 권위가 하나님의 말씀이라는 고백 위에서만 올바른 이유를 가지며, 이러한 고백 위에서 경건의 열매를 맺게 됩니다.

(3) "믿음과 사랑과 온유와 준비된 마음을 가지고 그 진리를 하나님의 말씀으로 받고": 설교를 듣는 사람에게 요구되는 세 번째 사항은, 앞서 말한 두 번째 요구에서 설교를 성경에 비추어 살피는 과정에서 생길 수 있는 잘못된 비평적 태도를 방지하는 중요한 교훈을 줍니다. 설교를 듣는 사람은 설교가 성경의 말씀에 합당하다고 인정될 때, 그 설교의 내용을 사람의 말이 아니라 하나님의 말씀으로 받아들여야 합니다. 설교는 설교자가 성경을 해석하여 전하지만, 하나님께서는 그 설교를 통하여 친히 말씀하시며 은혜를 베푸시기 때문에 하나님의 말씀이 되기 때문입니다. 따라서 설교를 듣는 자의 태도는 단순히 지식적 검증에만 머물러서는 안 되며, 마음을 준비하여 믿음과 사랑과 온유함으로 설교에 담긴 진리를 하나님의 말씀으로 기꺼이 받아야 합니다. 곧 설교를 통해 전하여진 하나님의 말씀 속에 담긴 구원의 약속을 믿음으로 붙들고, 하나님의 긍휼과 인애를 기뻐하며 사랑으로 응답하고, 겸손히 자신을 낮추는 온유함으로 말씀을 들어야 합니다.

(4) "묵상하며 말씀을 서로 나누고": 설교를 듣는 회중은 진리로 받은 하나님의 말씀의 은혜를 마음에 깊이 새기고, 공동체 안에서 서로 나누어 함께 진리 가운데 성장해야 합니다. 말씀을 듣고 흘려버리지 않도록 되새기며 더 깊이 새기는 묵상의 시간을 갖는 것이 필요합니다. 또한 공동체 안에서 성도의 교제를 통해 서로 영적으로 격려하며 설교 말씀의 교훈을 나누는 일은 매우 유익합니다.

(5) "마음에 간직하며": 말씀을 듣는 성도가 해야 할 다섯 번째 사항은, 앞서 말한 묵상을 통해 말씀을 자신의 마음에 내면화하는 일입니다. 묵상은 그 과정의 방편이며, 마음에 간직하는 것은 그 결과입니다. 하나님의 경건한 백성은 깨달은 말씀을 금과 은보다 더 귀한 보배로 여기며 마음 깊은 곳에 간직합니다. 시편 기자가 "내가 주께 범죄하지 아니하려 하여 주의 말씀을 내 마음에 두었나이다"(시 119:11)라고 고백한 것은 바로 이 필요를 잘 보여줍니다.

(6) "생활에서 말씀의 열매를 맺는 것입니다": 이제 설교를 듣는 사람은 설교를 통해 받은 은혜가 자신의 삶 속에서 열매로 드러나기를 바라며 간구해야 합니다. 설교의 궁극적인 목표와 관련하여 대요리문답 159항은 설교자가 "하나님의 영광과 백성의 회심, 건덕, 구원을 목표로 삼아 진실하게" 설교해야 한다고 교훈합니다. 설교자의 목표가 이러하다면, 설교를 듣는 자의 목표 역시 하나님의 영광을 위한 삶의 열매를 맺는 것이어야 합니다. 곧 자신의 죄를 고백하고 하나님의 뜻에 따라 살아가는 회심의 열매를 맺으며, 교회 공동체 안에서 덕을 세우는 것입니다. 그러므로 설교를 단지 감정적 위로나 귀로 듣기에 만족스러운 이야기로 여기는 소비적 태도에 대하여, 대요리문답 160항은 분명한 경고를 줍니다.

◀ 적용 질문

1. 왜 대요리문답은 설교를 듣는 회중에게 근면과 준비와 기도로 말씀에 집중하라고 요구합니까? 여러분은 예배에 부지런히 참여하며, 설교 전, 설교 중, 그리고 설교 후에 기도로 준비하여 말씀을 적극적으로 듣고 있습니까?

2. 왜 성도는 설교를 들을 때 베뢰아 사람들처럼 성경을 근거로 하여 그 말씀이 진리인지 살펴야 합니까? 여러분은 설교를 들을 때 단순히 설교자의 말에 의존하지 않고, 성경으로 확인하며 말씀의 진리를 분별하는 훈련을 하고 있습니까?

3. 왜 설교를 성경과 비교해 옳다고 확인했을 때, 그 말씀을 단순한 사람의 말이 아니라 하나님의 말씀으로 믿음과 사랑과 온유한 마음으로 받아야 합니까? 여러분은 설교를 비평적으로만 듣지 않고, 참으로 하나님의 말씀으로 받아 믿음과 사랑과 겸손으로 순종하며 듣고 있습니까?

4. 왜 설교를 들은 후에 묵상하고 성도들과 말씀을 나누며 삶 속에서 열매를 맺는 것이 중요합니까? 여러분은 설교를 듣고 곧 잊어버리지 않고 묵상과 나눔을 통해 마음에 간직하며, 회개와 성화의 열매로 하나님께 영광을 돌리고 있습니까?

날마다 양식으로 읽는
웨스트민스터 표준교리 Ⅵ

27B장.

말씀과 성례

11월 9일

성례의 의미

소요리문답 92
대요리문답 162

소요리문답 92:

문92. 성례란 무엇입니까?

답. 성례란 그리스도께서 제정하신 거룩한 규례입니다. 이 규례는 감각할 수 있는 표지에 의해서 그리스도와 새 언약의 유익을 신자들에게 표하고, 인치고, 적용합니다.[1]

1) 창 17:7, 10; 출 12:1-51; 고전 11:23, 26.

대요리문답 162:

문162. 성례란 무엇입니까?

답. 성례는 그리스도께서 자신의 교회에 제정하신 거룩한 규례입니다.[1] 이 규례는 은혜언약 안에 있는 자

대요리문답
162:

들에게[2] 중보의 유익을[3] 표하고 인치고 적용하기 위한 것이며,[4] 이들의 믿음과 다른 모든 은혜를 강화하고 증진하기 위한 것이며,[5] 이들이 순종하게 하고,[6] 이들 상호 간에 사랑과 교제를 증거하고 소중히 여기도록 하는 것이며,[7] 이들을 은혜언약 밖에 있는 자들과 구별하기 위한 것입니다.[8]

1) 창 17:7, 10; 출 12장; 마 28:19; 26:26-28.
2) 롬 15:8; 출 12:48.
3) 행 2:38; 고전 10:16.
4) 롬 4:11; 고전 11:24-25.
5) 롬 4:11; 갈 3:27.
6) 롬 6:3-4; 고전 10:21.
7) 엡 4:2-5; 고전 12:13.
8) 엡 2:11-12; 창 34:14.

◀ 말씀 요절

창 17:7, 10 "내가 내 언약을 나와 너 및 네 대대 후손 사이에 세워서 영원한 언약을 삼고 너와 네 후손의 하나님이 되리라 … 너희 중 남자는 다 할례를 받으라 이것이 나와 너희와 너희 후손 사이에 지킬 내 언약이니라"

고전 11:23-26 "내가 너희에게 전한 것은 주께 받은 것이니 곧 주 예수께서 잡히시던 밤에 빵을 가지사 축사하시고 떼어 이르시되 이것은 너희를 위하는 내 몸이니 이것을 행하여 나를 기념하라 하시고 식후에 또한 그와 같이 잔을 가지시고 이르시되 이 잔은 내 피로 세운 새 언약이니 이것을 행하여 마실 때마다 나를 기념하라 하셨으니 너희가 이 빵을 먹으며 이 잔을 마실 때마다 주의 죽으심을 그가 오실 때까지 전하는 것이니라"

롬 4:11 "그가 할례의 표를 받은 것은 무할례시에 믿음으로 된 의를 인친 것이니 이는 무할례자로서 믿는 모든 자의 조상이 되어 그들도 의로 여기심을 얻게 하려 하심이라"

롬 6:3-4 "무릇 그리스도 예수와 합하여 세례를 받은 우리는 그의 죽으심과 합하여 세례를 받은 줄을 알지 못하느냐 그러므로 우리가 그의 죽으심과 합하여 세례를 받음으로 그와 함께 장사되었나니 이는 아버지의 영광으로 말미암아 그리스도를 죽은 자 가운데서 살리심과 같이 우리로 또한 새 생명 가운데서 행하게 하려 함이라"

고전 12:13 "우리가 유대인이나 헬라인이나 종이나 자유인이나 다 한 성령으로 세례를 받아 한 몸이 되었고 또 다 한 성령을 마시게 하셨느니라"

엡 2:11-12 "그러므로 생각하라 너희는 그 때에 육체로는 이방인이요 손으로 육체에 행한 할례를 받은 무리라 칭하는 자들로부터 할례를 받지 않은 무리라 칭함을 받는 자들이라 그 때에 너희는 그리스도 밖에 있었고 이스라엘 나라 밖의 사람이라 약속의 언약들에 대하여는 외인이요 세상에서 소망이 없고 하나님도 없는 자이더니"

◀ 교리 해설

오늘 읽는 소요리문답 92항과 대요리문답 162항은 성례에 대해 교훈합니다. 소요리문답 92항에서 설명하는 성례의 내용은 그대로 대요리문답 162항에 포함되어 있으므로, 오늘은 대요리문답을 중심으로 살펴보겠습니다. 대요리문답 162항의 가르침은 여섯 가지로 정리할 수 있습니다. 첫째, 성례는 그리스도께서 교회에 제정하신 거룩한 규례라는 점이며, 둘째, 은혜 언약 안에 있는 자들에게 중보의 유익을 표하고 인치며 적용하기 위한 것이라는 점입니다. 셋째, 성례는 믿음과 다른 모든 은혜를 강화하고 증진하기 위한 것이며, 넷째, 성도들을 순종하게 하는 것이고, 다섯째, 성도 상호 간의 사랑과 교제를 증거하고 소중히 여기도록 하는 것이며, 여섯째, 성도를 은혜 언약 밖에 있는 자들과 구별하기 위한 것입니다. 이 여섯 가지 가운데 오늘은 소요리문답 92항과 공통되는 첫째와 둘째를 살펴보고, 더하여 대요리문답 162항에는 언급되지만 내일 읽을 신앙고백서 27.1에서는 생략되는 다섯째 항목도 함께 다루겠습니다. 나머지 세 가지는 내일 읽는 신앙고백서 27.1의 진술과 연결하여 살펴보겠습니다.

(1) "성례는 그리스도께서 자신의 교회에 제정하신 거룩한 규례입니다." 성례는 사람이 어떤 편의를 위하여 고안해 낸 의식이 아닙니다. 성례는 교회의 머리이신 그리스도께서 친히 명하시고 제정하신 것입니다. 따라서 성례는 그리스도께서 특별히 구별하여 제정하신 의식이라는 점에서 거룩합니다. 성례는 개인이나 사적인 모임에서 임의로 행할 수 있는 것이 아닙니다. 성례는 그리스도께서 그의 교회에 제정하신 규례이기 때문입니다. 그러므로 선교 단체 수련회나 가족 모임, 혹은 기독교 학교 동아리에서 성찬을 집례하는 것은 합당하지 않습니다.

(2) "이 규례는 은혜언약 안에 있는 자들에게 중보의 유익을 표하고 인치고 적용하기 위한 것이며": 성례는 은혜의 방편입니다. 이것은 성례가 단순

히 기념하는 상징물에 그치지 않는다는 점을 말합니다. 대요리문답은 성례의 의미와 관련하여 세 가지를 제시합니다. '표', '인', '제시'입니다. 이를 동사로 표현하면 '표하다'(signify), '인치다'(seal), '제시하다'(exhibit)입니다. 여러분이 보는 번역에서 '제시하다'는 '적용하다'로 번역되어 있습니다. 이는 성례를 믿음으로 받는 사람의 관점에서 표현한 것이지만, 성례 자체를 설명할 때는 '제시하다'라고 하는 것이 적절합니다. '제시하다'에 대해서는 11월 13일 신앙고백서 27.3을 살피면서 알아보기로 합니다. 오늘은 '표하다'와 '인치다'에 대해서 살펴보겠습니다. 성례는 세례와 성찬으로 구성됩니다. 세례의 경우, 물과 물로 씻거나 뿌리는 행위는 표(sign)입니다. 그런데 세례는 '물' 혹은 '물로 씻음'이라는 표지로 무엇을 '표한다'(signify) 또는 '가리킨다라'고 할 수 있습니다. 이를 '표지되는 것'(res signata; thing signified)이라고 부릅니다. 물이라는 표지가 가리키는 것은 곧 그리스도의 피와 성령에 의한 죄 씻음과 그리스도와의 연합을 통한 새 생명입니다(롬 6:3-4). 성찬의 경우, 표는 빵과 포도주이며, 이를 먹고 마시는 행위입니다(눅 22:19-20; 고전 10:16). 이 표들이 가리키는 것은 그리스도의 몸과 피입니다.

성례는 단지 표에 머무르지 않고 또한 '인'(seal)이기도 합니다. '인'이란 도장을 찍어 보증하거나 확증하는 것을 의미합니다. 예를 들어 세례에서 물 또는 물로 씻는 행위라는 표는 죄 씻음과 그리스도와의 연합을 통한 새 생명을 가리킵니다. 그리고 세례는 바로 이 일을 인칩니다. 다시 말해, 죄 씻음과 그리스도와의 연합을 통한 새 생명에 대한 약속(행 22:16; 딛 3:5; 갈 3:27)이 과연 참되다는 것을 보증하고 확증하는 것입니다. 하나님께서는 그리스도를 믿는 신자에게 죄 씻음과 새 생명을 약속하셨습니다. 세례는 이 약속을 참되게 믿을 수 있다는 사실을 보증하고 확증합니다. 이것을 세례의 '인'이라 부릅니다. 성찬의 경우도 마찬가지입니다. 빵과 포도주, 그리고 그것을 먹고 마시는 행위는 표입니다. 이 표는 그리스도의 몸과 피를 먹고 마시는 것과, 그로 인한 그리스도와의 연합을 가리킵니다. 성찬은 이러한 표가 가리키는 은혜가 참으로 그리스도를 믿는 자에게 주어진다는 하나님의 약속을 보증하고 확증합니다. 이것이 성찬의 '인'입니다.

그렇다면 성례는 어떻게 표로서 무엇을 나타냄과 동시에 인침으로 그것을 보증할 수 있는 것일까요? 일반적으로 어떤 것이 무엇을 표한다면, 그것이 표하는 바의 진실성은 다른 것에 의해 보증됩니다. 그러나 성례의 경우는 스스로 표이면서 동시에 표지하는 바가 참되다는 것을 인침으로 보증합니다. 이는 성례를 제정하신 분이 하나님이시며 곧 그리스도이시기 때문입니다. 예를 들어 아브라함의 할례는 단순한 표가 아니라, 믿음으로 된 의를 보증하는 인이었습니다(롬 4:11). 세례에 대해서도 그리스도께서 "모든 민족을 제자로 삼아 아버지와 아들과 성령의 이름으로 세례를 주라"(마 28:19)고 명령하셨으며, "믿고 세례를 받는 자는 구원을 얻을 것이다"(막 16:16)라고 말씀하셨습니다. 또한 성찬에 대해서도 그리스도께서는 잡히시기 전 날, 제자들에게 빵을 떼어 주시며 "이것은 내 몸이라" 하셨고, 포도주를 주시며 "이것은 죄 사함을 얻게 하려고 흘리는 언약의 피라" 하셨습니다(마 26:26-28). 이와 같은 제정의 규례는 성례가 단순히 표일 뿐만 아니라, 표지하는 것의 참됨을 보증하는 인임을 가르쳐 줍니다. 앞서 (1)항, "성례는 그리스도께서 자신의 교회에 제정하신 거룩한 규례입니다"라는 진술은 성례가 동시에 표이자 인임을 잘 보여줍니다.

(3) "이들 상호 간에 사랑과 교제를 증거하고 소중히 여기도록 하는 것이며": 성례는 오직 하나님의 언약 백성들 사이에서만 행해지는 규례입니다. 다시 말해, 성례는 철저히 교회 공동체에 주어진 특권입니다. 세례는 교회 밖에 있던 자가 하나님과 교회 앞에서 신앙고백을 진술함으로써 교회 공동체 안으로 받아들여지고, 이제 그리스도 안에 속한 형제임을 인정하고 선포하는 의미를 갖습니다. 또한 성찬은 그리스도와 그의 구속 사역의 은혜를 믿고 의지하며 신자로 살아가고자 하는 이들이 함께 빵과 포도주를 나누며, 그리스도의 한 몸에 연합되어 있음을 고백하는 규례입니다. 그러므

로 성례는 교인들이 서로를 그리스도께 속한 형제로서 사랑의 교제를 나누어야 함을 밝히고, 이를 실천하도록 요구합니다. 요컨대 성례는 먼저 그리스도와 신자의 연합을 근거로 하여 성도 상호 간의 연합으로 이어지는 공동체적 성격을 지닙니다. 성례에 참여하는 교인은 각각 개별적으로 참여하지만 동시에 전체 공동체의 일원으로 참여하는 것이며, 개인주의적 접근은 성례의 본질에 부합하지 않습니다. 세례를 통해 시작되는 그리스도와의 연합과 성도의 연합은 성찬을 통해 더욱 강화되고 심화합니다.

적용 질문

1. 왜 성례는 개인이나 사적인 모임에서 임의로 행할 수 없고 오직 교회 안에서 시행되어야 합니까? 그렇다면 여러분은 성례를 교회의 머리이신 그리스도께서 친히 제정하신 규례로 존중하며, 단순한 행사가 아니라 교회의 거룩한 은혜의 방편으로 받고 있습니까?

2. 세례와 성찬이 단순한 표로서만이 아니라 동시에 하나님의 언약 약속을 보증하는 인이라고 할 수 있는 이유는 무엇입니까? 그렇다면 여러분은 세례와 성찬을 받을 때 하나님께서 그리스도 안에서 주신 약속이 참되다는 사실을 확증해 주신다는 것을 신뢰하며 살아가고 있습니까?

3. 왜 성례는 하나님의 언약 백성들 사이에서만 행해지는 규례이며, 교회 공동체에 속한 자들의 특권이라고 할 수 있습니까? 그렇다면 여러분은 성례에 참여할 때 그것이 단순히 개인의 신앙 행위가 아니라, 하나님께서 교회를 언약 공동체로 세우신 은혜의 표징임을 기억하며, 교회의 지체로서 서

로에게 속한 자로 살고 있습니까?

4. 성례가 성도 상호 간의 사랑과 교제를 증거하고 소중히 여기도록 하는 규례라고 할 때, 이것은 성례가 본질적으로 공동체적인 은혜의 방편임을 어떻게 보여줍니까? 그렇다면 여러분은 성례에 참여할 때 단순히 개인적으로 은혜를 받는 것에 그치지 않고, 함께 그리스도께 속한 형제로서 서로를 사랑하고 교제하며 세워가고 있습니까?

11월 10일

은혜언약의 거룩한 표지이며 인장인 성례

신앙고백서 27.1

신앙고백서 27.1

성례는 은혜언약의 거룩한 표지이고 인장이며,[1] 하나님께서 직접 제정하신 것으로,[2] 그리스도와 그분의 은택들을 나타내고, 그리스도 안에 있는 우리의 권리를 확증하며,[3] 또한 교회에 속한 사람들을 세상에 속한 사람들과 눈에 보이게 구별하고,[4] 하나님의 말씀을 따라 그리스도 안에서 하나님을 섬기는 일에 엄숙히 참여하도록 하기 위한 것이다.[5]

1) 롬 4:11; 창 17:7, 10.
2) 마 28:19; 고전 11:23.
3) 고전 10:16; 11:25-26; 갈 3:27.
4) 롬 15:8; 출 12:48; 창 34:14.

신앙고백서 27.1

5) 롬 6:3-4; 고전 10:16, 21.

말씀 요절

창 17:7, 10 "내가 내 언약을 나와 너 및 네 대대 후손 사이에 세워서 영원한 언약을 삼고 너와 네 후손의 하나님이 되리라 … 너희 중 남자는 다 할례를 받으라 이것이 나와 너희와 너희 후손 사이에 지킬 내 언약이니라"

롬 4:11 "그가 할례의 표를 받은 것은 무할례시에 믿음으로 된 의를 인친 것이니 이는 무할례자로서 믿는 모든 자의 조상이 되어 그들도 의로 여기심을 얻게 하려 하심이라"

마 28:19 "그러므로 너희는 가서 모든 민족을 제자로 삼아 아버지와 아들과 성령의 이름으로 세례를 베풀고"

고전 11:23-26 "내가 너희에게 전한 것은 주께 받은 것이니 곧 주 예수께서 잡히시던 밤에 빵을 가지사 축사하시고 떼어 이르시되 이것은 너희를 위하는 내 몸이니 이것을 행하여 나를 기념하라 하시고 식후에 또한 그와 같이 잔을 가지시고 이르시되 이 잔은 내 피로 세운 새 언약이니 이것을 행하여 마실 때마다 나를 기념하라 하셨으니 너희가 이 빵을 먹으며 이 잔을 마실 때마다 주의 죽으심을 그가 오실 때까지 전하는 것이니라"

고전 10:16 "우리가 축복하는 바 축복의 잔은 그리스도의 피에 참여함이 아니며 우리가 떼는 빵은 그리스도의 몸에 참여함이 아니냐"

출 12:48 "너희와 함께 거류하는 타국인이 여호와의 유월절을 지키고자 하거든 그 모든 남자는 할례를 받은 후에야 가까이 하여 지킬지니 곧 그는 본토인과 같이 될 것이나 할례 받지 못한 자는 먹지 못할 것이니라"

롬 6:3-4 "무릇 그리스도 예수와 합하여 세례를 받은 우리는 그의 죽으심과 합하여 세례를 받은 줄을 알지 못하느냐 그러므로 우리가 그의 죽으심과 합하여 세례를 받음으로 그와 함께 장사되었나니 이는 아버지의 영광으로 말미암아 그리스도를 죽은 자 가운데서 살리심과 같이 우리로 또한 새 생명 가운데서 행하게 하려 함이라"

교리 해설

오늘 읽는 웨스트민스터 신앙고백서 27.1은 어제 살핀 대요리문답 162항과 여섯 가지 내용에서 동일한 사실을 진술합니다. 그중 "성례는 은혜언약의 거룩한 표지이자 인장이며, 하나님께서 친히 제정하신 것으로, 그리스도와 그분의 은택들을 나타낸다"라는 부분은 이미 대요리문답을 통해 살펴본 바 있습니다. 그 내용은 성례가 하나님께서 친히 제정하신 거룩한 규례이며, 그리스도의 은혜를 표하고 인치는 표지라는 점으로 정리되었습니다. 오늘은 이 세 가지를 제외하고, 두 문서가 공통으로 말하는 나머지 세 가지 내용을 살펴보겠습니다.

(1) "그리스도 안에 있는 우리의 권리를 확증하며", "이들의 믿음과 다른 모든 은혜를 강화하고 증진하기 위한 것이며"(대요리문답 162항): 웨스트민스터 신앙고백서 27.1과 대요리문답 162항은 모두 성례가 그리스도께서 제정하신 것으로, 그분의 구속의 은혜를 표하고, 인치며, 제시한다는 사실을 강조합니다. 그리고 이러한 성례를 통해 신자는 믿음과 다른 모든 은혜들, 곧

회개, 인내, 사랑, 소망 등 모든 영적 은혜가 더욱 강화되고 성장하는 은혜를 누립니다. 그러므로 성례는 "은혜의 방편"입니다. 이처럼 성례를 통해 성도가 누리는 은혜와 관련하여, 신앙고백서는 "그리스도 안에 있는 우리의 권리를 확증한다"고 진술합니다. 여기서 '우리의 권리'(our interest)란 법적이거나 영적인 권리를 뜻합니다. 곧 신자가 그리스도와의 연합으로 말미암아 누리게 되는 모든 합법적 권리와 은택을 가리킵니다. 예를 들어, 의롭다 하심을 받은 의인의 신분, 하나님의 자녀로 입양된 양자의 신분, 그리고 성령의 도우심으로 이루어 가는 거룩한 변화 등이 이에 해당합니다. 이러한 신분과 은혜가 더욱 강화되고 증진되는 것이 바로 성례를 통해 주어지는 은혜입니다.

(2) "또한 교회에 속한 사람들을 세상에 속한 사람들과 눈에 보이게 구별하고": "이들을 은혜언약 밖에 있는 자들과 구별하기 위한 것입니다"(대요리문답 162): 성례는 신자가 그리스도와 연합하며, 동시에 성도들과 그리스도 안에서 교제하고 연합함을 드러내는 표지입니다. 특별히 세례는 교회에 속하지 않은 사람이 자신의 믿음을 고백하고 교회 공동체의 일원으로 받아들여지는 성례입니다(출 12:48). 반면 성찬은 이미 교회에 속한 자들이 주님과의 연합과 언약 백성 간의 교제를 가시적으로 드러내는 성례입니다(고전 5:11). 웨스트민스터 신앙고백서는 이러한 사실을 반영하여, 교회에 속한 자들과 세상에 속한 자들을 분명히 구별합니다. 이 구별은 보이는 교회의 공적 정체성을 기준으로 한 것이며, 교회가 성례의 주체임을 전제합니다. 성례가 교회의 본질과 직접 연결되어 있다는 사실은, 곧 성례가 교회의 공적 사역으로만 집행될 수 있다는 교회론적 기초 위에 서 있습니다. 교회가 성례의 주체인 이유는, 성례가 그리스도께서 교회를 세우시며 교회의 공적 사역으로 제정하신 규례이기 때문입니다. 성례는 교회의 공적 예배와 분리되어 개인적이거나 임의로 모인 사사로운 모임에서 행해질 수 없습니다. 성례는 반드시 교회 공동체로 모인 공예배 속에서 집행될 때에만 유효합니다

(행 2:42; 고전 11:23). 대요리문답 162항의 첫 문장은 "성례는 그리스도께서 자신의 교회에 제정하신 거룩한 규례입니다"로 시작합니다. 여기서 "자신의 교회에"라는 표현은 성례가 교회가 주체가 되어 행하며, 교회의 공적 사역으로 시행되는 것임을 교훈합니다. 또한 웨스트민스터 신앙고백서 25.3(10월 19일 본문)은 "그리스도께서 보이는 보편 교회에게 하나님의 직분과 말씀과 규례를 주셨다"라고 진술하는데, 이 역시 성례가 교회의 공적 사역임을 뒷받침합니다.

아울러 성례가 사적으로가 아니라 공적으로 행해져야 하는 이유는, 성례가 교회의 세 가지 표지(mark of the church) 가운데 하나이기 때문입니다. 교회의 세 가지 표지는 신앙고백서 25.4(10월 23일 본문)에서 제시되는 말씀의 바른 선포, 오늘 읽는 신앙고백서 27장에서 다루는 성례의 합법적 시행, 그리고 신앙고백서 30장(12월 13일 본문)에서 교훈하는 권징의 집행입니다. 이 세 가지는 교회의 본질적 순수성을 드러내는 표지이며, 성례는 그중 하나로서 교회의 공적 사역에 속합니다. 따라서 교회는 성례를 바르게 시행함으로써 교회의 본질을 나타내고, 신자는 성례에 참여함으로써 교회에 속한 자임을 공적으로 드러냅니다. 그러므로 성례는 교회에 속한 자들에게만 주어지며, 세상에 속한 자들은 이에 참여할 수 없습니다.

대요리문답 162항은 이러한 교회의 구별을 은혜언약 안과 밖의 구별로 표현합니다. 이는 신앙고백서가 교회론적 관점에서 구별을 진술하는 것과 달리, 언약론적 관점에서 성례의 참여자를 구별하고 있음을 보여줍니다. 즉, 신앙고백서는 보이는 교회의 제도적 가시성을 기준으로 삼은 반면, 대요리문답은 은혜언약의 내적 실재를 기준으로 성찬에 참여하는 자들의 구원론적 상태를 포괄합니다. 이 사실은 대요리문답이 말하는 "은혜언약 안에 있는 자들"이 누구인가를 생각해 보면 분명해집니다. 은혜언약에는 외적인(가시적) 측면과 내적인(영적) 측면이 있습니다. 가시적 교회의 제도 안에 속한 모든 교인은 말씀, 성례, 기도라는 은혜의 방편을 통해 하나님의 은혜를 경험합니다. 그러나 교회 회원 가운데에는 고백한 믿음이 진실하지 않은 자도 있을 수 있습니다. 그들은 외적으로는 교회에 속해 있으므로 세상과는 구별되지만, 내적으로는 참된 신자가 아닐 수 있습니다. 따라서 이러한 사람들은 은혜언약의 외적 참여자일 뿐, 내적 참여자는 아닙니다. 대요리문답은 은혜언약을 구별의 기준으로 제시하면서, 성례가 약속하고 있는 그리스도의 중보적 은혜의 실제 효력이 오직 은혜언약의 내적 참여자, 곧 중생하고 그리스도를 믿는 자들에게만 적용된다는 사실을 강조합니다.

요컨대 신앙고백서는 보이는 교회의 제도적·공적 측면, 곧 은혜언약의 외적 참여자를 기준으로 구별하는 반면, 대요리문답은 은혜언약의 내적 참여자, 곧 참된 믿음 안에 있는 자들을 기준으로 구별합니다. 신앙고백서는 성례의 합법적 시행과 참여의 범위를 교회론적으로 진술하며, 대요리문답은 성례의 실제 효력을 누리는 자의 범위를 구원론적·언약론적으로 진술합니다. 이 차이는 대요리문답이 교리를 배우는 자(catechumenus), 곧 신앙의 본질을 배우며 성례의 의미를 이해해야 하는 성도를 대상으로 하고 있음을 잘 보여줍니다.

(3) "하나님의 말씀을 따라 그리스도 안에서 하나님을 섬기는 일에 엄숙히 참여하도록 하기 위한 것이다"; "이들이 순종하게 하고"(대요리문답 162): 성례는 신자에게 구속의 은혜를 확증해 주는 표(sign)이자, 하나님의 언약 약속을 보증하는 인(seal)입니다. 이러한 성례는 참여자에게 하나님과 맺은 언약 안에서의 순종의 의무를 일깨우며, 참여자는 하나님께서 베푸신 은혜에 감사하며 그분의 뜻에 순종하겠다는 헌신을 새롭게 서약합니다. 이 의미를 담아 웨스트민스터 신앙고백서는 성례가 "하나님을 섬기는 일에 엄숙히 참여하도록 한다"라 뜻을 지닌다고 진술합니다(신앙고백서 27.1). 이에 비해 대요리문답은 보다 간결하면서도 직접적으로, 성례가 참여자들을 순종하게 한다(to oblige them to obedience)고 밝힙니다. 성례 참여자가 하나님을 섬기며 그분의 말씀에 순종할 의무를 가지는 이유는, 성례가 하나

님의 언약 안에서 이루어지는 행위이기 때문입니다. 하나님께서는 죄인을 은혜로 부르시고 구원하시며, 신자는 용서받은 자로서 하나님의 은혜에 감사하여 그분의 뜻에 순종하기로 서약합니다. 이것이 바로 은혜언약의 영적 원리, 즉 은혜로 구원받은 자는 은혜에 합당한 순종의 삶으로 부름받는다는 진리입니다. 이스라엘 백성이 시내산에서 하나님과 언약을 맺으며 "우리가 여호와의 말씀을 다 준행하리이다"(출 24:7-8)라고 고백했던 서약은, 은혜 언약 속에서의 순종의 헌신을 명확하게 보여줍니다. 마찬가지로, 그리스도를 믿고 세례를 받은 성도는 "그리스도와 함께 장사되었나니 … 이는 우리로 새 생명 가운데서 행하게 하려 함이라"(롬 6:4)는 말씀처럼 그리스도 안에서 죽고 그리스도 안에서 새 생명으로 살아가는 자로서, 하나님께 순종하며 그분을 섬기는 삶으로 부름받은 자입니다. 성례는 바로 이러한 원리를 신자에게 가시적으로 요구하고 확증하는 언약의 표와 인입니다. 세례는 죄 씻음의 은혜를 확증하며, 새 생명 가운데 행하는 삶을 살도록 부름을 보여줍니다(롬 6:13). 또한 성찬은 그리스도의 몸과 피에 참여함으로써 그리스도 안에 거하며, 그리스도의 뜻을 좇아 그분이 보여주신 사랑과 희생을 본받는 삶을 살게 합니다(요 6:53-54; 롬 6:3-4).

◀ 적용 질문

1. 성례는 어떻게 신자에게 그리스도와의 연합으로 얻은 권리와 은택, 곧 의롭다 하심과 양자의 신분, 거룩하게 되는 은혜를 확증해 줍니까? 여러분은 성례를 받을 때, 하나님께서 실제로 여러분에게 그리스도 안의 신분과 권리를 확증하신다는 사실을 믿으며 그 은혜를 삶 속에서 드러내고 있습니까?

2. 성례는 어떤 방식으로 교회에 속한 자들과 세상에 속한 자들을 눈에 보이게 구별합니까? 여러분은 교회의 공예배 안에서 성례에 참여할 자로 부름받았다는 사실을 귀히 여기며, 세상과 구별된 교회의 일원으로서 거룩과 순결의 삶을 살아가고 있습니까?

3. 신앙고백서와 대요리문답은 왜 성례의 참여 범위를 각각 교회론적 기준과 은혜언약의 기준으로 달리 진술합니까? 여러분은 자신이 단지 교회의 외적인 회원으로 머물러 있는지, 아니면 참된 믿음으로 은혜언약의 내적 참여자가 되어 성령의 역사 안에 살고 있는지를 점검하며, 하나님의 은혜 앞에서 진실한 믿음을 새롭게 하고 있습니까?

4. 성례는 왜 은혜언약 안에서 신자에게 순종의 삶을 요구하며, 하나님을 섬기고 그분의 뜻을 따르겠다는 헌신을 새롭게 서약하게 합니까? 여러분은 세례와 성찬을 통해 하나님께 대한 순종의 서약을 기억하며, 그리스도의 사랑과 희생을 본받아 순종과 섬김의 열매를 맺는 삶을 살고 있습니까?

11월 11일

성례의 표지와 실체의 성례전적 연합

대요리문답 163
신앙고백서 27.2

대요리문답 163:

문163. 성례를 구성하는 부분들은 무엇입니까?

답. 성례를 구성하는 부분들은 두 가지입니다. 첫째는 그리스도께서 친히 명령하신 바에 따라 사용하는 외적이고 감각적인 표지이며, 둘째는 이것으로 표하는 내적이고 영적인 은혜입니다.[1]

1) 마 3:11; 벧전 3:21; 롬 2:28-29.

신앙고백서 27.2	각 성례에는 표지와 표지가 가리키는 실체 사이에 영적 관계 또는 성례전적 연합이 있다. 이로 말미암아 어느 한 쪽의 이름과 효력이 다른 한 쪽에게 돌려지게 된다.[1]

1) 창 17:10; 마 26:27-28; 딛 3:5.

◖ 말씀 요절

마 3:11 "나는 너희로 회개하게 하기 위하여 물로 세례를 베풀거니와 내 뒤에 오시는 이는 나보다 능력이 많으시니 나는 그의 신을 들기도 감당하지 못하겠노라 그는 성령과 불로 너희에게 세례를 베푸실 것이요"

벧전 3:21 "물은 예수 그리스도께서 부활하심으로 말미암아 이제 너희를 구원하는 표니 곧 세례라 이는 육체의 더러운 것을 제하여 버림이 아니요 하나님을 향한 선한 양심의 간구니라"

롬 2:28-29 "무릇 표면적 유대인이 유대인이 아니요 표면적 육신의 할례가 할례가 아니니라 오직 이면적 유대인이 유대인이며 할례는 마음에 할지니 영에 있고 율법 조문에 있지 아니한 것이라 그 칭찬이 사람에게서가 아니요 다만 하나님에게서니라"

창 17:10 "너희 중 남자는 다 할례를 받으라 이것이 나와 너희와 너희 후손 사이에 지킬 내 언약이니라"

마 26:27-28 "또 잔을 가지사 감사 기도 하시고 그들에게 주시며 이르시되 너희가 다 이것을 마시라 이것은 죄 사함을 얻게 하려고 많은 사람을 위하여 흘리는 바 나의 피 곧 언약의 피니라"

딛 3:5 "우리를 구원하시되 우리가 행한 바 의로운 행위로 말미암지 아니하고 오직 그의 긍휼하심을 따라 중생의 씻음과 성령의 새롭게 하심으로 하셨나니"

◀ 교리 해설

오늘 우리가 읽는 대요리문답 163항과 신앙고백서 27.2은 성례가 두 가지 부분으로 구성되어 있다는 사실을 분명히 진술합니다. 대요리문답은 그 두 부분이 무엇인지를 설명하고, 신앙고백서는 그 두 부분이 서로 어떤 관계에 있는지를 밝힙니다. 즉, 신앙고백서는 이 두 부분 사이에 존재하는 관계의 성격을 구체적으로 설명합니다.

(1) "성례를 구성하는 부분들은 두 가지입니다. 첫째는 그리스도께서 친히 명령하신 바에 따라 사용하는 외적이고 감각적인 표지이며, 둘째는 이것으로 표하는 내적이고 영적인 은혜입니다": 성례는 이중적인 구성을 가지고 있습니다. 하나는 표(sign) 이며, 다른 하나는 은혜의 실체(reality of grace) 입니다. 먼저 성례는 눈으로 볼 수 있는 가시적 표지를 포함합니다. 세례는 물, 혹은 물로 씻거나 뿌리는 행위를 표로 가지고 있으며, 성찬은 빵과 포도주, 그리고 그것을 먹고 마시는 행위를 표로 가집니다. 이러한 것들이 바로 대요리문답이 말하는 "외적이고 감각적인 것"입니다. 표 또는 표지는 성례에 참여하는 이가 눈으로 보고, 몸으로 느끼며, 손으로 잡고, 입으로 먹고 마실 수 있는 물질적인 요소입니다. 하나님께서는 이러한 감각적으로 인

식할 수 있는 물질적 요소를 사용하여, 그 표가 가리키는 영적 실체를 깨닫도록 하셨습니다.

이것이 성례를 구성하는 두 번째 부분, 곧 은혜의 실체입니다. 이 부분은 물질적인 표와 달리 영적인 것이며, 그리스도와의 연합을 가리킵니다. 또한 이 연합으로 인해 믿는 자에게 주어지는 죄 사함과 의롭다 하심, 새 생명, 십자가의 대속, 그리고 그리스도와의 영적 교통과 같은 중보의 모든 유익이 여기에 포함됩니다. 영적이고 내적인 이 두 번째 부분이 바로 외적이며 감각적인 첫 번째 표 또는 표지가 가리키는 '표지된 실체'(res signata)입니다. 표지된 실체와 관련해서는 앞서 11월 9일에 살펴본 소요리문답 92항과 대요리문답 162항의 내용을 함께 참고하시면 도움이 됩니다. 이 두 번째 구성 부분은 영적이며 내적인 것이므로, 첫 번째 구성 부분인 표와 달리 눈으로 보거나 입으로 먹고 마실 수 없습니다. 신자는 믿음으로 보고, 믿음으로 먹고 마십니다. 곧 성례의 표를 믿음으로 받을 때라야, 그 표를 통하여 나타내시는 은혜를 실제로 받고 누릴 수 있습니다.

(2) "각 성례에는 표지와 표지가 가리키는 실체 사이에 영적 관계 또는 성례전적 연합이 있다. 이로 말미암아 어느 한쪽의 이름과 효력이 다른 한쪽에게 돌려지게 된다.": 그렇다면 어떻게 감각적이며 외적인 물질인 표를 통해 영적이며 내적인 실체를 받을 수 있을까요? 그 이유는 표와 표지된 실체 사이에 특별한 관계가 존재하기 때문입니다. 신앙고백서는 이 관계를 "성례적 연합"(sacramental union)이라고 부릅니다.

성례적 연합이란, 그리스도께서 친히 제정하신 표(또는 표지)와 그것이 가리키는 영적 실체 사이에 존재하는 언약적이고 영적인 결합 관계를 일컫는 용어입니다. 이러한 연합으로 인해, 세례에서 물이나 성찬에서 빵과 포도주는 서로 다른 실체로 구별되지만, 성례가 시행될 때 이 두 부분은 분리되거나 단절되어 있지 않습니다. 성례의 표지와 실체는 곧 '분리 없는 구별'(distinctio sine separatione)의 관계를 가집니다. 예를 들어 세례의 표인

물은 그리스도의 피가 아닙니다. 물은 물질적 실체이고, 그리스도의 피는 구속의 은혜를 가리키는 영적 실체입니다. 이 둘은 본질적으로 구별되지만, 그리스도께서 제정하신 성례의 연합 안에서는 서로 단절되어 있지 않습니다. 하나님께서 성례를 언약의 표로 제정하셨기 때문에, 이 둘은 언약적 질서 안에서 떼어놓을 수 없는 연합을 이룹니다.

이러한 연합의 특성 때문에, 그리스도께서는 빵을 들어 "이것은 내 몸이라"(마 26:26; 눅 22:19) 하셨고, 잔을 들어 포도주를 가리켜 "이것은 나의 피, 곧 언약의 피라"(마 26:28; 눅 22:20)고 말씀하셨습니다. 이 관계를 반영하여 바울 사도 역시 "우리가 축복하는 바 축복의 잔은 그리스도의 피에 참여함이 아니며, 우리가 떼는 빵은 그리스도의 몸에 참여함이 아니냐"(고전 10:16)라고 말합니다. 이처럼 빵과 몸, 포도주와 피가 언어적으로 교환되어 서로의 이름으로 불리는 관계를 "이름의 상호전용"(intermutatio nominum)이라고 합니다. 이는 표와 실체가 성례적으로 연합되어 있기 때문에 가능한 일입니다. 표지와 표지된 실체 사이에서 이름이 상호전용되지만, 표지의 효력은 그 실체에 있습니다. 그럼에도 이러한 성례적 연합으로 인해, 표지와 실체의 관계는 때때로 효력이 표지에서 나오는 듯한 언어로 표현되기도 합니다. 예를 들어 세례에서 물로 적시거나 뿌리는 행위를 가리켜 "죄를 씻는 것"이라고 말합니다. 실제로는 물이 죄를 씻는 것이 아니라 그리스도의 피가 죄를 씻습니다. 그러나 세례의 행위가 그리스도의 피로 말미암은 죄 씻음을 상징하기 때문에, 효력이 마치 표지인 물에서 비롯된 것처럼 표현되기도 하는 것입니다.

이와 같이 성례적 연합에 따른 표와 실체의 관계에 대한 개혁파의 설명은, 표와 실체를 실체적으로 동일시하는 로마 가톨릭의 화체설(transubstantiation)을 배격합니다. 화체설은 표와 실체를 동일한 본질로 여기며, 표인 빵과 포도주가 그리스도의 몸과 피로 실체적으로 전환되었다고 주장합니다. 다만 그 과정에서 빵과 포도주의 우유적 요소(accidental elements), 즉 맛과 색깔, 형태와 같은 것이 남아 있다고 설명합니다. 만약 그것마저 변했다면, 신자는 그리스도의 살을 직접 먹는 충격적인 경험을 하게 될 것이므로, 하나님께서 자비로이 그 외형을 남겨두셨다는 식의 해석입니다. 신앙고백서는 성례적 연합을 통해 이러한 로마 가톨릭의 화체설을 명확히 부정합니다. 표와 실체는 결코 동일한 실체가 아니라, 하나님께서 제정하신 언약 안에서 서로 연합된 채로 구별되어 있는 관계입니다.

적용 질문

1. 성례가 "외적인 표와 내적인 은혜의 실체"라는 두 부분으로 구성되어 있다는 것은 단순한 상징 이상의 의미를 가지는데, 여러분은 세례나 성찬의 표를 받을 때 단지 외적 행위로만 여기지 않고, 그 안에서 실제로 자신에게 확증하시는 하나님의 은혜와 그리스도와의 연합을 믿음으로 경험하고 있습니까?

2. 하나님께서 감각적으로 인식할 수 있는 물질(물, 빵, 포도주)을 사용하여 영적 실체를 깨닫게 하신 이유는 우리의 약한 믿음을 붙들기 위함인데, 여러분은 성례를 받을 때 눈에 보이는 표를 통해 하나님께서 실제로 자신의 약속을 눈앞에 드러내어 보이신다는 사실을 깊이 묵상하며 감사하고 있습니까?

3. 신앙고백서가 말하는 "성례적 연합"은 표와 실체가 구별되지만 분리되지 않은 관계를 뜻하는데, 여러분은 성례를 받을 때 외적인 표에만 집중하거나 반대로 영적 의미만 강조하여 표를 경시하지는 않습니까? 하나님께서

정하신 언약적 질서 안에서 이 둘을 함께 존중하며 성례에 임하고 있습니까?

4. 성례의 표와 실체가 분리되지 않고 연합되어 있기 때문에 성경은 "이것은 내 몸이라" 혹은 "이것은 나의 피라"라고 말씀하시지만, 실제로는 물질이 변하는 것이 아니라 언약적으로 결합된 관계를 드러냅니다. 여러분은 성찬에 참여할 때 빵과 잔을 단순한 기념으로만 받지 않고, 그리스도의 실제적 은혜가 성령을 통해 자신에게 전달되는 신비를 믿음으로 받아 누리고 있습니까?

11월 12일

구원의 효과 있는 수단인 성례

소요리문답 91
대요리문답 161

소요리문답 91:

문91. 성례는 어떻게 구원의 효과 있는 수단이 됩니까?

답. 성례가 구원의 효과 있는 수단이 되는 것은 성례 자체나 성례를 시행하는 사람에게 어떤 능력이 있어서가 아니라, 오직 그리스도의 복 주심과[1] 성례를 믿음으로 받는 자들 안에 계시는 성령 하나님의 역사하심 때문입니다.[2]

1) 벧전 3:21; 마 3:11; 고전 3:6-7.
2) 고전 12:13.

> **대요리문답 161:**
>
> 문161. 성례는 어떻게 구원의 효과 있는 수단이 됩니까?
> 답. 성례가 구원의 효과 있는 수단이 되는 것은 성례 자체에 어떤 능력이 있어서라든지, 혹은 성례를 시행하는 사람의 경건이나 의향에서 나오는 어떤 덕 때문이 아니고, 오직 성령 하나님의 역사하심과 성례를 제정하신 그리스도의 복 주심 때문입니다.[1)]
>
> 1) 벧전 3:21; 행 8:13, 23; 고전 3:6-7; 고전 12:13.

◀ 말씀 요절

벧전 3:21 "물은 예수 그리스도께서 부활하심으로 말미암아 이제 너희를 구원하는 표니 곧 세례라 이는 육체의 더러운 것을 제하여 버림이 아니요 하나님을 향한 선한 양심의 간구니라"

마 3:11 "나는 너희로 회개하게 하기 위하여 물로 세례를 베풀거니와 내 뒤에 오시는 이는 나보다 능력이 많으시니 나는 그의 신을 들기도 감당하지 못하겠노라 그는 성령과 불로 너희에게 세례를 베푸실 것이요"

행 8:13, 23 "시몬도 믿고 세례를 받은 후에 전심으로 빌립을 따라다니며 그 나타나는 표적과 큰 능력을 보고 놀라니라 … 내가 보니 너는 악독이 가득하며 불의에 매인 바 되었도다"

고전 3:6-7 "나는 심었고 아볼로는 물을 주었으되 오직 하나님께서 자라나게 하셨나니 그런즉 심는 이나 물 주는 이는 아무 것도 아니로되 오직 자라게 하시는 이는 하나님뿐이니라"

고전 12:13 "우리가 유대인이나 헬라인이나 종이나 자유인이나 다 한 성령으로 세례를 받아 한 몸이 되었고 또 다 한 성령을 마시게 하셨느니라"

교리 해설

오늘 읽는 소요리문답 91항과 대요리문답 161항은 성례가 실제로 구원의 은혜를 전달한다고 할 때 그 효력이 어디에서 오는지를 묻습니다. 두 문답의 대답은 동일하므로 대요리문답을 토대로 살펴보기로 합니다.

(1) "성례가 구원의 효과 있는 수단이 되는 것은": 성례는 구원이 이루어지는 일을 단지 상징하거나 기념하는 것이 아닙니다. 성례는 실제로 구원이 이루어지는 일에 사용되는 수단입니다. 11월 1일에 살핀 대요리문답 153항은 이 사실을 다음과 같이 진술합니다. "율법을 범했기 때문에 우리가 마땅히 받아야 할 진노와 저주를 피하도록 하나님께서 그분을 향한 회개와 우리 주 예수 그리스도를 향한 믿음, 그리고 그리스도께서 중보의 유익을 우리에게 전달하시는 외적 수단들을 부지런히 사용할 것을 우리에게 요구하십니다." 여기서 그리스도의 중보의 유익을 전달하는 외적 수단이란 말씀과 성례와 기도를 가리킵니다. 따라서 성례는 하나님의 진노와 저주를 피하고 구원을 얻기에 필요한 그리스도의 구속의 유익을 받는 방편 가운데 하나입니다.

(2) "성례 자체에 어떤 능력이 있어서라든지": 성례가 그리스도의 중보의 유익을 전달하여 구원의 효과를 나타내는 일은 성례 자체에 어떤 능력이 있기 때문이 아닙니다. 이 진술은 앞서 언급한 대요리문답 153항을 해설할 때

언급했던 '사효성'(ex opere operato), 곧 성례가 '행해진 행위 그 자체로부터' 효과가 주어진다는 로마 가톨릭의 주장을 배격합니다. 성례는 구원의 은혜를 전달하는 외적 수단이지만, 그 자체 안에 혹은 그 행위 안에 구원의 능력을 지닌 것은 아닙니다. 성례의 유익은 참여자가 은혜를 바라는 믿음으로 참여할 때 주어집니다. 성례는 은혜의 방편이지만 "외적 수단"이지 그 자체가 능력을 가진 것은 아닙니다. 곧 성례에 외적으로나 형식적으로만 참여하는 것에 그친다면, 그것은 성례를 통해 약속된 구원의 은혜를 전달하지 못합니다.

(3) "혹은 성례를 시행하는 사람의 경건이나 의향에서 나오는 어떤 덕 때문이 아니고": 만일 성례를 시행하는 사람의 경건(piety)이나 의향(intention)에 근거한 덕(virtue)에서 성례의 효력이 나온다면, 집례자가 성례의 효력을 발생시키는 능력을 행사하는 것이 됩니다. 만일 집례자가 불경건하거나 부도덕하다면, 그가 집례한 성례는 무효가 되어 성례는 구원의 효과 있는 수단이 되지 못할 것입니다. 여기서 "경건"은 집례자의 도덕적 상태나 영적 순결성을 의미합니다. 집례자가 개인적으로 도덕적·영적으로 순결한지 여부나, 그가 죄를 짓고 있는지 여부에 따라 그가 집례한 성례가 은혜를 전달하는 효력을 갖는지가 결정되는 것은 아닙니다. 이러한 원리는 집례자의 "의향"에도 마찬가지로 적용됩니다. "의향" 또는 "의도"는 집례자의 내면의 목적이나 의지를 말합니다. 집례자가 성례를 집행하면서 성례의 효과를 의심하거나, 집행할 의지도 없이 형식적으로 성례를 집행하였더라도, 그가 집행한 성례의 효력에는 아무런 영향이 없습니다. 대요리문답은 성례가 구원이 효가 있는 수단이 되는 것은 성례 자체에 어떤 능력이 있어서도 아니며, 또한 성례를 집행하는 사람의 능력이나 의도에 달린 것도 아니라고 가르칩니다.

실제로 배교한 집례자의 성례를 무효라고 주장한 역사적 사례가 있었습니다. 4세기 북아프리카 카르타고 지역에서 일어난 도나투스주의(Donatism)는 디오클레티아누스(Diocletianus) 황제의 박해 기간(303-305) 사이에 배교한 일부 성직자들이 집례한 세례와 성직 임명은 원천적으로 무효이며, 이들의 성직 또한 무효라고 주장했습니다. 얼핏 들으면 옳은 주장처럼 보이지만, 이러한 주장은 잘못입니다. 이에 대해 아우구스티누스는 성례의 거룩함은 집례자가 아니라 그리스도에 근거하며, 성례의 효력은 집례자의 개인적이고 주관적인 영적·도덕적 순결 상태에 달려 있지 않다고 바르게 가르쳤습니다.

(4) "오직 성령 하나님의 역사하심과 성례를 제정하신 그리스도의 복 주심 때문입니다": 성례가 구원의 효과 있는 수단으로 사용되는 것이 집례자의 개인적·주관적 상태에서 기인하지 않는다면, 무엇에 의한 일일까요? 이에 대해 대요리문답 161항은 두 가지 사실을 진술합니다. 바로 성령 하나님의 사역과 그리스도의 복 주심입니다. 성령 하나님께서는 성례가 표지하는 은혜가 성례의 참례자에게 실제로 적용되도록 역사하십니다. 구체적으로 성령께서는 신자의 마음을 비추어 물, 빵, 포도주와 같은 성례의 표가 가리키는 은혜의 실체를 깨닫게 하십니다. 또한 이러한 조명의 은혜를 위하여 신자에게 믿음을 주시고, 그 믿음을 강화하며 확신하게 하십니다. 그리하여 성령께서는 믿음으로 성례에 참여하는 신자를 그리스도와의 연합으로 이끌어 가십니다. 만일 성령 하나님의 이러한 사역이 없다면, 성례는 그저 사람이 상징적 행위를 하는 데 그칠 뿐이며, 그 상징은 아무런 실체가 없는 허구가 되고 맙니다.

대요리문답이 이어서 말하는 "성례를 제정하신 그리스도의 복 주심"이란 성례의 제정자이신 그리스도께서 성례로 표지되는 실체의 유익들, 곧 그리스도의 대속의 죽음과 부활, 양자의 지위, 영생을 주시는 모든 사역과 공로를 완성하셨음을 전제합니다. 이러한 공로를 토대로 그리스도께서는 교회의 머리이시며 언약의 중보자로서 성례를 통해 약속하신 복을 주실 수 있으십니다. 따라서 "그리스도의 복 주심"은 중보자로서 성례를 통해 약속하신 유익을 성례에 참여하는 신자에게 그리스도께서 자신의 권위와 능력에 의해 실제로 전달하심을 의미합니다.

이처럼 성령 하나님의 사역과 그리스도의 복 주심으로 인해 성례가 구원의 효과 있는 수단이 되는 것이므로, 신자들은 자신의 집례자가 불경건하거나, 심지어 성례에 대한 의도가 순수하지 못하다 할지라도, 자신이 받은 성례를 통해 주어지는 구원의 효력에 대하여 의심할 필요가 없습니다.

◖ 적용 질문

1. 성례가 실제로 구원의 은혜를 전달하는 수단이 된다고 할 때, 그 효력은 어디에서 비롯되는가? 성례 자체가 능력을 지닌 것이 아니라 그리스도의 은혜를 전달하는 외적 방편으로 사용된다는 사실을 여러분은 믿고 있는가? 성례를 받을 때 단순히 의식에 참여하는 행위로만 여기는 것이 아니라, 그리스도께서 이 수단을 통해 자신의 구속의 은혜를 실제로 전달하신다는 믿음으로 참여하고 있는가?

2. 성례가 효력을 가지는 것은 예식 자체의 힘에서가 아니라 믿음을 통한 참여에서 비롯된다는 점을 여러분은 어떻게 이해하는가? 만약 성례가 외적으로만 참여하는 것으로 그친다면 아무런 유익이 없다는 이 교훈 앞에서, 여러분은 세례나 성찬에 참여할 때 마음과 믿음으로 하나님께 나아가고 있는가? 성례의 형식보다 내면의 믿음을 더 중시하며 참여하고 있는가?

3. 성례의 효력이 집례자의 경건이나 의도에 달려 있지 않다는 대요리문답의 가르침을 여러분은 어떻게 이해하는가? 만일 집례자의 신앙이 온전하지 않다 하더라도 성례의 효력은 그리스도께 달려 있다는 이 진리를 여러

분은 신뢰하는가? 여러분은 사람을 의식하기보다, 그리스도께서 친히 집례하시며 복 주시는 분이심을 기억하고 성례에 참여하고 있는가?

4. 성례가 구원의 효과 있는 수단이 되는 것은 오직 성령의 역사와 그리스도의 복 주심 때문이라는 사실을 여러분은 어떻게 깨닫고 있는가? 성령께서 신자의 마음을 밝히시고 믿음을 강화하여 그리스도와 연합하게 하신다는 이 교훈을 여러분의 신앙생활 속에서 어떻게 경험하고 있는가? 성례에 참여할 때 성령의 실제적 역사를 사모하며, 그리스도께서 약속하신 복을 믿음으로 붙잡고 있는가?

11월 13일

성례가 구원의 효과 있는 수단이 되는 근거

신앙고백서 27.3

> **신앙고백서 27.3**
>
> 성례가 바르게 시행될 때, 성례 안에서 또 성례에 의하여 제시되는 은혜는 성례 안에 있는 어떤 힘에 의해 주어지는 것이 아니다. 성례의 효력은 집례자의 경건이나 의향에 의존하는 것이 아니라,[1] 성령 하나님의 역사하심과 제정의 말씀에 의존한다.[2] 이 제정의 말씀은 성례의 시행 권한을 부여하는 명령과 더불어, 합당하게 받는 자에게 제시되는 은택의 약속을 담고 있다.[3]
>
> 1) 롬 2:28-29; 벧전 3:21.
> 2) 마 3:11; 고전 12:13.
> 3) 마 26:27-28; 28:19-20.

◀ 말씀 요절

롬 2:28-29 "무릇 표면적 유대인이 유대인이 아니요 표면적 육신의 할례가 할례가 아니니라 오직 이면적 유대인이 유대인이며 할례는 마음에 할지니 영에 있고 율법 조문에 있지 아니한 것이라 그 칭찬이 사람에게서가 아니요 다만 하나님에게서니라"

벧전 3:21 "물은 예수 그리스도께서 부활하심으로 말미암아 이제 너희를 구원하는 표니 곧 세례라 이는 육체의 더러운 것을 제하여 버림이 아니요 하나님을 향한 선한 양심의 간구니라"

마 3:11 "나는 너희로 회개하게 하기 위하여 물로 세례를 베풀거니와 내 뒤에 오시는 이는 나보다 능력이 많으시니 나는 그의 신을 들기도 감당하지 못하겠노라 그는 성령과 불로 너희에게 세례를 베푸실 것이요"

고전 12:13 "우리가 유대인이나 헬라인이나 종이나 자유인이나 다 한 성령으로 세례를 받아 한 몸이 되었고 또 다 한 성령을 마시게 하셨느니라"

마 26:27-28 "또 잔을 가지사 감사 기도 하시고 그들에게 주시며 이르시되 너희가 다 이것을 마시라 이것은 죄 사함을 얻게 하려고 많은 사람을 위하여 흘리는 바 나의 피 곧 언약의 피니라"

마 28:19-20 "그러므로 너희는 가서 모든 민족을 제자로 삼아 아버지와 아들과 성령의 이름으로 세례를 베풀고 내가 너희에게 분부한 모든 것을 가르쳐 지키게 하라 볼지어다 내가 세상 끝날까지 너희와 항상 함께 있으리라 하시니라"

◀ 교리 해설

오늘 읽는 신앙고백서 27.3은 어제 살핀 대요리문답 161항과 내용이 대체로 같습니다. 두 문서는 모두 성례가 구원의 효과 있는 수단이 되는 근거, 곧 그 효력이 집례자의 개인적이거나 주관적인 상태에 따라 결정되지 않는다는 점을 분명히 진술합니다. 그럼에도 신앙고백서는 대요리문답과 비교할 때 강조점이 다르고, 추가적인 표현을 사용함으로써 나름의 특징을 보입니다. 이 내용을 세 부분으로 나누어 살펴보겠습니다.

(1) "성례 안에서 또 성례에 의하여 제시되는 은혜는": 신앙고백서는 그리스도의 구속의 은혜가 성례 안에서 또는 성례를 통하여 제시된다(exhibited)고 진술합니다. 여기서 "제시한다"(exhibeo, exhibit)라는 표현은, 성례가 단지 그리스도의 은혜를 기념하는 표지에 머무르거나, 그 약속을 확증하는 인치는 것만이 아님을 밝힙니다. 성례는 '표지되는 것', 곧 새 언약의 유익을 가리킬 뿐 아니라, 그것을 참되게 제시합니다. '제시한다'라는 것은 성례가 단순한 상징에 머무르지 않는다는 뜻입니다. 만일 단순한 상징에 그친다면, 그것은 츠빙글리의 기념설이 되고 말 것입니다. 그러나 대요리문답은 성례를 그렇게 축소하지 않습니다. 동시에 "제시한다"라는 표현은 로마 가톨릭의 화체설이나 루터파의 공재설을 배격합니다.

로마 가톨릭은 사제의 축성(consecration) 이후 빵과 포도주의 감각적 속성은 그대로 남지만, 그 본질이 그리스도의 몸과 피로 변한다고 주장합니다(화체설). 루터파는 빵과 포도주가 실체적으로 변하지는 않지만, 성례전적 연합에 의해 그리스도의 몸과 피가 빵과 포도주와 함께, 안에, 아래에 실제로 임재한다고 가르칩니다(공재설). 그러므로 그들은 빵과 포도주를 먹고 마실 때 동시에 그리스도의 몸과 피를 받는다고 말합니다. 그러나 소요리문답 92항과 대요리문답 162항이 말하는 "제시한다"라는 개념은 이들과 다릅니다. 성례 안에는 성례의 표가 가리키는 은혜가 객관적으로 참되게

(truly), 실재로(really) 존재합니다. 그러나 그것은 물질적으로가 아니라 영적으로 임재합니다.

(2) "성례 안에 있는 어떤 힘에 의해 주어지는 것이 아니다. 성례의 효력은 집례자의 경건이나 의향에 의존하는 것이 아니라": 신앙고백서는 성례의 표지가 표지된 은혜를 제시한다는 점을 분명히 한 후, 그 은혜가 "성례 안에 있는 어떤 힘", 곧 성례의 요소나 행위 자체에 내재하는 능력에 의해 주어지는(confer) 것이 아님을 선언합니다. 이는 로마 가톨릭이 주장한 '사효성'(ex opere operato), 곧 행위 그 자체로 효력이 발생한다는 교리를 반박하는 것입니다. 또한 신앙고백서는 성례 안에서 제시되는 은혜가 집례자의 경건이나 의도에 의존하지 않음을 분명히 밝힙니다. 이 부분은 어제 살핀 대요리문답 161항의 내용과 긴밀히 연결되므로, 그 설명을 함께 참조하면 좋습니다.

(3) "성령 하나님의 역사하심과 제정의 말씀에 의존한다. 이 제정의 말씀은 성례의 시행 권한을 부여하는 명령과 더불어, 합당하게 받는 자에게 제시되는 은택의 약속을 담고 있다": 대요리문답 161항은 "성례가 구원의 효과 있는 수단이 되는 것은 오직 성령 하나님의 역사하심과 성례를 제정하신 그리스도의 복 주심 때문"이라고 진술합니다. "그리스도의 복 주심"에 대한 내용은 앞서의 설명을 참조하십시오. 신앙고백서는 이에 더하여 "성례의 효력은 성령 하나님의 역사하심과 제정의 말씀에 의존한다"라고 말합니다. 여기서 "성례의 효력"이란, 앞 문장에서 말한 "성례 안에서 또 성례에 의하여 제시되는 은혜"가 실제로 신자에게 전달되는 과정을 의미합니다. 다시 말해, 성례 안에 제시된 은혜가 신자에게 전달되는 일은 성례가 구원의 효과 있는 수단으로 작용함으로써 드러납니다.

"제정의 말씀"에는 성례 시행의 명령과 은택의 약속이 함께 담겨 있습니다. 성례의 효력이 이 제정의 말씀에 의존한다는 진술은, 그 효력이 발생하는 객관적 근거가 그리스도의 명령과 약속에 있음을 명확히 하는 것입니다. 성례를 시행할 권위가 그리스도의 명령에서 비롯되고, 그 효력의 실재성이 그리스도의 약속에 의존함을 밝히는 것입니다.

"성령 하나님의 역사하심"은 객관적으로는 그리스도께서 제정하신 성례가 은혜의 수단임을 확증하며, 그리스도의 공로에 근거하여 성례 속 약속이 신자에게 전달될 것을 보증하십니다. 주관적으로는 성령께서 신자에게 믿음을 주시고 강화하심으로써, 성례에 제시된 은혜를 실제로 받게 하십니다. 그리하여 신자는 성령의 역사로 말미암아 성례의 보이지 않는 실체이신 그리스도와 그분의 은택들을 영적으로, 그러나 참되게 받게 됩니다.

적용 질문

1. 성례가 단순한 기념이나 상징에 머무르지 않으면서도, 동시에 빵과 포도주의 본질이 변한다고 보는 화체설이나 그리스도의 몸이 물질적으로 함께 있다고 보는 공재설과도 다르다고 할 때, 신앙고백서가 말하는 "제시한다"라는 표현은 어떤 의미를 지닐까요? 여러분은 성찬에 참여할 때 물질적 변화나 단순한 상징이 아니라, 성령의 역사 안에서 그리스도의 은혜가 실제로 우리에게 제시되고 있다는 사실을 믿음으로 붙들고 있습니까?

2. 신앙고백서는 성례의 효력이 "성례 안에 있는 어떤 힘"에 의한 것이 아니라고 가르칩니다. 그렇다면 성례의 능력은 어디에서 오는 것입니까? 여러분은 성례 행위 자체나 그것을 집례하는 사람의 경건함이 아니라, 하나님께서 정하신 말씀과 성령의 역사에 의존한다는 사실을 믿으며 성례에 참여하고 있습니까?

3. 성례의 효력이 집례자의 의도나 상태에 의존하지 않는다고 할 때, 이는 성례의 객관적 신뢰성을 어떻게 드러내는 것입니까? 여러분은 성례가 사람의 자격이나 감정에 좌우되지 않고, 하나님께서 세우신 언약의 약속에 따라 효력을 나타낸다는 사실 속에서 위로를 얻고 있습니까?

4. 신앙고백서는 성례의 효력이 "성령 하나님의 역사하심과 제정의 말씀에 의존한다"라고 진술합니다. 이는 성례가 어떤 방식으로 우리에게 실제적인 은혜를 전달함을 의미합니까? 여러분은 성령께서 믿음을 주시고 강화하심으로써 성례를 통해 보이지 않는 그리스도와 그분의 은택들을 실제로 받게 하신다는 사실을 확신하며, 성례에 임할 때마다 그 은혜를 사모하고 있습니까?

11월 14일

그리스도께서 제정하신 두 가지 성례

소요리문답 93
대요리문답 164

소요리문답 93:

문93. 신약의 성례는 무엇입니까?

답. 신약의 성례는 세례와[1] 주의 만찬[성찬]입니다.[2]

1) 마 28:19.　　　　2) 마 26:26-28.

대요리문답 164:

문164. 신약 아래에서 그리스도께서 그분 자신의 교회에 몇 가지 성례를 제정하셨습니까?

답. 그리스도께서는 신약 교회에 오직 두 가지 성례만을 제정하셨으니, 곧 세례와 주의 만찬[성찬]입니다.[1]

1) 마 28:19; 고전 11:20, 23; 마 26:26-28.

◀ 말씀 요절

마 28:19 "그러므로 너희는 가서 모든 민족을 제자로 삼아 아버지와 아들과 성령의 이름으로 세례를 베풀고"

고전 11:20, 23 "그런즉 너희가 함께 모여서 주의 만찬을 먹을 수 없으니 … 내가 너희에게 전한 것은 주께 받은 것이니 곧 주 예수께서 잡히시던 밤에 빵을 가지사"

마 26:26-28 "그들이 먹을 때에 예수께서 빵을 가지사 축복하시고 떼어 제자들에게 주시며 이르시되 받아서 먹으라 이것은 내 몸이니라 하시고 또 잔을 가지사 감사 기도 하시고 그들에게 주시며 이르시되 너희가 다 이것을 마시라 이것은 죄 사함을 얻게 하려고 많은 사람을 위하여 흘리는 바 나의 피 곧 언약의 피니라"

◀ 교리 해설

오늘 읽는 문답은 앞서 날마다 차례대로 읽어 온 문답들을 통해 살펴본 성례 교리의 논리적 종점이라 할 수 있습니다. 곧 소요리문답 92항과 대요리문답 162항은 성례의 의미를, 소요리문답 91항과 대요리문답 161항은 성례의 효력의 근원을, 대요리문답 163항과 신앙고백서 27.2은 성례의 두 구성요소와 성례전적 연합을, 그리고 오늘 살피는 소요리문답 93항과 대요리문답 164항은 성례의 수와 그 경계를 설명함으로써 성례 교리에 대한 교훈을 마무리합니다. 이제 소요리문답 93항과 대요리문답 164항이 가르치는 바를 네 가지 내용으로 살펴보겠습니다.

(1) "신약 아래에서": 구약 교회에도 성례라 할 수 있는 여러 예식이 있었습니다. 이를테면 할례, 유월절, 정결 의식, 여러 제사 규례들이 그것입니다. 구약의 성례들에 대해서는 11월 16일에 신앙고백서 27.5을 읽으며 자세히 다루게 될 것입니다. 대요리문답이 성례를 설명하면서 "신약 아래에서"라는 제한을 두는 이유는, 구약의 여러 예식이 그리스도 안에서 성취되었음을 밝히기 위함입니다. 예를 들어, "또 그 안에서 너희가 손으로 하지 아니한 할례를 받았으니 곧 육의 몸을 벗는 것이요 그리스도의 할례니라. 너희가 세례로 그리스도와 함께 장사되고 또 죽은 자들 가운데서 그를 일으키신 하나님의 역사를 믿음으로 말미암아 그 안에서 함께 일으키심을 받았느니라"(골 2:11-12)는 말씀은, 할례가 세례로 대체되었음을 보여줍니다. 또한 "너희는 누룩 없는 자인데 새 덩어리가 되기 위하여 묵은 누룩을 내버리라. 우리의 유월절 양 곧 그리스도께서 희생되셨느니라. 이러므로 우리가 명절을 지키되 묵은 누룩으로도 말고, 악하고 악의에 찬 누룩으로도 말고, 누룩이 없이 오직 순전함과 진실함의 빵으로 하자"(고전 5:7-8)는 말씀은, 유월절 의식이 성찬으로 대체되었음을 교훈합니다. "신약 아래에서"라는 표현은 이러한 은혜 언약의 약속과 성취, 그림자와 실체라는 언약적 관계 안에서, 이제 새 언약의 시대가 도래했음을 보여줍니다.

(2) "그리스도께서는 … 제정하셨으니": 신약의 성례는 그리스도로부터 비롯되었습니다. 그 시작은 단순한 제도가 아니라, 중보자로서의 권위에 근거한 명령과 약속으로 이루어진 것입니다. 그리스도께서는 은혜 언약 안에서 약속하신 구원의 은혜를 성취하시고, 그 공로에 근거하여 성례를 제정하셨습니다. 따라서 성례의 수와 방식, 시행의 명령은 오직 그리스도께만 속한 권위입니다. 누구든 성례의 수를 더하거나 빼거나, 그 방식을 임의로 바꾸거나, 시행의 의무를 거부한다면 그것은 그리스도의 권위를 침해하는 죄가 됩니다. 세례의 제정을 보여주는 말씀은 "그러므로 너희는 가서 모든 민족을 제자로 삼아 아버지와 아들과 성령의 이름으로 세례를 베풀고"(마

28:19)이며, 성찬의 제정을 보여주는 말씀은 "또 빵을 가져 감사 기도하시고 떼어 그들에게 주시며 이르시되, 이것은 너희를 위하여 주는 내 몸이라. 너희가 이것을 행하여 나를 기념하라"(눅 22:19)입니다.

(3) "그분 자신의 교회 안에": 이 구절은 성례가 반드시 교회 안에서 시행되어야 함을 강조합니다. 성례는 개인의 신앙을 드러내기 위한 사적인 행위가 아니라, 교회의 공적 질서 안에서 공동체적으로 시행되어야 하는 언약의 표입니다. 따라서 개인이 자신의 신앙을 내세우며 임의로 '개인 세례'나 '개인 성찬'을 행하는 것은 성경적 근거가 없습니다. 오늘날 온라인 예배라는 이름으로 공간적으로 흩어진 각 신자가 스스로 성례를 준비하고, 화면을 통해 집행자의 지시를 따라 행하는 방식은 성례의 본질과 그리스도의 제정 의도를 훼손하는 잘못된 행위입니다. 성례는 반드시 교회가 함께 모인 자리에서, 말씀의 선포와 더불어 시행되는 공적 행위여야 합니다.

(4) "오직 두 가지 성례만을 제정하셨으니, 곧 세례와 주의 만찬[성찬]입니다": 성례는 오직 세례와 성찬, 두 가지뿐입니다. 이 강조는 로마 가톨릭이 성례를 일곱 가지로 확정하고 시행한 것을 비판하기 위한 것입니다. '일곱 성사'는 중세 말에 정착되었고, 트리엔트 공의회 제7회기(1547)에서 교리로 확정되었습니다. 로마 가톨릭은 일곱 성사가 모두 은혜를 전달하는 방편이며, 교회가 이를 통해 신자의 구원을 관리한다고 가르칩니다. 일곱 성사는 세례(Baptism), 성찬(Eucharist/Lord's Supper), 견진(Confirmation), 고해(Penance), 종부성사(Extreme Unction), 서품(Holy Orders), 혼인(Matrimony)입니다. 그들은 인간의 출생부터 죽음에 이르는 전 생애의 주요 단계를 따라 성사를 배치했습니다. 세례는 신앙의 시작, 견진은 성숙, 성찬은 지속적 신앙생활을 위한 단계로, 죄의 고백과 용서를 위한 고해성사, 병자나 임종 시의 종부성사, 결혼과 성직을 위한 혼인 및 서품 성사로 체계를 세웠습니다.

그러나 종교개혁자들은 이 중 오직 세례와 성찬만이 성경적 근거를 가진 성례이며, 나머지 다섯 가지는 교회의 전통에 불과하다고 선언했습니다. 오직 성경의 권위 아래에서 그리스도께서 친히 제정하신 것만이 참된 성례이며, 구원의 은혜를 믿음으로 전달받는 수단입니다. 이 사실은 성경에서도 분명히 드러납니다. "주도 한 분이시요 믿음도 하나요 세례도 하나요"(엡 4:5), "우리가 축복하는 바 축복의 잔은 그리스도의 피에 참여함이 아니며, 우리가 떼는 빵은 그리스도의 몸에 참여함이 아니냐"(고전 10:16)와 같은 말씀은 오직 두 성례만이 주님께서 제정하신 것임을 증거합니다. 세례와 성찬 이외에, 그리스도께서 제정하셨거나 교회가 시행한 성례는 성경 어디에도 존재하지 않습니다.

적용 질문

1. "신약 아래에서"라는 말로 강조되는 성례의 시대적 구분은 무엇입니까? 여러분은 구약 아래에 있지 않다는 사실을 성례를 통해 확인하십니까? 이제 그리스도 안에서 완성된 성례의 단순함과 충만함을 신뢰하며, 신앙의 중심을 오직 그분께 두고 있습니까?

2. "그리스도께서 제정하셨다"는 말은 무엇을 의미합니까? 왜 성례의 제정 권한이 오직 그리스도께만 속해야 합니까? 교회도 필요에 따라 성례를 제정할 수는 없습니까? 여러분은 예배나 성례에서 인간적인 감정이나 문화적 요소를 앞세워, 주께서 명하신 본래의 질서를 흐리고 있지 않습니까? 그렇다면 그리스도의 권위를 신뢰하며 그분의 제정에 순종하는 태도로 예배하고 있습니까?

3. "그분의 교회 안에서"라는 말이 시사하는 바는 무엇입니까? 왜 성례가 교회의 질서 안에서 시행되어야 합니까? 여러분은 개인의 편의나 감정 때문에 공적 예배와 공동체의 질서를 가볍게 여기고, 성례를 사적인 경험으로 대하고 있지 않습니까? 그렇다면 성례를 통해 그리스도께서 세우신 교회의 실제적 경계를 인식하며, 공동체의 삶 안에서 함께 은혜를 누리고 있습니까?

4. "오직 두 가지 성례만을 제정하셨으니, 곧 세례와 성찬"이라는 고백은 왜 중요합니까? 성례의 수를 제한하는 것이 단지 형식의 문제가 아니라, 그리스도의 구속 사역의 완전성과 어떤 관련이 있습니까? 여러분은 구원의 은혜를 성례 외의 다른 경험이나 행위에서 얻으려 하거나, 인간이 만든 예식에 의존하려 하지 않습니까? 그렇다면 그리스도의 완전하신 사역이 충분하다는 믿음 위에서, 세례와 성찬 안에서 주어지는 은혜를 깊이 신뢰하고 있습니까?

11월 15일

그리스도께서 제정하신 두 성례의 합법적 시행자

신앙고백서 27.4

| 신앙고백서 27.4 | 복음에는 그리스도 우리 주님께서 명령으로 제정하신 오직 두 가지 성례가 있을 뿐이니, 곧 세례와 성찬이다. 이 둘 가운데 어느 것도 합법하게 임직받은 말씀 사역자 외에는 누구에 의해서도 시행되어서는 안 된다.[1] |

1) 마 28:19; 고전 11:20, 23; 4:1; 히 5:4.

◀ **말씀 요절**

마 28:19 "그러므로 너희는 가서 모든 민족을 제자로 삼아 아버지와 아들과 성령의 이름으로 세례를 베풀고"

고전 11:20, 23 "그런즉 너희가 함께 모여서 주의 만찬을 먹을 수 없으니 … 내가 너희에게 전한 것은 주께 받은 것이니 곧 주 예수께서 잡히시던 밤에 빵을 가지사"

고전 4:1 "사람이 마땅히 우리를 그리스도의 일꾼이요 하나님의 비밀을 맡은 자로 여길지어다"

히 5:4 "이 존귀는 아무도 스스로 취하지 못하고 오직 아론과 같이 하나님의 부르심을 받은 자라야 할 것이니라"

◀ **교리 해설**

오늘 읽는 신앙고백서 27.4은 두 가지 내용을 다룹니다. 하나는 성례의 수(數)가 성례를 제정하신 주님의 명령에 따라 오직 두 가지, 곧 세례와 성찬뿐이라는 점이며, 다른 하나는 성례의 집례자가 어떠한 자격을 갖추어야 하는가에 대한 교훈입니다. 이 두 가지 내용을 다음과 같이 정리할 수 있습니다.

(1) "복음에는 그리스도 우리 주님께서 명령으로 제정하신 오직 두 가지 성례가 있을 뿐이니, 곧 세례와 성찬이다": 성례의 수와 제정에 관한 내용은 어제 살핀 소요리문답 93항과 대요리문답 164항에서 이미 자세히 살펴보

았습니다. 여기서 특별히 주목할 표현은 "명령으로 제정하신"이라는 구절입니다. 대요리문답 164항을 비롯한 대부분의 신앙 문서에서는 "제정하다"라는 말로 충분히 표현되며, 이는 보통 instituted라는 단어로 번역됩니다. 그런데 신앙고백서 27.4은 instituted가 아니라 ordained라는 단어를 사용합니다. 두 단어 모두 "제정하다"로 번역될 수 있지만, ordained는 instituted와 비교할 때 미묘한 뉘앙스의 차이를 지닙니다. Instituted는 어떤 제도가 시작되었다는 점, 곧 기원(origin)에 초점을 둡니다. 예를 들어 27.1의 "하나님께서 직접 제정하신 것으로"(immediately instituted by God)라는 표현은 성례가 중간 매개 없이 하나님께서 직접 시작하셨음을 보여줍니다. 이에 비해 ordained는 그리스도께서 중보자의 권위로 명령하여 제정하셨다는 의미를 강조합니다. 즉, 단순한 시작이 아니라 권위 있는 명령이라는 점을 부각합니다. 또한 ordained는 직분이나 사역을 위해 임명되거나 위임될 때도 쓰이는 단어입니다. 따라서 성례는 "권위에 의한 명령으로 제정되었고"(ordained), 동시에 합법적으로 "임직된"(ordained) 집례자에 의해 집행된다는 사실을 연결할 때, 두 표현이 의미상 자연스럽게 이어집니다.

(2) "이 둘 가운데 어느 것도 합법적으로 임직받은 말씀 사역자 외에는 누구에 의해서도 시행되어서는 안 된다": 그리스도께서 중보자의 권위로 명령하여 제정하신 성례는 반드시 합법적으로 임직받은 말씀 사역자에 의해 시행되어야 합니다. 대요리문답 162항은 그리스도께서 성례를 "그분 자신의 교회 안에" 제정하셨다고 진술합니다. 이는 성례가 교회의 공적 행위로 시행되어야 함을 뜻합니다(자세한 내용은 11월 10일자 신앙고백서 27.1의 설명을 참조). 신앙고백서는 성례가 교회 안에서 공적으로 시행되어야 함을 강조할 뿐 아니라, 그 집례자는 반드시 "합법적으로 임직받은 말씀 사역자"여야 한다는 점을 명확히 합니다. 여기서 "합법적으로"라는 말은 교회의 정당한 질서와 절차에 따라 세움을 받았음을 의미하며, 스스로 임직받았다고 주장하는 행위는 결코 인정될 수 없습니다. "임직받은"(ordained)이라는

표현은 앞서 언급한 대로, 그리스도께서 정하신 교회의 질서 속에서 합당하게 직분을 위임받았음을 뜻합니다.

성례의 집례자는 또한 말씀의 사역자이어야 합니다. 그 이유는 두 가지입니다. 첫째, 성례는 말씀 선포와 분리될 수 없기 때문입니다. 성례는 그리스도의 중보의 유익을 보이고, 제시하며, 전달하는 은혜의 수단입니다. 이는 그리스도의 구속 사역이 약속대로 성취되었음을 전제로 하는데, 그 구속 사역은 말씀을 통해 선포되므로, 성례는 "보이는 말씀"(visible Word)이라 불립니다. 따라서 말씀과 분리된 성례는 그 자체로 신비적 혹은 주술적 효과를 주는 잘못된 형태로 변질되기 쉽습니다. 그렇지 않다면 성례는 의미가 불분명한 단순한 기념 행위로 전락하게 됩니다. 하나님의 말씀 사역자는 말씀을 선포하고, 성도들이 귀로 듣는 말씀을 눈으로 보고 먹고 마시는 감각의 경험을 통해 믿음으로 성례에 참여하도록 인도합니다. 이럴 때야 비로소 성례는 그리스도께서 제정하신 뜻을 이루게 됩니다.

둘째, 성례는 반드시 "제정의 말씀"(words of institution)에 따라 시행되어야 하기 때문입니다. 11월 13일에 살핀 신앙고백서 27.3에서 언급한 바와 같이, 제정의 말씀에는 성례 시행의 명령과 은혜의 약속이 함께 담겨 있습니다. 또한 성례의 효력은 "성령 하나님의 역사하심과 제정의 말씀"에 의존합니다. 이 진술은 성례의 효력이 발생하는 객관적 근거가 그리스도의 명령과 약속에 있음을 명확히 합니다. 구체적으로, 세례의 제정의 말씀은 "그러므로 너희는 가서 모든 민족을 제자로 삼아 아버지와 아들과 성령의 이름으로 세례를 베풀고"(마 28:19)이며, 성찬의 제정의 말씀은 "이것은 너희를 위하는 내 몸이니 이것을 행하여 나를 기념하라 하시고 … 식후에 또한 그와 같이 잔을 가지시고 이르시되 이 잔은 내 피로 세운 새 언약이니 이것을 행하여 마실 때마다 나를 기념하라"(고전 11:24-25)입니다. 이 제정의 말씀이 성령의 역사와 함께 작용할 때 성례는 구원의 효력을 지닌 은혜의 수단이 됩니다. 집례자가 성례의 표지(물, 빵, 포도주)를 나누어 주며, 그리스도의 제정의 말씀을 낭독하고 선포할 때, 그 행위는 그리스도의 명령에 따른 거룩한 사역이 되며, 성례는 은혜의 통로로서 기능합니다. 이러한 성례의 원리 때문에 성례는 반드시 말씀의 사역자에 의해 집례되어야 한다는 점이 확고히 세워집니다.

적용 질문

1. 성례가 "명령으로 제정되었다"라는 표현이 단순히 제도가 시작되었다는 뜻이 아니라, 권위 있는 명령을 의미한다면, 그리스도께서 중보자의 권위로 성례를 제정하셨다는 사실은 성례의 성격에 어떤 차이를 만들어 줍니까? 여러분은 성례를 단순한 예식이나 교회의 전통으로 여기지 않고, 그리스도의 권위 아래에서 순종함으로 참여하고 있습니까?

2. 신앙고백서가 instituted 대신 ordained라는 단어를 사용한 이유는 무엇입니까? 그 단어가 성례의 제정과 집례자의 임직을 함께 연결한다는 점에서 어떤 신학적 통찰을 보여줍니까? 여러분은 성례가 그리스도의 명령에 따라 권위적으로 제정되고, 또한 합법적으로 임직된 자에 의해 집례된다는 사실을 존중하며, 교회의 질서 안에서 성례에 참여하고 있습니까?

3. "합법적으로 임직받은 말씀 사역자 외에는 누구에 의해서도 시행되어서는 안 된다"라는 교훈이 왜 중요한가요? 말씀 선포와 분리된 성례가 왜 위험한가요? 여러분은 말씀과 성례가 분리될 때 생길 수 있는 신비주의적 혹은 주술적 왜곡을 경계하며, 말씀 안에서 성례를 이해하고 있습니까?

4. 성례의 효력이 성령의 역사와 "제정의 말씀"에 의존한다고 할 때, 성례를 집례하는 자가 말씀을 낭독하고 선포하는 일이 왜 본질적으로 중요한가요? 여러분은 세례와 성찬의 제정의 말씀(마 28:19; 고전 11:24-25)에 담긴 그리스도의 명령과 약속을 기억하며, 성례를 받을 때마다 그분의 말씀과 성령의 역사 안에서 은혜를 받는다는 확신을 가지고 있습니까?

11월 16일

구약의 성례

신앙고백서 27.5

신앙고백서 27.5

구약의 성례들은, 이것들이 표지하고 제시하는 영적인 실체들과 관련하여, 본질상 신약의 성례들과 동일하다.[1]

1) 고전 10:1-4.

말씀 요절

고전 10:1-4 "형제들아 나는 너희가 알지 못하기를 원하지 아니하노니 우리 조상들이 다 구름 아래에 있고 바다 가운데로 지나며 모세에게 속하여 다 구름과 바다에서 세례를 받고 다 같은 신령한 음식을 먹으며 다 같은 신령한 음료를 마셨으니 이는 그들을 따르는 신령한 반석으로부터 마셨으매 그 반석은 곧 그리스도시라"

◀ 교리 해설

하나님께서는 구약과 신약 시대에 모두 그분의 백성을 동일한 은혜 언약 아래에서 구원하셨습니다. 구약에서는 그리스도의 오심을 예표하는 방편으로 성례를 주셨고, 신약에서는 그리스도께서 성취하신 구속을 제시하고 기념하며 그 은혜를 실제로 누리게 하시는 방편으로 성례를 제정하셨습니다. 그러므로 구약의 성례와 신약의 성례는 각각 표지하고(signified) 제시하는(exhibited) 영적 실체가 본질적으로 동일한 연속성을 가지고 있습니다. 신앙고백서는 이 사실을 간결한 한 문장으로 진술하며, 그 내용을 세 가지로 살펴볼 수 있습니다.

⑴ "구약의 성례들은": 구약 시대의 대표적인 성례는 할례와 유월절입니다. 할례는 "믿음으로 된 의를 인친 것"(롬 4:11)으로, 아브라함이 믿음으로 의롭다 하심을 받은 후에 이 믿음의 의를 인치는 표로 받은 것입니다. 또한 유월절은 그리스도의 희생을 예표하는 성례로, 유월절 양은 곧 그리스도를 가리킵니다(고전 5:7). 신앙고백서는 3월 17일에 읽은 7.5에서, 구약 언약 아래에서 은혜 언약이 시행된 방식을 진술하면서 구약 교회에 주어진 여러 성례를 언급합니다. 신앙고백서 7.5은 은혜 언약이 "율법 시대와 복음 시대에 다르게 시행되었다"라고 말하며, 구약 시대의 은혜 언약은 오실 그리스도를 예표하는 여러 방편으로 나타났음을 교훈합니다. 그것들은 "약속들, 예언들, 희생제사들, 할례, 유월절 어린양, 그리고 유대 백성에게 주어진 여러 모형과 규례들"입니다. 요컨대 구약의 성례들은 예표적 성격을 지닌 방편이며, 그러한 성격으로 인해 신약의 성례들과는 다른 방식으로 시행되었

습니다.

(2) "이것들이 표지하고 제시하는 영적인 실체들과 관련하여": 신약의 성례인 세례와 성찬은 각각 물, 빵, 포도주로 표지하는 영적 실체가 있습니다. 세례는 그리스도의 구속 사역에 의한 죄 씻음을, 성찬은 그리스도의 몸과 피로 상징되는 대속의 죽음을 가리킵니다. 그러므로 신약의 성례는 그리스도께서 그분 자신의 구속의 공로로 주시는 은혜와 유익을 제시하며, 믿음으로 참여하는 성도에게 실제로 전달하는 은혜의 수단이 됩니다. 구약의 성례들도 마찬가지로 표지로 가리키는 영적 실체가 있었습니다. 구약 성례의 외적 표지는 신약 성례와는 다른 방식으로 주어졌는데, 앞서 설명한 대로 그것은 짐승의 희생제사와 피 흘림, 할례, 그리고 절기 등이었습니다. 그러나 이러한 구약의 표지가 가리키고 제시하는 영적 실체는 신약 성례에서 표지된 실체와 동일합니다. 그것은 오실 그리스도의 중보 사역에 근거하여 주어지는 의와 정결함이며, 은혜 언약 안에서 누리는 하나님과의 교제입니다. 이런 의미에서 구약의 성례들도 신약의 성례들과 마찬가지로 구속의 은혜를 실제로 전달하는 효과적인 은혜의 수단이었습니다.

(3) "본질상 신약의 성례와 동일하다": 구약의 성례와 신약의 성례는 본질상 동일한 실체를 가리키며, 그것을 제시하고 전달합니다. 두 성례 모두 동일한 은혜 언약 아래에서 주어진 것이며, 중보자 그리스도와 그분의 구속 사역에 근거한 중보적 유익을 제시합니다. 구약 시대에는 아직 그리스도께서 구속 사역을 성취하시기 전이었기에, 성례는 그림자의 형식으로 주어졌습니다. 4월 19일에 읽은 신앙고백서 8.6의 다음 진술은 이를 잘 뒷받침합니다.

"성육신 이전에는 구속 사역이 그리스도에 의해 실제로 실행되지는 않았지만, 그럼에도 그 능력과 효력과 은택은 창세로부터 모든 시대에 걸쳐 약속들과 모형들과 희생제사들 안에서, 또 그것들을 통해 선택된 자들에게 전달되었다. 그리스도께서 어제나 오늘이나 영원토록 동일하시기 때문에, 이러한 것들 안에서 뱀의 머리를 상하게 하실 여인의 후손, 곧 창세로부터 죽임당한 어린양으로 계시되시고 예표되셨다."

결국 신앙고백서가 언약에 관한 7장과 중보자 그리스도에 관한 8장을 근거로 하여 성례를 다루는 27장에서 구약과 신약의 성례를 설명한 내용을 요약하면 다음과 같습니다.

첫째, 하나님께서 사람과 맺으신 언약의 본질에 있어서 구약의 성례와 신약의 성례는 모두 은혜 언약 아래 주어진 성례입니다. 둘째, 구약의 성례의 표지(동물의 피 흘림, 희생제사, 할례, 절기)와 신약의 성례의 표지(물, 빵, 포도주)는 그리스도의 오심 이전과 이후라는 시점의 차이에 따라 시행 방식이 다릅니다. 셋째, 구약의 성례는 오실 그리스도를 표지하고 제시하는 반면, 신약의 성례는 이미 오신 그리스도를 표지하고 제시합니다. 넷째, 구약의 성례는 그리스도의 중보의 유익을 예표하는 그림자와 같지만, 신약의 성례는 성취된 구속의 은혜를 가리킨다는 점에서 더욱 명료합니다. 결론적으로, 구약의 성례와 신약의 성례는 본질적으로 동일한 은혜 언약의 실체와 구속의 유익을 제시하되, 외적 집행과 표지의 방식에서는 경륜적 차이를 지닙니다.

적용 질문

1. 구약의 성례가 오실 그리스도를 예표하고 신약의 성례가 이미 오신 그리스도를 가리킨다고 할 때, 왜 하나님께서는 시대마다 다른 방식으로 성례를 주셨을까요? 여러분은 하나님께서 구원의 방편을 시대마다 다양하게 나타내시지만, 그 중심은 언제나 동일한 그리스도이심을 믿고 있습니까? 그리고 오늘날의 성례를 받을 때, 구약의 성도들과 동일한 언약의 은혜에 참

여하고 있음을 확신하며 감사하고 있습니까?

2. 그리스도께서 오시기 전에도 구약의 성도들이 할례와 유월절을 통해 동일한 구속의 은혜를 받았다고 할 때, 성례의 효력에 대하여 어떻게 이해해야 할까요? 여러분은 세례와 성찬에 참여할 때, 행위 그 자체나 형식보다 성령을 통해 역사하시는 하나님의 약속을 믿음으로 붙들고 있습니까?

3. 구약의 성례와 신약의 성례가 본질적으로 동일한 은혜 언약의 실체를 제시한다고 할 때, 구약의 그림자적 표지와 신약의 명료한 표지의 차이는 어떤 의미가 있을까요? 여러분은 신약의 성례가 단지 예표가 아니라, 성취된 그리스도의 은혜를 실제로 누리게 하는 은혜의 수단임을 기억하며, 성례에 참여할 때마다 그리스도의 임재를 믿음으로 경험하고 있습니까?

4. 하나님께서 구약과 신약을 통해 동일한 은혜 언약을 주셨음에도, 구약 시대와 신약 시대의 교회가 서로 다른 방식으로 성례를 시행하게 하신 이유는 무엇일까요? 여러분은 예배와 성례의 외형적 변화 속에서도, 하나님의 구속의 본질이 결코 변하지 않음을 확신하며, 어떤 시대와 문화 속에서도 동일한 복음의 실체를 굳게 붙들고 있습니까?

날마다 양식으로 읽는
웨스트민스터 표준교리 Ⅵ

28장.

세례

11월 17일

세례의 의미

소요리문답 94
대요리문답 165

소요리문답 94:

문94. 세례란 무엇입니까?

답. 세례는 성례의 하나인데, 세례에서 성부와 성자와 성령의 이름으로 물로 씻는 것은[1] 우리가 그리스도에게 접붙임 받고, 은혜언약의 유익에 참여하며, 우리가 주님의 것이라는 서약을 표하고 인치는 것입니다.[2]

1) 마 28:19.
2) 롬 6:4; 갈 3:27.

대요리문답 165:

문165. 세례란 무엇입니까?

답. 세례는 신약 성례의 하나입니다. 그리스도께서는 성부와 성자와 성령의 이름으로 물로 씻음이,[1] 그리스도께 접붙임 받음과[2] 그분의 피로 죄 사함 받음과[3] 성령님에 의해 거듭남과[4] 양자 됨과[5] 영생에 이르는 부활의 표지와 인장이 되도록 제정하셨습니다.[6] 이로써 세례받은 사람은 보이는 교회에 엄숙하게 받아들여지고,[7] 자신이 전적으로 그리고 오직 주님께 속했음을 공개적으로 고백한 언약 관계에 들어가는 것입니다.[8]

1) 마 28:19.
2) 갈 3:27.
3) 막 1:4; 계 1:5.
4) 딛 3:5; 엡 5:26.
5) 갈 3:26-27.
6) 고전 15:29; 롬 6:5.
7) 고전 12:13.
8) 롬 6:4.

◀ 말씀 요절

마 28:19 "그러므로 너희는 가서 모든 민족을 제자로 삼아 아버지와 아들과 성령의 이름으로 세례를 베풀고"

계 1:5 "또 충성된 증인으로 죽은 자들 가운데에서 먼저 나시고 땅의 임금들의 머리가 되신 예수 그리스도로 말미암아 은혜와 평강이 너희에게 있기를 원하노라 우리를 사랑하사 그의 피로 우리 죄에서 우리를 해방하시고"

갈 3:26-27 "너희가 다 믿음으로 말미암아 그리스도 예수 안에서 하나님의 아들이 되었으니 누구든지 그리스도와 합하기 위하여 세례를 받은 자는 그리스도로 옷 입었느니라"

고전 15:29 "만일 죽은 자들이 도무지 다시 살아나지 못하면 죽은 자들을 위하여 세례를 받는 자들이 무엇을 하겠느냐 어찌하여 그들을 위하여 세례를 받느냐"

고전 12:13 "우리가 유대인이나 헬라인이나 종이나 자유인이나 다 한 성령으로 세례를 받아 한 몸이 되었고 또 다 한 성령을 마시게 하셨느니라"

롬 6:4 "그러므로 우리가 그의 죽으심과 합하여 세례를 받음으로 그와 함께 장사되었나니 이는 아버지의 영광으로 말미암아 그리스도를 죽은 자 가운데서 살리심과 같이 우리로 또한 새 생명 가운데서 행하게 하려 함이라"

◀ 교리 해설

오늘 읽은 소요리문답 94항과 대요리문답 165항은 세례가 무엇인지를 설명합니다. 두 문답은 내용이 거의 동일하므로, 대요리문답을 중심으로 세 부분으로 나누어 살펴보겠습니다.

(1) "세례는 신약의 성례 중 하나입니다. 그리스도께서는 성부와 성자와 성

령의 이름으로 물로 씻는 예식을 제정하셨습니다": 세례는 그리스도께서 자신의 교회에 주신 거룩한 예식입니다. 세례가 "신약의 성례"라 불리는 것은, 구약에서 약속된 그리스도의 사역이 성취된 사실을 근거로 주어진 성례임을 의미합니다. 곧 세례는 그리스도의 사역으로 완성된 새 언약의 공적 표지입니다. 세례는 사람이 임의로 만든 전통이나 필요에 따라 고안한 의식이 아니라, 주께서 친히 제정하신 것입니다. 무엇보다 소요리문답과 대요리문답은 세례를 행할 때 "성부와 성자와 성령의 이름으로" 해야 함을 교훈합니다. 삼위 하나님의 이름으로 시행하는 것은 예수님께서 세례를 제정하실 때 명하신 명령이므로, 세례 집례 시 사용하는 공식 선언문(baptismal formula)에 반드시 포함됩니다. 예를 들어, "내가 성부와 성자와 성령의 이름으로 네게 세례를 주노라"와 같은 선언입니다. 이 공식 선언문은 예수님의 명령에 따라 세례가 성삼위일체 하나님의 뜻과 사역 안에서 시행되는 일임을 나타냅니다. 곧 성부 하나님의 작정에 따른 구원 계획이 성자 하나님의 구속 사역으로 성취되고, 이제 성령 하나님의 구속 사역의 적용으로 회개하며 믿음을 고백하는 신자에게 베푸시는 성례임을 의미합니다. 이로써 세례는 그 사람이 삼위 하나님께 속한 백성이자 자녀임을 공개적으로 선언합니다.

세례를 집행하는 방식은 "물로 씻음"입니다. 그것이 뿌림(sprinkling)이든, 부음(pouring)이든, 잠김(immersion)이든 방식의 차이는 본질에 영향을 주지 않습니다. 이 부분은 11월 20일에 살필 신앙고백서 28.3에서 더 자세히 다루겠습니다.

(2) "그리스도께 접붙임을 받음과 그분의 피로 죄 사함을 받음과 성령님으로 말미암아 거듭남과 양자 됨과 영생에 이르는 부활의 표와 인이 되도록 하셨다": 세례는 표(sign)이며 인(seal)입니다. 세례의 물로 씻는 행위는 그리스도와의 연합이라는 영적 실재를 가리키는 표이고, 동시에 그 연합이 참되다는 사실을 보증하고 확증하는 인입니다. 여기서 "접붙임 받음"은 곧

그리스도와의 연합을 뜻합니다. 세례는 단순히 정결함을 상징할 뿐만 아니라(겔 36:25-27), 그리스도 예수와 함께 죽고 함께 살아나는 일(롬 6:3-5), 그리고 생명의 근원이신 그리스도께 연합하여 새 생명으로 살아가는 은혜의 과정을 나타냅니다(요 15:1-5). 물론 이러한 효력은 11월 13일 신앙고백서 27.3에서 보았듯이 세례의 물 자체나 집례자의 능력에서 비롯되는 것이 아니라, 성령 하나님의 역사와 제정의 말씀으로 말미암아 실현됩니다. 성령께서 세례받는 자에게 복음을 믿게 하시고, 세례를 수단으로 하여 그리스도와의 연합을 이루도록 역사하십니다. 이어지는 "그분의 피로 죄 사함을 받음", "성령님으로 거듭남", "양자 됨", "영생에 이르는 부활"은 모두 그리스도와의 연합으로부터 흘러나오는 구속의 유익들입니다. 세례는 이러한 영적 유익을 표상하고 제시하는 표이며, 믿음으로 그 표를 받는 사람은 성령의 역사로 그리스도와 연합되어, 여러 구속의 은혜를 실제로 누리게 됨을 인으로 보증받습니다.

(3) "이로써 세례받은 사람은 보이는 교회에 엄숙히 받아들여지고, 자신이 전적으로 그리고 오직 주님께 속했음을 공개적으로 고백하는 언약 관계에 들어간다.": 세례는 단순히 개인의 영적 경험이나 신앙의 단계에 머무는 사건이 아닙니다. 그보다 더 본질적인 공동체적 관계와 언약적 헌신의 의미를 지닙니다. 대요리문답은 세례를 "보이는 교회에 엄숙히 받아들여지는 것"이라 표현합니다. 세례를 집행할 권한이 교회 공동체의 합법적으로 임직된 말씀 사역자에게 있다는 점은, 세례받는 사람이 교회의 회원으로 공식적으로 받아들여지는 일임을 보여줍니다. 이것은 그리스도와의 연합이라는 영적 실재를 보이는 교회 안에서 가시적으로 누리게 되는 은혜의 수단입니다. 그러므로 세례를 "엄숙히" 시행한다고 표현한 것입니다.

세례가 엄숙한 이유는, 그것이 그리스도께서 제정하신 예식이며 삼위일체 하나님의 이름으로 시행되는 성례이기 때문입니다. 또한 교회 공동체가 공적으로 선언하고 증언하는 가운데 이루어지기 때문입니다. 세례는 교회 회원으로 받아들여졌음을 선포하는 동시에, 세례받은 자가 이제 전적으로 오직 주님께 속하겠다고 서약하고 헌신하는 의미를 지닙니다. 이 서약은 교회 앞에서 주님만을 섬기고, 하나님의 말씀에 따라 살겠다고 고백하는 공개적 약속입니다. 따라서 세례는 매우 엄숙한 행위이며, 그리스도께 온전히 헌신하겠다는 언약적 결단을 담고 있습니다.

오늘날 일부 신자들이 개인적 경건만을 강조하고, 교회의 회원으로서의 책임을 소홀히 하며, 주님께 헌신하지 않은 채 명목상 신앙생활에 머문다면, 이러한 태도는 오늘 문답이 가르치는 교훈을 따라 반드시 바로잡아야 합니다.

적용 질문

1. 세례의 권위와 효력은 어디에서 오는 것입니까? 여러분은 세례가 단지 교회의 전통이나 사람의 결단에서 비롯된 것이 아니라, 삼위 하나님의 명령과 약속 위에 세워진 성례임을 믿고 있습니까? 세례를 받을 때, 여러분은 자신이 하나님의 구원 계획 속에서 삼위 하나님의 이름으로 부름받은 백성임을 확신하며 감사로 응답하고 있습니까?

2. 세례가 그리스도께 접붙임을 받는 표와 인이라고 할 때, 세례를 받을 때 우리는 그리스도와 어떠한 관계로 들어갑니까? 세례는 이러한 관계에 근거하여 무엇을 가리키는 표입니까? 여러분은 세례를 통해 그리스도의 죽음과 부활에 연합하여 새로운 생명으로 살아가도록 부름받았음을 기억하며, 그 부르심에 합당한 삶을 살고 있습니까? 여러분의 신앙생활 속에서 세례의 표지가 단순한 과거의 의식이 아니라, 날마다 그리스도와 함께 사는

현재의 은혜로 작용하고 있습니까?

3. 세례는 그리스도와의 연합에 대한 표징이며 인장입니다. 그리고 그리스도와의 연합에서 비롯되는 많은 유익들의 표징이면서 또한 인장입니다. 이 유익들은 무엇입니까? 여러분은 세례를 통해 주어진 이 구속의 유익들을 단순히 관념으로만 두지 않고, 성령의 역사 속에서 실제로 누리며 감사하고 있습니까? 세례의 표징이 가리키는 이 은혜의 현실을 믿음으로 붙들며, 그리스도 안에서 이미 주어진 죄 사함과 새 생명의 확신을 삶 속에서 나타내고 있습니까?

4. 세례는 단지 개인적인 신앙 경험만이 아닙니다. 세례는 기본적으로 개인주의적이지 않습니다. 세례는 교회 공동체와 주님 사이의 어떠한 특별한 관계를 선언합니까? 이러한 세례의 의미는 오늘 우리의 교회 생활과 어떤 관계가 있을까요? 여러분은 세례를 통해 교회의 지체로 부름받았음을 기억하며, 신앙 공동체 안에서 예배와 순종, 봉사와 헌신의 책임을 기쁨으로 감당하고 있습니까? 또한 여러분은 자신이 세례로 서약한 바와 같이, 세상의 가치와 욕망이 아니라 오직 주님께 속한 자로서 살아가고 있습니까?

11월 18일

세례의 의미와 의의

신앙고백서 28.1

신앙고백서 28.1

세례는 신약의 성례이다.[1] 예수 그리스도께서 제정하신 것으로, 보이는 교회에 수세자를 엄숙히 가입시키는 것일 뿐 아니라,[2] 수세자를 위한 은혜언약의 표지와 인장이다.[3] 그리스도께 접붙임 받음,[4] 중생,[5] 죄 사함,[6] 그리고 예수 그리스도로 말미암아 하나님께 자신을 드려 새 생명 가운데 행함의 표지와 인장이다.[7] 이 성례는 그리스도께서 친히 명하신 대로 그분의 교회 안에서 세상 끝까지 계속되어야 한다.[8]

1) 마 28:19.
2) 고전 12:13.
3) 롬 4:11; 골 2:11-12.

신앙고백서
28.1

4) 갈 3:27; 롬 6:5.
5) 딛 3:5.
6) 막 1:4.
7) 롬 6:3-4.
8) 마 28:19-20.

◀ 말씀 요절

마 28:19 "그러므로 너희는 가서 모든 민족을 제자로 삼아 아버지와 아들과 성령의 이름으로 세례를 베풀고"

고전 12:13 "우리가 유대인이나 헬라인이나 종이나 자유인이나 다 한 성령으로 세례를 받아 한 몸이 되었고 또 다 한 성령을 마시게 하셨느니라"

골 2:11-12 "또 그 안에서 너희가 손으로 하지 아니한 할례를 받았으니 곧 육의 몸을 벗는 것이요 그리스도의 할례니라 너희가 세례로 그리스도와 함께 장사되고 또 죽은 자들 가운데서 그를 일으키신 하나님의 역사를 믿음으로 말미암아 그 안에서 함께 일으키심을 받았느니라"

갈 3:26-27 "너희가 다 믿음으로 말미암아 그리스도 예수 안에서 하나님의 아들이 되었으니 누구든지 그리스도와 합하기 위하여 세례를 받은 자는 그리스도로 옷 입었느니라"

고전 15:29 "만일 죽은 자들이 도무지 다시 살아나지 못하면 죽은 자들을 위하여 세례를 받는 자들이 무엇을 하겠느냐 어찌하여 그들을 위하여 세례를 받느냐"

롬 6:4 "그러므로 우리가 그의 죽으심과 합하여 세례를 받음으로 그와 함께 장사되었나니 이는 아버지의 영광으로 말미암아 그리스도를 죽은 자 가운데서 살리심과 같이 우리로 또한 새 생명 가운데서 행하게 하려 함이라"

◀ 교리 해설

오늘 읽는 신앙고백서 28.1은 어제 살핀 대요리문답 165항과 내용상으로 거의 동일합니다. 두 문서에서 세례의 의미를 설명할 때 필수적으로 언급되는 주제는 다음과 같습니다. 세례가 신약의 성례라는 사실, 그리스도께서 제정하신 것이라는 사실, 수세자가 보이는 교회에 가입된다는 사실, 세례가 그리스도에게로의 접붙임과 성령 하나님에 의한 거듭남과 죄 사함의 표지와 인장이라는 사실, 그리고 수세자가 그리스도로 말미암아 하나님께 자신을 드리는 언약적 헌신이라는 사실입니다.

이러한 동일한 내용을 다루는 신앙고백서의 진술은 대요리문답과 약간 다른 특징을 보입니다. 신앙고백서는 세례가 "보이는 교회에 수세자를 엄숙히 가입시키는 것"임을 먼저 말합니다. 이것은 앞서 11월 15일에 살핀 신앙고백서 27.4의 진술, "합법적으로 임직받은 말씀 사역자 외에는 누구에 의해서도 시행되어서는 안 된다"에서 볼 수 있듯이, 성례가 그리스도께서 교회 공동체에 주신 은혜임을 보여줍니다. 동시에 신앙고백서가 교회의 공적인 신앙을 선언하는 문서적 성격을 지니고 있음을 반영합니다. 따라서 신앙고백서는 세례의 교회론적 의미를 먼저 진술한 후, 세례를 통해 개인이 받는 구속의 유익들을 이어서 설명합니다. 반면 교인의 신앙 교육을 목적으로 한 대요리문답은 신자가 그리스도의 세례를 받음으로 누리는 영적 은택들을 먼저 나열하고, 그러한 유익을 받은 신자가 마땅히 주님의 것으로 헌신한다는 언약적 서약의 흐름을 따라 서술합니다. 또한 신앙고백서가 "새 생명 가운데 행함"이라는 표현으로 성화적 강조점을 보이는 반면, 대요리문답은 그리스도께 헌신하는 언약 관계의 신분적 변화를 강조합니다. 이처럼 두 문서는 동일한 내용을 다루지만, 서로 다른 목적과 강조에 따라 표현과 서술 순서에 약간의 차이를 보입니다.

이제 대요리문답에는 나타나지 않고 신앙고백서에만 포함된 두 가지 유의점을 살펴보겠습니다.

(1) "수세자를 위한 은혜 언약의 표지와 인장이다": 신앙고백서는 대요리문답과 마찬가지로, 세례가 그리스도에게로의 접붙임과 성령에 의한 거듭남, 그리고 죄 사함의 표지와 인장임을 진술합니다. 그러나 신앙고백서는 그보다 앞서 "수세자를 위한 은혜 언약의 표지와 인장이다"라는 문장을 먼저 제시합니다. 이것이 단순한 반복이 아닌 이유는 세 가지입니다. 첫째, 신앙고백서는 세례를 통해 언약신학적 구조를 교훈합니다. 즉 세례를 통해 받는 모든 구속의 유익은 하나님께서 그분의 백성과 맺으신 은혜 언약 아래에서 주어지는 것임을 밝힙니다. 둘째, 세례는 죄 사함을 포함한 구속의 은혜를 확증할 뿐 아니라, 세례 자체가 하나님의 은혜 언약 안에서 주어지는 관계적 보증임을 교훈합니다. 세례가 언약에 속한다는 사실이 먼저 확증되지 않으면, 그 안에 표지된 구속적 유익들도 확실히 보증될 수 없기 때문입니다. 셋째, 세례가 은혜 언약의 표지와 인장이라는 진술은 세례를 단지 성인의 개인적 순종 행위로 제한하는 재세례파적 관점을 배격합니다. 신앙고백서 7.5은 은혜 언약이 "율법 시대와 복음 시대에 다르게 시행되었다"라고 말하며, 구약과 신약이 모두 동일한 은혜 언약임을 강조합니다. 차이는 단지 시행 방식에 있을 뿐입니다. 그러므로 세례가 은혜 언약의 표지요 인장이라는 교훈은, 구약의 할례가 유아에게도 시행된 것처럼, 신약의 세례 또한 유

아에게 베풀 수 있는 성례임을 뒷받침하는 중요한 근거가 됩니다.

(2) "이 성례는 그리스도께서 친히 명하신 대로 그분의 교회 안에서 세상 끝까지 계속되어야 한다": 신앙고백서는 세례가 세상 끝 날까지 계속되어야 할 성례임을 명확히 진술합니다. 이는 예수님께서 세례를 명하실 때 "볼지어다, 내가 세상 끝날까지 너희와 항상 함께 있으리라"(마 28:20)고 약속하신 말씀에 근거합니다. "모든 민족을 제자로 삼아 아버지와 아들과 성령의 이름으로 세례를 베풀라"는 명령은 곧 주님의 임재의 약속과 연결된 사명입니다. 그러므로 세례는 교회의 회원으로 받아들여지고, 그리스도께 속한 자로 헌신을 서약하는 유일한 입문 성례로서, 다른 어떤 예식으로도 대체될 수 없습니다. 또한 세례가 주님 다시 오실 때까지 유효하다는 것은, 세례가 표지하고 인치는 은혜 언약의 지속성을 보증한다는 의미이기도 합니다. 따라서 교회는 주께서 다시 오실 날까지 복음을 전파하며 세례의 사명을 충실히 감당해야 합니다.

적용 질문

1. 세례를 그냥 성례라고 하지 않고, 특별히 신약의 성례라고 할 때, 무슨 의미를 확인할 수 있습니까? 신약의 성례라는 말이 가리키는 바가 무엇입니까? 여러분은 세례를 받을 때 단지 교회의 전통을 따른 것이 아니라, 그리스도의 구속 사역으로 확정된 새 언약의 은혜에 실제로 참여하게 되었음을 믿고 살아가고 있습니까?

2. 세례가 교회에 속한 자로서의 공적 표지라고 할 때, 왜 신앙고백서는 이 점을 먼저 강조할까요? 여러분은 세례가 단지 개인의 신앙고백이 아니

라, 교회의 한 지체로 부름받은 사실을 증언하는 공적 행위임을 기억하며 교회 공동체 안에서 신앙을 드러내고 있습니까?

3. 세례가 은혜 언약의 표지요 인장이라는 말은 어떤 의미입니까? 여러분은 세례를 통해 하나님께서 그분의 은혜 언약 안에서 여러분을 자녀로 받아들이시고 결코 버리지 않으신다는 사실을 믿음으로 확신하며, 이 언약적 관계에 합당하게 살아가고 있습니까?

4. 세례가 그리스도께서 명하신 대로 세상 끝 날까지 계속되어야 한다는 것은 무슨 뜻입니까? 여러분은 세례가 단지 과거의 사건이 아니라, 지금도 교회가 세상 속에서 복음을 전하며 주님의 약속을 이어가는 사명임을 기억하고, 그 사명에 동참하고 있습니까?

11월 19일

세례의 요소와 시행

신앙고백서 28.2

신앙고백서 28.2

이 성례에서 사용되는 외적 요소는 물이다. 수세자는 물로 세례를 받되, 세례를 주도록 합법하게 부름을 받은 복음 사역자에 의하여, 성부와 성자와 성령의 이름으로 받아야 한다.[1]

1) 마 3:11; 요 1:33; 마 28:19-20.

◀ 말씀 요절

마 3:11 "나는 너희로 회개하게 하기 위하여 물로 세례를 베풀거니와 내 뒤에 오시는 이는 나보다 능력이 많으시니 나는 그의 신을 들기도 감당하지 못하겠노라 그는 성령과 불로 너희에게 세례를 베푸실 것이요"

요 1:33 "나도 그를 알지 못하였으나 나를 보내어 물로 세례를 베풀라 하신 그이가 나에게 말씀하시되 성령이 내려서 누구 위에든지 머무는 것을 보거든 그가 곧 성령으로 세례를 베푸는 이인 줄 알라 하셨기에"

마 28:19-20 "그러므로 너희는 가서 모든 민족을 제자로 삼아 아버지와 아들과 성령의 이름으로 세례를 베풀고 내가 너희에게 분부한 모든 것을 가르쳐 지키게 하라 볼지어다 내가 세상 끝날까지 너희와 항상 함께 있으리라 하시니라"

◀ 교리 해설

오늘 읽는 신앙고백서가 말하는 바는 세 가지입니다. 하나는 세례에서 사용하는 외적 요소는 물이라는 것이고, 다른 하나는 세례는 합법적으로 부름받은 복음 사역자에 의해 집행되어야 한다는 것이며, 마지막 하나는 세례는 성부와 성자와 성령의 이름으로 베풀어져야 한다는 것입니다. 두 번째 내용은 11월 15일 신앙고백서 27.4을 읽으면서 살펴보았고, 마지막 세 번째 내용은 11월 17일 대요리문답 165항을 읽으면서 이미 살펴보았습니다. 오늘은 세례에서 사용되는 외적 요소에 대해 살펴봅니다.

신앙고백서는 "이 성례에서 사용되는 외적 요소는 물이다. 수세자는 물로 세례를 받되"라고 진술함으로써, 세례에서 사용되는 외적 요소, 곧 물질이 물임을 말합니다. "외적 요소"에서 "외적"이라는 말은 "눈에 보이는" 요소라는 뜻입니다. 물이 표지하는 실체, 곧 구속의 유익은 눈에 보이지 않지만, 물이라는 표지는 눈에 보입니다. 이것을 가리켜 외적 요소라고 하며, 이에 대조되는 눈에 보이지 않는 영적인 은혜를 내적 요소라 합니다. 이와 관련하여 11월 11일에 읽은 대요리문답 163항은 성례를 구성하는 두 부분에 대해 "첫째는 그리스도께서 친히 명령하신 바에 따라 사용하는 외적이고 감각적인 표지이며, 둘째는 이것으로 표하는 내적이고 영적인 은혜입니다"라고 진술합니다.

세례를 물로 받는 것은 너무나 당연한 일처럼 보이지만, 신앙고백서는 이를 굳이 명확히 진술함으로써 세례의 외적 요소를 물이 아닌 다른 것으로 바꾸려는 잘못된 시도를 금지합니다. 예를 들어 영지주의자들은 물질을 악한 것으로 여겼기 때문에, 어떤 물질을 사용한 행위, 곧 세례와 같은 예식을 통해 구원의 은혜가 전달된다는 주장을 받아들이지 않았습니다. 그들은 하나님이 순전한 영이시므로 물질이라는 악을 통하여 영적인 선을 베푸신다는 것은 도무지 이치에 맞지 않는 일이라고 여겼습니다. 그래서 물세례를 지나치게 물질적이며 세속적인 것으로 비판했습니다.

그들은 물 대신 영적인 것을 상징한다고 생각한 대체물을 사용하는 것은 허용했습니다. 예를 들어 신비한 능력이나 영적 깨달음을 상징하는 기름, 신령한 양식을 상징하는 우유, 혹은 하늘의 생명력과 열정을 상징하는 포도주가 그것입니다. 결국 그들은 세례를 단지 영적인 것을 상징하는 행위로만 이해하며, 그들이 보기에 더 영적이라 여긴 요소들로 세례의 본질을 바꾸어 버렸습니다. 그러나 이것은 예수 그리스도께서 친히 세례를 제정하신 명령을 무시한 이단적 오류입니다.

예수님께서는 세례의 외적 방편을 물로 정하시고, 이를 통해 성령의 은혜를 나타내셨습니다(마 28:19; 요 3:5). 초대교회 시절에도 물 대신 다른 액체를 사용하는 세례에 대한 논란이 있었으나, 교회는 언제나 물이 세례의 유일한 외적 요소임을 올바로 확증했습니다. 따라서 포도주나 우유로 베푼 세례는 유효하지 않으며, 그것은 성례의 본질, 곧 물로 씻어 죄 씻음을 나타내는 의미를 훼손하기 때문입니다.

◀ 적용 질문

1. 세례의 외적 요소가 물이라는 것은 어떤 의미를 가지며, 왜 이것을 "눈에 보이는 요소"라고 부를까요? 여러분은 세례의 물을 볼 때, 단지 의식의 도구로서의 물이 아니라, 하나님께서 보이지 않는 은혜를 표하시는 언약의 표징으로 보며 감사합니까?

2. 예수 그리스도께서 세례의 외적 요소를 물로 정하셨다는 것은 어떤 신학적 의미를 가지며, 왜 교회는 이를 변경할 수 없을까요? 여러분은 신앙의 실천과 예배에서 하나님께서 명하신 방식과 요소를 따라야 한다는 '정해진 제정의 질서'를 존중하며, 신앙의 형식보다 그 제정하신 뜻을 순종으로 따르고 있습니까?

3. 영지주의자들은 세례의 요소를 어떤 것으로 바꾸었습니까? 이것은 어떤 오류를 드러냅니까? 여러분은 혹시 오늘날 신앙을 보다 '영적'이고 '상징적'인 것으로 꾸미려 하면서, 하나님이 정하신 단순하고 구체적인 순종을 가볍게 여기고 있지는 않습니까?

4. 교회가 초대부터 물만을 세례의 외적 요소로 고백하며 다른 대체물을

거부한 이유는 무엇입니까? 여러분은 신앙생활 속에서 세례가 보여주는 단순하고 구체적인 순종의 의미를 붙들며, 세례를 통해 주신 성령의 새 생명을 실제로 살아내고 있습니까?

세례의 방식

신앙고백서 28.3

| 신앙고백서 28.3 | 수세자를 물에 잠그는 것은 필수가 아니며, 물을 붓거나 뿌리는 것으로도 세례는 바르게 시행된다.[1] |

1) 히 9:10, 19-22; 행 2:41; 행 16:33; 마 7:4.

말씀 요절

히 9:10, 19-22 "이런 것은 먹고 마시는 것과 여러 가지 씻는 것과 함께 육체의 예법일 뿐이며 개혁할 때까지 맡겨 둔 것이니라 … 모세가 율법대로 모든 계명을 온 백성에게 말한 후에 송아지와 염소의 피 및 물과 붉은 양

털과 우슬초를 취하여 그 두루마리와 온 백성에게 뿌리며 이르되 이는 하나님이 너희에게 명하신 언약의 피라 하고 또한 이와 같이 피를 장막과 섬기는 일에 쓰는 모든 그릇에 뿌렸느니라 율법을 따라 거의 모든 물건이 피로써 정결하게 되나니 피흘림이 없은즉 사함이 없느니라"

행 2:41 "그 말을 받은 사람들은 세례를 받으매 이 날에 신도의 수가 삼천이나 더하더라"

행 16:33 "그 밤 그 시각에 간수가 그들을 데려다가 그 맞은 자리를 씻어 주고 자기와 그 온 가족이 다 세례를 받은 후"

마 7:4 "보라 네 눈 속에 들보가 있는데 어찌하여 형제에게 말하기를 나로 네 눈 속에 있는 티를 빼게 하라 하겠느냐"

◀ 교리 해설

어제 읽은 신앙고백서 28.2은 세례에서 사용하는 외적 요소가 물이라는 사실을 분명히 밝히고 있지만, 주의할 것은 물을 어떻게 사용하는가, 즉 세례의 집례 방식에 대해서는 아무런 언급을 하지 않는다는 점입니다. 세례의 집행 방식에 대해서는 오늘 읽는 신앙고백서 28.3이 명확하게 교훈합니다.

세례는 기독교 교회 안에서 세 가지 방식으로 행해집니다. 첫째는 침수(immersion) 방식입니다. 세례를 받는 사람을 물속에 완전히 잠그는 방식으로, 주로 침례교회와 오순절교회가 따릅니다. 침수 방식은 "그러므로 우리가 그의 죽으심과 합하여 세례를 받음으로 그와 함께 장사되었나니, 이는 아버지의 영광으로 말미암아 그리스도를 죽은 자 가운데서 살리심과 같이 우리로 또한 새 생명 가운데서 행하게 하려 함이라"(롬 6:4)라는 말씀을 근거로 삼습니다. 이들은 침수 방식이 그리스도와의 연합을 강하게 상징하며, 그리스도의 죽음과 부활에 참여함을 감각적으로 강조한다고 주장합니다.

둘째는 관수(affusion), 즉 물을 붓는(pouring) 방식입니다. 머리 위에 물을 부어 적시는 방법으로, 루터교회나 감리교회, 구세군 등에서 사용하며, 일부 정교회에서도 채택합니다. 관수 방식은 "하나님이 말씀하시기를 말세에 내가 내 영을 모든 육체에 부어 주리니…"(행 2:17)라는 말씀에서 "내 영을 부어 주리니"라는 표현과 연결되어, 성령 하나님께서 세례를 통하여 은혜를 부어 주심을 상징적으로 보여 준다고 이해됩니다.

셋째는 적수(aspersion), 즉 물을 뿌리는(sprinkling) 방식입니다. 손이나 다른 도구를 사용하여 물을 뿌리는 방법으로, 개혁교회와 장로교회, 그리고 로마 가톨릭교회에서 주로 사용합니다. 개혁교회와 장로교회는 이 세 가지 방식 모두를 허용하지만, 실제로는 관수나 적수 방식을 주로 사용합니다. 반면, 침례교회는 침수만을 성경적인 방식으로 인정합니다. 적수 방식은 "우리가 마음에 뿌림을 받아 악한 양심으로부터 벗어나고, 몸은 맑은 물로 씻음을 받았으니…"(히 10:22)라는 말씀에서 "마음에 뿌림을 받아"라는 표현에 근거하여, 뿌림을 통한 정결과 씻음을 상징한다고 봅니다.

이 세 가지 방식 가운데 어느 것을 사용하든 모두 다음의 세 가지 공통된 의미를 지닙니다. 첫째, 그리스도와의 연합입니다. 세례는 그 집행 방식과 관계없이 그리스도와의 연합을 표지하며, 그분의 죽음과 장사됨, 부활에 참여함을 의미합니다(롬 6:3-4). 둘째, 정결과 죄 사함입니다. 세 가지 방식 모두 죄 씻음과 정결의 은혜를 상징합니다. "회개하여 각각 예수 그리스도의 이름으로 세례를 받고 죄 사함을 받으라"(행 2:38), "이는 곧 물로 씻어 말씀으로 깨끗하게 하사 거룩하게 하시고"(엡 5:26) 등의 구절이 이를 뒷받침합니다. 셋째, 중생과 새 생명, 그리고 성령의 은혜를 상징합니다. "우리를 구원하시되 우리가 행한 바 의로운 행위로 말미암지 아니하고 … 중생의 씻음과 성령의 새롭게 하심으로 하셨나니"(딛 3:5)에서 그 의미를 확인할 수 있습니다.

흥미롭게도 침례교회는 오직 침수 방식만이 성경적으로 유효하다고 주장합니다. 그들은 "세례하다"(baptize)의 헬라어 원어가 본래 '담그다' 또는 '잠기게 하다'라는 뜻이라고 해석합니다. 또한 세례가 그리스도의 죽음과 장사됨, 그리고 부활을 상징하므로(롬 6:3-4), 물속에 잠기고 나오는 침수만이 이를 온전히 표현한다고 주장합니다. 이러한 점에서 침수 방식은 감각적으로 죽음과 부활을 표현하는 상징성이 강한 것은 사실입니다.

그러나 개혁교회와 장로교회는 침수 방식을 부정하거나 거부하지 않지만, 그것만이 유일하고 필수적인 방식이라고 보지 않습니다. 그 이유는 첫째, "세례하다"(baptize)라는 헬라어가 항상 '완전히 잠그다'라는 뜻으로만 사용되지 않기 때문입니다. 예를 들어 "또 시장에서 돌아와서도 물을 뿌리지 않고서는 먹지 아니하며"(막 7:4)에서 이 단어는 '뿌리다'의 의미로 쓰였으며, "잡수시기 전에 손 씻지 아니하심을 보고 이상히 여기느니라"(눅 11:38)에서는 실제로 '물을 붓는' 행위를 가리킵니다. 둘째, 로마서 6장은 세례를 그리스도와의 연합이라는 영적 실체로 설명하며, 물리적 행위의 재현을 명하지 않습니다. 셋째, 오순절 날 약 3천 명이 세례를 받았을 때(행 2:41)나 빌립보 간수와 그 가족이 한밤중에 세례를 받았을 때(행 16:33), 침수에 필요한 물을 준비했을 가능성은 높지 않습니다. 오히려 다른 방식이 사용되었을 가능성이 현실적입니다.

초대교회의 교육 문헌인 『디다케』는 물이 충분하지 않을 경우 물을 부어 세례를 베풀 것을 권면합니다. 실제로 지역적 환경과 기후, 물의 양 등을 고려할 때 세 가지 방식이 모두 사용될 수 있고, 필요에 따라 적용되었습니다. 그러므로 우리의 관심은 어떤 방식으로 세례를 받았는가에 있지 않고, 세례를 통해 표지되는 은혜의 실체를 믿음으로 받고 있는가에 두어야 합니다.

◀ 적용 질문

1. 세례의 집례 방식에 관한 교훈은 왜 신앙고백서에서 굳이 언급되었을까요? 여러분은 세례의 방식이 다르더라도 그것이 상징하는 본질적 의미가 동일하다는 사실을 믿음으로 이해하며, 다른 교파의 세례 방식을 불필요하게 비판하거나 형식에 매이지 않고 그리스도께 속한 자로서의 정체성을 더욱 분명히 하고 있습니까?

2. 세례의 세 가지 방식 가운데 침수, 관수, 적수는 각각 어떤 신학적 의미를 담고 있습니까? 여러분은 세례를 받을 때 물의 양이나 형식보다 하나님께서 주시는 영적 정결과 성령의 은혜를 더 귀히 여기며, 그 은혜에 합당한 삶을 살고 있습니까?

3. 왜 개혁교회와 장로교회는 세례의 한 가지 방식만을 고집하지 않습니까? 여러분은 신앙의 외적 형태나 의식의 방식보다 복음의 실체와 믿음의 내용에 집중하며, 세례의 참된 의미를 일상에서 신앙의 순종으로 드러내고 있습니까?

4. 초대교회의 『디다케』가 물이 부족할 때 침수가 아니라 물을 부어 세례를 베풀도록 한 이유는 무엇입니까? 여러분은 세례가 단지 예식이 아니라 하나님의 은혜의 약속을 확증하는 언약의 표임을 기억하며, 그 언약 안에서 날마다 새롭게 살아가고 있습니까?

11월 21일

세례를 베풀기에 합당한 자

소요리문답 95
대요리문답 166
신앙고백서 28.4

소요리문답 95:

문95. 세례는 누구에게 베풀어야 합니까?

답. 보이는 교회 밖에 있는 사람에게는 그리스도를 믿는 믿음과 그분에 대한 순종을 고백하기 전까지 세례를 베풀지 말아야 합니다.[1] 그러나 보이는 교회에 속한 회원의 유아에게는 세례를 베풀어야 합니다.[2]

1) 행 8:36; 2:38.
2) 행 2:38-39; 창 17:10; 골 2:11-12; 고전 7:14.

**대요리문답
166:**

문166. 세례는 누구에게 베풀어야 합니까?

답. 보이는 교회 밖에 있어서 약속의 언약에 대해 외인인 사람에게는 그리스도를 믿는 믿음과 그분에 대한 순종을 고백하기 전까지 세례를 베풀지 말아야 합니다.[1] 그러나 그리스도에 대한 믿음과 순종을 고백하는 양편 또는 한편의 부모에게서 태어났다는 점에서 언약 안에 있는 유아에게는 세례를 베풀어야 합니다.[2]

1) 행 8:36-37; 2:38.
2) 창 17:7, 9; 갈 3:9, 14; 골 2:11-12; 행 2:38-39;
   롬 4:11-12; 고전 7:14; 마 28:19; 눅 18:15-16; 롬 11:16.

**신앙고백서
28.4**

그리스도에 대한 믿음과 순종을 실제로 고백하는 사람뿐만 아니라,[1] 부모 중 한편이나 양편이 믿는 유아도 또한 세례를 받아야 한다.[2]

1) 막 16:15-16; 행 8:37-38.
2) 창 17:7, 9; 갈 3:9, 14; 골 2:11-12; 행 2:38-39;
   롬 4:11-12; 고전 7:14; 마 28:19; 막 10:13-16; 눅 18:15.

말씀 요절

행 8:36 "길 가다가 물 있는 곳에 이르러 그 내시가 말하되 보라 물이 있으니 내가 세례를 받음에 무슨 거리낌이 있느냐"

행 2:38-39 "베드로가 이르되 너희가 회개하여 각각 예수 그리스도의 이름으로 세례를 받고 죄 사함을 받으라 그리하면 성령의 선물을 받으리니 이 약속은 너희와 너희 자녀와 모든 먼 데 사람 곧 주 우리 하나님이 얼마든지 부르시는 자들에게 하신 것이라 하고"

창 17:7, 10 "내가 내 언약을 나와 너 및 네 대대 후손 사이에 세워서 영원한 언약을 삼고 너와 네 후손의 하나님이 되리라 … 너희 중 남자는 다 할례를 받으라 이것이 나와 너희와 너희 후손 사이에 지킬 내 언약이니라"

갈 3:9 "그러므로 믿음으로 말미암은 자는 믿음이 있는 아브라함과 함께 복을 받느니라"

골 2:11-12 "또 그 안에서 너희가 손으로 하지 아니한 할례를 받았으니 곧 육의 몸을 벗는 것이요 그리스도의 할례니라 너희가 세례로 그리스도와 함께 장사되고 또 죽은 자들 가운데서 그를 일으키신 하나님의 역사를 믿음으로 말미암아 그 안에서 함께 일으키심을 받았느니라"

고전 7:14 "믿지 아니하는 남편이 아내로 말미암아 거룩하게 되고 믿지 아니하는 아내가 남편으로 말미암아 거룩하게 되나니 그렇지 아니하면 너희 자녀도 깨끗하지 못하니라 그러나 이제 거룩하니라"

눅 18:15 "사람들이 예수께서 만져 주심을 바라고 자기 어린 아기를 데리고 오매 제자들이 보고 꾸짖거늘"

교리 해설

오늘 읽는 소요리문답 95항, 대요리문답 166항, 그리고 신앙고백서 28.4은 모두 세례를 받을 수 있는 사람이 누구이며, 또한 세례를 베풀어서는 안 되는 사람이 누구인지에 대하여 교훈합니다. 세 문서는 그 내용을 두 가지로 구분하여 제시합니다.

⑴ "보이는 교회 밖에 있어서 약속의 언약에 대하여 외인인 사람에게는, 그리스도를 믿는 믿음과 그분에 대한 순종을 고백하기 전까지 세례를 베풀지 말아야 합니다"(대요리문답 166); "보이는 교회 밖에 있는 사람에게는, 그리스도를 믿는 믿음과 그분에 대한 순종을 고백하기 전까지 세례를 베풀지 말아야 합니다"(소요리문답 95); "그리스도에 대한 믿음과 순종을 실제로 고백하는 사람뿐만 아니라"(신앙고백서 28.4): 보이는 교회 밖에 있는 사람이 세례를 받으려면 먼저 그리스도를 믿는 믿음과 그분께 순종하려는 뜻을 고백해야 합니다. 실제로 그리스도에 대한 믿음과 순종을 고백하지 않는다면 세례를 받을 수 없습니다.

보이는 교회 밖에 있던 성인은 대요리문답 166항이 표현하듯 "약속의 언약에 대하여 외인"입니다. 이 표현은 "그때에 너희는 그리스도 밖에 있었고, 이스라엘 나라 밖의 사람이라, 약속의 언약들에 대하여 외인이요, 세상에서 소망이 없고 하나님도 없는 자이더니"(엡 2:12)에서 인용된 것입니다. "약속의 언약"은 하나님께서 아브라함에게 주신 은혜 언약의 약속을 가리키며, 그 후손들에게 외적으로 계승되는 약속을 의미합니다.

그러나 약속의 언약 안에 있는 사람이 모두 개인적으로 구원을 받는 것은 아닙니다. 이는 아브라함의 육적 후손이 모두 구원받은 것이 아닌 것과 같습니다. 약속의 언약은 중생하여 구원받은 참된 신자들로 구성된 은혜 언약의 내적 측면을 말하지 않고, 외적 신앙고백을 하는 자들을 포함하는 외적 측면을 가리킵니다.

따라서 "약속의 언약에 대하여 외인"을 교회 밖의 사람이라 부르는 이유는, 은혜 언약이 이 땅에서 실현되는 방식이 보이는 교회를 통하여 실행되기 때문입니다. 곧 교회 밖에 있는 자는 은혜 언약의 외적 경계선 바깥에 있는 사람이며, 그가 세례를 받으려면 먼저 그리스도를 믿는 믿음과 순종을 공적으로 고백해야 합니다.

(2) "그러나 보이는 교회에 속한 회원의 유아에게는 세례를 베풀어야 합니다"(소요리문답 95); "그러나 그리스도에 대한 믿음과 순종을 고백하는 양편 또는 한편의 부모에게서 태어났다는 점에서, 언약 안에 있는 유아에게는 세례를 베풀어야 합니다"(대요리문답 166); "부모 중 한편이나 양편이 믿는 유아도 또한 세례를 받아야 한다"(신앙고백서 28.4): 보이는 교회는 은혜 언약의 외적 경계입니다. 은혜 언약의 약속 아래에서 그리스도에 대한 믿음을 고백하고 그분께 순종하기로 헌신한 사람은 세례를 받아야 합니다. 그렇다면 아직 믿음을 고백하거나 순종을 결단할 수 없는 유아의 경우는 어떻게 해야 할까요? 오늘의 신앙 문서들은 모두, 유아의 부모가 보이는 교회의 회원이라면 그 유아에게 세례를 베풀어야 한다고 교훈합니다. 부모 중 한쪽이라도 그리스도에 대한 믿음과 순종을 고백하는 보이는 교회의 회원이라면, 그들에게서 태어난 유아는 약속의 언약에 속한 자, 곧 보이는 교회의 일원으로 인정되어 세례를 받아야 합니다.

이것은 구약 시대에 아브라함과 그의 자녀들이 할례를 통해 언약 안에 있었던 것처럼, 신약 시대의 믿는 부모의 자녀들도 세례를 통해 언약 안에 있음을 확증한다는 의미입니다. 하나님의 은혜는 믿는 개인에게만 머무르지 않고, 그 믿는 자의 가정을 통하여 자녀들에게로 확장됩니다. 구약 시대에 하나님께서는 아브라함과 그의 후손에게 구원의 언약을 약속하시고, 그 표징으로 할례를 명하셨습니다. 이제 신약 시대에는 세례가 할례를 대체하였으므로, 부모 가운데 한편이라도 믿는 자의 자녀에게 구원의 언약이 약속되어 있음을 나타내는 표로 세례를 베풀어야 합니다.

이 교훈이 주어진 이유는 재세례파의 개인주의적 경향 때문입니다. 그들은 교회를 통해 유지되고 확장되는 은혜 언약의 외적 질서를 바르게 이해하지 못하였고, 유아세례를 부정하며 임의로 재세례를 시행했습니다. 이는 하나님께서 구약과 신약 시대를 통틀어 동일한 은혜 언약을 서로 다른 집행의 방식으로 실현하신다는 언약 신학의 연속성을 올바로 이해하지 못한 잘못된 행위였습니다.

오늘 읽은 신앙 문서들의 항목은, 오직 신앙을 고백하는 성인만이 세례를 받아야 한다고 주장하며 유아세례를 무효화한 재세례파로 인한 혼란으로부터 교회를 보호하기 위한 진술입니다. 세례는 단순히 개인의 신앙고백의 상징이 아니라, 부모로부터 자녀에게로 언약의 약속이 이어지는 언약 공동체에 가입하는 표징으로 이해되어야 합니다. 이것이 신앙고백서, 대요리문답, 소요리문답이 한결같이 강조하는 세례 교훈의 핵심입니다.

◀ 적용 질문

1. 세례가 교회 밖의 자에게 베풀어질 수 없는 이유는 무엇입니까? 여러분은 세례를 단지 개인의 결심이나 신앙의 표현으로 보지 않고, 그리스도의 주권 앞에 순종하기로 서약하는 언약적 행위로 이해하고 있습니까?

2. 대요리문답이 말하는 "약속의 언약에 대하여 외인"이란 표현은 무엇을

의미합니까? 여러분은 자신이 은혜 언약의 외적 경계 안에 있다는 사실, 곧 보이는 교회의 한 지체로서 하나님께서 약속하신 언약의 표와 인을 받은 자라는 사실을 감사히 여기며, 교회의 공적 예배와 질서 안에서 자신의 신앙을 드러내고 있습니까?

3. 신약 시대의 세례가 구약 시대의 할례를 대체한다는 것은 어떤 신학적 의미를 가집니까? 여러분은 하나님께서 믿는 개인만이 아니라 그 가정과 자녀들에게까지 은혜의 약속을 확장하신다는 사실을 믿으며, 자신의 자녀를 단지 가정의 일원으로만이 아니라 하나님의 언약 공동체 안에서 양육하고 있습니까?

4. 웨스트민스터 신앙고백이 이 교훈을 분명히 진술해야 했던 이유는 무엇입니까? 여러분은 교회의 전통과 교리를 개인의 경험보다 우선시하며, 하나님께서 구약과 신약을 통하여 동일한 은혜 언약을 다양한 방식으로 집행하신다는 언약 신학의 연속성을 붙들고 있습니까? 또한 세례를 통해 자신이 교회의 언약적 책임과 순종의 삶으로 부름받았음을 인식하고 있습니까?

11월 22일

세례의 유익을 더욱 누리기 위해 해야 할 일

대요리문답 167

대요리문답 167:

문167. 우리가 받은 세례의 유익을 더욱 누리려면 어떻게 해야 합니까?

답. 우리가 받은 세례의 유익을 더욱 누리기 위해 애쓰는 일은 꼭 필요하면서도 대단히 무시되고 있는 의무입니다. 이 의무를 우리는 평생 이행해야 합니다. 유혹을 받을 때와 다른 사람들이 세례받는 자리에 참석했을 때에 특히 이행해야 합니다.[1] 이것을 위해 세례의 본질과 그리스도께서 세례를 제정하신 목적과 세례에 의해 우리에게 주어지고 보증된 특권과 유익과 세례받을 때 우리가 했던 엄숙한 서약 등을 신중함과 감사함으로 생각해야 합니다.[2] 또한 우리 죄악의 더러움과 우리가 세례의 은혜에 미치지 못하고 있고 그 은혜에 역

대요리문답
167:

행하는 것 때문에 겸손해야 합니다.[3] 또한 이 성례 안에서 우리에게 보증된 죄 사함의 확신과 다른 모든 복에 대한 확신에 이르기까지 성숙해 나가야 합니다.[4] 그리고 그리스도와 합하여 세례를 받은 우리는 죄를 죽이고 은혜를 소생시키기 위해서 그분의 죽음과 부활로부터 힘을 얻어야 합니다.[5] 세례에서 그리스도께 자신의 존재를 바친 자로서[6] 믿음으로 살기를 힘쓰며[7] 거룩하고 의로운 생활 태도를 가져야 하고,[8] 같은 성령으로 세례를 받아 한 몸을 이룬 자들로서 형제의 사랑으로 행하기를 노력해야 합니다.[9]

1) 골 2:11-12; 롬 6:4, 6, 11.
2) 롬 6:3-5.
3) 고전 1:11-13; 롬 6:2-3.
4) 롬 4:11-12; 벧전 3:21.
5) 롬 6:3-5.
6) 행 2:38.
7) 갈 3:26-27.
8) 롬 6:22.
9) 고전 12:13, 25-27.

◀ **말씀 요절**

골 2:11-12 "또 그 안에서 너희가 손으로 하지 아니한 할례를 받았으니 곧 육의 몸을 벗는 것이요 그리스도의 할례니라 너희가 세례로 그리스도와 함께 장사되고 또 죽은 자들 가운데서 그를 일으키신 하나님의 역사를 믿음으로 말미암아 그 안에서 함께 일으키심을 받았느니라"

롬 6:3-5 "무릇 그리스도 예수와 합하여 세례를 받은 우리는 그의 죽으심과 합하여 세례를 받은 줄을 알지 못하느냐 그러므로 우리가 그의 죽으심과 합하여 세례를 받음으로 그와 함께 장사되었나니 이는 아버지의 영광으로 말미암아 그리스도를 죽은 자 가운데서 살리심과 같이 우리로 또한 새 생명 가운데서 행하게 하려 함이라 만일 우리가 그의 죽으심과 같은 모양으로 연합한 자가 되었으면 또한 그의 부활과 같은 모양으로 연합한 자도 되리라"

고전 1:11-13 "내 형제들아 글로에의 집 편으로 너희에 대한 말이 내게 들리니 곧 너희 가운데 분쟁이 있다는 것이라 내가 이것을 말하거니와 너희가 각각 이르되 나는 바울에게, 나는 아볼로에게, 나는 게바에게, 나는 그리스도에게 속한 자라 한다는 것이니 그리스도께서 어찌 나뉘었느냐 바울이 너희를 위하여 십자가에 못 박혔으며 바울의 이름으로 너희가 세례를 받았느냐"

벧전 3:21 "물은 예수 그리스도께서 부활하심으로 말미암아 이제 너희를 구원하는 표니 곧 세례라 이는 육체의 더러운 것을 제하여 버림이 아니요 하나님을 향한 선한 양심의 간구니라"

행 2:38 "베드로가 이르되 너희가 회개하여 각각 예수 그리스도의 이름으로 세례를 받고 죄 사함을 받으라 그리하면 성령의 선물을 받으리니"

갈 3:26-27 "너희가 다 믿음으로 말미암아 그리스도 예수 안에서 하나님의 아들이 되었으니 누구든지 그리스도와 합하기 위하여 세례를 받은 자는 그리스도로 옷 입었느니라"

롬 6:22 "그러나 이제는 너희가 죄로부터 해방되고 하나님께 종이 되어 거룩함에 이르는 열매를 맺었으니 그 마지막은 영생이라"

고전 12:13, 25-27 "우리가 유대인이나 헬라인이나 종이나 자유인이나 다 한 성령으로 세례를 받아 한 몸이 되었고 또 다 한 성령을 마시게 하셨느니라 … 몸 가운데서 분쟁이 없고 오직 여러 지체가 서로 같이 돌보게 하셨느니라 만일 한 지체가 고통을 받으면 모든 지체가 함께 고통을 받고 한 지체가 영광을 얻으면 모든 지체가 함께 즐거워하느니라 너희는 그리스도의 몸이요 지체의 각 부분이라"

교리 해설

오늘 읽는 대요리문답 167항은, 세례를 받음으로써 세례가 표지하는 그리스도의 구속의 유익을 더욱 누리는 일이 한 번의 세례 행위로 자동적으로 주어지는 것이 아님을 교훈합니다. 세례를 통해 약속된 은혜를 누리기 위해서는 신앙의 노력이 필요하기 때문입니다. 어떤 이들은 세례를 받은 한 번의 사건을 내세워 신앙생활에 나태해지거나, 경건의 노력을 전혀 하지 않는 잘못된 삶을 살기도 합니다. 대요리문답 167항은 세례 의식 자체로 은혜가 주어진다고 주장하는 로마 가톨릭의 사효설(ex opere operato)과, 세례를 받은 후 율법적 순종 없이 방종하게 사는 명목상 신앙을 모두 비판합니다. 대요리문답이 가르치는 바는, 신자가 방종하기는커녕 오히려 세례를 받은 후 세례의 표지가 가리키는 영적 유익을 누리기 위해 평생 동안 경건의 노력을 다해야 한다는 것입니다.

특히 신자는 유혹을 받을 때마다 자신이 받은 세례의 의미를 되새기며 유혹을 이겨내야 합니다. 또한 다른 사람이 세례를 받을 때 그 자리에 함께한다면, 자신이 받은 세례의 의미를 기억하며 그리스도의 것이라는 정체성을 다시 확인하고 헌신의 서약을 새롭게 다짐해야 합니다. 이러한 의미에서 대요리문답은 "우리가 받은 세례의 유익을 누리려면"이라는 진술을 통해, 신자가 이미 받은 세례의 유익을 잊지 말고 그것을 붙들며, 그 의미를 삶 속에서 실천하도록 교훈합니다. 이러한 세례의 유익을 누리기 위한 신자의 노력은 네 가지로 나누어 살펴볼 수 있습니다.

(1) "이것을 위해 세례의 본질과 그리스도께서 세례를 제정하신 목적과 세례에 의해 우리에게 주어지고 보증된 특권과 유익과 세례받을 때 우리가 했던 엄숙한 서약 등을 신중함과 감사함으로 생각해야 합니다": 신자는 자신이 받은 세례가 사람에 의해 고안된 임의적인 상징이나 의식이 아니라, 바로 그리스도께서 자신의 중보자의 공로를 세우시고 이를 근거로 은혜의 특권을 우리에게 베풀어 주셨음을 잊지 말아야 합니다. 대요리문답은 세례와 관련해 늘 감사하며 생각해야 할 몇 가지를 제시하며 권합니다. 곧 세례의 본질, 세례를 제정하신 목적과 그로 인하여 누리는 특권들과 유익, 서약, 그리고 이러한 것들에 대한 인침입니다. 이것들은 세례의 본질 안에 총체적으로 모두 포괄됩니다. 그리스도께서 세례를 제정하신 목적은 성도를 자신과 연합하게 하여 구원의 특권을 누리게 하며, 이들로 가시적 교회에 회원으로 받아들이고, 이들로 거룩한 새 생명의 삶을 살도록 하도록 이끄시는 데에 있습니다. 이것을 위하여 제정하신 세례는 외적 요소로 물을 사용하

여 물 씻음을 받는 의식으로 실행됩니다. 세례로 인하여 성도에게 주어지는 특권과 유익이란 세례가 단순히 물로 씻는 행위라는 외적 의식에 그치는 것이 아니라 그것으로 상징하는 죄의 씻음이라는 것, 그리스도와 연합하여 그분의 죽음과 부활에 동참하는 외적 선언이라는 것, 그리스도의 몸이 교회에 보이는 회원으로 받아들여지는 것들입니다. 또한 세례가 표지하는 이러한 영적 특권을 믿음으로 받는 성도로 일생 동안 하나님께 자신을 헌신하고 거룩하고 의로운 새 생명의 삶을 살아갈 것을 공적으로 서약한 바를 다짐하는 것입니다. 그리고 이러한 물이란 외적 표지인 세례가 그것이 가리키는 영적 유익들을 참으로 제시한다는 사실을, 그리고 이것을 수세자가 믿음으로 받을 때 이러한 유익이 참으로 전달된다는 은혜의 사실을 인치고 보증한다는 것을 확신하고 감사하는 일입니다. 대요리문답은 이러한 일을 감사함으로 상기할 것을 권합니다.

(2) "또한 우리 죄악의 더러움과 우리가 세례의 은혜에 미치지 못하고 있고 그 은혜에 역행하는 것 때문에 겸손해야 합니다": 세례를 받을 때, 그리고 세례를 받은 교인이 되어 다른 사람이 세례를 받는 일에 증인으로 함께할 때, 세례의 유익을 더욱 깊이 누리기 위해 신자는 자신 안의 죄의 오염을 깨닫고, 세례의 은혜에 합당하지 못한 삶을 회개해야 합니다. 세례의 본질과 그 은혜를 기억하며 자신을 돌이켜 겸손히 회개하는 것은 단순한 감정적 자책이 아니라, 복음 안에서 새롭게 되는 회개의 삶입니다. 대요리문답은 신자가 세례로 약속된 은혜에 비해 자신의 실제 모습이 부족함을 인식하고, 그리스도의 은혜를 의지하여 겸손히 거룩함을 추구할 것을 권합니다.

(3) "또한 이 성례 안에서 우리에게 보증된 죄 사함의 확신과 다른 모든 복에 대한 확신에 이르기까지 성숙해 나가야 합니다. 그리고 그리스도와 합하여 세례를 받은 우리는 죄를 죽이고 은혜를 소생시키기 위해서 그분의 죽음과 부활로부터 힘을 얻어야 합니다": 세례의 유익을 더 증진하기 위하여 자신을 돌이켜 회개하고 겸비하라는 권면은 단순히 감정적으로 자신을

몹쓸 자라 생각하며 자책과 고통 속에 있도록 하는 율법적 회개를 하라는 것이 아닙니다. 그리스도의 복음을 믿고 회개하면서 자신이 받았던 세례의 은혜를 다시 상기하고 새로운 헌신을 위하여 은혜를 구하는 복음적 회개를 하라는 것입니다. 이를 위하여 신자는 세례가 표지하는 영적 실체인 그리스도와의 연합을 바라보아야 합니다. 세례는 우리가 그리스도의 죽으심과 부활에 연합하였음을 가리키며 이를 믿음으로 확신케 하는 인침이라는 사실을 굳게 믿어야 합니다. 그리고 세례가 보증하는 죄 사함과 새 생명의 삶을 살아가도록 이끄시는 성화의 능력과 도움을 주시는 약속을 확신하는 것입니다. 이로부터 자신의 더러움과 은혜를 거슬러 행하였던 죄악을 회개하면서도 여전히 그리스도 안에 속한 자로서 죄를 죽이고 은혜의 새 생명을 소생시키는 힘을 얻을 수가 있게 됩니다. 세례로 인한 영적 상태와 능력은 이러한 과정을 통해서 점점 자라가며 성숙해집니다.

(4) "세례에서 그리스도께 자신의 존재를 바친 자로서 믿음으로 살기를 힘쓰며 거룩하고 의로운 생활 태도를 가져야 하고, 같은 성령으로 세례를 받아 한 몸을 이룬 자들로서 형제의 사랑으로 행하기를 노력해야 합니다": 세례의 유익에 대한 확신 안에서 자신의 더러움을 보고 죄 사함의 기쁨을 다시 상기하면서 주님과 언약한 헌신의 약속을 다짐하는 일은 세례의 유익을 누리기에 요구되는 일입니다. 세례의 유익을 확신한 신자는 단순히 내적 확신에 머물지 않고, 삶 속에서 거룩과 의를 실천해야 합니다. 하나님의 말씀의 진리됨을 믿으며 그 교훈에 따라 살기에 힘쓰고 거룩하고 의로운 생활을 하고자 노력하는 것입니다. 그리고 개인으로 그리스도와 연합하는 것이 아니라, 성령 안에서 한 몸으로 부름을 받아 교회 공동체 안으로 가입된 것임을 생각하고 믿음의 형제를 사랑하기에 힘을 다하여야 합니다. 이러한 노력은 서로의 덕을 세우며 사랑을 나누고 누리는 복된 열매를 맺게 합니다.

적용 질문

1. 세례가 한 번의 의식으로 자동적인 은혜를 주는 것이 아니라, 평생에 걸쳐 신앙의 노력 속에서 그 유익을 누리게 된다는 사실은 무엇을 의미합니까? 여러분은 세례를 단지 과거의 사건으로 여기지 않고, 지금도 그리스도께서 주신 언약의 은혜를 붙들며 날마다 경건의 삶으로 세례의 의미를 새롭게 누리고 있습니까?

2. 세례의 본질과 목적, 그리고 그로 말미암아 주어지는 특권과 유익을 감사히 기억해야 한다는 교훈은 왜 중요합니까? 여러분은 자신이 받은 세례가 사람의 의식이 아니라 그리스도께서 친히 제정하신 은혜의 표와 인이라는 사실을 믿으며, 그 은혜를 감사히 묵상하고 세례의 서약에 합당한 거룩한 삶을 살기 위해 힘쓰고 있습니까?

3. 세례를 받은 신자가 자신의 죄악의 더러움과 세례의 은혜에 미치지 못한 삶을 인식하고 겸손히 회개해야 한다는 교훈은 어떤 의미를 가집니까? 여러분은 세례의 은혜를 생각하며 자신 안에 여전히 남아 있는 죄의 오염을 슬퍼하고, 복음의 능력 안에서 새롭게 회개하며 그리스도의 은혜를 의지해 거룩함으로 자라가고 있습니까?

4. 세례가 죄 사함과 성화의 은혜를 확신케 하고, 그리스도의 죽음과 부활의 능력으로부터 힘을 얻어 살아가게 한다는 교훈은 신자의 삶에 어떤 변화를 요구합니까? 여러분은 세례를 통하여 그리스도의 죽음과 부활에 연합한 자로서, 죄를 죽이고 은혜의 생명을 새롭게 하며 믿음과 사랑으로 성도들과 함께 교회의 한 지체로 살아가고 있습니까?

11월 23일

세례의 필요성

신앙고백서 28.5

신앙고백서 28.5

이 규례를 경멸하거나 소홀히 하는 것은 큰 죄이다.[1] 그럼에도 은혜와 구원이 세례와 뗄 수 없게 결합되어 있는 것은 아니다. 따라서 세례 없이는 중생이나 구원을 받지 못한다거나,[2] 혹은 세례받은 사람은 누구나 의심할 여지 없이 중생하였다고는 할 수 없다.[3]

1) 눅 7:30; 출 4:24-26.
2) 롬 4:11; 행 10:2, 4, 22, 31, 45, 47.
3) 행 8:13, 23.

◖ 말씀 요절

눅 7:30 "바리새인과 율법교사들은 그의 세례를 받지 아니함으로 그들 자신을 위한 하나님의 뜻을 저버리니라"

출 4:24-26 "모세가 길을 가다가 숙소에 있을 때에 여호와께서 그를 만나사 그를 죽이려 하신지라 십보라가 돌칼을 가져다가 그의 아들의 포피를 베어 그의 발에 갖다 대며 이르되 당신은 참으로 내게 피 남편이로다 하니 여호와께서 그를 놓아 주시니라 그 때에 십보라가 피 남편이라 함은 할례 때문이었더라"

롬 4:11 "그가 할례의 표를 받은 것은 무할례시에 믿음으로 된 의를 인친 것이니 이는 무할례자로서 믿는 모든 자의 조상이 되어 그들도 의로 여기심을 얻게 하려 하심이라"

행 10:2, 31, 45, 47 "그가 경건하여 온 집안과 더불어 하나님을 경외하며 백성을 많이 구제하고 하나님께 항상 기도하더니 … 말하되 고넬료야 하나님이 네 기도를 들으시고 네 구제를 기억하셨으니 … 베드로와 함께 온 할례 받은 신자들이 이방인들에게도 성령 부어 주심으로 말미암아 놀라니 … 이에 베드로가 이르되 이 사람들이 우리와 같이 성령을 받았으니 누가 능히 물로 세례 베풂을 금하리요 하고"

행 8:13, 23 "시몬도 믿고 세례를 받은 후에 전심으로 빌립을 따라다니며 그 나타나는 표적과 큰 능력을 보고 놀라니라 … 내가 보니 너는 악독이 가득하며 불의에 매인 바 되었도다"

교리 해설

오늘 읽는 신앙고백서는 세례의 필요성을 교훈하며, 동시에 세례에 대한 잘못된 사용과 이해를 경고합니다. 여기에는 세례가 반드시 필요하지 않다는 점도 함께 언급되는데, 이는 언뜻 보기에는 서로 모순된 진술처럼 보일 수 있습니다. 오늘은 이 내용을 두 가지 주제로 나누어 살펴보겠습니다.

(1) "이 규례를 경멸하거나 소홀히 하는 것은 중대한 죄이다": 세례는 신자가 스스로 받을지 말지를 결정할 수 있는 선택 사항이 아닙니다. 세례를 받기 위한 그리스도에 대한 믿음과 그분께 순종하려는 의지가 있음에도 불구하고 세례를 굳이 받지 않겠다고 하는 것은 잘못된 일입니다. 세례는 그리스도께서 친히 명령으로 제정하신 새 언약의 성례입니다. 참된 신앙고백을 하는 모든 신자는 그리스도의 명령에 따라 세례를 받고, 세례가 표로 제시하는 은혜를 믿음으로 받아야 합니다. 또한 언약 공동체인 교회의 지체로서 서로 사랑하며 그리스도께 자신을 헌신하는 삶을 살아야 합니다. 그렇지 않다면 그는 세례의 표를 통해 표지된 언약을 경멸하거나 소홀히 하는 죄를 범하는 것입니다. 신앙고백서 28.5은 이것이 "큰 죄"(a great sin)라고 경고합니다.

세례를 소홀히 하는 죄의 문제는 성인에게만 해당하는 것이 아니라, 유아의 경우도 마찬가지입니다. 만일 부모가 자신의 자녀에게 유아세례를 베풀기를 거부한다면, 그는 세례를 경멸하거나 소홀히 하는 죄를 범하게 됩니다. 이는 세례를 통하여 언약 공동체에 속하고 언약의 약속을 함께 누리는 특권을 자녀에게서 박탈하는 행위이기 때문입니다. 구약 시대에 부모가 자녀에게 할례를 행하여 동일한 언약 아래에서 은혜를 누리게 했듯이, 신약 시대에도 자녀가 세례를 받도록 해야 합니다. 자녀가 두 살이 넘도록 유아세례를 교회에 요청하지 않는다면, 부모는 당회의 질문 앞에 서게 될 것입니다. 유아세례를 등한시하는 것은 가벼운 잘못이 아니라 신앙적 불순종의 큰 죄라는 사실을 명심해야 합니다. 그러므로 유아세례는 자녀의 출생 후 가능한 한 빠른 시일 내에 베푸는 것이 바람직합니다.

(2) "그럼에도 은혜와 구원이 세례와 뗄 수 없게 결합되어 있는 것은 아니다. 따라서 세례 없이는 중생이나 구원을 받지 못한다거나, 혹은 세례받은 사람은 누구나 의심할 여지 없이 중생하였다고는 할 수 없다": 세례를 경멸하거나 소홀히 하는 것은 큰 죄입니다. 그러나 세례의 중요성을 오해하여, 마치 은혜와 구원이 세례라는 외적인 행위와 불가분의 관계로 묶여 있다고 주장해서는 안 됩니다. 11월 12일에 살핀 소요리문답 91항과 대요리문답 161항, 그리고 11월 13일에 다룬 신앙고백서 27.3은 세례와 같은 성례가 구원의 효과 있는 수단이 되는 것은, 성례 자체에 어떤 능력이 있기 때문이 아니라는 사실을 명확히 가르쳤습니다. 성례가 구원의 효과 있는 수단이 되는 것은 전적으로 성령 하나님의 역사와, 성례를 제정하신 그리스도의 복 주심 때문입니다. 합당한 신앙고백으로 세례를 받는 자에게 구원의 은혜가 임하는 것은 오직 성령 하나님의 역사로 인한 것입니다. 세례가 구원의 효과를 전달하는 수단이 되는 것도, 성령 하나님께서 그 세례를 통하여 구원의 은혜를 적용하시기 때문입니다.

그렇다면 성령 하나님께서 세례를 은혜의 수단으로 사용하신다면, 세례는 결국 구원과 필수적으로 결합되어 있는 것이 아닌가 하는 의문이 생길 수 있습니다. 여기서 유념해야 할 중요한 교리적 이해가 있습니다. 세례는 단지 도구적 역할을 하는 것이며, 그것을 사용하시는 분은 성령 하나님의 주권적 사역입니다. 세례는 구원의 능력이나 원인이 아닙니다. 성령 하나님께서는 주권적으로 세례를 사용하여 구원의 효과를 전달하시기도 하지만, 세례가 없이도 구원의 은혜를 베푸실 수 있습니다. 그러므로 세례 없이는 중생이나 구원을 받을 수 없다고 단정할 수 없습니다.

예를 들어, 5월 5일에 읽은 신앙고백서 10.3은 이렇게 가르칩니다. "유아기에 죽은 선택된 유아들은, 하나님께서 기뻐하시는 때와 장소와 방식에 따라 성령으로 말미암아 그리스도 안에서 중생하고 구원받는다. 또한 말씀 사역에 의한 외적 부르심을 받을 능력이 없는 다른 모든 선택된 사람도 마찬가지이다." 즉, 말씀 사역에 의한 외적 부르심을 받을 수 없는 자라 할지라도, 하나님께서 택하신 자라면 성령의 주권적 사역으로 중생과 구원의 은혜를 받습니다. 예수님과 함께 십자가에 달린 강도 중 한 사람은 예수께 "주께서 주의 나라에 임하실 때 나를 기억하소서"라고 간구했습니다. 이에 예수께서는 "오늘 네가 나와 함께 낙원에 있으리라"고 말씀하셨습니다. 이 강도는 세례를 포함한 어떠한 외적 수단도 받지 못했지만, 하나님의 주권적 은혜로 오직 믿음으로 구원을 얻었습니다. 이 사례는 세례 없이는 중생이나 구원을 받을 수 없다고 주장하는 것이 잘못임을 명백히 보여줍니다. 따라서 어떤 사람이 늦은 나이에 복음을 듣고 믿었으나 환경상 세례를 받지 못한 채 죽었다고 하더라도, 그가 하나님의 택하신 자라면 구원의 은혜는 그에게도 임합니다.

반대로, 대요리문답이 진술하듯이 세례받은 사람이 모두 의심할 여지 없이 중생했다고 말할 수도 없습니다. 로마 가톨릭은 이와 달리 소위 "세례 중생설"을 주장합니다. 이는 세례가 집행되는 행위 자체로 효력을 발생시켜, 그 자체 안에 은혜가 담겨 전달된다고 믿는 데서 비롯된 것입니다. 즉, 세례의 사효성(ex opere operato)에 근거한 교리입니다. 이러한 사효성의 이해를 바탕으로 로마 가톨릭은 세례를 단지 상징으로 보지 않고, 실제로 중생을 일으키는 원인으로 여깁니다. 그들의 주장에 따르면 세례는 죄의 씻음과 영적 생명을 단지 가리키거나 제시하는 은혜의 수단(means)이 아니라, 중생의 은혜를 실제로 부여하며 발생시키는 도구적 원인(causa instrumentalis)입니다.

개혁신학과 로마 가톨릭의 가장 중요한 차이는 바로 세례와 중생(또는 구원의 효과) 사이의 관계 이해에 있습니다. 로마 가톨릭은 세례를 받으면 실제로 은혜가 수세자에게 주입(gratia infusa)된다고 믿습니다. 세례는 이러한 주입된 은혜를 담고 있으며, 그 은혜를 전달하는 실제적 원인으로 작용합니다. 왜냐하면 성례는 사효성을 지니고 있어서, 성례의 집행 행위가 곧 은혜의 효과를 전달한다고 보기 때문입니다.

로마 가톨릭이 세례를 '도구적 원인'이라 부르는 이유는, 개혁신학이 말하는 '은혜의 수단'이나 '방편'으로 이해하기 때문이 아닙니다. '도구적 원인'이라는 표현은 '작용적 또는 행위적 원인(causa efficiens)'과 구별되는 개념입니다. 로마 가톨릭은 중생의 작용적 원인, 곧 주요 원인은 하나님이시라고 인정하지만, 세례를 그 구원의 은혜를 실제로 주입하여 그 효과를 일으키는 도구로 봅니다. 이런 점에서 세례는 의화시키는 은총(gratia iustificans)을 전달하는 효력적 도구이자, '도구적 원인'입니다. 따라서 로마 가톨릭이 주장하는 성례의 사효성은 세례가 중생과 구원에 필수적이라는 논리로 이어집니다. 물론 예외적으로, 세례를 갈망하였으나 받지 못한 경우나 순교로 인해 세례를 받지 못한 경우에는 중생의 은혜를 받을 수 있다고 인정하지만, 일반적으로 세례는 중생의 필수적 도구로 간주됩니다.

요약하자면, 로마 가톨릭도 중생을 일으키는 궁극적이며 주된 작용 주체가 하나님이심을 인정한다는 점에서는 개혁신학과 같습니다. 그러나 로마 가톨릭은 세례를 중생의 도구적 원인으로 이해합니다. 여기서 '도구적 원인'을 개혁신학이 말하는 '은혜의 수단'(means of grace)과 동일시해서는 안 됩니다. 개혁신학에서 세례는 물과 물의 씻음이라는 외적 요소로 죄 씻음의 은혜를 가리키고 제시하는 수단일 뿐입니다. 세례 자체, 곧 외적 행위나 요소가 영적 은혜를 내포하거나 전달하는 원인은 아닙니다. 반면 로마 가톨릭에서 세례는 중생의 은혜를 주입하는 실제 효력을 가진다고 보기 때문에, 세례를 받는 자는 그 은혜를 받는다고 여깁니다. 따라서 세례 없이는 이러한 은혜를 받을 수 없고, 세례를 받은 자는 반드시 중생한 자로 간주됩니다.

그러나 대요리문답은 세례받은 사람이 모두 의심할 여지 없이 중생했다고 말할 수 없다고 진술함으로써, 로마 가톨릭의 세례 중생설을 단호히 거부합니다. 실제로 성경에는 세례를 받았지만 중생하지 못한 사람의 사례가 여러 곳에서 나타납니다. 대표적인 인물이 시몬 마구스입니다. 성경은 그가 "믿고 세례를 받았다"라고 기록하지만(행 8:13), 그는 성령의 권능을 돈으로 사려 했습니다. 이에 베드로가 말하기를, "네가 하나님의 선물을 돈 주고 살 줄로 생각하였으니 네 은과 네가 함께 망할지어다. 하나님 앞에서 네 마음이 바르지 못하니 이 도에는 네가 관계도 없고 분깃 될 것도 없느니라"(행 8:20-21)라고 하였습니다. 또 출애굽 이후 홍해를 건넌 이스라엘 백성들 역시 모두 "세례를 받았으나"(고전 10:2) 대부분 구원에 이르지 못했습니다. 바울은 "그들의 다수를 하나님이 기뻐하지 아니하셨으므로 그들이 광야에서 멸망하였다"(고전 10:5)라고 기록합니다. 이는 오늘 읽는 대요리문답의 "세례받은 사람은 누구나 의심할 여지 없이 중생하였다고 할 수 없다"라는 진술을 확증하는 성경적 증거입니다.

적용 질문

1. 세례를 경멸하거나 소홀히 여기는 것이 왜 "큰 죄"로 규정됩니까? 여러분은 신앙고백을 가진 자로서 세례를 어떤 마음으로 받아들이고, 어떻게 순종해야 한다고 생각하십니까?

2. 성례의 효력은 어디에서 옵니까? 이와 관련하여 로마 가톨릭의 견해가 잘못된 이유는 무엇입니까? 또한 여러분에게 있어서 세례를 받은 사실로 인하여 나타나는 신앙적 변화나 개선은 무엇입니까?

3. 세례가 구원과 불가분하게 결합되어 있지 않으며(도구이되 원인은 아

님), 세례 없이도 하나님께서 택한 자를 구원하실 수 있다는 점을 어떤 성경적 근거와 신학적 논리로 설명하시겠습니까? 여러분은 믿음을 고백하면서도 의도적으로 세례를 거부하는 사람에 대해 어떤 태도를 취하는 것이 옳다고 생각하십니까? 반대로, 믿음을 고백했으나 세례를 받을 기회를 미처 갖지 못한 사람에 대해서는 어떤 판단이 바람직하다고 생각하십니까?

4. 모든 수세자가 중생한 것은 아니라는 대요리문답의 진술을 뒷받침하는 성경의 사례들은 무엇입니까? 여러분은 '세례를 받았으니 안전하다'라는 명목주의적 신앙 태도를 어떻게 경계하고자 하십니까?

세례의 효력

신앙고백서 28.6

신앙고백서 28.6

세례의 효력은 시행되는 시점에 한정되어 있지 않다.[1] 그럼에도 이 규례가 바르게 시행될 때, 약속된 은혜가 제안될 뿐만 아니라, 하나님의 의지의 경륜에 따라 은혜에 속한 (성인이든 유아이든) 사람에게는 하나님께서 정하신 때에 성령 하나님에 의하여 실제로 제시되고 전달된다.[2]

1) 요 3:5, 8.
2) 갈 3:27; 딛 3:5; 엡 5:25-26; 행 2:38, 41.

말씀 요절

요 3:5, 8 "예수께서 대답하시되 진실로 진실로 네게 이르노니 사람이 물과 성령으로 나지 아니하면 하나님의 나라에 들어갈 수 없느니라 … 바람이 임의로 불매 네가 그 소리는 들어도 어디서 와서 어디로 가는지 알지 못하나니 성령으로 난 사람도 다 그러하니라"

갈 3:27 "누구든지 그리스도와 합하기 위하여 세례를 받은 자는 그리스도로 옷 입었느니라"

딛 3:5 "우리를 구원하시되 우리가 행한 바 의로운 행위로 말미암지 아니하고 오직 그의 긍휼하심을 따라 중생의 씻음과 성령의 새롭게 하심으로 하셨나니"

엡 5:25-26 "남편들아 아내 사랑하기를 그리스도께서 교회를 사랑하시고 그 교회를 위하여 자신을 주심 같이 하라 이는 곧 물로 씻어 말씀으로 깨끗하게 하사 거룩하게 하시고"

행 2:38, 41 "베드로가 이르되 너희가 회개하여 각각 예수 그리스도의 이름으로 세례를 받고 죄 사함을 받으라 그리하면 성령의 선물을 받으리니 … 그 말을 받은 사람들은 세례를 받으매 이 날에 신도의 수가 삼천이나 더하더라"

◀ 교리 해설

오늘 읽는 신앙고백서 28.6은 세례의 효력이 언제 나타나는가에 관한 교리를 다룹니다. 이 항목은 어제 살펴본 바와 같이, 세례가 은혜와 구원과 불가분하게 결합되어 있지 않다는 사실을 전제하면서, 그 이유가 성령 하나님의 주권적 역사에 있음을 교훈합니다. 오늘은 이 내용을 세 가지 측면에서 살펴보겠습니다.

(1) "세례의 효력은 시행되는 시점에 한정되어 있지 않다": 만일 로마 가톨릭이 주장하듯이 세례가 그 행위 자체로 은혜를 전달하는 효력을 가진다면, 세례를 받는 사람은 세례의 순간에 곧바로 원죄의 죄책이 사함 받고, 중생의 은혜가 주입될 것입니다. 그렇다면 세례의 효력은 세례 행위와 결합하여 즉각적으로 나타나는 것이 됩니다. 그러나 신앙고백서는 이러한 로마 가톨릭의 주장을 명확히 부정합니다.

세례가 표지하는 그리스도의 구속의 유익은 세례와 동시에 기계적으로 주어지지 않습니다. 세례는 성령 하나님께서 주권적으로 은혜를 베푸실 때, 그분이 정하신 은혜 언약의 방식에 따라 사용하시는 수단일 뿐입니다. 세례의 표지가 가리키며 제시하는 은혜가 실제로 수세자에게 전달되어 구원의 효과로 나타나는 일은 오직 성령 하나님의 뜻과 정하신 때에 따라 이루어집니다. 따라서 신앙고백서는 세례가 중생의 원인이라는 로마 가톨릭의 주장을 배격합니다. 세례는 원인이 아니라 수단이며, 또한 도구적 원인(instrumental cause)도 아닙니다.

로마 가톨릭은 하나님을 주요 원인(principal cause)으로, 세례를 도구적 원인으로 구분하여 설명하지만, 이것은 개혁신학의 '은혜의 방편'(means of grace) 개념과 유사한 듯 보이더라도 본질적으로 다릅니다. 왜냐하면 로마 가톨릭의 세례론은 세례 그 자체에 중생과 의화의 은총(gratia iustificans)이 담겨 있으며, 그 은혜가 세례를 통해 수세자에게 주입(infusio)된다고 보기 때문입니다. 이 경우 하나님께서 은혜의 역사를 행하신다 하더라도, 은혜가 전달되는 효력은 세례 자체의 능력에 의한 것으로 간주됩니다. 이런 점에서 로마 가톨릭의 주장은, 세례를 성령의 은혜를 표시하고 제시하는 상징적 수단으로 이해하는 개혁신학의 입장과 전혀 다릅니다.

개혁신학은 세례 자체에 아무런 능력이나 효력이 없음을 분명히 합니다. 세례는 오직 성령 하나님께서 구원의 은혜를 전달하시기 위하여 사용하시는 표지(sign)와 수단(means)일 뿐입니다. 따라서 세례의 표지가 실제로 구원의 효력을 나타내는 것은 전적으로 성령 하나님의 주권적인 역사에 달려 있습니다. 성경은 이를 다음과 같이 교훈합니다. "예수께서 대답하시되 진실로 진실로 네게 이르노니 사람이 물과 성령으로 나지 아니하면 하나님의 나라에 들어갈 수 없느니라 … 바람이 임의로 불매 네가 그 소리는 들어도 어디서 와서 어디로 가는지 알지 못하나니 성령으로 난 사람도 다 그러하니라"(요 3:5, 8).

(2) "그럼에도 이 규례가 바르게 시행될 때, 약속된 은혜가 제안될 뿐만 아니라 … 성령 하나님에 의하여 실제로 제시되고 전달된다": 세례의 표는 그 안에서 약속된 은혜를 상징하는 외적 표지일 뿐이지만, 그 세례가 바르게 시행될 때 하나님께서 주시기로 약속하신 은혜가 단지 제안될(offered) 뿐만 아니라, 실제로 제시되고(exhibited) 또한 전달(conferred)됩니다. 그렇다면 어떻게 단지 상징에 불과한 세례의 표를 통해 이러한 영적 은혜들이 참으로 제시되고 전달될 수 있을까요?

먼저 알아야 할 것은, 성례는 단순한 상징이 아니라 실제로 은혜를 제시하는 수단이라는 점입니다. 곧 성례는 표지를 통해 표지되는 영적 은혜를 단순히 '기억하게 하는 기념물'로 삼지 않고, 그 은혜를 참으로 제시하는 은혜의 수단으로 삼습니다. 이것은 성례 안에, 표가 가리키는 새 언약의 유익들이 영적으로 실제로 존재함을 의미합니다. 다시 말해, 세례의 표지는 그 자체로는 상징이지만, 그 표가 가리키는 약속된 은혜가 성례 안에서 실제적

(real)으로 제안되고 제시됩니다.

이러한 은혜의 제시와 전달은 전적으로 성령 하나님의 역사로 말미암는 일입니다. 대요리문답은 세례에서 "약속된 은혜가 제안될 뿐 아니라 실제로 제시되고 전달된다"라고 진술하면서, 이것이 "성령 하나님에 의하여"(by the Holy Ghost) 이루어지는 일임을 분명히 밝힙니다. 따라서 세례는 그 표지가 외적이고 상징적인 성격을 지닌다고 해서 단순한 기념 행위로 축소될 수 없습니다. 오히려 세례는 그리스도의 중보 사역의 유익들을 참으로 제시하고 전달하는 은혜의 방편입니다.

이러한 신비로운 관계는 이미 신앙고백서 27.2에서 살펴본 바와 같이, 세례의 외적 요소인 감각적 표지(signum)와, 그 표지로 표현되는 영적 실체(res significata) 사이에 존재하는 성례전적 연합(sacramental union) 때문입니다. 정리하자면, 세례는 구속의 은혜를 약속하고 제안하며, 그 약속된 은혜는 오직 성령 하나님의 주권적 역사에 의하여 실제로 제시되고 전달됩니다.

(3) "하나님의 의지의 경륜에 따라 은혜에 속한 (성인이든 유아이든) 사람에게는 하나님께서 정하신 때에": 세례가 약속하는 은혜는 모든 사람에게 보편적으로 제안되고, 제시되며, 전달되는 것이 아닙니다. 세례는 11월 21일에 살펴본 소요리문답 95항, 대요리문답 166항, 그리고 신앙고백서 28.4에서 교훈하듯, 세례를 받기에 합당한 자에게 베풀어집니다. 이때 합당한 자란, 그리스도를 믿는 참된 믿음을 고백하고 회개하는 자를 뜻합니다. 이러한 자에게 세례를 베풀 때, 세례의 외적 행위를 통하여 약속된 은혜가 제안(offered)됩니다.

그러나 세례의 외적 행위가 모든 사람에게 동일한 영적 유익을 가져오는 것은 아닙니다. 세례를 통하여 실제로 은혜가 제시되고(exhibited) 전달되는(conferred) 일은 오늘의 신앙고백서가 표현하듯, "하나님의 의지의 경륜에 따라 은혜에 속한 자"에게만 이루어집니다. 곧 이것은 하나님께서 그분의 영원한 작정 가운데 영생을 주시기로 선택하신 자들에게만 실현됩니다. 세례의 외적 요소인 물(세례)과 빵과 포도주(성찬)는 회개하며 그리스도를 믿는다고 고백하는 모든 사람에게 베풀어집니다. 그러나 세례가 약속하는 구속의 유익들, 곧 죄 사함, 그리스도와의 연합, 그리고 거룩한 새 생명의 삶은 하나님의 작정 속에 은혜로 택함 받은 자에게만 주어집니다.

따라서 세례의 대상은 신앙을 고백하는 모든 신자와 신자 부모의 자녀입니다. 이들은 모두 세례의 외적 표지(signum)를 받습니다. 그러나 세례의 효력, 곧 그 표지가 가리키는 영적 실체(res significata)는 하나님께서 택하신 자들에게만, 그리고 하나님께서 정하신 때에, 성령 하나님의 역사로 주어집니다. 이 원리는 성인에게나 유아에게나 동일하게 적용됩니다.

적용 질문

1. 세례의 효력은 언제 일어납니까? 세례가 시행되는 순간에 일어납니까? 세례가 하나님의 은혜와 구원과 불가분하게 결합되어 있지 않다는 말은 세례의 효력에 대해 무엇을 말해줍니까? 여러분은 세례를 받을 때 그 행위 자체에 어떤 신비한 능력이 있는 것이 아니라, 성령 하나님께서 정하신 때에 은혜를 주신다는 사실을 믿음으로 신뢰하며 세례를 소중히 여기고 계십니까?

2. 세례가 단순한 상징이 아니라 성령 하나님께서 약속된 은혜를 실제로 제시하고 전달하시는 은혜의 방편이라는 말은 무엇을 의미합니까? 여러분은 세례를 통해 약속된 은혜를 날마다 되새기며, 성령께서 세례의 표지를 통해 그리스도의 은혜를 실제로 제시하신다는 사실을 확신하며 살아가고 계십니까?

3. 세례의 효력이 세례를 받은 모든 사람에게 동일하게 주어집니까? 아니라면 어떤 사람에게 주어지는 것입니까? 이 질문의 답을 통하여 세례의 효력이 주어지는 일과 관련하여 하나님의 은혜에 대하여 무엇을 알 수 있습니까? 여러분은 자신이 세례를 받았다는 사실 속에서, 그것이 단지 외적 의식이 아니라 하나님의 선택과 은혜의 경륜 안에 있다는 사실을 감사하며, 더욱 겸손히 신앙을 붙들고 계십니까?

4. 세례의 효력이 성인에게나 유아에게나 동일하게 성령 하나님의 역사로 주어진다는 것은 교회 공동체 안에서 어떤 의미를 가집니까? 여러분은 교회의 한 지체로서, 세례로 인친 언약의 공동체 안에서 서로를 그리스도 안의 가족으로 여기며, 함께 성령의 은혜가 이루어질 때를 바라보며 믿음으로 살아가고 계십니까?

세례의 횟수

신앙고백서 28.7

> **신앙고백서 28.7**
>
> 세례의 성례는 누구에게나 단 한 번만 시행되어야 한다.[1]
>
> 1) 딛 3:5.

말씀 요절

딛 3:5 "우리를 구원하시되 우리가 행한 바 의로운 행위로 말미암지 아니하고 오직 그의 긍휼하심을 따라 중생의 씻음과 성령의 새롭게 하심으로 하셨나니"

◀ 교리 해설

오늘 읽는 신앙고백서는 세례는 누구에게나 단 한 번만 시행되어야 한다고 교훈합니다. 언뜻 당연하게 들리는 이 진술이 왜 신앙고백서에서 하나의 단독 항목으로 제시되는 것일까요? 그 이유는 재세례파(Anabaptists)의 주장을 배격하기 위함입니다. 그들은 유아세례를 부정하고, 이미 유아세례를 받은 사람에게 신앙고백을 요구하며 다시 성인세례를 베풀었습니다. 이러한 행위는 성경적 근거가 없는 잘못된 관행입니다. 이 교훈은 재세례파뿐 아니라, 오늘날 여러 이유로 세례를 다시 받기를 원하는 이들에게도 여전히 유효합니다. 예를 들어 어떤 교인이 자신이 세례를 받을 때 세례의 의미를 충분히 이해하지 못했거나, 집례자가 도덕적으로 문제가 있었거나, 자신이 속했던 교회가 신학적으로 건전하지 못했다는 이유로 받은 세례의 정당성을 의심하며 재세례를 요구하는 경우가 있습니다. 그러나 신앙고백서 28.7은 이러한 경우에도 세례는 단 한 번만 시행되어야 함을 분명히 가르칩니다. 그 이유를 다음과 같이 살펴볼 수 있습니다.

(1) "단 한번만": 세례는 하나뿐입니다. 다른 세례가 있을 수 없습니다. 세례는 보이는 교회의 회원으로 받아들여지는 유일한 표지로서 단 하나뿐입니다. 보이는 교회는 보편적이기에, 세례를 베푸는 교회가 특정 교단이든, 특정 지역의 지교회이든 간에 모든 세례는 동일한 한 세례입니다. 성경은 "몸이 하나요 성령도 한 분이시니 … 주도 한 분이시요 믿음도 하나요 세례도 하나요 하나님도 한 분이시니 곧 만유의 아버지시라"(엡 4:4-6)라고 증언합니다. 이 말씀은 세례가 여러 종류로 나뉘는 것이 아니라 오직 하나의 동일한 세례임을 분명히 합니다. 세례를 통해 그리스도와 연합하는 은혜를 누릴 때, 우리와 연합된 그리스도는 한 분이십니다. 비록 지체는 많으나 한 몸이듯(고전 12:12), 어느 교회에서 세례를 받았든 그 세례는 동일한 한 분 그리스도와의 연합을 나타냅니다.

(2) "단 한 번만 시행되어야 한다": 세례는 단 한 번만 시행되어야 하는데, 그 이유는 한 번 시행된 세례의 유효성이 결코 취소되거나 번복되지 않기 때문입니다. 세례를 통해 표지되는 그리스도와의 연합 역시 취소되거나 되풀이될 수 없습니다. 세례가 상징하는 중생의 은혜 또한 반복될 수 없는 단회적 사건입니다. "예수께서 대답하시되 진실로 진실로 네게 이르노니 사람이 물과 성령으로 나지 아니하면 하나님 나라에 들어갈 수 없느니라"(요 3:5)라는 말씀처럼, 중생은 한 번 일어나는 거듭남의 역사입니다. 또한 세례의 유효성은 수세자나 집례자의 도덕적 상태에 달려 있지 않습니다. 세례의 효력은 하나님께서 은혜 언약 아래 제정하신 객관적 규례에 근거합니다. 합법적으로 부름받은 말씀 사역자가 물의 외적 요소로 삼위일체 하나님의 이름으로 세례를 집례했다면, 그 세례는 교회의 어느 지체에게나 객관적으로 유효한 것입니다(마 28:19). 그러므로 신앙고백서가 말하듯, 세례는 "단 한 번만 시행되어야 합니다."

(3) "누구에게나": 그리스도의 교회는 하나이며, 교회의 머리이신 그리스도도 한 분이십니다. 그러므로 교회에 속한 모든 교인은 시대와 지역, 나이, 교단을 불문하고 동일한 그리스도의 세례를 받습니다. "몸은 하나인데 많은 지체가 있고 몸의 모든 지체가 많으나 한 몸인 것같이 그리스도도 그러하시니라"(고전 12:12)라는 말씀은 세례의 보편성과 일회성을 동시에 보여줍니다. 성인과 유아를 막론하고, 어느 교회에서 세례를 받았든 그 세례는 모두 동일한 그리스도의 세례입니다. 따라서 "누구에게나" 베풀어지는 세례는 단 하나이며, 이외의 다른 세례는 없습니다.

적용 질문

1. 세례가 왜 단 한 번만 시행되어야 합니까? 여러분은 세례를 통해 이미 그리스도와 연합되었다는 사실을 확신하며, 다시 세례를 요구하기보다 이미 받은 세례의 은혜를 더욱 깊이 되새기며 감사의 신앙으로 살아가고 계십니까?

2. 중생의 단회성이 세례와 관련하여 주는 의미는 무엇입니까? 여러분은 중생이 한 번 일어나는 영적 새 생명의 역사이며, 그 결과로 세례가 반복될 수 없음을 기억하면서, 매일의 회개와 믿음으로 그 중생의 은혜를 새롭게 누리며 살아가고 계십니까?

3. 세례의 유효성이 집례자의 도덕적 자격이나 교회의 완전성에 달려 있지 않다는 교훈은 어떤 신학적 원리를 보여줍니까? 여러분은 세례의 참된 효력이 사람의 조건에 있지 않고, 하나님께서 제정하신 언약적 약속에 있음을 신뢰하며, 세례를 통해 보이신 하나님의 신실하심을 의심하지 않고 붙들고 계십니까?

4. 세례가 누구에게나 동일한 이유는 무엇입니까? 여러분은 자신이 속한 교파나 전통을 넘어, 모든 참된 신자들이 동일한 세례 아래 하나 된 형제자매임을 인정하며, 이 일치의 신앙을 교회의 연합과 사랑으로 드러내며 살아가고 계십니까?

날마다 양식으로 읽는
웨스트민스터 표준교리 Ⅵ

29장.

주의 만찬(성찬)

11월 26일

주의 만찬의 의미

소요리문답 96
대요리문답 168

소요리문답 96:

문96. 주의 만찬이란 무엇입니까?

답. 주의 만찬은 성례의 하나인데, 예수 그리스도께서 지정하신 대로 빵과 포도주를 주고받음으로 그분의 죽으심을 보여줍니다. 육체적으로나 물질적으로가 아니라 믿음으로 합당하게 참여하는 사람은 주님의 살과 피를 먹고 마심으로 영적 양식을 먹으며 은혜 가운데 자라는 모든 유익을 누립니다.[1]

1) 고전 11:23-26; 10:16.

대요리문답 168:

문168. '주의 만찬'은 무엇입니까?

답. 주의 만찬은 신약 성례의 하나인데, 예수 그리스도께서 지정하신 대로 빵과 포도주를 주고받음으로 그분의 죽으심을 보여줍니다.[1] 주의 만찬에 합당하게 참여하는 사람은 주님의 살과 피를 먹고 마심으로 영적 양식을 먹고 은혜 가운데 자라며,[2] 주님과의 연합과 교제를 확증받고,[3] 하나님께 대한 감사와[4] 언약적 헌신[5] 그리고 신비한 한 몸의 지체 사이의 사랑과 교제를 증언하고 새롭게 합니다.[6]

1) 눅 22:20.
2) 마 26:26-28; 고전 11:23-26.
3) 고전 10:16.
4) 고전 11:24-26.
5) 고전 10:14-16, 21.
6) 고전 10:17.

◀ 말씀 요절

눅 22:20 "저녁 먹은 후에 잔도 그와 같이 하여 이르시되 이 잔은 내 피로 세우는 새 언약이니 곧 너희를 위하여 붓는 것이라"

마 26:28 "이것은 죄 사함을 얻게 하려고 많은 사람을 위하여 흘리는 바 나의 피 곧 언약의 피니라"

고전 11:23-26 "내가 너희에게 전한 것은 주께 받은 것이니 곧 주 예수께서 잡히시던 밤에 빵을 가지사 축사하시고 떼어 이르시되 이것은 너희를 위하는 내 몸이니 이것을 행하여 나를 기념하라 하시고 식후에 또한 그와 같이 잔을 가지시고 이르시되 이 잔은 내 피로 세운 새 언약이니 이것을 행하여 마실 때마다 나를 기념하라 하셨으니 너희가 이 빵을 먹으며 이 잔을 마실 때마다 주의 죽으심을 그가 오실 때까지 전하는 것이니라"

고전 10:14-17, 21 "그런즉 내 사랑하는 자들아 우상 숭배하는 일을 피하라 나는 지혜 있는 자들에게 말함과 같이 하노니 너희는 내가 이르는 말을 스스로 판단하라 우리가 축복하는 바 축복의 잔은 그리스도의 피에 참여함이 아니며 우리가 떼는 빵은 그리스도의 몸에 참여함이 아니냐 빵이 하나요 많은 우리가 한 몸이니 이는 우리가 다 한 빵에 참여함이라 … 너희가 주의 잔과 귀신의 잔을 겸하여 마시지 못하고 주의 식탁과 귀신의 식탁에 겸하여 참여하지 못하리라"

◀ 교리 해설

오늘 읽는 소요리문답 96항과 대요리문답 168항은 '주의 만찬' 또는 '성찬'이 무엇인지를 설명합니다. 두 문답은 성찬의 본질, 성찬에 참여하는 방식, 그리고 성찬을 통해 맺기를 기대하는 열매들에 대해 교훈합니다. 내용을 세 부분으로 나누어 살펴보겠습니다.

(1) "주의 만찬은 신약 성례의 하나인데, 예수 그리스도께서 제정하신 대로 빵과 포도주를 주고받음으로 그분의 죽으심을 보여줍니다": 신약의 성례는 두 가지입니다. 하나는 세례이며, 다른 하나는 성찬입니다. 성찬은 예수 그리스도께서 친히 명령하여 제정하신(ordained 또는 instituted) 거룩한 규

례입니다. 대요리문답이 성찬을 '신약의 성례'라고 진술하는 것은 구약의 성례와 구별하기 위함입니다. 구약의 대표적 성례는 할례와 유월절입니다. 그중 유월절 의식은 장차 오실 그리스도의 대속적 죽음을 예표한 것이고, 성찬은 그 예표가 성취된 예식입니다.

예수 그리스도께서는 성찬의 시행에서 사용될 외적 요소를 명확히 지정하셨습니다(appointed). 따라서 성찬은 반드시 주께서 명하신 대로 빵과 포도주를 주고받는 방식으로 행해야 합니다. 주님께서는 빵을 들어 "이것은 너희를 위하는 내 몸이니"(고전 11:24)라 하셨고, 잔을 들어 "이 잔은 내 피로 세운 새 언약이라"(고전 11:25) 하셨습니다. 그러므로 성찬에서 빵과 포도주 외의 다른 요소로 대체하는 일은 잘못된 행위입니다.

한국 교회 안에는 토착화의 명분으로 빵 대신 인절미나 시루빵을, 포도주 대신 막걸리를 사용하는 시도가 있었으나, 이는 주님께서 제정하신 성례의 본질을 변질시키는 일입니다. 성찬의 표지는 그리스도의 죽으심을 시각적으로 선포하는 은혜의 방편입니다. 성찬에 참여하는 자는 매번 그리스도의 대속의 죽음을 기억하며, 빵과 포도주를 먹고 마심으로 죄 사함의 은혜에 대한 깊은 감사와 감격으로 나아가야 합니다.

(2) "육체적으로나 물질적으로가 아니라 믿음으로 합당하게 참여하는 사람은 주님의 살과 피를 먹고 마심으로 영적 양식을 먹으며 은혜 가운데 자라는 모든 유익을 누립니다"(소요리문답 96); "주의 만찬에 합당하게 참여하는 사람은 주님의 살과 피를 먹고 마심으로 영적 양식을 먹고 은혜 가운데 자라며"(대요리문답 168)": 두 문답은 성찬에 '합당하게 참여하는 방식'을 설명합니다. 여기서 '합당하게'란 죄가 전혀 없는 완전한 자격을 의미하지 않습니다. 성찬은 오히려 연약한 신자의 믿음을 강화하는 은혜의 수단이기 때문입니다. 성찬에 합당한 자란 자신 안의 죄를 슬퍼하며 회개하고, 주님의 은혜를 간구하는 믿음으로 나아오는 자입니다. 신자라 할지라도 누구도 스스로 그 식탁에 합당할 만큼 의롭지 않으며, 성찬은 바로 그런 자

들을 의롭다 하시는 은혜의 자리입니다. 따라서 '합당하게'란 성찬을 경솔하게 받지 말라는 경고의 의미입니다. 곧, 성찬의 표지를 통해 나타나는 그리스도의 몸과 피를 분별하고, 자신의 죄를 돌아보며 회개하고, 성찬이 확증하는 죄 사함의 은혜를 믿음으로 받아 감사와 순종의 결단을 새롭게 해야 함을 뜻합니다.

성찬에서 먹고 마시는 것은 외적으로는 분명 빵과 포도주입니다. 그러나 그것이 표지하는 내적 실체는 그리스도의 몸과 피입니다. 외적 표지와 내적 실체는 성례전적 연합(sacramental union)의 관계에 있습니다. 이로 인해 성경은 때때로 표지의 이름을 실체에 전용하여 부르기도 합니다(예: 마 26:26-28, 행 22:16). 그러나 이것이 외적 요소의 변화를 의미하지는 않습니다. 성례의 효력은 표지 자체에 있는 것이 아니라 그리스도의 실체적 은혜에 있습니다. 따라서 빵과 포도주는 물질적으로 변하지 않으며, 성찬은 결코 예수님의 실제 몸과 피로 바뀌는 화체설(transubstantiation)을 의미하지 않습니다. 소요리문답 96항의 "육체적으로나 물질적으로가 아니라"라는 표현은 바로 이러한 로마 가톨릭의 오류를 반박합니다. '육체적'(corporal)이 아니라는 말은, 그리스도의 실제 몸(corpus)이 빵 안에 임재해 있는 것이 아님을 뜻합니다. 그리스도의 인성은 승천 이후에도 공간적으로 제한되어 있으므로, 하늘 보좌 우편에 계신 그리스도의 몸이 성찬의 빵 속에 현존할 수 없습니다. '물질적'(carnal)이지 않다는 말은, 빵과 포도주가 그리스도의 살과 피로 실체적으로 변하는 것이 아님을 의미합니다.

성찬에 합당하게 참여하는 자는 물질적으로는 빵과 포도주를 먹고 마시지만, 믿음을 통해 영적으로 그리스도의 살과 피를 먹습니다. 이는 성령의 능력으로 신자가 그리스도의 구속의 은혜를 영혼의 양식으로 받아 누린다는 뜻입니다. 이러한 개혁신학의 입장은 영적 임재설(spiritual presence view)이라 불립니다. 성찬의 순간에 그리스도께서는 성령의 역사로 영적으로 임재하시며, 그 임재의 장소는 빵이나 포도주 안이 아니라 신자의 마음과 영혼 안입니다. 성령께서 신자의 영혼을 하늘에 계신 그리스도께로 들어 올리셔서, 신자가 영적으로 그리스도와 교제하게 하십니다. 이때 신자는 하늘에 계신 그리스도와 믿음으로 연합하여 교제하고, 그리스도께서는 성령을 통하여 자신의 구속의 은혜를 신자에게 내려주십니다. 이러한 내려주심이 곧 임재하심의 신학적 의미입니다. 따라서 성찬은 단순한 기념이 아니라, 성령께서 신자에게 은혜를 전달하시는 실제적 방편이며 통로입니다.

(3) "주님과의 연합과 교제를 확증받고, 하나님께 대한 감사와 언약 관계, 그리고 신비한 한 몸의 지체 사이의 사랑과 교제를 증언하고 새롭게 합니다": 성찬에 합당하게 참여하는 자는 주님의 살과 피를 먹고 마음으로 영적 양식을 먹으며 은혜 가운데 자라갑니다. 대요리문답 168항은 성찬의 열매로서 세 가지 복을 제시합니다.

첫째, 그리스도와의 연합과 교제의 확증입니다. 신자는 이미 성령의 역사로 그리스도와 연합된 자이지만, 성찬은 그 관계가 확실함을 보증하고 확신을 강화하는 표지입니다.

둘째, 감사와 언약적 헌신의 갱신입니다. 성찬에 참여하는 신자는 하나님께 받은 구속의 은혜를 공개적으로 감사하며 고백하고, 그 은혜에 대한 충성된 순종과 헌신을 새롭게 다짐합니다. 성찬은 하나님의 백성으로서 언약적 의무를 새롭게 확인하는 시간입니다.

셋째, 성도 간의 사랑과 교제의 갱신입니다. 성찬은 단지 수직적인 하나님과의 관계에만 머무르지 않습니다. 동시에 수평적인 교회의 공동체적 연합을 드러냅니다. 신자는 그리스도의 몸의 한 지체로서 서로 사랑하고, 분열과 대립을 버리며, 한 성령 안에서 한 몸을 이루는 교제를 새롭게 합니다. 결국 성찬은 신자 개인의 내면적 경건을 넘어서, 언약 공동체 전체의 신앙과 사랑을 새롭게 세우는 은혜의 자리입니다.

◀ 적용 질문

1. 성찬에서 왜 반드시 빵과 포도주가 사용되어야 합니까? 여러분은 성찬의 표지가 단순한 전통이 아니라 주님께서 친히 제정하신 언약의 표지임을 기억하고 계십니까? 주님께서 명하신 대로 행하는 것이 신앙의 순종이라는 사실을 생각할 때, 성찬에 참여할 때마다 그리스도의 희생을 더욱 깊이 묵상하며 감사의 마음으로 그 식탁에 나아가고 계십니까?

2. '합당하게' 성찬에 참여한다는 말은 무슨 뜻입니까? 여러분은 성찬이 완전한 자를 위한 예식이 아니라, 자신의 죄를 슬퍼하고 회개하며 은혜를 사모하는 신자를 위한 은혜의 방편임을 기억하고 계십니까? 스스로의 의나 경건에 근거하지 않고 오직 그리스도의 의를 의지하며, 성찬을 받을 때마다 회개와 감사, 순종의 결단을 새롭게 하고 계십니까?

3. 성찬에서 신자가 실제로 먹고 마시는 것은 무엇이며, 그것이 의미하는 바는 무엇입니까? 여러분은 빵과 포도주가 그리스도의 몸과 피로 변하는 것이 아니라, 믿음을 통해 성령 안에서 그리스도의 은혜에 참여하게 하는 표지임을 믿고 계십니까? 성찬을 받을 때 성령께서 여러분의 영혼을 하늘에 계신 그리스도께로 들어 올리셔서 영적으로 교제하게 하심을 신뢰하며, 단순한 상징이 아니라 실제로 은혜를 누리는 자리로 나아가고 계십니까?

4. 성찬에 참여할 때 신자가 누리는 복은 무엇입니까? 여러분은 성찬이 그리스도와의 연합과 교제를 확증하고, 하나님께 대한 감사와 헌신을 새롭게 하며, 성도 간의 사랑과 교제를 더욱 굳게 하는 은혜의 방편임을 인식하고 계십니까?

주의 만찬의 제정과 목적

신앙고백서 29.1

신앙고백서 29.1

우리 주 예수님께서, 배신당하셨던 밤에, 주의 만찬이라 불리는 자신의 몸과 피의 성례를 제정하셨다. 이는 죽음으로 자신을 희생하심을 영원히 기억하게 하고, 이 죽음으로 인한 모든 은택을 참된 신자들에게 인치며, 이들이 주님 안에서 영적 양식을 공급받아 성장하고, 주님께 마땅히 행하여야 하는 모든 의무를 더욱 잘 감당하도록 그분 자신의 교회에서 주의 만찬을 세상 끝날까지 지키게 하심이다. 또한 주님의 신비한 몸의 지체로서 주님과 교제함과 서로 간에 교제함의 띠와 보증이 되도록 하심이다.[1]

1) 고전 11:23-26; 10:16-17, 21; 12:13.

◀ 말씀 요절

고전 11:23-26 "내가 너희에게 전한 것은 주께 받은 것이니 곧 주 예수께서 잡히시던 밤에 빵을 가지사 축사하시고 떼어 이르시되 이것은 너희를 위하는 내 몸이니 이것을 행하여 나를 기념하라 하시고 식후에 또한 그와 같이 잔을 가지시고 이르시되 이 잔은 내 피로 세운 새 언약이니 이것을 행하여 마실 때마다 나를 기념하라 하셨으니 너희가 이 빵을 먹으며 이 잔을 마실 때마다 주의 죽으심을 그가 오실 때까지 전하는 것이니라"

고전 10:16-17, 21 "우리가 축복하는 바 축복의 잔은 그리스도의 피에 참여함이 아니며 우리가 떼는 빵은 그리스도의 몸에 참여함이 아니냐 빵이 하나요 많은 우리가 한 몸이니 이는 우리가 다 한 빵에 참여함이라 … 너희가 주의 잔과 귀신의 잔을 겸하여 마시지 못하고 주의 식탁과 귀신의 식탁에 겸하여 참여하지 못하리라"

고전 12:13 "우리가 유대인이나 헬라인이나 종이나 자유인이나 다 한 성령으로 세례를 받아 한 몸이 되었고 또 다 한 성령을 마시게 하셨느니라"

◀ 교리 해설

오늘 읽는 신앙고백서 29.1은 어제 살펴본 성찬의 의미를 이어받아, 특별히 주의 만찬의 기원과 목적을 설명합니다. 본 절의 내용을 일곱 부분으로 나누어 살펴보겠습니다.

(1) "우리 주 예수님께서, 배신당하셨던 밤에, 주의 만찬이라 불리는 자신의 몸과 피의 성례를 제정하셨다": 신앙고백서는 주의 만찬이 그리스도께

서 친히 제정하신 데서 기원함을 밝힙니다. 이는 성찬이 교회가 임의로 정한 제도가 아님을 분명히 하여, 그 권위를 확립합니다. "배신당하셨던 밤"은 주님께서 이제 죄인을 속죄하기 위한 십자가의 고난과 죽음의 순종을 앞두고 계셨던 때를 가리킵니다. 주께서는 그때 성찬의 규례를 제정하심으로, 자신의 희생을 기념하도록 하셨습니다. 따라서 신자는 성찬을 대할 때 그리스도의 고난과 순종을 깊이 묵상하며, 그 은혜를 감사로 예배하는 마음을 가져야 합니다.

(2) "이는 죽음으로 자신을 희생하심을 영원히 기억하게 하고": 그리스도께서 잡히시기 전날에 성찬의 규례를 정하신 첫째 목적은 자신의 희생과 죽음을 영원히 기억하게 하려는 것이었습니다. 단순히 과거의 사건을 잊지 않기 위한 기념이 아니라, 그리스도의 죽음으로 성취된 은혜 언약의 완성을 확신하도록 하기 위함입니다. 성찬은 단순한 상징을 넘어, 믿음으로 바라보는 자에게 구속의 은혜를 현재적으로 확증하게 합니다. 곧 신자는 성찬을 통해 그리스도의 희생을 영원히 기억하며, 성령의 능력 안에서 그 은혜를 오늘도 살아 있는 경험으로 누리게 됩니다.

(3) "이 죽음으로 인한 모든 은택을 참된 신자들에게 인치며": 성찬이 제정된 두 번째 목적은 그리스도의 죽으심으로 주어진 구속의 은혜들이 참으로 확실하다는 것을 보증하기 위함입니다. 그 은혜에는 죄 사함, 하나님과의 화목, 양자의 신분, 거룩의 갱신, 그리고 영원한 생명이 포함됩니다. 성찬의 빵과 포도주는 그리스도의 몸과 피를 상징하며, 성찬에 참여하는 신자에게 성령 하나님의 역사로 이 모든 은혜가 실제로 주어졌음을 확증합니다.

(4) "이들이 주님 안에서 영적 양식을 공급받아 성장하고": 성찬의 세 번째 목적은 신자들이 영적 양식을 공급받아 신앙이 성장하도록 하는 데 있습니다. 성찬은 단지 과거의 은혜를 회상하게 하는 행위가 아니라, 성령의 역사 안에서 그리스도와의 연합을 더욱 깊게 하여 영적 생명을 공급하는 수단입니다. 그 결과 신자는 복음의 말씀으로 들은 진리를 더욱 확신하며, 그

말씀의 열매를 삶 속에서 맺게 됩니다.

(5) "주님께 마땅히 행하여야 하는 모든 의무를 더욱 잘 감당하도록": 성찬의 네 번째 목적은 신자들이 그리스도께 대한 헌신의 서약을 새롭게 하고, 주님께 순종하는 삶을 더욱 실천하도록 하는 데 있습니다. 성찬은 신자로 하여금 받은 은혜를 각성하게 하며, 그 은혜에 합당한 삶을 살아가겠다는 언약적 헌신을 갱신하게 합니다. 이렇게 성찬은 단순한 위로의 예식이 아니라, 순종과 헌신으로 나아가게 하는 거룩한 부르심입니다.

(6) "또한 주님의 신비한 몸의 지체로서 주님과 교제함과 서로 간에 교제함의 띠와 보증이 되도록 하심이다": 성찬의 다섯 번째 목적은 그리스도와의 교제, 그리고 성도들 간의 교제에 있습니다. 성찬에 참여하는 신자는 성령의 역사로 하늘에 계신 그리스도와 연합하여 주님과 교제하는 은혜를 누립니다. 그러나 이 교제는 단지 개인이 그리스도와 연합하는 일에만 국한되지 않습니다. 교회가 곧 그리스도의 신비한 몸이기 때문입니다. 그러므로 그리스도와 연합하고 교제하는 자는 그분의 몸 된 교회의 지체로서 다른 성도들과 서로 교제하게 됩니다. 그리스도와의 연합과 성도의 교제는 이미 믿음으로 누리고 있는 은혜이지만, 성찬은 이 은혜를 더욱 확실히 결속시키는 은혜의 끈이자 보증의 표입니다.

(7) "그분 자신의 교회에서 주의 만찬을 세상 끝날까지 지키게 하심이다": 지금까지 살펴본 다섯 가지의 목적을 위하여 제정된 주의 만찬은 주님께서 다시 오셔서 세상을 새롭게 하실 그날까지 교회 안에서 지속적으로 시행되어야 하는 거룩한 규례입니다. 성찬은 일시적이거나 선택적인 행위가 아닙니다. 교회는 성찬을 계속 시행하여야 합니다. 교회가 성찬을 시행하지 않는다면, 교회의 본질적 표지를 잃게 됩니다. 교회의 세 가지 표지는 바른 말씀의 선포, 합법한 성례의 시행, 그리고 정당한 권징입니다. 따라서 성례를 시행하지 않는 교회는 교회의 본질을 부정하는 것입니다. 또한 성찬은 공교회의 예식이므로, 개인이 가정이나 사적 모임에서 임의로 시행할 수

없습니다. 오늘날 친교를 목적으로 비공식 모임에서 성찬을 행하는 잘못된 시도들이 있으나, 성찬은 반드시 예수 그리스도의 교회 안에서 합당하게 시행되어야 합니다.

◀ 적용 질문

1. 주의 만찬이 그리스도께서 친히 제정하신 성례라는 사실은 무엇을 의미합니까? 여러분은 성찬을 받을 때마다 그리스도의 권위와 은혜를 경외와 감사로 마음 깊이 되새기고 계십니까?

2. 성찬이 그리스도의 죽으심을 영원히 기억하게 하려는 목적을 가진다는 것은 어떤 뜻입니까? 여러분은 성찬을 받을 때마다 그리스도의 십자가에서 이루신 구속의 은혜가 지금 자신에게도 실제로 적용되고 있음을 믿음으로 붙들고 있습니까?

3. 성찬이 신자에게 영적 양식을 공급하여 신앙이 성장하도록 한다는 것은 어떤 의미입니까? 여러분은 성찬을 통해 믿음이 자라고 삶의 열매가 맺히도록 사모하며 준비하고 있습니까?

4. 성찬이 그리스도와의 교제뿐 아니라 성도 간의 교제의 보증이 된다고 할 때, 그 의미는 무엇입니까? 여러분은 성찬을 통해 형제자매를 사랑하고 용서하며, 교회의 일치와 평화를 지키기 위해 힘쓰고 계십니까?

11월 28일

희생제사가 아닌 주의 만찬

신앙고백서 29.2

신앙고백서 29.2

이 성례에서 그리스도께서 성부 하나님께 바쳐지는 것이 아니며, 또한 산 자와 죽은 자의 죄 사함을 위한 희생제사가 실제로 행해지는 것도 결코 아니다.[1] 단지 십자가 위에서 단번에 스스로 자신을 바치신 그 한 번의 봉헌을 기념하는 것일 뿐이다. 그리고 이것에 대해 할 수 있는 모든 찬송을 하나님께 영적으로 올려드리는 것일 뿐이다.[2] 그러므로 교황주의자들이 미사라고 부르는 희생제사는 선택받은 자들의 모든 죄를 위한 유일한 화목제물, 곧 그리스도의 단 하나뿐인 희생제사에 대한 지극히 혐오스러운 훼손이다.[3]

1) 히 9:22, 25-26, 28.

신앙고백서
29.2

2) 고전 11:24-26; 마 26:26-27.
3) 히 7:23-24, 27; 10:11-12, 14, 18.

말씀 요절

히 9:22, 25-26, 28 "율법을 따라 거의 모든 물건이 피로써 정결하게 되나니 피흘림이 없은즉 사함이 없느니라 … 대제사장이 해마다 다른 것의 피로써 성소에 들어가는 것 같이 자주 자기를 드리려고 아니하실지니 그리하면 그가 세상을 창조한 때부터 자주 고난을 받았어야 할 것이로되 이제 자기를 단번에 제물로 드려 죄를 없이 하시려고 세상 끝에 나타나셨느니라 … 이와 같이 그리스도도 많은 사람의 죄를 담당하시려고 단번에 드리신 바 되셨고 구원에 이르게 하기 위하여 죄와 상관 없이 자기를 바라는 자들에게 두 번째 나타나시리라"

고전 11:24-26 "축사하시고 떼어 이르시되 이것은 너희를 위하는 내 몸이니 이것을 행하여 나를 기념하라 하시고 식후에 또한 그와 같이 잔을 가지시고 이르시되 이 잔은 내 피로 세운 새 언약이니 이것을 행하여 마실 때마다 나를 기념하라 하셨으니 너희가 이 빵을 먹으며 이 잔을 마실 때마다 주의 죽으심을 그가 오실 때까지 전하는 것이니라"

히 7:23-24, 27 "제사장 된 그들의 수효가 많은 것은 죽음으로 말미암아 항상 있지 못함이로되 예수는 영원히 계시므로 그 제사장 직분도 갈리지 아니하느니라 … 그는 저 대제사장들이 먼저 자기 죄를 위하고 다음에 백성의 죄를 위하여 날마다 제사 드리는 것과 같이 할 필요가 없으니 이는 그가 단번에 자기를 드려 이루셨음이라"

히 10:11-12, 14, 18 "제사장마다 매일 서서 섬기며 자주 같은 제사를 드리되 이 제사는 언제나 죄를 없게 하지 못하거니와 오직 그리스도는 죄를 위하여 한 영원한 제사를 드리시고 하나님 우편에 앉으사 … 그가 거룩하게 된 자들을 한 번의 제사로 영원히 온전하게 하셨느니라 … 이것들을 사하셨은즉 다시 죄를 위하여 제사 드릴 것이 없느니라"

◀ 교리 해설

오늘 읽는 신앙고백서 29.2은 성찬에 대한 개혁신학의 관점에서 로마 가톨릭의 미사(Mass) 교리를 반박합니다. 본 절은 무엇보다도 미사 때마다 그리스도의 희생이 반복된다는 교리를 부정하고, 그리스도의 단번의 희생제사 교리를 확증합니다. 그 내용을 세 부분으로 나누어 살펴보겠습니다.

(1) "이 성례에서 그리스도께서 성부 하나님께 바쳐지는 것이 아니며 또한 산 자와 죽은 자의 죄 사함을 위한 희생제사가 실제로 행해지는 것도 결코 아니다": 성찬은 그리스도를 하나님께 다시 바치는 제사가 아닙니다. 성경이 증언하듯, 그리스도의 제사는 단 한 번에 완전하게 드려진 제사이기 때문입니다(히 7:27; 9:28; 10:12, 14, 18). 신앙고백서는 이 구절을 통해 로마 가톨릭의 미사성제(Sacrifice of the Mass)를 명백히 비판합니다.

로마 가톨릭은 미사를 십자가에서 단번에 드려진 그리스도의 희생의 제사를 재현하고 영속적으로 적용하는 성례전적 행위라고 주장합니다. 미사는 실제로 그리스도께서 십자가에서 드린 제사와 동일한 것이지만, 피 흘림이 없는 방식으로 반복적으로 드려지는 실제적인 속죄제사(propitiatory offering)이며, 실제로 죄 사함을 위한 속죄의 효력을 가지고 있습니다. 이러한 이해를 따라서 로마 가톨릭에서 미사는 다음과 같이 거행됩니다. 먼저 빵과 포도주를 미사 테이블에 올리는 예물 봉헌을 합니다. 그리고 사제가 감사 기도문을 바치고 빵과 포도주에 대하여 예수님께서 최후의 만찬에서 하신 말씀을 그대로 반복함으로 축성을 합니다. 로마 가톨릭은 이때 빵과 포도주의 실체가 그리스도의 몸과 피로 변화한다고 믿습니다. 이것이 바로 십자가의 희생제물을 재현하는 것입니다. 그리고 이제 거룩한 주님의 몸과 피로 변화한 성체를 높이 들어 신자들에게 보여주는 성체 거양을 행합니다. 그리고 신자는 이것을 그리스도 그분 자신으로 경배(adoration)합니다. 신자는 이 성체를 받아먹습니다. 성혈, 곧 그리스도의 피는 신자들에게 나누어 주지 않습니다. 신자는 성체를 받아먹는 것이 곧 그리스도를 받아 모시는 것이라고 믿습니다. 그리하여 은총이 신자 자신에게 주입되고 죄 사함을 받는다고 믿습니다. 미사 이후에 감실에 보관되는 남은 성체는 병자에게 주거나, 신자들이 개인적으로 성체를 향해 경배합니다. 이 성체는 그리스도 자신으로 믿기 때문에 로마 가톨릭 신자들은 이 성체를 하나님께만 드리는 최고의 예배인 흠숭(latria)을 드리는 성체 조배(Eucharistic Adoration)를 행합니다. 이러한 모든 미사의 행위는 화체설의 믿음을 따라 빵과 포도주가 실체적으로 그리스도의 몸과 피로 변화하였다고 믿는 믿음에 근거합니다.

로마 가톨릭은 미사를 통해 반복적으로 드려지는 그리스도의 희생제사가 통회하지 않아도 용서받을 수 있는, 이른바 소죄(venial sin)를 사하는 효력을 가진다고 주장합니다. 로마 가톨릭 교리는 죄를 대죄(mortal sin)와 소죄(venial sin)로 구분합니다. 대죄는 하나님을 대적하는 죄로서, 살인·간음·절도와 같이 하나님의 율법을 명백히 알면서도 고의로 범한 중대한 죄를 말합니다. 이러한 대죄를 범한 자는 연옥에 이르지 못하고 지옥의 영원한 형벌을 받는다고 하며, 그 형벌에서 벗어나는 유일한 길은 고해성사(confession)뿐이라고 가르칩니다. 고해성사를 통해서만 하나님의 은총을 회복하고 영원한 형벌에서 면제될 수 있다는 것입니다. 반면 소죄는 대죄와 달리 죄의 경중이 가볍거나, 죄인 줄을 충분히 알지 못했거나, 고의가 아닌 경우를 가리킵니다. 이러한 죄는 용서받을 수 있는 죄로 간주되어 하나님과의 관계를 단절시키지는 않지만 약화하며, 거룩한 삶을 방해하고 죄를 향한 성향을 더욱 강하게 만든다고 봅니다. 예를 들어, 과장된 말, 거짓말, 사소한 분노, 하나님 사랑의 부족 등이 이에 해당합니다. 로마 가톨릭은 이러한 소죄가 연옥에서 정화의 벌을 받아야 한다고 가르치며, 미사를 통해 이 죄들이 사면될 수 있다고 믿습니다. 즉, 미사뿐 아니라 고해성사, 참회, 자선 행위 등을 통해 소죄의 형벌이 감면되거나 용서받을 수 있다고 주장합니다.

로마 가톨릭은 미사가 산 자를 위해서만이 아니라 연옥에 가 있는 죽은 자를 위해서라도 속죄의 효력을 나타낸다고 믿습니다. 이러한 믿음을 따라서 로마 가톨릭은 교회에 돈을 기부하면서 연옥에 있을 죽은 사람의 영혼을 위해 봉헌 미사를 행합니다. 로마 가톨릭의 이러한 관행이 잘못된 것이라고 오늘 신앙고백서 29.2은 "산 자와 죽은 자의 죄 사함을 위한 희생제사가 실제로 행해지는 것도 결코 아니다"라고 명확하게 진술합니다.

(2) "단지 십자가 위에서 단번에 스스로 자신을 바치신 그 한 번의 봉헌을 기념하는 것일 뿐이다. 그리고 이것에 대해 할 수 있는 모든 찬송을 하나님께 영적으로 올려드리는 것일 뿐이다": 신앙고백서는 성찬을 그리스도의 단번의 희생을 기념하는 예식으로 규정합니다. 여기서 "기념"(commemoration)은 과거의 사건을 단순히 회상하는 것이 아니라, 완전하게 이루어진 그리스도의 제사를 은혜 언약의 빛 아래에서 믿음으로 되새기고 선포하는 행위를 의미합니다.

그리스도의 희생제사는 구약의 제사처럼 반복되는 것이 아니라, 단 한 번으로 충분히 완전한 제사입니다(히 10:10-14). 따라서 성찬의 "기념"은 과거의 사건을 단순히 상기하는 것이 아니라, 그 단번의 제사로 말미암아 주어진 은혜를 현재의 신앙 안에서 다시 확증하고 붙드는 언약적 갱신의 행위입니다.

이 때문에 성찬은 "모든 찬송을 하나님께 영적으로 올려드리는" 예배입니다. 여기서 말하는 영적 봉헌(spiritual offering)은 대속을 위한 실제 제사가 아니라, 이미 이루어진 구속의 은혜에 대한 감사와 찬양의 응답입니다. 성찬은 "찬송의 제사"(히 13:15)이며, "거룩한 산 제물"(롬 12:1)로 자신을 드리는 영적 예배입니다. 그러므로 성찬은 속죄를 위한 제사가 아니라, 구속의 은혜에 감사하며 하나님께 헌신으로 응답하는 예배 행위입니다.

(3) "그러므로 교황주의자들이 미사라고 부르는 희생제사는 선택받은 자들의 모든 죄를 위한 유일한 화목제물, 곧 그리스도의 단 하나뿐인 희생제사에 대한 지극히 혐오스러운 훼손이다": 신앙고백서는 로마 가톨릭의 미사성제를 그리스도의 단번의 희생제사를 모독하는 행위로 규정합니다. 그 이유는 세 가지로 정리할 수 있습니다.

첫째, 미사는 하나님께 그리스도를 반복적으로 바치는 행위로 간주되며, 산 자와 죽은 자를 위한 속죄 효력을 주장하기 때문에 본질적으로 잘못된 교리입니다.

둘째, 선택받은 자들의 모든 죄를 속죄하고 하나님과 화목하게 하는 유일한 제물은 오직 십자가에서 단번에 드려진 그리스도의 희생제사뿐입니다. 이 외에 사제의 행위로 속죄가 가능하다고 주장하는 것은 그리스도의 유일성과 충분성을 훼손하는 것입니다.

셋째, "지극히 혐오스러운 훼손"이라는 표현은 단지 신학적 오류를 넘어서, 하나님께 대한 모독이며 우상숭배적 행위임을 드러냅니다. "혐오스럽다"라는 말은 가증스러움을 의미하며, "훼손"은 그리스도의 단번의 제사를 손상시키는 불경을 가리킵니다.

결국 로마 가톨릭의 미사는 그리스도의 단번의 희생제사의 단회성과 완전성을 부정하고, 그 효력을 인간의 제의적 행위로 대체하려는 시도로서, 복음의 본질을 왜곡하는 가장 심각한 신학적 오류입니다.

◀ 적용 질문

1. 신앙고백서 29.2은 왜 로마 가톨릭의 미사 교리를 반박하고 그리스도의 단번의 희생제사를 강조합니까? 여러분은 성찬이 반복되는 제사가 아니라, 오직 한 번 단번에 드려진 그리스도의 완전한 희생을 기념하고 감사하는 예식임을 기억하며, 성찬에 참여할 때마다 그리스도의 구속의 완전함과 충분함을 신뢰하고 계십니까?

2. 로마 가톨릭이 미사를 반복적인 속죄제사로 이해하는 것은 어떤 신학적 문제를 드러냅니까? 여러분은 인간의 제의나 행위가 아니라 오직 그리스도의 단번의 희생과 하나님의 은혜만이 죄를 사하는 근거임을 믿고, 구원의 확신을 자신의 행위나 자격이 아닌 십자가의 완전한 은혜에 두고 살아가고 계십니까?

3. 신앙고백서가 성찬을 "기념"이라 부르는 이유는 무엇입니까? 여러분은 성찬을 단순한 상징적 회상으로 여기지 않고, 그리스도의 단번의 희생으로 주어진 은혜를 믿음으로 새롭게 확증하며, 감사와 찬양으로 하나님께 헌신하는 언약적 예배로서 성찬에 참여하고 계십니까?
왜 신앙고백서는 로마 가톨릭의 미사를 "지극히 혐오스러운 훼손"이라고까지 표현합니까?

4. 여러분은 그리스도의 단번의 희생제사를 다른 어떤 제의나 중보적 행

위로 대신하거나 덧붙이려는 시도가 곧 복음의 본질을 훼손하는 일임을 분명히 인식하며, 오직 십자가의 공로만을 의지하여 하나님께 감사와 경배를 드리고 계십니까?

11월 29일

주의 만찬의 시행

대요리문답 169

대요리문답 169:

문169. 그리스도께서는 주의 만찬의 성례에서 어떻게 빵과 포도주를 주고 받으라고 명령하셨습니까?

답. 그리스도께서 주의 만찬의 성례를 시행함에 있어서 자신의 말씀의 사역자들에게 명령하여 성찬 제정의 말씀과 감사와 기도로 빵과 포도주를 일반적 용도와 달리 구별하고, 빵을 취하여 떼고, 빵과 포도주 모두를 수찬자들에게 나누어주도록 하셨습니다. 또한 수찬자들은, 동일한 주님의 명령을 따라, 그리스도의 몸이 자신들을 위해 찢기고 주어졌으며 그분의 피가 흘려진 것을 감사히 기억하면서, 빵을 취하여 먹고, 포도주를 마시라고 하셨습니다.[1]

1) 고전 11:23-24; 마 26:26-28; 눅 22:19-20.

◀ 말씀 요절

고전 11:23-24 "내가 너희에게 전한 것은 주께 받은 것이니 곧 주 예수께서 잡히시던 밤에 빵을 가지사 축사하시고 떼어 이르시되 이것은 너희를 위하는 내 몸이니 이것을 행하여 나를 기념하라 하시고"

마 26:26-28 "그들이 먹을 때에 예수께서 빵을 가지사 축복하시고 떼어 제자들에게 주시며 이르시되 받아서 먹으라 이것은 내 몸이니라 하시고 또 잔을 가지사 감사 기도 하시고 그들에게 주시며 이르시되 너희가 다 이것을 마시라 이것은 죄 사함을 얻게 하려고 많은 사람을 위하여 흘리는 바 나의 피 곧 언약의 피니라"

눅 22:19-20 "또 빵을 가져 감사 기도 하시고 떼어 그들에게 주시며 이르시되 이것은 너희를 위하여 주는 내 몸이라 너희가 이를 행하여 나를 기념하라 하시고 저녁 먹은 후에 잔도 그와 같이 하여 이르시되 이 잔은 내 피로 세우는 새 언약이니 곧 너희를 위하여 붓는 것이라"

◀ 교리 해설

오늘 읽는 대요리문답 169항은 성찬을 집례하는 말씀 사역자들이 해야 할 일과, 성찬에 참여하는 수찬자들이 어떻게 참여해야 하는지를 그리스도께서 제정하신 방식을 따라 교훈합니다. 이 항목은 어제 살핀 로마 가톨릭의 미사 관행을 배격하고, 올바른 성찬의 집례와 참여의 방식을 제시합니다. 그 내용을 네 가지로 나누어 살펴보겠습니다.

(1) "그리스도께서 주의 만찬의 성례를 시행함에 있어서 자신의 말씀의 사

역자들에게 명령하여": 성찬을 시행할 때 이를 집례할 권한은 오직 합법하게 임직받은 말씀 사역자에게 주어집니다. 성찬을 집례할 권한은 오직 합법적으로 임직 받은 말씀의 사역자에게 주어집니다. 이는 그리스도께서 성례를 교회에 맡기셨기 때문입니다. 말씀, 성례, 그리고 기도는 주께서 언약 백성에게 은혜를 전달하시는 은혜의 수단이며, 그 가운데 성례는 '보이는 말씀'으로서 신자의 믿음을 강화하고 그리스도의 구속의 유익을 더욱 확신 있게 누리게 하는 방편입니다. 따라서 성례를 집례할 권한은 말씀 선포의 권한과 함께 주어집니다. 그러나 성례는 말씀 사역자가 행한다고 해도 교회의 공적 예배와 분리된 개인적 행위로 시행되어서는 안 됩니다. 이와 관련하여 11월 15일에 살핀 신앙고백서 27.4의 해설을 참고하면 도움이 됩니다. 대요리문답에서 "명령하여"(appoint)라는 표현은, 그리스도께서 성례를 제정하실 때 단순히 "행하라"고 명하신 것뿐 아니라, 그 시행의 방식까지 직접 지정하셨음을 의미합니다. 그러므로 성례의 집례는 교회 공동체나 개인의 임의적 판단이나 편의에 따라 변형할 수 없는, 그리스도의 명령에 따른 질서입니다. 이와 관련하여 11월 15일에 살핀 신앙고백서 27.4의 해설을 참고하면 도움이 됩니다.

(2) "성찬 제정의 말씀과 감사와 기도로 빵과 포도주를 일반적 용도와 달리 구별하고": 성찬에서 사용되는 외적 요소인 빵과 포도주는 단순한 음식이 아니라, 제정의 말씀과 감사와 기도를 통해 거룩한 용도로 구별될 때 성례전적 의미를 지니게 됩니다. 이와 관련해서 11월 13일에 신앙고백서 27.3에서, 또 11월 15일에 신앙고백서 27.4에서 설명한 바를 보시면 이해에 도움이 됩니다. 제정의 말씀이란 그리스도께서 성례를 제정하실 때 하신 말씀(마 26:26-29; 고전 11:23-26)입니다. 이 말씀을 집례자가 낭독하고, 이 요소가 빵과 포도주이지만 이것이 가리키는 바는 그리스도의 중보적 유익들임을 선포하고, 성찬은 제사가 아니라 그리스도의 희생에 대한 감사임을 교훈하면서 감사의 기도를 올립니다.

성찬 집례 시, 집례자가 제정의 말씀과 감사 기도를 통해 빵과 포도주를 거룩한 용도로 성별합니다. 이로써 성찬 요소들은 더 이상 평범한 물질이 아니라 그리스도의 몸과 피를 성례전적으로 가리키는 표지가 됩니다. 이때 성령 하나님께서는 외적 표지를 사용하시어, 성찬에 참례하는 신자들이 믿음으로 그 표지가 가리키는 구속의 은혜를 바라보고 받게 하십니다. 성령의 사역으로 수찬자들의 영혼은 하늘에 계신 그리스도에게로 들어 올려져 연합되며, 이를 통해 그리스도의 몸과 피가 영적으로 그리고 참으로 전달됩니다. 이와 관련하여 11월 26일 소요리문답 96항과 대요리문답 168항을 다루었던 설명 부분을 참조하면 이해에 도움이 됩니다.

(3) "빵을 취하여 떼고, 빵과 포도주 모두를 수찬자들에게 나누어주도록 하셨습니다": 대요리문답은 성찬의 빵을 나누어 줄 때, 그것을 취하고 "떼는"(breaking) 행위를 하도록 지정하였다고 말합니다. 이는 그리스도께서 최후의 만찬에서 친히 행하신 일을 본받아 그대로 따르라는 명령입니다. 빵을 떼는 행위는 성찬에서 단순히 그리스도의 몸을 상징하는 것이 아니라, 그 몸이 십자가에서 찢기신 구속 사건을 보여주는 표징이 됩니다. 그래서 성찬을 가리켜 "떡을 떼며"라고도 표현합니다(행 2:42). 또한 이렇게 빵을 떼어 나누는 행위를 통해, 그리스도의 은혜가 수찬자에게 전달된다는 표징적 의미가 드러납니다. 그리고 이 빵을 받는 모든 수찬자들은 한 빵을 함께 나누어 먹음으로써, 그리스도의 몸의 지체로서 하나 됨을 확인하게 됩니다.

그리고 "빵과 포도주 모두를 수찬자들에게 나누어주도록 하라"는 진술은, 로마 가톨릭이 사제에게만 성체(빵)와 성혈(포도주) 둘 다를 허용하고, 평신도에게는 성체(빵)만을 주는 관행을 거부합니다. 로마 가톨릭은 이와 같은 관행을 성혈을 받을 때 포도주가 쏟아질 위험을 방지하기 위한 것이라고 설명합니다. 그러나 예수께서는 "잔을 가지사 감사하시고 그들에게 주시며 이르시되 너희가 다 이것을 마시라"(마 26:27)고 말씀하셨습니다. 여기서

"너희"는 성찬에 참여하는 모든 사람을 의미합니다. 그러므로 대요리문답은 로마 가톨릭의 "양형 거부"(Denial of the Cup)를 비판하고, 모든 성도에게 빵과 포도주를 함께 나누어 주는 "양형 배찬"(Communion in Both Kinds)의 정당성을 분명히 확립합니다.

(4) "또한 수찬자들은, 동일한 주님의 명령을 따라, 그리스도의 몸이 자신들을 위해 찢기고 주어졌으며 그분의 피가 흘려진 것을 감사히 기억하면서, 빵을 취하여 먹고, 포도주를 마시라고 하셨습니다": 수찬자들도 그리스도께서 제정하신 명령에 따라 성찬을 받을 때, 빵을 취하여 먹고 포도주를 마십니다. 그러나 신자들이 단지 입으로 외적 요소인 빵과 포도주를 물질적으로 섭취하는 것만으로는 참으로 성찬에 참여하는 것이 아닙니다. 신자들은 이 거룩한 식탁에서 복음의 약속을 굳게 믿음으로써, 마치 음식을 먹고 육신이 힘을 얻듯이, 그리스도의 모든 구속의 유익과 은혜를 영적으로 참되게 공급받습니다. 이러한 믿음의 영적 섭취를 통해 신자는 그리스도 안에 거함이 확증되고, 죄 사함을 받으며, 은혜 안에서 계속 자라가게 됩니다. 이 믿음의 섭취는 성찬이 표지하는 실체, 곧 그리스도의 구속의 유익을 실제로 누리게 하기 위한 것으로서, 그리스도께서 자신의 몸을 우리를 위하여 찢기시고 피를 흘리신 일을 감사함으로 기념하는 행위입니다. 이때의 감사는 받은 은혜에 대한 마땅한 도덕적 반응일 뿐 아니라, 자신을 그리스도께 드려 그분의 뜻에 따라 살겠다는 헌신의 서약이기도 합니다.

◀ 적용 질문

1. 왜 성찬을 집례할 권한이 오직 합법적으로 임직 받은 말씀의 사역자에게만 주어지는 것입니까? 여러분은 성찬이 개인의 경건 행위나 단순한 공

동 식사가 아니라, 그리스도께서 교회에 위탁하신 공적 은혜의 수단임을 기억하며, 교회의 질서 속에서 말씀과 성례를 통해 임하시는 주님의 은혜를 신실히 사모하고 계십니까?

2. 성찬에서 사용되는 빵과 포도주가 제정의 말씀과 감사와 기도를 통해 거룩한 용도로 구별될 때, 그것은 어떤 의미를 가지게 됩니까? 여러분은 성찬의 외적 요소를 단순한 상징으로 여기지 않고, 성령께서 그 표징을 사용하셔서 믿음으로 그리스도의 은혜에 참여하게 하신다는 사실을 믿음으로 받아들이며, 성찬 때마다 하늘에 계신 그리스도와의 교통을 깊이 누리고 계십니까?

3. 성찬에서 빵을 떼어 나누는 행위는 어떤 의미를 나타냅니까? 여러분은 한 떡을 나누는 이 성찬 행위의 의미를 어떻게 이해하고 신앙에 적용하고 계십니까?

4. 신자들이 참으로 성찬에 참여할 때, 단지 외적으로만 먹고 마시는 것이 아니라면, 어떻게 먹고 마시는 것입니까? 여러분은 성찬에 참여할 때 그리스도의 살과 피를 믿음으로 영적으로 먹고 마심으로써, 죄 사함과 은혜의 성장을 실제로 경험하며, 받은 은혜에 감사함으로 자신을 주님께 헌신하는 삶을 살아가고 계십니까?

11월 30일

주의 만찬의 시행과 제한

신앙고백서 29.3

신앙고백서 29.3

이 규례에서, 주 예수님께서 자신의 사역자들에게 명하여, 제정의 말씀을 회중에게 선포하게 하시고, 기도함으로 빵과 포도주를 축사하여 이것들을 일상적 용도가 아닌 거룩한 용도를 위해 따로 구분하게 하시며, 빵을 가지고 떼며 잔을 가지고 (자신들도 참여하면서) 이 두 요소를 모두 수찬자들에게 나누어주게 하셨다.[1] 그러나 예식에 참석하지 않은 자에게는 나누어주지 않도록 하셨다.[2]

1) 마 26:26-28; 막 14:22-24; 눅 22:19-20; 고전 11:23-26.
2) 행 20:7; 고전 11:20.

◧ 말씀 요절

막 14:22-24 "그들이 먹을 때에 예수께서 떡을 가지사 축복하시고 떼어 제자들에게 주시며 이르시되 받으라 이것은 내 몸이니라 하시고 또 잔을 가지사 감사 기도 하시고 그들에게 주시니 다 이를 마시매 이르시되 이것은 많은 사람을 위하여 흘리는 나의 피 곧 언약의 피니라"

고전 11:23-26 "내가 너희에게 전한 것은 주께 받은 것이니 곧 주 예수께서 잡히시던 밤에 떡을 가지사 축사하시고 떼어 이르시되 이것은 너희를 위하는 내 몸이니 이것을 행하여 나를 기념하라 하시고 식후에 또한 그와 같이 잔을 가지시고 이르시되 이 잔은 내 피로 세운 새 언약이니 이것을 행하여 마실 때마다 나를 기념하라 하셨으니 너희가 이 떡을 먹으며 이 잔을 마실 때마다 주의 죽으심을 그가 오실 때까지 전하는 것이니라"

행 20:7 "그 주간의 첫날에 우리가 떡을 떼려 하여 모였더니 바울이 이튿날 떠나고자 하여 그들에게 강론할새 말을 밤중까지 계속하매"

고전 11:20 "그런즉 너희가 함께 모여서 주의 만찬을 먹을 수 없으니"

◧ 교리 해설

오늘 읽는 신앙고백서 29.3의 내용은 문장을 분절하여 살필 때 크게 여섯 가지로 구분할 수 있습니다. 첫째, "자신의 사역자들에게 명하여 제정의 말씀을 회중에게 선포하게 하시고," 둘째, "기도함으로 빵과 포도주를 축사하여 이것들을 일상적 용도가 아닌 거룩한 용도를 위해 따로 구분하게 하시며," 셋째, "빵을 가지고 떼며 잔을 가지고," 넷째, "(자신들도 참여하면서)," 다섯째, "이 두 요소를 모두 수찬자들에게 나누어주게 하셨다." 그리고 여섯째, "그러나 예식에 참석하지 않은 자에게는 나누어주지 않도록 하셨다" 입니다.

이 가운데 성례 집행자에 관한 첫 번째 내용, 성찬 외적 요소의 성별에 관한 두 번째 내용, 빵을 가지고 떼어 나누어 주는 행위에 관한 세 번째 내용, 그리고 빵과 포도주 두 요소를 모두 수찬자에게 주는 '양형 배찬'에 관한 다섯 번째 내용은 어제 살핀 대요리문답 169항을 참조하면 충분히 이해할 수 있습니다. 그러므로 오늘은 이 부분의 반복 설명을 생략하고, 신앙고백서 29.3에서 새롭게 주목할 두 가지 내용, 즉 집례자의 성찬 참여와 성찬이 시행되는 공동체적 현장에 관한 교훈을 살펴보겠습니다.

(1) "(자신들도 참여하면서)": 이 구절이 본문에 포함된 이유는, 집례자들이 성찬에 참여하지 않았던 역사적 관행이 있어서가 아닙니다. 오히려 로마 가톨릭에서도 사제가 그리스도를 대신하여 희생제사로서 미사를 집전할 때, 자신도 성체를 받는 영성체에 반드시 참여해야 합니다. 그렇지 않으면 미사는 불완전한 것으로 여겨집니다.

그럼에도 불구하고 신앙고백서는 "집례자 자신들도 참여하면서"라는 표현을 괄호 안에 포함시킴으로써, 집례자가 단지 말씀을 선포하고 성찬을 집행하는 직무를 수행하는 자에 그쳐서는 안 되며, 자신 또한 성찬에 참여하는 자임을 교회의 규범으로 강조합니다. 이것은 성찬이 집례자를 포함한 공동체적 규례라는 점, 그리고 집례자 역시 공동체의 한 지체로서 성찬의 은혜를 받아야 하는 자임을 교훈합니다.

또한 이는 중세 로마 가톨릭의 사적 미사를 금지하는 교훈과도 연결됩니다. 로마 가톨릭에서는 사제의 축성 행위만으로 미사가 유효하다고 여겨, 사제가 홀로 영성체하는 사적 미사가 행해지곤 했습니다. 그러나 신앙고백서는 이러한 관행을 성찬의 공동체적 성격에 비추어 잘못된 것으로 판단합니다.

성찬은 반드시 공동체의 공적 예배 가운데 시행되어야 하며, 이때 집례자도 다른 모든 수찬자들과 더불어 성찬에 참여해야 합니다.

이 표현은 집례자 또한 다른 모든 성도와 함께 죄인으로서 은혜를 받는 자임을 공동체 안에서 고백하게 합니다. 괄호 안에 이 문구가 포함된 것은 단지 문장 구성상의 편의 때문입니다. 본문은 집례자가 수찬자에게 빵을 취해 떼어 주고 잔을 들어 주는 행위를 기술하면서, 동시에 집례자 자신도 그 성찬에 참여함을 덧붙이고 있습니다. 따라서 괄호는 이 문장이 핵심 동작에 부속된 부가적 규범임을 문법적으로 보여주는 표지일 뿐, 그 의미를 약화시키려는 의도는 아닙니다.

이 구절이 괄호 안에 있다고 해서 집례자의 자기 참여가 사소한 것이거나, 원문에 없던 것이 후대에 덧붙여진 것이라고 보아서는 안 됩니다. 오히려 집례자가 수찬자에게 성찬을 나누어 주면서 자신 또한 동시에 받는 자임을 설명함으로써, 집례자와 회중을 분리하고 공동체성을 약화시키는 시도를 차단합니다.

결국 집례자는 공동체 예배 안에서 회중과 더불어 성찬을 받는 것이며, 이를 통해 성찬의 공동체적 성격이 더욱 공고히 세워집니다. 또한 이 사실은 집례자가 은혜를 베푸는 자가 아니라 은혜를 받는 자라는 그의 영적 위치를 드러냅니다.

(2) "그러나 예식에 참석하지 않은 자에게는 나누어주지 않도록 하셨다": 이 구절은 성찬의 공동체적 성격을 확실하게 교훈합니다. 성찬 예식은 회중이 공적으로 모여 예배하는 가운데 시행되어야 하는 거룩한 규례입니다. 성찬은 신자가 믿음으로 참여하여 자신의 영혼이 하늘로 올리어져 그리스도와의 연합을 누릴 뿐 아니라, 함께 성찬에 참여하는 교우들과 그리스도의 한 몸을 이루는 언약 공동체의 지체로 서게 합니다.

성찬의 식탁은 혼자 나와서 먹는 자리가 아니라 공동체가 함께 나누는 식탁입니다. 누구든 이 사실을 부정한다면, 그는 언약 공동체를 부정하며 사적으로 성찬을 받는 것이 되어 그 본질을 훼손하게 됩니다. 따라서 중세 로마 가톨릭의 사제가 혼자 미사를 집전하고 영성체하는 사적 미사는 배격됩니다. 또한 어떤 사람이 자신의 거처로 사제나 말씀 사역자를 불러 성찬 예식을 행하도록 하여 개인적으로 성찬을 받는 일 역시 금지되어야 합니다. 물론 온 회중이 모일 수 없는 상황에서 부득이하게 회중 단위를 나누어 성찬을 행하는 일까지 금하는 것은 아닙니다. 이 규정의 초점은 공동체성을 의도적으로 회피한 사적 성찬을 금지하는 것에 있기 때문입니다.

신앙고백서 29.3의 원리에 비추어, 코로나19와 같은 전염병 유행으로 인해 대면 예배가 일시적으로 제한될 때, 영상으로 집례자가 성찬 예식을 행하고 각 가정에서 개인적으로 성찬의 요소를 준비하여 참여하는 방식은 옳지 않습니다. 이 기간 동안 말씀과 기도로 그리스도의 은혜를 더욱 구하는 것이 올바른 방향입니다. 성찬은 당회의 치리 아래 공적으로 회집한 자리에서 시행되는 것이 온당합니다. 또한 일시적으로 병상에 있는 환자에게 성찬의 외적 요소를 따로 전달하는 일도 성찬의 본질에 부합하지 않으므로 신중히 삼가야 합니다. 환자를 위한 목회적 돌봄은 말씀 사역과 기도로 이루어져야 하며, 그리스도의 위로가 그 심령에 충만히 임하도록 돕는 것이 바람직합니다.

다만 오랜 기간 병상에 있어 공적 예배에 참여할 수 없는 교인의 경우, 그가 고립감에 빠져 낙심하지 않도록 교회와 여전히 연합되어 있다는 사실을 확증하는 목회적 배려가 필요합니다. 이런 상황에서는 환자가 홀로 성찬을 받는 것이 아니라, 목회자와 치리회원, 그리고 몇몇 교인들이 함께 모여 교회의 공적 예식으로서 성찬을 시행하는 방안을 마련할 수 있습니다. 이는 교단 헌법이나 노회·당회의 지침 아래에서 시행된다면, 신앙고백서 29.3의 정신에 어긋나는 것으로 볼 수는 없습니다. 결국 오늘의 신앙고백서가 교훈하는 초점은, 성찬이 공적 예배의 자리에서 교회 공동체가 한 몸으로 모여 행하는 예식이라는 본질적 성격을 훼손하지 않는 데 있습니다.

◀ 적용 질문

1. 신앙고백서 29.3의 "(자신들도 참여하면서)"는 무엇을 규범화하며, 집례자의 정체성과 직무 이해에 어떤 균형을 요구합니까? 우리는 집례자가 단지 은혜를 전달하는 자가 아니라, 교회 공동체 안에서 함께 은혜를 받는 자로서 성찬의 식탁에 겸손히 참여하고 있는지를 돌아보고 있습니까?

2. "그러나 예식에 참석하지 않은 자에게는 나누어주지 않도록 하셨다"라는 조항은 성찬의 공예배성과 공동체성을 어떤 방식으로 보호합니까? 우리는 비대면 참여나 개인적 성찬 요청이 신앙의 편의주의로 변질되지 않도록 주의하며, 성찬을 반드시 교회의 공적 예배 속에서 행하려는 원칙을 지키고 있습니까?

3. 사적 미사와 개인 영성체를 배격하는 신학적 근거는 무엇이며, 병상 환자에게 성찬을 시행할 때 어떤 조건에서만 공예배적 성격이 보존될 수 있습니까? 우리는 장기 병상 성도들이 교회와 연합되어 있다는 사실을 목회적으로 확증하기 위하여, 치리회의 지도 아래 교회적 질서와 공적 형식을 갖춘 성찬 시행 방안을 마련하고 있습니까?

4. 양형 배찬과 집례자의 자기 참여는 고린도전서 10:16-17의 '한 떡 한 몸'의 교제와 어떤 상관을 가지며, 이것이 성찬의 상호성에 대하여 무엇을 가르칩니까? 우리는 성찬을 통해 교회 안의 분열을 치유하고, 서로를 향한 용서와 사랑의 실천으로 그리스도의 한 몸 됨을 드러내고 있습니까?

주의 만찬의 본질에 역행하는 행위들

신앙고백서 29.4

신앙고백서 29.4

사적인 미사, 또는 사제나 다른 어떤 사람이라도 홀로 이 성례를 받는 것,[1] 또는 잔을 회중에게 주지 않는 것,[2] 성찬의 요소들을 숭배하는 일, 곧 숭배할 목적으로 이것들을 들어 올리거나, 이것들을 가지고 행진하는 일, 그리고 신령한 용도라는 구실로 이것들을 보존하는 일 등은 모두 성찬의 본질과 이것을 제정하신 그리스도의 뜻에 역행한다.[3]

1) 고전 10:6.
2) 막 14:23; 고전 11:25-29.
3) 마 15:9.

◀ **말씀 요절**

고전 10:6 "이러한 일은 우리의 본보기가 되어 우리로 하여금 그들이 악을 즐겨 한 것 같이 즐겨 하는 자가 되지 않게 하려 함이니"

막 14:23 "또 잔을 가지사 감사 기도 하시고 그들에게 주시니 다 이를 마시매"

고전 11:25-29 "식후에 또한 그와 같이 잔을 가지시고 이르시되 이 잔은 내 피로 세운 새 언약이니 이것을 행하여 마실 때마다 나를 기념하라 하셨으니 너희가 이 떡을 먹으며 이 잔을 마실 때마다 주의 죽으심을 그가 오실 때까지 전하는 것이니라 그러므로 누구든지 주의 떡이나 잔을 합당하지 않게 먹고 마시는 자는 주의 몸과 피에 대하여 죄를 짓는 것이니라 사람이 자기를 살피고 그 후에야 이 떡을 먹고 이 잔을 마실지니 주의 몸을 분별하지 못하고 먹고 마시는 자는 자기의 죄를 먹고 마시는 것이니라"

마 15:9 "사람의 계명으로 교훈을 삼아 가르치니 나를 헛되이 경배하는도다 하였느니라 하시고"

◀ **교리 해설**

오늘 읽는 신앙고백서 29.4은 로마 가톨릭이 성찬을 오용하거나 남용한 잘못된 관행들을 지적하며, 이러한 행위들이 성찬의 본질과 그리스도께서 제정하신 뜻을 거스르는 악임을 교훈합니다. 신앙고백서가 제시하는 다섯 가지 오류를 차례로 살펴보겠습니다.

(1) "사적인 미사, 또는 사제나 다른 어떤 사람이라도 홀로 이 성례를 받는 것": 교회사를 살펴보면, 대략 6세기경부터 사적 미사, 곧 사제가 홀로 미사를 드리는 관행이 나타나기 시작했습니다. 수도원 등에서는 사제가 자신을 위한 미사를 드리는 일이 있었던 것입니다. 그러나 이러한 사적 미사는, 어제 11월 30일에 살핀 신앙고백서 29.3의 해설에서 진술한 바와 같이, 성찬의 언약 공동체적 성격을 거스르는 행위입니다. 왜냐하면 성찬의 식탁은 혼자 나와서 먹는 자리가 아니라 공동체가 함께 나누는 식탁이기 때문입니다. 성찬은 반드시 공동체의 공적 예배 가운데 시행되어야 하며, 이때 집례자 역시 다른 모든 수찬자들과 함께 성찬에 참여해야 합니다. 이러한 이유로 신앙고백서 29.4은 중세 로마 가톨릭의 사제가 홀로 미사를 집전하고 영성체하는 사적 미사를 단호히 배격합니다.

(2) "또는 잔을 회중에게 주지 않는 것": 앞서 읽은 대요리문답 169항과 신앙고백서 29.4은 성찬의 외적 두 요소인 빵과 포도주를 모두 수찬자들에게 나누어 주어야 한다고 명확하게 진술합니다. 이 두 문서는 12세기에서 15세기 사이에 점차 보편화된 소위 "일종배영성"(Communio sub una specie; Communion under one kind)이라 불리는 관행, 곧 사제가 아닌 신자에게는 잔을 주지 않는 전례적 관습을 비판합니다. 일종배영성은 콘스탄츠 공의회(Council of Constance, 1415)에서 교회의 정당한 관행으로 공식화되었습니다. 이후 트리엔트 공의회 제21회기(1562)는 "빵이라는 하나의 요소만으로도 그리스도의 전체가 수납되므로, 빵만을 받아도 그리스도를 온전히 받는다"라고 결정함으로써 일종배영성을 교리적으로 정당화했습니다. 이 결정은 "하나의 요소만 받는 것으로는 구원에 불충분하다"라고 말하는 자가 있다면 저주를 받을 것이라고 선언한 '정죄 조항'(Canons)에 의해 뒷받침되었습니다. 그러나 오늘 읽는 신앙고백서 29장 4절은 앞서 언급한 두 문서와 더불어, 이러한 관행이 그리스도께서 성찬을 제정하신 뜻에 어긋나는 것임을 다시 한번 명확히 진술합니다.

(3) "성찬의 요소들을 숭배하는 일, 곧 숭배할 목적으로 이것들을 들어 올리거나 이것들을 가지고 행진하는 일 그리고 신령한 용도라는 구실로 이것들을 보존하는 일 등은": 이 구절은 로마 가톨릭의 성체 숭배를 본받지 말도록 그것을 금지합니다. 로마 가톨릭의 화체설은 사제의 축성에 의해 빵과 포도주의 실체가 그리스도의 몸과 피로 변화된다고 가르칩니다. 이러한 교리를 믿는 로마 가톨릭은, 11월 28일에 살핀 신앙고백서 29.2의 해설에서 설명한 바와 같이, 그렇게 변화된 성체를 향해 하나님께 드리는 최고의 경배, 곧 흠숭(latria)을 행하며 성체 조배(Eucharistic Adoration)를 시행합니다. 성체를 들어 올려 회중에게 보여주는 의식인 성체 거양(elevation)은 성체 조배의 한 방식입니다. 또한 소위 '성체 대축일'(Festum Corporis Christi)과 같은 축일에는, 성체를 성체 현시기(monstrantia), 곧 성광(聖光, '거룩한 빛')이라 불리는 기구에 넣어 높이 들고 거리 행렬을 하며 회중에게 보이게 하고, 사람들이 지나가는 곳곳에서 이를 보고 경배하도록 하는 성체 행렬이 이루어집니다.

그러나 개혁신학은 이러한 행위 일체를 금합니다. 성별된 빵과 포도주를 실제로 그리스도 그분 자신으로 왜곡하여 숭배하는 이러한 행위는 물질적 우상 숭배에 해당하기 때문입니다. 이러한 행위는 그리스도의 죽음을 기념하며, 빵과 포도주라는 외적 요소를 통해 표지된 그리스도의 중보의 유익을 믿음으로 받는 성도의 영적 교제를 훼손합니다. 예수님께서는 성찬의 요소를 받아 먹고 마시라고 명하셨으나, 그것을 바라보고 경배하라고 말씀하지 않으셨습니다. 성체 거양이나 성체 행렬과 같은 행위들은 성찬을 제정하신 주님의 말씀 속에 규정된 바가 없으며, 사람이 고안한 것들입니다. 또한 로마 가톨릭은 미사 후 남은 성체를 감실에 보존하는데, 이것 역시 잘못된 일로 금지됩니다. 성찬 예식이 끝난 후에는 성찬의 외적 요소가 본래의 빵과 포도주일 뿐이며, 더 이상 그것이 성찬에서 표지된 실체와의 성례전적 연합 가운데 있지 않습니다. 따라서 개혁신학을 따르는 장로교회는 외적 요소를 '성물'로 보관하거나 숭배하는 행위를 단호히 배격합니다.

(4) "모두 성찬의 본질과 이것을 제정하신 그리스도의 뜻에 역행한다": 신앙고백서 29.4에서 제시된 여러 관행은 두 가지 기준에 위배되므로 전면적으로 거부해야 함을 교훈합니다. 첫째, 그것들은 성찬의 본질에 어긋납니다. 성찬은 그리스도의 단 한 번의 희생을 기념하며, 모든 신자가 언약 공동체로서 그리스도와 영적으로 연합하고 서로 교제하는 공적 성격을 지닙니다. 그러나 사적 미사는 이러한 공동체적 성격을 훼손하고, 잔을 신자에게 나누어 주지 않는 '양형 거부'(Denial of the Cup)의 행위 또한 성찬의 본질을 파괴합니다. 둘째, 그것들은 그리스도의 제정의 뜻에 어긋납니다. 그리스도께서는 성찬의 요소를 받아 먹고 마시도록 명하셨으나, 로마 가톨릭은 빵과 포도주가 실체적으로 그리스도의 몸과 피로 변화되었다고 믿고, 그것을 바라보며 숭배하는 행위를 행함으로써 주님의 제정 의도에 역행합니다.

적용 질문

1. 왜 신앙고백서 29.4은 사적 미사를 금하고 있는 것입니까? 여러분은 성찬이 개인의 경건 행위나 사적인 신앙의 표지가 아니라, 공동체가 함께 참여하는 언약적 식탁임을 기억하며, 성찬을 통해 교회의 공적 교통과 그리스도 안에서의 연합을 더 깊이 누리고 계십니까?

2. 잔을 신자에게 나누어 주지 않는 일종배영성(Communion under one kind)이 왜 성찬의 본질에 어긋나는 것입니까? 여러분은 성찬이 그리스도의 명령에 따라 떡과 잔을 함께 받는 행위임을 믿음으로 붙들며, 성찬의 모든 부분에서 그리스도의 은혜가 충만히 제시된다는 사실을 감사로 받아들

이고 계십니까?

3. 성찬의 요소를 거양하거나 그것을 들고 행렬하며 경배하는 행위가 왜 성찬의 제정 의도에 어긋나는 것입니까? 여러분은 성찬의 요소를 숭배의 대상으로 삼지 않고, 말씀과 성령을 통해 그리스도 자신께 나아가도록 성찬을 사용하시는 하나님의 뜻을 온전히 신뢰하며 예배에 참여하고 계십니까?

4. 왜 신앙고백서는 이러한 모든 행위가 "성찬의 본질과 그리스도의 제정의 뜻에 역행한다"라고 선언합니까? 여러분은 성찬이 단지 눈으로 보는 예식이 아니라, 믿음으로 받아먹고 마음으로 그리스도와 연합하게 되는 은혜의 수단임을 확신하며, 매 성찬 때마다 주님의 제정하신 방식 안에서 경건과 순종으로 참여하고 계십니까?

12월 2일

외적 요소와 그것이 의미하는 것의 성례전적 관계

신앙고백서 29.5

> **신앙고백서 29.5**
>
> 이 성례의 외적 요소들은 그리스도께서 제정하신 용도를 위해 합당하게 구별될 때, 십자가에 달려 죽으신 그리스도와 관계된다. 이 관계에 따라 종종 이 요소들은, 참으로 그러나 성례전적으로만, 이 요소들이 나타내는 실체의 이름, 즉 그리스도의 몸과 피로 불린다.[1] 그럼에도 이 요소들은 실체와 본질에 있어서 전과 같이, 참으로 그리고 오직, 여전히 빵과 포도주 그대로이다.[2]
>
> 1) 마 26:26-28.
> 2) 고전 11:26-28; 마 26:29.

◀ 말씀 요절

마 26:26-28 "그들이 먹을 때에 예수께서 떡을 가지사 축복하시고 떼어 제자들에게 주시며 이르시되 받아서 먹으라 이것은 내 몸이니라 하시고 또 잔을 가지사 감사 기도 하시고 그들에게 주시며 이르시되 너희가 다 이것을 마시라 이것은 죄 사함을 얻게 하려고 많은 사람을 위하여 흘리는 바 나의 피 곧 언약의 피니라"

고전 11:26-28 "너희가 이 떡을 먹으며 이 잔을 마실 때마다 주의 죽으심을 그가 오실 때까지 전하는 것이니라 그러므로 누구든지 주의 떡이나 잔을 합당하지 않게 먹고 마시는 자는 주의 몸과 피에 대하여 죄를 짓는 것이니라 사람이 자기를 살피고 그 후에야 이 떡을 먹고 이 잔을 마실지니"

마 26:29 "그러나 너희에게 이르노니 내가 포도나무에서 난 것을 이제부터 내 아버지의 나라에서 새것으로 너희와 함께 마시는 날까지 마시지 아니하리라 하시니라"

◀ 교리 해설

오늘 읽는 신앙고백서 제29.5은, 11월 11일에 살핀 신앙고백서 제27.2과 대요리문답 163항에서 진술하고 있는 "성례전적 연합"(sacramental union)을 성찬의 규례에 맞추어 구체적으로 교훈합니다. 본문의 내용을 크게 두 부분으로 나누어 살펴보겠습니다.
(1) "이 성례의 외적 요소들은 그리스도께서 제정하신 용도를 위해 합당하게 구별될 때, 십자가에 달려 죽으신 그리스도와 관계된다. 이 관계에 따라

종종 이 요소들은, 참으로 그러나 성례전적으로만, 이 요소들이 나타내는 실체의 이름, 즉 그리스도의 몸과 피로 불린다": 성례의 외적 요소들이란 대요리문답 163항에서 언급한 성례의 두 구성 부분 가운데 외적이고 감각적인 표지를 말합니다. 다른 구성 부분은 이 외적 요소가 나타내는 내적이고 영적인 은혜입니다. 여기서 외적 요소는 성찬의 경우 빵과 포도주를 가리킵니다. 이러한 외적 요소들은 "그리스도께서 제정하신 용도를 위해 합당하게 구별될 때," 단지 빵과 포도주라는 일상 음식이 아니라 십자가에 달려 죽으신 그리스도와 연결되는 효력을 지닌 표징이 됩니다. 그리고 이러한 효력으로 말미암아 외적 요소인 빵과 포도주는 성찬에서 그것들이 표지하는 실체의 이름, 즉 그리스도의 몸과 피로 불립니다. 이것은 합당하게 구별된 외적 요소와 그것이 표지하는 내적이고 영적인 은혜 사이에 성례전적 연합, 곧 영적 관계가 주어지기 때문입니다. 이러한 성례전적 연합은 표지와 실체가 구별되지만 분리되지 않는 관계를 형성합니다.

오늘 읽는 신앙고백서 제29.5은 이러한 관계에 따라 "참으로 그러나 성례전적으로만" 그리스도의 몸과 피라고 불린다고 진술합니다. "참으로"라는 말은 빵과 포도주가 그리스도의 몸과 피라고 불리는 일이 단지 비유나 상징에 불과한 이름으로 이해되어서는 안 된다는 점을 강조합니다. 이는 소위 단순 기념설(Mere Memorialism)의 오류를 배격하는 것입니다. "참으로"라는 말은 개혁신학의 "영적 임재"(spiritual presence)로 알려진 성찬 이해를 특징짓습니다. 개혁신학의 "영적 임재"(spiritual presence) 교리는, 성찬 중에 성령께서 역사하심으로 말미암아 그리스도께서 자신의 구속의 은혜를 신자의 마음과 영혼 안에 실제로 임재하게 하신다는 뜻을 가르칩니다. 이는 그리스도께서 친히 육체적으로 성찬의 자리로 내려오신다는 의미가 아니라, 성령을 통하여 하늘에 계신 그리스도의 은혜와 생명이 믿는 자에게 실제로 전달되고 누려진다는 의미입니다. 성령 하나님께서는 믿음으로 성찬을 받는 신자의 영혼을 하늘에 계신 그리스도께로 들어 올리셔서 신자로 하여금 그리스도와 교제하게 하십니다. 이때 영혼이 하늘로 들어 올려진다"라는 표현은 물리적 이동이 아니라, 믿음 안에서 성령에 의한 영적 교통(communio spiritualis)을 뜻합니다. 이 말은 신자가 육체를 떠나서 하늘로 올라간다는 의미가 아닙니다. 이 땅의 신자는 여전히 몸과 영혼이 결합된 통일된 인격체로서 성찬에 참여하면서, 그 마음과 믿음은 성령의 역사로 하늘에 계신 그리스도께 향하게 됩니다. 이렇게 신자는 몸으로는 성례의 표징을 받고, 영혼으로는 그리스도의 은혜에 참여함으로써, 전인적으로 그리스도와 교제하게 됩니다. 이러한 은혜로 말미암아 성찬의 외적 요소는 단순한 상징(bare sign)이 아니라, 믿음 안에서 참으로 그리스도의 몸과 피라고 불립니다.

여기서 "참으로"(truly)라는 말은, 빵과 포도주가 그리스도의 몸과 피라고 불리는 일이 단지 비유적이거나 상징적인 명칭에 불과하다는 의미가 아님을 가르칩니다. 오히려 "그러나 성례전적으로만"(sacramentally only)이라는 표현이 명확히 보여주듯, 이는 성례전적 실재(unio sacramentalis)의 차원에서 이해되어야 합니다.

그러나 "참으로"라는 표현은 로마 가톨릭이 주장하듯이, 빵과 포도주의 실체가 그리스도의 몸과 피의 물질적 실체로 변화되었다는 뜻이 아닙니다. 또한 루터파가 말하는 공재설(Consubstantiation), 즉 그리스도의 몸과 피가 초자연적으로 빵과 포도주의 물질 안에, 함께, 또는 아래에 존재한다고 보는 견해도 부정합니다.

주의할 점은, 루터파가 빵과 포도주의 물질과 그리스도의 몸과 피가 물리적으로 혼합되어 있다고 말하지는 않는다는 사실입니다. 루터파는 수찬자가 빵과 포도주를 자연적 방식으로 먹는 동시에, 그리스도의 몸과 피를 초자연적 방식으로 먹는다고 주장합니다. 그들은 그리스도의 몸과 피가 물리적으로 공간을 점유하지는 않지만, 공간 안에 실제로 존재한다고 보기 때문입니다. 이것이 루터파가 이해하는 성례전적 연합의 방식입니다.

그러나 루터파의 성례전적 연합과 개혁신학의 가장 분명한 차이는, 루터파는 성찬을 통해 그리스도의 몸과 피를 먹는 일이 수찬자의 믿음과 상관없이 가능하다고 본다는 데 있습니다. 로마 가톨릭과 루터파 모두, 수찬자가 빵과 포도주를 먹을 때 믿음의 유무와 상관없이 그리스도의 몸과 피를 실제로 먹고 마신다고 보는 점에서 일치합니다. 이에 반해, 웨스트민스터 신앙고백서는 성찬의 외적 요소들이 그리스도의 몸과 피로 불릴 수는 있지만, 그것이 "참으로 그러나 성례전적으로만" 그러하다는 점을 분명히 선언합니다. 이 표현은 오직 믿음으로 받는 수찬자만이 그리스도의 몸과 피를 영적으로 먹고 마신다는 뜻을 담습니다. 그리고 "믿음으로, 그리고 영적으로" 그리스도의 몸과 피를 먹고 마신다는 것은, 곧 그리스도께서 베푸시는 구속의 은혜를 실제로 누리는 것을 의미합니다. 다시 말해, 성찬을 받는 자가 성령의 능력에 의해 믿음으로 받을 때, 그리스도와 그분의 구속의 유익들이 실제로 전달되고 누려지는 은혜가 성찬을 통해 주어지는 것입니다.

(2) "그럼에도 이 요소들은 실체와 본질에 있어서 전과 같이, 참으로 그리고 오직, 여전히 빵과 포도주 그대로이다": 먼저 살펴본 신앙고백서 제27.2은, 표지와 그것이 표지하는 실체 사이에 성례전적 연합이라는 영적 관계가 존재함을 말합니다. 이러한 연합의 관계로 인하여, 앞서 살핀 대로 성찬의 외적 요소들은 그것이 나타내는 실체의 효력을 전달하는 수단으로 사용됩니다. 그러므로 이 외적 요소들은 "참으로" 외적 요소에 의해 표지된 실체의 이름, 곧 그리스도의 몸과 피로 불립니다.

그러나 우리는 또 하나의 "참으로"를 유의해야 합니다. 그것은 외적 요소들이 실체와 본질에 있어서 여전히 "참으로" 오직 빵과 포도주 그대로라는 사실입니다. 성례전적 연합은 표지의 실체를 변화시키지 않습니다. 성례전적 연합으로 인해 표지는 "참으로" 그리스도의 몸과 피로 불리지만, 동시에 표지가 그리스도의 몸과 피라는 실체로 변하는 것은 아닙니다. 외적 요소들인 빵과 포도주는 실체와 본질에 있어서 성례전적 연합으로 인한 어떤 변화도 겪지 않으며, 오직 여전히 빵과 포도주 그대로입니다.

◀ 적용 질문

1. 루터파가 이해하는 성례전적 연합에서 그리스도의 몸과 피가 수찬자의 믿음과 상관없이 실제로 먹히고 마신다고 할 때, 그것은 성찬의 효력을 어떻게 설명합니까? 여러분은 성찬을 받을 때 믿음이 없는 자도 동일한 은혜를 받는다고 생각하지 않으시며, 오직 믿음을 통해서만 그리스도의 구속의 은혜가 실제로 전달된다는 진리를 확신하고 계십니까?

2. 개혁신학이 이해하는 성례전적 연합에서 오직 믿음으로 받는 수찬자만이 그리스도의 몸과 피를 영적으로 먹고 마신다고 할 때, 이것은 성찬의 은혜가 어떤 방식으로 주어진다는 것을 의미합니까? 여러분은 성찬의 외적 행위보다 성령의 내적 사역과 믿음의 반응을 더 중요하게 여기며, 성찬을 통해 실제로 그리스도의 은혜를 누리기 위해 자신의 믿음을 점검하고 계십니까?

3. 이러한 차이로 인해 개혁신학에서 성찬의 외적 요소가 "참으로" 그리스도의 몸과 피로 불리더라도, 그것이 구속의 은혜를 전달하는 수단으로서 어떤 제한적인 역할을 가진다고 할 수 있습니까? 여러분은 성찬의 빵과 포도주 그 자체에 신비한 능력이 있다고 생각하지 않고, 그것들이 오직 성령의 역사와 믿음을 통해서만 은혜의 방편이 된다는 사실을 겸손히 인정하며 성찬에 참여하고 계십니까?

4. 성찬의 효력이 오직 성령의 능력과 수찬자의 믿음에 달려 있다는 교훈은 우리의 마음이 어디에 집중되어야 함을 가르쳐 줍니까? 여러분은 성찬을 받을 때 눈앞의 표징인 빵과 포도주에 마음을 두지 않고, 하늘에 계신 그리스도와 그분의 구속의 은혜에 시선을 고정하며, 믿음으로 그분의 임재와 교통을 사모하고 계십니까?

화체설의 오류

신앙고백서 29.6

신앙고백서 29.6

빵과 포도주의 실체가, 사제의 축성이나 다른 어떤 방식에 의해서, 그리스도의 몸과 피의 실체로 변화한다고 주장하는 (일반적으로 화체설이라고 불리는) 이러한 교리는 성경뿐만 아니라 심지어 상식과 이성에도 반대되고, 성례의 본질을 파괴하며, 여러 가지 미신의 원인, 실로 역겨운 우상숭배의 원인이었고 지금도 그러하다.[1]

1) 행 3:21; 고전 11:24-26; 눅 24:6, 39.

◀ 말씀 요절

행 3:21 "하나님이 영원 전부터 거룩한 선지자들의 입을 통하여 말씀하신 바 만물을 회복하실 때까지는 하늘이 마땅히 그를 받아 두리라"

고전 11:24-26 "축사하시고 떼어 이르시되 이것은 너희를 위하는 내 몸이니 이것을 행하여 나를 기념하라 하시고 식후에 또한 그와 같이 잔을 가지시고 이르시되 이 잔은 내 피로 세운 새 언약이니 이것을 행하여 마실 때마다 나를 기념하라 하셨으니 너희가 이 떡을 먹으며 이 잔을 마실 때마다 주의 죽으심을 그가 오실 때까지 전하는 것이니라"

눅 24:6, 39 "여기 계시지 않고 살아나셨느니라 갈릴리에 계실 때에 너희에게 어떻게 말씀하셨는지를 기억하라 … 내 손과 발을 보고 나인 줄 알라 또 나를 만져 보라 영은 살과 뼈가 없으되 너희 보는 바와 같이 나는 있느니라"

◀ 교리 해설

오늘 읽은 신앙고백서 29.6은 로마 가톨릭의 '화체설'에 대한 개혁신학의 비판을 제시합니다. 내용을 세 부분으로 나누어 살펴보겠습니다.
(1) "빵과 포도주의 실체가, 사제의 축성이나 다른 어떤 방식에 의해서, 그리스도의 몸과 피의 실체로 변화한다고 주장하는 (일반적으로 화체설이라고 불리는) 이러한 교리는": 이 진술은 화체설에 대한 정의를 제시합니다. 화체설이란 사제가 축성을 할 때, 또는 다른 어떤 방식에 의해서, 빵과 포도주라는 물질적 실체가 그리스도의 몸과 피라는 물질적 실체로 변한다고

주장하는 교리입니다. '물질적 실체'라는 말은 어떤 물체가 무엇인지를 묻는 질문에 대한 대답으로, 곧 그 물체의 본질을 의미합니다. 그런데 물질적 실체는 반드시 어떤 색깔, 맛, 냄새, 모양 등의 우유적 속성(accidents)을 가지고 있습니다. 따라서 빵이나 포도주라는 물질적 실체는 각각의 맛과 모양, 색깔 등의 속성을 지니고 있습니다.

그런데 화체설에 따르면, 사제의 축성에 의해 빵과 포도주의 물질적 실체가 그리스도의 몸과 피의 실체로 변화하였다고 합니다. 그렇다면 그리스도의 몸과 피라는 물질적 실체에는 이에 해당하는 우유적 속성들이 존재해야 합니다. 그러나 화체설은, 빵의 실체가 그리스도의 몸의 실체로 바뀌었을 때, 그리스도의 몸이라는 물질적 실체가 일반적인 물질적 실체라면 당연히 지녀야 할 감각적 속성들을 전혀 가지지 않는다고 주장합니다. 화체설에 따르면, 빵의 실체는 그리스도의 몸의 실체로 바뀌었지만, 그리스도의 몸의 우유적 속성은 존재하지 않으며 감각으로도 인지되지 않습니다. 반면 빵의 실체는 사라졌지만, 그 빵의 실체에 속해 있던 우유적 속성은 그대로 남아 있다고 합니다. 곧 빵의 실체는 없어졌으나, 빵의 맛과 모양, 색깔, 형태 등은 여전히 존재한다는 것입니다. 이와 같이 화체설은 사제의 축성 이후에 사라지는 것은 빵의 실체, 남는 것은 빵의 우유적 속성(맛, 모양, 색깔, 형태 등), 그리고 나타나는 것은 그리스도의 몸의 실체라고 말합니다. 하지만 그리스도의 몸의 실체는 그에 상응하는 감각적 속성들을 전혀 가지지 않는다고 주장합니다. 이것이 바로 "빵과 포도주의 실체가 사제의 축성이나 다른 어떤 방식에 의해서 그리스도의 몸과 피의 실체로 변화한다"라고 주장하는 화체설의 내용입니다. 여기서 '다른 어떤 방식'이란, 로마 가톨릭의 사제의 축성과 유사한 형태로 실체의 변화를 설명하는 여러 신비주의적 주장들을 가리킵니다. 예를 들어, 사제의 의도나 믿음에 의해 실체의 변화가 일어난다고 보는 중세 신비주의의 견해, 혹은 하나님께서 직접 신비한 능력으로 실체 변화를 일으키신다고 말하는 견해, 또는 성령의 임재로 물질의 실체가 변화한다고 말하는 신비주의적 신앙 등이 그것입니다. 이러한 주장들이든, 혹은 사제의 축성이든, 어떤 방식이든 실체가 변화한다고 보는 모든 사상은 결국 화체설의 여러 유형에 속합니다.

(2) "성경뿐만 아니라 심지어 상식과 이성에도 반대되고,": 이러한 주장을 어떻게 평가해야 할까요? 신앙고백서 29장 6절은 첫째로, 화체설이 성경에 위배됨을 지적합니다. 성경에서는 축성 이후에도 여전히 성찬의 외적 요소인 빵과 포도주를 그대로 "빵"과 "포도주"라고 부릅니다. 예를 들어 예수님께서 "받아 먹으라 이것은 내 몸이니라"(마 26:26)라고 하셨을 때, 여기서 "이것은"이 가리키는 것은 분명히 빵입니다. 만일 "이것은"을 "내 몸은"이라고 바꾼다면 "내 몸은 내 몸이니라"라는 의미 없는 문장이 되고 맙니다. 그러나 예수님께서 "이 빵은 내 몸이니라"고 말씀하실 때, 이는 빵과 그리스도의 몸 사이에 표징적 관계가 있음을 말씀하신 것이지, "이 빵이 곧 그리스도의 몸 자체다"라는 의미는 아닙니다. 또한 바울 사도가 "너희가 이 떡을 먹으며 이 잔을 마실 때마다 주의 죽으심을 그가 오실 때까지 전하는 것이니라"(고전 11:26)라고 한 말씀에서도, 먹는 떡과 마시는 잔은 이미 축성된 이후의 것들입니다. 따라서 성경은 축성 이후에도 떡을 여전히 떡이라 하고, 잔을 여전히 잔이라 부른다는 사실을 분명히 보여줍니다.

둘째로, 화체설은 상식과 이성에도 어긋납니다. 앞에서 설명한 바와 같이, 빵이 그리스도의 몸으로 변화한 후에도 빵의 실체는 사라지고, 우유적이며 감각적인 특성만 남아 여전히 빵의 맛과 모양과 색깔, 크기를 유지한다는 주장은 상식적으로나 이성적으로 모두 불합리합니다 상식의 관점에서 보면, 우리가 어떤 것을 보고, 만지고, 맛볼 때, 즉 빵의 모양과 맛을 감각으로 인식한다면 누구나 그 대상이 실제로 존재한다고 생각합니다. 그런데 화체설은 우리가 분명히 빵의 맛과 형태를 느끼고 있음에도 그것이 더 이상 빵이 아니라고 주장합니다. 이것이 바로 상식에 어긋나는 이유입니다. 이러한 주장은 또한 이성에도 반합니다. 우유적 속성들은 반드시 그것을 담고 있는 주체(subiectum) 또는 실체(substantia)에 속해야만 존재할 수 있습니다. 반대로, 실체가 없는 우유적 속성은 형이상학적으로 불가능하다는 것이 이성적 판단입니다. 빵의 우유적 속성은 빵의 실체에 속한 것이지, 그리스도의 몸의 실체에 속할 수는 없습니다.

지금까지 설명한 바와 같이 화체설의 커다란 난관은 축성 이후 빵의 실체는 사라지고 오직 그리스도의 몸의 실체만 존재한다는 것이 상식과 이성에 어긋난다는 점입니다. 어떻게 여전히 빵의 우유적 속성이 빵의 실체에도, 그리스도의 몸의 실체에도 속하지 않은 채 남아 존재할 수 있는 것일까요? 이것은 불합리입니다. 이에 대하여 로마 가톨릭은 이를 하나님의 초자연적 기적으로 해석합니다. 그러나 개혁신학은 성찬에서 초자연적 기적에 호소하여 화체설을 정당화하는 것은 기적의 남용이라고 비판합니다. 성찬의 본질은 성례전적 언약의 약속에 있으며, 실체 변화라는 물리적·형이상학적 설명에 있지 않습니다. 그럼에도 화체설은 상식과 이성에 어긋나는 주장을 내세우면서, 이를 기적으로 포장해 신앙의 대상으로 삼으려 합니다. 개혁신학은 이러한 태도를 성경에도 어긋나고, 이성에도 부합하지 않는 불합리한 교리로 규정하며, 기적의 개념을 편의적으로 남용한 것이라 경계합니다.

(3) "성례의 본질을 파괴하며, 여러 가지 미신의 원인, 실로 역겨운 우상숭배의 원인이었고 지금도 그러하다": 성례의 본질은 표지(sign)와 그것이 표지하는 실체(thing signified) 사이에 존재하는 성령 하나님의 역사에 의한 성례전적 연합(sacramental union)에 있습니다. 화체설은 이러한 언약적 성례 이해를 바르게 보지 못함으로써 심각한 오류를 범합니다. 그 결과, 화체설은 빵이 그리스도의 몸으로 변화되었다는 전제 아래, 그 빵 자체를 향하여 하나님께 흠숭(latria)을 드리는 미신적이며 물질적인 우상숭배를 낳습니다. 미사에서 성체를 들어 올리는 행위(성체 거양, elevation)나, 성체를 성광(monstrance)에 넣어 들고 거리 행렬을 하는 성체 행진(Eucharistic procession) 등이 그 대표적인 예입니다.

마무리하며 덧붙이자면, 로마 가톨릭은 하나님께서 실체가 사라진 빵의 우유적 특성(accidents)을 초자연적 기적으로 남겨 두셨다고 주장하며, 그 목적을 두 가지로 설명합니다. 첫째, 눈으로 보기에는 여전히 빵이지만 그것을 그리스도의 몸으로 참되게 믿는지를 시험하기 위한 것이라고 말합니다. 둘째, 만일 빵의 우유적 특성이 사라지고 실체가 그리스도의 몸으로 변하여 육체의 본래적 속성이 그대로 드러난다면, 사람들이 혐오감으로 인해 성찬을 거부할 수 있으므로 이를 방지하기 위한 것이라고 합니다.

그러나 이러한 설명은 로마 가톨릭이 화체설을 정당화하기 위해 만들어 낸 신학적 변명에 불과합니다. 오늘 읽는 신앙고백서는 단호히 선언합니다: "이러한 교리는 성경뿐만 아니라 심지어 상식과 이성에도 반대되고, 성례의 본질을 파괴하며, 여러 가지 미신의 원인, 실로 역겨운 우상숭배의 원인이었고 지금도 그러하다."

적용 질문

1. 화체설은 무엇을 주장하며, 신앙고백서는 이 교리를 어떻게 규정합니까? 여러분은 성찬의 떡과 잔이 그리스도의 몸과 피로 실체적으로 변하는 것이 아니라, 믿음 안에서 그리스도와 영적으로 연합하게 하는 언약적 표와 인이라는 개혁신학의 가르침을 확신하며 성찬에 참여하고 계십니까?

2. 신앙고백서 29.6은 왜 화체설이 성경, 상식, 이성에 모두 어긋난다고 말합니까? 여러분은 성찬의 외적 요소가 축성 후에도 여전히 떡과 잔으로 불린다는 성경의 가르침을 신뢰하며, 눈에 보이는 현상이 아니라 말씀의 약속과 성령의 역사에 근거해 그리스도의 은혜를 붙들고 계십니까?

3. 성례의 본질이란 무엇이며, 화체설은 그것을 어떻게 왜곡합니까? 여러분은 성례의 참된 본질이 성령 하나님께서 표지와 실체를 신비롭게 연합시키시는 언약적 약속 안에 있음을 믿으며, 성례의 은혜를 물질 그 자체가 아닌 성령의 내적 사역을 통해 경험하고 계십니까?

4. 신앙고백서는 왜 화체설이 미신과 우상숭배의 원인이며, 지금도 여전히 그렇게 작용한다고 말합니까? 여러분은 인간이 만들어낸 신비주의적 상징이나 감각적 경배 행위를 멀리하고, 오직 말씀과 성령의 제정에 따라 성례를 거룩하고 순전하게 지키며, 성찬을 통해 하나님께만 영광을 돌리고 계십니까?

12월 4일

주의 만찬에 합당한 참여자가 그리스도의 몸과 피를 먹는 방식

대요리문답 170
신앙고백서 29.7

대요리문답 170:

문 170. 주의 만찬에 합당하게 참여하는 사람은 어떻게 그리스도의 몸과 피를 먹고 마십니까?

답. 주의 만찬에서 그리스도의 몸과 피가 떡과 포도주 안에, 함께, 혹은 아래에 육체적으로나 육적 물질로서 현존하는 것이 아니고,[1] 이 요소들이 수찬자의 외부 감각에 참으로 그리고 실재적으로 현존하는 것처럼, 참으로 그리고 실재적으로 수찬자의 믿음에 영적으로 임재합니다.[2] 그러므로 주의 만찬의 성례에 합당히 참여하는 사람은 육체적으로나 육적 물질로서가 아니고, 영적인 방식으로 그리스도의 몸과 피를 먹고 마십니다.[3] 하지만 이들은 십자가에서 죽으신 그리스도와 그분의 죽음에서 오는 모든 유익을 믿음으로 받아 적용함

| 대요리문답 170: | 으로 참으로 그리고 실재적으로 먹고 마십니다.[4]

1) 행 3:21. 2) 마 26:26, 28.
3) 고전 11:24-29. 4) 고전 10:16. |

| 신앙고백서 29.7 | 합당한 수찬자들은 이 성례의 보이는 요소들을 외적으로 먹을 때,[1] 십자가에 죽으신 그리스도와 그의 죽음으로 인한 모든 은택을 또한 믿음에 의하여 내적으로, 그리고 과연 실재적(實在的)으로 받아서 먹는다. 그러나 육적 물질로서나 육체적으로 먹는 것이 아니라 영적으로 먹는 것이다. 그리스도의 몸과 피는 빵이나 포도주 안에, 옆에, 또는 아래에, 육체적으로나 육적 물질로서 있지 않다. 그럼에도 이 요소들 자체가 신자들의 외적인 감각에 현존하듯이, 그리스도의 몸과 피는 이 규례에 참여하는 신자의 믿음에 실재적으로 그러나 영적으로 현존한다.[2]

1) 고전 11:28. 2) 고전 10:16. |

◀ 말씀 요절

행 3:21 "하나님이 영원 전부터 거룩한 선지자들의 입을 통하여 말씀하신 바 만물을 회복하실 때까지는 하늘이 마땅히 그를 받아 두리라"

마 26:26, 28 "그들이 먹을 때에 예수께서 떡을 가지사 축복하시고 떼어 제자들에게 주시며 이르시되 받아서 먹으라 이것은 내 몸이니라 하시고 … 이것은 죄 사함을 얻게 하려고 많은 사람을 위하여 흘리는 바 나의 피 곧 언약의 피니라"

고전 11:24-29 "축사하시고 떼어 이르시되 이것은 너희를 위하는 내 몸이니 이것을 행하여 나를 기념하라 하시고 식후에 또한 그와 같이 잔을 가지시고 이르시되 이 잔은 내 피로 세운 새 언약이니 이것을 행하여 마실 때마다 나를 기념하라 하셨으니 너희가 이 떡을 먹으며 이 잔을 마실 때마다 주의 죽으심을 그가 오실 때까지 전하는 것이니라 그러므로 누구든지 주의 떡이나 잔을 합당하지 않게 먹고 마시는 자는 주의 몸과 피에 대하여 죄를 짓는 것이니라 사람이 자기를 살피고 그 후에야 이 떡을 먹고 이 잔을 마실지니 주의 몸을 분별하지 못하고 먹고 마시는 자는 자기의 죄를 먹고 마시는 것이니라"

고전 10:16 "우리가 축복하는 바 축복의 잔은 그리스도의 피에 참여함이 아니며 우리가 떼는 떡은 그리스도의 몸에 참여함이 아니냐"

◀ 교리 해설

오늘 읽는 대요리문답 170항과 신앙고백서 29.7은, 수찬자가 주의 만찬에 참여하여 빵과 포도주를 먹고 마시는 일을 통해 어떻게 그리스도의 몸과 피를 먹고 마시게 되는지를 설명합니다. 두 문서는 동일한 내용을 서로 교차적으로 대응하는 문장 구성을 보입니다. 신앙고백서는 먼저 성찬의 빵과 포도주를 먹고 마실 때, 그리스도의 몸과 피를 물질적으로 먹는 것이 아니라 믿음으로 먹는 것임을 말하고, 이어서 성찬에 있어서 그리스도의 영적 임재 방식에 대한 고백을 진술합니다. 반면 대요리문답은 이 순서를 바꾸어, 먼저 그리스도의 영적 임재 방식을 진술하고, 그 뒤에 믿음으로 먹는 수찬자의 행위를 설명합니다. 이러한 순서의 차이와 상관없이 두 문서는 두 가지 사실을 공통적으로 강조하며 서로 연결합니다. 첫째는 성찬을 먹고 마시는 것이 결코 육체적으로나 물질적으로 먹고 마시는 것이 아니라는 사실이며, 둘째는 그리스도의 몸과 피가 성찬에서 수찬자의 믿음에 따라 영적으로 임재한다는 사실입니다. 이 두 가지 내용을 교차적으로 대응시키며 살펴봅니다.

(1) "합당한 수찬자들은 이 성례의 보이는 요소들을 외적으로 먹을 때, 십자가에 죽으신 그리스도와 그의 죽음으로 인한 모든 은택을 또한 믿음에 의하여 내적으로, 그리고 과연 실재적(實在的)으로 받아서 먹는다. 그러나 육적 물질로서나 육체적으로 먹는 것이 아니라 영적으로 먹는 것이다"(신앙고백서 29.7a); "그러므로 주의 만찬의 성례에 합당히 참여하는 사람은 육체적으로나 육적 물질로서가 아니고, 영적인 방식으로 그리스도의 몸과 피를 먹고 마십니다. 하지만 이들은 십자가에서 죽으신 그리스도와 그분의 죽음에서 오는 모든 유익을 믿음으로 받아 적용함으로 참으로 그리고 실재적으로 먹고 마십니다."(대요리문답 170b): 성찬에 합당히 참여하는 수찬자는 입으로는 성찬의 빵과 포도주를 먹고 마시지만, 참으로(truly) 또한 실재적으로(really) 그리스도의 몸과 피를 먹고 마십니다. 이 사실이 뜻하는 바에 대하여 세 가지 사항을 살펴봅니다. 하나는 그리스도의 몸과 피를 먹는다는 것이 무엇인지, 다른 하나는 그리스도의 몸과 피를 받아 먹는 방식이 무엇인지, 마지막 하나는 합당한 수찬자에 대한 것입니다.

첫째, 그리스도의 몸과 피를 받아 먹는다는 것과 관련하여 두 문서는 모두

"십자가에 죽으신 그리스도와 그의 죽음으로 인한 모든 은택/유익"을 받아 누리는 것이라고 말하며, 두 가지 사실, 곧 그리스도의 죽음과 그로 인한 은택을 병렬하여 진술합니다. 여기서 "십자가에 죽으신 그리스도"와 "그의 죽음으로 인한 은택"이라는 두 표현은 서로 다른 것을 뜻하지 않습니다. 이 진술은 그리스도의 대속의 죽음을 통하여 획득된 구속의 유익, 곧 중보자 그리스도로 말미암아 받는 모든 유익을 가리킵니다. 그럼에도 표준문서는 신자가 성찬에서 받아 먹는 실체를 언제나 "그리스도 자신"과 "그의 죽음으로 인한 은택"으로 병렬하여 진술합니다. 이처럼 병렬하여 표현하는 데에는 동일한 내용을 반복하는 것 이상의 의도가 있습니다. 즉, 신자가 누리는 모든 구속의 은택은 열매이며 그 원천은 그리스도이심을 보여 주려는 것이며, 그리스도께서 이루신 사역으로 말미암아 구속의 모든 은택이 내려짐을 말하려는 것입니다. 또한 그리스도를 받아 먹는 것은 그리스도와의 연합을 의미하고, 그리스도의 유익을 누리는 일은 그 연합을 통하여 이루어짐을 드러내려는 것입니다. 그리스도와의 연합이 없이는 그리스도께서 주시는 어떤 은혜도 누릴 수 없습니다. 그러므로 "십자가에 죽으신 그리스도"와 "그의 죽음으로 인한 은택"이라는 진술은, 신자가 누리는 구속의 원천·근거의 측면과 열매·적용의 측면을 병렬하여 표현한 것입니다.

둘째, 그리스도의 몸과 피를 받아 먹는 방식에 대한 설명입니다. 앞서 말한 대로, 그리스도의 몸과 피를 받아 먹는 것은 그리스도의 십자가 고난으로 성취된 모든 구속적 유익을 받아 누리는 것입니다. 그렇다면 "그리스도의 몸과 피를 받아서 먹는다"라는 것은 그리스도와 연합하고 그의 은택으로 인한 생명에 참여하는 것을 뜻합니다. 따라서 "받아서 먹는다"라는 것은 실제로 은혜에 참여하는 영적 사건을 가리키는 비유적 표현입니다. 이를 가리켜 비유적으로 "영적으로 먹는다"라고 합니다. 영적으로 먹는다는 것은 달리 말해 "내적으로" 먹는 것입니다. 그러나 이것은 단순한 상징이 아니라 실재적입니다. 다만 영적으로 먹는 것이기에 육적 물질로(carnally)

나 육체적으로(corporally) 먹는 것은 아닙니다. "육적 물질로"는 육체를 구성하는 물질, 즉 고기를 먹는 방식을 뜻합니다. "육체적으로"는 십자가에 죽으신 그리스도의 몸의 실체를 물질로 먹는 것을 뜻합니다. 성찬에서 그리스도의 몸과 피를 먹는 것은 육체라는 물질을 먹는 것도, 그리스도의 몸의 실체를 먹는 것도 아닙니다.

셋째, 합당한 수찬자에 대한 설명입니다. 성찬은 단순히 빵과 포도주를 입으로 먹는 행위 자체로 구원의 효과를 주는 것이 아니라, 영적인 먹음을 통하여 구원의 효과를 주는 은혜의 수단입니다. 수찬자가 성찬을 통해 그리스도와 그분의 구속의 은택을 영적으로 먹으려면 "합당한" 수찬자이어야 합니다. 여기서 "합당함"은 도덕적이거나 경건 면에서 흠이 없는 거룩한 자격을 말하지 않습니다. 성찬은 죄 사함의 은혜를 필요로 하는 흠 있는 자에게 베푸시는 은혜의 수단입니다. 그러므로 자신을 성찰하고 죄를 회개하며, 그리스도만이 생명의 소망임을 고백하고 그리스도의 대속의 은혜를 받기를 바라는 믿음으로 성찬에 참여하는 사람이 비록 무흠하지는 않지만 오히려 "합당한" 수찬자입니다. 중요한 요점은 성령 하나님에 의하여 "믿음으로" 성찬에 참여해야 한다는 것입니다. "믿음으로"의 참여에 대하여, 오늘의 신앙고백서는 "합당한 수찬자들은 … 믿음에 의하여 … 받아서 먹는다"고 진술하고, 대요리문답은 "합당히 참여하는 사람은 … 믿음으로 받아 적용함으로 … 먹고 마십니다"라고 진술합니다. 합당한 수찬자의 준비와 점검에 관하여는 12월 6일과 7일에 각각 대요리문답 171항과 172항을 살피며 자세히 알아보겠습니다.

(2) "그리스도의 몸과 피는 빵이나 포도주 안에, 옆에, 또는 아래에, 육체적으로나 육적 물질로서 있지 않다. 그럼에도 이 요소들 자체가 신자들의 외적인 감각에 현존하듯이, 그리스도의 몸과 피는 이 규례에 참여하는 신자의 믿음에 실재적으로 그러나 영적으로 현존한다"(신앙고백서 29.7b); "주의 만찬에서 그리스도의 몸과 피가 떡과 포도주 안에, 함께, 혹은 아래에

육체적으로나 육적 물질로서 현존하는 것이 아니고, 이 요소들이 수찬자의 외부 감각에 참으로 그리고 실재적으로 현존하는 것처럼, 참으로 그리고 실재적으로 수찬자의 믿음에 영적으로 임재합니다"(대요리문답 170a): 성찬에 합당하게 참여하는 사람이 외적 요소인 빵과 포도주를 입으로 먹을 때, 믿음에 의하여 그리스도의 모든 은택을 내적으로 그리고 실재적으로 먹는다는 이 영적 사실은, 성찬에서 그리스도께서 임재하시는 방식과 연결됩니다. 그리스도께서 성찬에서 임재하시는 것은 외적 요소인 빵이나 포도주 안에(in), 함께(with), 혹은 아래에(under) 육체적으로나 물질적으로 임재하시는 것이 아닙니다. "안에, 함께, 아래에"라는 표현은 루터파의 성찬 이해를 나타냅니다. 그러나 개혁신학은 성찬에서 그리스도께서 어떤 형태로나 어느 장소에서든 물질적으로 임재하신다는 주장을 인정하지 않습니다. 빵과 포도주의 물질적 실체가 그리스도의 몸과 피라는 물질적 실체로 변화한다는 로마 가톨릭의 화체설(transubstantiation)을 물론 배격하며, (다소 부정확한 용어이지만) 공재설(consubstantiation)로 알려진 루터파의 주장도 분명히 거부합니다.

그리스도의 인성 중에서 영혼은 죽으신 후 낙원, 곧 셋째 하늘에 가셨고, 몸은 무덤에 안치되었습니다. 그리고 부활과 승천 이후에는 영광스럽게 재결합된 인성 전체가 하늘 보좌가 있는 거룩한 곳에 계십니다. 인성에 따라 제한적인 그리스도의 몸은 성찬의 빵과 동일한 장소에 동시에 존재하지 않습니다. 그리스도의 몸과 피는 빵과 포도주 안에 물질적으로나 육체적으로 임재하는 것이 아니라, 성령의 사역을 따라 수찬자의 믿음 안에 영적으로 임재하십니다.

여기서 유념해야 할 중요한 사실이 있습니다. "영적으로 임재하신다"라는 것은 결코 허상이나 단순한 관념적 임재를 뜻하지 않습니다. 하나님께서 영이시지만 모든 존재의 참된 근원이시며 참으로 실재하시듯, 그리스도께서도 영적으로(spiritually) 임재하시되 참으로(truly) 그리고 실재적으로

(really) 임재하십니다. 영적 임재는 현실에 존재하지 않는 허상이 아닙니다. 영적 임재의 실재성에 대하여, 신앙고백서와 대요리문답은 성찬의 외적 요소인 빵과 포도주가 외적 감각에 주는 확실성과 비교하여 설명합니다. 대요리문답의 표현을 따르면, "이 요소들이 수찬자의 외부 감각에 참으로 그리고 실재적으로 현존하는 것처럼, 참으로 그리고 실재적으로 수찬자의 믿음에 영적으로 임재한다"라는 것입니다. 빵과 포도주라는 외적 요소를 물질적으로 먹고 그것과 하나가 되는 것은 누구도 부인할 수 없는 감각적 현실입니다. 이에 비해 그리스도의 은혜에 참여하는 것은 영적인 사건이므로 감각적으로 느껴지지는 않습니다. 그러나 성찬에서 빵과 포도주를 받을 때, 그 표징이 가리키는 실체 곧 그리스도와 그의 구속의 유익을 믿음으로 받아 누리는 일은, 빵과 포도주를 물질적으로 먹는 것이 감각적으로 실재적인 것만큼이나, 영적으로 참으로 실재적입니다.

적용 질문

1. 성찬에서 "그리스도의 몸과 피를 먹고 마신다"라는 표현은 무엇을 의미합니까? 여러분은 성찬의 빵과 포도주를 받을 때, 단순한 외적 행위로 그치지 않고 그리스도의 십자가의 은혜를 믿음으로 실제로 누리고 있습니까? 여러분은 성찬을 통해 그리스도의 대속이 단순한 과거의 사건이 아니라 지금 여러분 안에 역사하는 구속의 능력임을 확신하며 그 은혜를 깊이 체험하기를 소망하십니까?

2. "그리스도의 몸과 피를 먹는 방식"이 물질적이 아니라 영적이라고 할 때, 이것은 어떤 차이를 뜻합니까? 여러분은 성찬이 단지 상징적인 행위가

아니라, 믿음을 통해 성령 안에서 그리스도와 연합하여 그분의 생명과 은혜에 참여하는 실제적 교통임을 믿으십니까? 여러분은 그리스도와의 연합 안에서 주어지는 이 은혜의 실재를 더욱 사모하며, 성찬 후의 삶 속에서 거룩함과 사랑의 열매를 맺기 위해 힘쓰고 계십니까?

3. "그리스도의 영적 임재"가 허상이나 관념이 아니라 실재라고 할 때, 그 의미는 무엇입니까? 여러분은 주의 만찬 때에 그리스도께서 성령 안에서 참으로 임재하시며, 여러분과 실제로 교통하신다는 사실을 믿음으로 받아들이고 계십니까? 여러분은 이 영광스러운 임재 앞에서 경외심과 감사로 나아가며, 그분의 임재 앞에 합당한 예배와 순종의 삶을 드리고 계십니까?

4. 성찬에 합당히 참여하는 자는 어떤 사람입니까? 여러분은 자신의 죄를 진실히 돌아보고 회개하며, 오직 그리스도의 은혜만을 의지하는 마음으로 성찬에 나아가고 있습니까? 여러분은 성찬을 통해 주께서 베푸시는 참된 교제와 위로를 깊이 누리며, 받은 은혜에 합당한 감사와 순종의 삶을 살아가기를 소망하십니까?

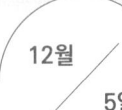

주의 만찬에 합당하게 참여하지 않는 죄의 위험성

신앙고백서 29.8

신앙고백서 29.8

무지하고 사악한 사람들은 이 성례에서 외적인 요소들을 받을지라도 요소들이 가리키는 실체를 받는 것은 아니다. 단지 성례에 합당하지 않게 참여함으로써 주님의 몸과 피에 대하여 죄를 범하여 스스로 정죄에 이른다. 그러므로 모든 무지하며 불경건한 사람들은 그리스도와의 교제를 누리기에 적합하지 않기 때문에 또한 주님의 식탁에도 참여하기에 합당하지 않다. 이들이 이런 상태에 머무는 한 이 거룩한 신비에 참여하거나[1] 참여가 허락된다면[2] 이러한 일은 그리스도께 큰 죄를 짓는 것이다.

1) 고전 11:27-29; 고후 6:14-16.
2) 고전 5:6-7, 13; 살후 3:6, 14-15; 마 7:6.

◀ 말씀 요절

고전 11:27-29 "그러므로 누구든지 주의 떡이나 잔을 합당하지 않게 먹고 마시는 자는 주의 몸과 피에 대하여 죄를 짓는 것이니라 사람이 자기를 살피고 그 후에야 이 떡을 먹고 이 잔을 마실지니 주의 몸을 분별하지 못하고 먹고 마시는 자는 자기의 죄를 먹고 마시는 것이니라"

고후 6:14-16 "너희는 믿지 않는 자와 멍에를 함께 메지 말라 의와 불법이 어찌 함께 하며 빛과 어둠이 어찌 사귀며 그리스도와 벨리알이 어찌 조화되며 믿는 자와 믿지 않는 자가 어찌 상관하며 하나님의 성전과 우상이 어찌 일치가 되리요 우리는 살아 계신 하나님의 성전이라 이와 같이 하나님께서 이르시되 내가 그들 가운데 거하며 두루 행하여 나는 그들의 하나님이 되고 그들은 나의 백성이 되리라"

고전 5:6-7, 13 "너희가 자랑하는 것이 옳지 아니하도다 적은 누룩이 온 덩어리에 퍼지는 것을 알지 못하느냐 너희는 누룩 없는 자인데 새 덩어리가 되기 위하여 묵은 누룩을 내버리라 우리의 유월절 양 곧 그리스도께서 희생되셨느니라 … 밖에 있는 사람들은 하나님이 심판하시려니와 이 악한 사람은 너희 중에서 내쫓으라"

살후 3:6, 14-15 "형제들아 우리 주 예수 그리스도의 이름으로 너희를 명하노니 게으르게 행하고 우리에게서 받은 전통대로 행하지 아니하는 모든 형제에게서 떠나라 … 누가 이 편지에 한 우리 말을 순종하지 아니하거든 그 사람을 지목하여 사귀지 말고 그로 하여금 부끄럽게 하라 그러나 원수와 같이 생각하지 말고 형제 같이 권면하라"

마 7:6 "거룩한 것을 개에게 주지 말며 너희 진주를 돼지 앞에 던지지 말라 그들이 그것을 발로 밟고 돌이켜 너희를 찢어 상하게 할까 염려하라"

교리 해설

오늘 읽은 신앙고백서 29.8은 주의 만찬에 참여하는 수찬자는 어떠해야 하는지를 교훈합니다. 합당하게 참여하지 않는 행위는 죄가 된다는 사실을 알리며, 이러한 일이 없도록 해야 함을 아울러 교훈합니다. 내용을 세 가지로 나누어 살펴보겠습니다.

(1) "무지하고 사악한 사람들은 이 성례에서 외적인 요소들을 받을지라도, 요소들이 가리키는 실체를 받는 것은 아니다": 성찬의 은혜는 단지 외적인 요소를 받는 의식에 참여하는 행위로 전달되는 것이 아닙니다. 성찬은 성례전적 연합에 의한 구속의 은혜를 성령 하나님의 역사로 말미암아 믿음으로 받습니다. 믿음이 없다면 외적인 요소로 표지되는 실체를 받을 수 없습니다. 따라서 성찬을 받기 합당한 믿음이 없는 사람은, 설령 성찬에 참여하더라도 그것으로 인한 구속적 효과를 전혀 받지 못합니다. 이러한 교훈은 로마 가톨릭이 말하는 화체설에 근거한 사효설(ex opere operato)을 부정합니다. 사효설이란 "의식에 참여하는 외적 행위 자체만으로" 성례의 효력이 전달된다는 로마 가톨릭의 교리입니다. 이 교리에 따르면 집례하는 사제의 상태나 성례를 받는 신자의 믿음 여부에 관계없이 효력이 발생합니다.

그러나 오늘 읽는 신앙고백서는, 무지하고 사악한 사람들은 성찬에 참여하더라도 단지 외적인 요소인 빵과 포도주를 받을 뿐임을 가르칩니다. 성찬 예식이 이들에게 전달하는 은혜의 효과는 없습니다. "무지하다"라는 것은 성찬의 의미에 대하여 성경과 교리에 대한 지식과 믿음이 없는 것을 말합니다. 이러한 자는 "주의 몸을 분별하지 못하는"(고전 11:29) 상태에 있는 사람입니다. 이러한 무지함이란 성찬을 받을 때 단지 빵과 포도주만 의례적으로 받을 뿐, 표지되는 영적 실체인 그리스도의 죽음과 죄 사함, 그리고 그리스도와의 연합이라는 의미를 전혀 알지도, 믿지도 않는 상태를 가리킵니다. "사악하다"라는 것은 믿음이 없어서 불경건한 생활을 할 뿐만 아니라, 부도덕한 생활에 빠져 있는 상태를 말합니다. 성찬을 받기에 합당한 믿음에는 지적인 측면과 도덕적 생활의 측면이 함께 관련됩니다. 무지와 사악함은 복음을 아는 지식과 믿음에 합당한 열매가 없는 상태를 뜻합니다.

(2) "단지 성례에 합당하지 않게 참여함으로써 주님의 몸과 피에 대하여 죄를 범하여 스스로 정죄에 이른다": 무지하고 사악한 사람이 성찬에 합당하지 않게 참여한다면, 단지 그 사람이 성찬이 전달하는 구속의 효력을 받지 못할 뿐만 아니라, 더 나아가 성찬의 빵과 포도주를 합당하지 않게 먹고 마심으로써 주님의 몸과 피에 대하여 죄를 짓게 됩니다(고전 11:27). 성례에 합당하지 않게 참여하는 행위는 성찬을 모독하는 것으로, 스스로 정죄를 초래하게 됩니다. 물론 여기서 '합당하지 않게 참여하는 것'이란 수찬자의 도덕적 흠이나 불완전함을 말하는 것이 아님을 유의해야 합니다. 다만 신자가 자신을 돌아보아 성찰하고, 성찬에 대한 합당한 지식을 가지고 성찬을 받고자 하는 믿음을 확인해야 함을 교훈합니다.

(3) "그러므로 모든 무지하며 불경건한 사람들은 그리스도와의 교제를 누리기에 적합하지 않기 때문에, 또한 주님의 식탁에도 참여하기에 합당하지 않다. 이들이 이런 상태에 머무는 한 이 거룩한 신비에 참여하거나 참여가 허락된다면, 이러한 일은 그리스도께 큰 죄를 짓는 것이다": 복음에 대하여, 또한 성찬에 대하여 성경과 교리의 지식이 없는 무지한 사람, 그리고 복음에 순종하지 않고 회개하지 않는 불경건한 사람은 본래 그리스도와의 교제를 누리는 자가 아닙니다. 성찬은 그리스도와의 교제를 새롭게 가르치고 시작하는 수단이 아닙니다. 그리스도와의 교제는 말씀으로 세워집니다. 성찬은 이 교제를 신자에게 나타내고 확증하며 강화하는 은혜의 수단입니다.

따라서 그리스도와 연합과 교제를 전혀 모르는 무지한 사람이나, 그리스도를 거부하고 회개하지 않는 불경건한 사람은 주님의 식탁인 성찬에 초대되어서는 안 됩니다. 이러한 사람은 그리스도와의 교제에 나아올 기본적인 신앙이 없기 때문입니다.

교회는 이러한 사람이 있을 경우 성찬에 참여하도록 허락해서는 안 됩니다. 이들은 성찬에 나아오기 이전에 먼저 회개하여 합당한 믿음의 생활로 돌아와야 합니다. 교회의 당회는 이들을 권징 아래 두어 회개와 그리스도 안에서 새롭게 되는 은혜를 받고 성찬에 합당하게 참여하는 자들이 되도록 다스리고 보호할 책임이 있습니다. 그렇지 않을 경우 이들은 그리스도께 큰 죄를 짓는 것이 됩니다. 교회는 권징을 통해 교인을 보호하고, 성찬의 거룩함을 해치는 일이 없도록 성찬의 문을 지켜야 합니다. 이 일을 위하여 교회는 성찬에 합당한 참여를 위해 필요한 성경과 교리의 지식을 가르치고, 불경건의 악에 빠져 있지는 않은지를 살펴 회개하고 돌이킬 수 있도록 양육하고 돌보아야 합니다. 그리고 공개적으로 드러난 악함에 대해서는 권징하며, 회개를 거부하면 출교하여 이들이 성찬에 참여하지 못하도록 금하여야 합니다.

◀ 적용 질문

1. 무지하고 사악한 사람들은 왜 성찬의 외적인 요소를 받더라도 그 요소들이 가리키는 실체를 받지 못합니까? 여러분은 성찬의 외적 행위에만 참여하는 것으로 충분하다고 생각하지 않고, 오직 성령의 역사와 믿음으로 그리스도의 은혜에 참여해야 함을 기억하며 성찬에 임하고 계십니까?

2. 성찬에 합당하지 않게 참여하는 것이 왜 주님의 몸과 피에 대하여 죄를 범하는 일입니까? 여러분은 성찬이 단순한 의례가 아니라, 그리스도의 몸과 피에 대한 신성한 참여임을 알고, 스스로를 성찰하며 겸손히 준비된 마음으로 성찬에 나아가고 계십니까?

3. 무지하고 불경건한 사람들은 왜 주님의 식탁에 참여할 자격이 없다고 하는 것입니까? 여러분은 성찬이 회개하지 않은 자를 회심시키는 자리가 아니라, 이미 그리스도와 교제하는 자의 믿음을 확증하는 자리임을 깨닫고, 성찬 전에 자신이 참된 믿음과 회개의 자리 안에 있는지를 진지하게 돌아보고 계십니까?

4. 교회가 무지하고 불경건한 자를 성찬에서 금하는 이유는 무엇입니까? 여러분은 교회가 권징을 통해 성찬의 거룩함을 보존하고 교인을 보호하는 일을 하나님께서 주신 거룩한 사명으로 이해하며, 우리 공동체가 거룩하고 신실한 성찬을 지키는 일에 함께 동참하기를 소망하십니까?

12월 6일

주의 만찬에 합당하게 참여하기 위한 준비

소요리문답 97
대요리문답 171

소요리문답 97:

문97. 주의 만찬을 합당하게 받기 위해 요구되는 것은 무엇입니까?

답. 주의 만찬에 합당하게 참여하려는 자들에게 요구되는 것은 자신에게 주의 몸을 분별하는 지식과,[1] 그분을 먹는 믿음과,[2] 그리고 회개와[3] 사랑과[4] 새로운 순종이[5] 있는지를 살피는 것입니다. 합당하지 않게 참여함으로써 자기 자신에 대한 심판을 먹고 마시는 것이 되지 않도록 해야 합니다.[6]

1) 고전 11:28-29.
2) 고후 13:5.
3) 고전 11:31.
4) 고전 10:16-17.
5) 고전 5:7-8.
6) 고전 11:28-29.

대요리문답 171:

문171. 주의 만찬의 성례를 받는 사람은 성찬에 참여하기 전에 어떻게 준비해야 합니까?

답. 주의 만찬의 성례를 받는 사람은 성찬에 참여하기 전에 다음과 같이 준비해야 합니다. 먼저 자신이 그리스도 안에 있는지에 대하여,[1] 자신의 죄와 부족함에 대하여,[2] 지식과[3] 믿음과[4] 회개[5] 그리고 하나님과 형제들을 향한 사랑,[6] 모든 사람을 향한 자비,[7] 자기에게 잘못한 사람에 대한 용서가[8] 진실하고 충분한지에 대하여, 또한 그리스도를 따르고자 하는 갈망에 대하여,[9] 그리고 새로운 순종에 대하여[10] 자신을 살핌으로써 준비해야 합니다.[11] 그리고 진지하게 묵상하고[12] 열심히 기도하여[13] 이런 은혜들을 새롭게 실천함으로써[14] 준비해야 합니다.

1) 고후 13:5.
2) 고전 5:7; 출 12:15.
3) 고전 11:29.
4) 고전 13:5; 마 26:28.
5) 슥 12:10; 고전 11:31.
6) 고전 10:16-17; 행 2:46-47.
7) 고전 5:8; 11:18, 20.
8) 마 5:23-24.
9) 사 55:1; 요 7:37.
10) 고전 5:7-8.
11) 고전 11:28.
12) 고전 11:24-25.

> 대요리문답
> 171:
> 13) 대하 30:18-19; 마 26:26.
> 14) 고전 11:25-26, 28; 히 10:21-22, 24; 시 26:6.

◀ 말씀 요절

고전 11:28-29 "사람이 자기를 살피고 그 후에야 이 떡을 먹고 이 잔을 마실지니 주의 몸을 분별하지 못하고 먹고 마시는 자는 자기의 죄를 먹고 마시는 것이니라"

고후 13:5 "너희는 믿음 안에 있는가 너희 자신을 시험하고 너희 자신을 확증하라 예수 그리스도께서 너희 안에 계신 줄을 너희가 스스로 알지 못하느냐 그렇지 않으면 너희는 버림 받은 자니라"

고전 11:31 "우리가 우리를 살폈으면 판단을 받지 아니하려니와"

고전 10:16-17 "우리가 축복하는 바 축복의 잔은 그리스도의 피에 참여함이 아니며 우리가 떼는 떡은 그리스도의 몸에 참여함이 아니냐 떡이 하나요 많은 우리가 한 몸이니 이는 우리가 다 한 떡에 참여함이라"

마 5:23-24 "그러므로 예물을 제단에 드리려다가 거기서 네 형제에게 원망들을 만한 일이 있는 것이 생각나거든 예물을 제단 앞에 두고 먼저 가서 형제와 화목하고 그 후에 와서 예물을 드리라"

고전 5:7-8 "너희는 누룩 없는 자인데 새 덩어리가 되기 위하여 묵은 누룩을 내버리라 우리의 유월절 양 곧 그리스도께서 희생되셨느니라 이러므로 우리가 명절을 지키되 묵은 누룩으로도 말고 악하고 악의에 찬 누룩으로도 말고 누룩이 없이 오직 순전함과 진실함의 떡으로 하자"

대하 30:18-19 "에브라임과 므낫세와 잇사갈과 스불론의 많은 무리는 자기들을 깨끗하게 하지 아니하고 유월절 양을 먹어 기록한 규례를 어긴지라 히스기야가 그들을 위하여 기도하여 이르되 선하신 여호와여 사하옵소서 결심하고 하나님 곧 그의 조상들의 하나님 여호와를 구하는 사람은 누구든지 비록 성소의 결례대로 스스로 깨끗하게 못하였을지라도 사하옵소서 하였더니"

◀ 교리 해설

오늘 읽는 소요리문답 97항과 대요리문답 171항은 모두 성찬식에 합당하게 참여하기 위해 수찬자가 어떠한 준비를 해야 하는가에 대해 교훈합니다. 성찬에 참여하기 전의 준비는 "사람이 자기를 살피고 그 후에야 이 떡을 먹고 이 잔을 마실지니라"(고전 11:28)라는 말씀에 근거한 마땅한 의무입니다. 그러므로 우리는 어떻게 자신을 바르고 충분히 준비해야 하는지를 분명히 알아야 하며, 오늘의 두 문답은 이에 대한 풍성하고 구체적인 지침을 제공합니다. 오늘 해설에서는 대요리문답 171항을 중심으로 일곱 가지 주제로 나누어 살피되, 소요리문답 97항의 내용이 대요리문답과 공통된 주제를 다루는 경우에는 함께 설명하고, 그렇지 않은 부분은 별도로 보충하여 다루고자 합니다.

(1) "주의 만찬의 성례를 받는 사람은 성찬에 참여하기 전에 다음과 같이 준비해야 합니다"(대요리문답 171); "주의 만찬에 합당하게 참여하려는 자

들에게 요구되는 것은"(소요리문답 97): 두 문답은 공통적으로, 성찬에 참여하기 위해서는 합당한 준비가 반드시 필요하다는 점을 명확히 가르칩니다. 이 교훈은 절실히 필요합니다. 어제 읽은 신앙고백서 29.8에서처럼 준비를 소홀히 하거나 무시하여 성례에 합당하지 않게 참여하는 일이 있게 되면, 주님의 몸과 피에 대하여 죄를 범하여 스스로 정죄에 이르게 되기 때문입니다. 이에 따라 두 문답은 합당하지 않은 상태에서 성찬을 받는 일이 없도록 하기 위하여 실천적 준비의 내용을 정리하여 제시하며, 이것은 곧 신앙고백서 29.8의 경고에 대한 긍정적 대응으로 이해할 수 있습니다.

(2) "먼저 자신이 그리스도 안에 있는지에 대하여 … 자신을 살핌으로써 준비해야 합니다"(대요리문답 171): 자신이 그리스도 안에 있는지를 살피는 일은, 그리스도와 그분의 중보적 은택들을 믿고 있는지, 그리고 그 믿음에 합당한 삶을 살고 있는지를 점검하는 것입니다. 성찬은 그리스도에 대한 믿음과 그에 합당한 열매를 맺는 일, 그리고 그리스도와 교제하는 일을 시작하도록 하는 새로운 출발의 수단이 아닙니다. 성찬은 말씀의 은혜로 복음을 믿고 그리스도와 연합한 자들에게, 그리스도 안에서 은혜를 더욱 강화하는 수단입니다. 그러므로 수찬자는 자신이 참으로 그리스도를 믿고 있는지를 살펴야 합니다. 또한 그 믿음이 수반하는 열매들이 나타나고 있는지를 돌아보아야 합니다. 신앙고백서 11.2이 교훈하듯, 그리스도의 은혜로 죄사함을 받고 의롭다 하심을 받는 믿음은 항상 다른 은혜들을 동반합니다. 그러므로 자신이 참으로 믿는지, 죄를 미워하고 회개하는지, 하나님의 교훈을 사랑하고 순종하는지를 살펴보는 것이 유익합니다.

(3) "자신의 죄와 부족함에 대하여"(대요리문답 171): 자신을 살피는 일은 성찬을 받는 자에게 요구되는 준비 사항입니다. 자신을 살피면 자신이 범한 죄뿐만 아니라, 그리스도의 은혜를 더욱 구해야 할 자신의 부족함이 필연적으로 드러납니다. 여기서 '부족함'이란 신자로서 합당한 경건과 사랑을 실행하는 영적 자질이나 능력이 연약함을 의미합니다. 또한 죄와 싸워나갈

힘이 자신에게 부족함을 인정하고, 그리스도의 은혜를 더욱 필요로 하는 상태를 깨닫는 것입니다. 이러한 성찰은 결국 그리스도만을 더욱 의지하며 겸손히 자신을 낮추는 일로 이어져야 합니다.

(4) "지식과 믿음과 회개가 … 진실하고 충분한지에 대하여"(대요리문답 171); "자신에게 주의 몸을 분별하는 지식과, 그분을 먹는 믿음과, 그리고 회개가 … 있는지를 살피는"(소요리문답 97): 수찬자는 자신에게 주의 몸을 분별하는 지식이 있는지를 살펴야 합니다. 이 지식은 빵과 포도주라는 외적 요소가 그리스도의 죽으심을 표지한다는 사실을 아는 것입니다. 즉, 외적 요소와 그것이 표지하는 영적 실체, 곧 그리스도의 중보적 은혜와의 성례전적 연합을 이해하는 지식을 뜻합니다. 이 지식은 빵과 포도주가 로마 가톨릭의 화체설처럼 그리스도의 몸과 피로 변한다는 오해를 배격하면서도, 단순한 상징적 기념으로 축소되지 않는 신비적 실재를 바르게 이해하는 것을 포함합니다. 믿음을 살핀다는 것은, 이 성례전적 실재를 받기에 합당한 복음에 대한 진실한 믿음이 자신에게 있는지를 점검하는 일입니다. 곧 그리스도께서 나의 구주이시며 주님이심을 진심으로 믿는 자라면, 성찬에서 믿음으로 그리스도의 몸과 피를 영적으로 먹을 수 있습니다. 또한 회개는 필수적인 요소입니다. 죄를 슬퍼하고 죄에서 돌이켜 하나님의 뜻을 행하고자 하는 내적 결단이 자신 안에 있는지를 살펴야 합니다.

(5) "그리고 하나님과 형제들을 향한 사랑, 모든 사람을 향한 자비, "자기에게 잘못한 사람에 대한 용서가 진실하고 충분한지에 대하여"(대요리문답 171); "사랑이 … 있는지를"(소요리문답 97): 사랑, 자비, 용서는 참된 믿음의 열매입니다. 이러한 열매가 있다면 성찬에 합당히 참여할 수 있는 믿음의 증거로 인정됩니다. 특히 성찬은 공동체적 연합을 전제하기 때문에, 이 믿음의 열매들은 더욱 중요한 의미를 가집니다. 따라서 자신에게 이러한 사랑과 용서의 마음이 진실하게 있는지를 살피는 일은 필수적인 점검입니다. 용서에 대한 점검은 성찬의 실체가 하나님의 용서에 있다는 사실과 직결됨

니다. 그리스도의 피로 죄를 사하시고 하나님과 화목하게 하신 그분의 은혜를 받은 자는, 마땅히 형제를 용서하는 마음을 가져야 합니다. 그러므로 이러한 마음이 자신에게 있는지를 확인하는 일은, 성찬의 은혜를 누리는 데 반드시 필요한 준비입니다.

(6) "그리스도를 따르고자 하는 갈망에 대하여, 그리고 새로운 순종에 대하여 자신을 살핌으로써 준비해야 합니다"(대요리문답 171): "그리스도를 향한 갈망"과 "새로운 순종"은 성찬에 합당한 참여를 위한 핵심적 점검 항목입니다. 신자가 성찬을 통해 그리스도와의 연합을 강화하고 구속의 은혜를 새롭게 하는 것은, 곧 성찬 제정의 본래 목적이기도 합니다. 신자는 그리스도와 그분의 은혜를 사슴이 시냇물을 찾듯이(시 42편), 목마른 자가 물을 찾듯이(사 55:1) 간절히 사모해야 합니다. 이러한 영적 갈망이 없는 채로 성찬을 형식적 의식으로 대하는 것은 합당한 태도가 아닙니다. 또한 성찬은 그리스도의 피로 세워진 새 언약의 표지입니다. 그러므로 성찬을 받는 자는 죄 사함의 은혜 위에서 하나님의 뜻을 따라 살고자 하는 새로운 순종의 헌신을 다짐해야 합니다. 이러한 결단은 성찬을 통해 받은 구원의 은혜를 더욱 강화하는 열매가 됩니다.

(7) "그리고 진지하게 묵상하고 열심히 기도하여 이런 은혜들을 새롭게 실천함으로써 준비해야 합니다": 마지막으로, 성찬에 앞서 신자는 적극적이고 능동적인 영적 준비를 해야 합니다. 그는 자신이 받은 은혜—믿음, 회개, 사랑, 용서, 새로운 순종—를 다시 일깨우고, 이것들을 새롭게 실천함으로써 성찬에 합당하게 참여할 준비를 갖추어야 합니다. '새롭게 실천한다'라는 말은, 게으름이나 무관심, 영적 무감각에서 깨어나 다시 덕목을 실천한다는 뜻을 내포합니다. 이를 위해 두 가지 행위가 필요합니다. 첫째는 진지한 묵상입니다. 그리스도의 사역과 그로 인한 은혜를 성경의 진리에 따라 깊이 숙고하는 것입니다. 자신의 죄를 인식하고, 그 죄를 용서하신 그리스도의 사랑을 감사하며, 성찬을 통해 그 은혜를 새롭게 인치시고 보증하시는 뜻

을 묵상해야 합니다. 둘째는 열심 있는 기도입니다. 성령 하나님께 자신의 죄를 고백하고, 그리스도의 사죄와 의롭다 하시는 은혜를 더 깊이 알게 하시며, 성찬을 통해 그리스도와의 연합과 내적 위로를 누리게 해 달라고 간구해야 합니다. 이러한 묵상과 기도는 앞서 말한 은혜들을 새롭게 하여 실천하게 하며, 이를 통해 성찬을 받을 때 약속하신 성찬의 복을 풍성히 누리도록 준비하게 합니다.

적용 질문

1. 성찬에 참여하기 전에 합당한 준비가 왜 필수적인지, 그리고 이것이 신앙고백서 29.8의 경고와 어떤 관계에 있는지 설명할 수 있습니까? 여러분은 주님의 몸과 피에 대하여 죄를 범하지 않기 위해, 성찬을 대하기 전 자신의 마음과 태도를 경건하게 준비하고 계십니까?

2. 자신이 그리스도 안에 있는지를 살핀다는 것은 무엇을 의미하며, 그리스도를 믿는 참된 믿음이 어떤 열매를 맺는지를 이해하고 계십니까? 여러분은 성찬이 새로운 출발의 수단이 아니라 이미 그리스도와 연합한 자에게 은혜를 강화하는 수단임을 깨닫고, 자신 안에 있는 믿음과 회개, 순종의 열매를 다시 점검하고 계십니까?

3. 주의 몸을 분별하는 지식과 그분을 먹는 믿음, 그리고 회개가 왜 성찬의 합당한 참여에 필수적인지 설명할 수 있습니까? 여러분은 성찬의 외적 표징과 그 실체 사이의 신비로운 연합을 믿음으로 이해하며, 단순한 상징이나 의식이 아니라 실제로 그리스도의 은혜에 참여하는 사건으로 성찬을 받

고 계십니까?

4. 성찬에 앞서 사랑과 용서, 그리스도를 향한 갈망과 새로운 순종, 그리고 묵상과 기도를 통한 은혜의 새 실천이 왜 필요한지 이해하십니까? 여러분은 이번 성찬을 준비하면서 형제를 용서하고 화해하며, 진지한 묵상과 간절한 기도로 성령의 도우심을 구하여 그리스도와의 교통을 더욱 깊이 누리기 위해 마음을 다해 준비하고 계십니까?

12월 7일

주의 만찬에 합당한 준비가 되어 있는지를 의심하는 자의 참여

대요리문답 172

대요리문답 172:

문172. 자신이 그리스도 안에 있는지 혹은 주의 만찬에 합당한 준비가 되어 있는지를 의심하는 사람도 주의 만찬에 참여할 수 있습니까?

답. 자신이 그리스도 안에 있는지 혹은 주의 만찬에 합당한 준비가 되어 있는지를 의심하는 사람은, 비록 아직 확신이 없을지라도,[1] 그리스도 안에서 참된 권리를 가질 수 있습니다. 만약 자신의 자격 없음에 대해서 매우 염려하여,[2] 그리스도 안에서 발견되고[3] 악에서 떠나기를 간절히 원한다면,[4] 그는 하나님 보시기에 권리가 있는 것입니다. 이 경우에 (연약하고 의심하는 그리스도인조차도 도움받을 수 있도록 약속이 주어졌으며 또한 그런 목적으로도 성례가 제정되었기 때문에),[5] 그

대요리문답 172: 는 자신의 불신앙을 애통해 하고[6] 자신의 의심을 해결하려고 노력해야 하며,[7] 그렇게 함으로 신앙을 더욱 강화하기 위하여 주의 만찬에 참여할 수 있을 뿐 아니라, 반드시 참여해야 합니다.[8]

1) 사 50:10; 요일 5:13; 시 88편; 77:1-12; 욘 2:4, 7.
2) 사 54:7-10; 마 5:3-4; 시 73:13, 22-23.
3) 빌 3:8-9; 시 10:17; 43:1-2, 5.
4) 딤후 2:19; 사 50:10; 시 66:18-20.
5) 사 40:11, 29, 31; 마 11:28; 12:20; 26:28.
6) 막 9:24.
7) 행 2:37; 16:30.
8) 롬 4:11; 고전 11:28.

말씀 요절

요일 5:13 "내가 하나님의 아들의 이름을 믿는 너희에게 이것을 쓰는 것은 너희로 하여금 너희에게 영생이 있음을 알게 하려 함이라"

마 5:3-4 "심령이 가난한 자는 복이 있나니 천국이 그들의 것임이요 애통하는 자는 복이 있나니 그들이 위로를 받을 것임이요"

딤후 2:19 "그러나 하나님의 견고한 터는 섰으니 인침이 있어 일렀으되 주께서 자기 백성을 아신다 하며 또 주의 이름을 부르는 자마다 불의에서 떠날지어다 하였느니라"

마 11:28 "수고하고 무거운 짐 진 자들아 다 내게로 오라 내가 너희를 쉬게 하리라"

막 9:24 "곧 그 아이의 아버지가 소리를 질러 이르되 내가 믿나이다 나의 믿음 없는 것을 도와 주소서 하더라"

행 16:30 "그들을 데리고 나가 이르되 선생들이여 내가 어떻게 하여야 구원을 받으리이까 하거늘"

고전 11:28 "사람이 자기를 살피고 그 후에야 이 떡을 먹고 이 잔을 마실지니"

◀ 교리 해설

오늘 읽은 대요리문답 172항은 어제 살핀 171항의 논의를 자연스럽게 이어받아, 그로부터 필연적으로 제기되는 질문에 대한 답을 제시합니다. 171항은 성찬에 참여하는 자가 합당하게 참여하기 위해 갖추어야 할 준비를 교훈하며, 이를 소홀히 하거나 무시한 채 성찬에 임할 때 초래되는 위험을 경고합니다.
그런데 이러한 준비의 과정을 거친 후에도 자신이 과연 합당하게 준비되었는지 확신하지 못하는 성도들이 있습니다. 그들은 혹시 성찬에 부적절하게 참여함으로 죄를 범할까 두려워, 오히려 성찬 참여를 주저하거나 피하기도 합니다. 이에 대요리문답 172항은, 성찬이 연약하고 의심하는 신자를 돕기 위한 은혜의 수단임을 분명히 밝히며, 그러한 신자들을 주님의 은혜의 자리로 초대합니다. 이 문답은 확신이 약하다는 사실이 성찬 참여의 부적격함을 의미하지 않으며, 오히려 성찬을 통해 그 믿음과 확신이 더욱 강화될 수 있다는 점을 교훈합니다. 이제 우리는 172항의 내용을 세 부분으로 나누어 살펴보겠습니다.

(1) "자신이 그리스도 안에 있는지 혹은 주의 만찬에 합당한 준비가 되어 있는지를 의심하는 사람은, 비록 아직 확신이 없을지라도, 그리스도 안에서 참된 권리를 가질 수 있습니다": 어제 살핀 대요리문답 171항에 비추어 볼 때, 자신이 과연 그리스도 안에 있는지 혹은 주의 만찬에 참여할 만한 합당한 준비를 갖춘 자인지를 의심하는 신자가 있을 수 있습니다. 대요리문답 172항은 이러한 신자라도 여전히 그리스도 안에서, 그리스도와 그분의 중보적 유익에 대한 언약적이며 법적인 권리(covenantal or legal right)를 가지고 있음을 밝힙니다. 이 문답은 구원의 확신(assurance of salvation)과 구원의 소유(possession of salvation)를 명확히 구별합니다. 비록 주관적으로 구원의 확신을 갖지 못한다 할지라도, 그러한 확신의 결여가 곧 구원의 결여를 의미하지는 않습니다. 구원의 확신이란 자신이 그리스도와 연합하여 구원을 실제로 받았다는 객관적 사실을 주관적으로 인식하고 누리는 일이며, 구원의 소유는 그 객관적 실재를 의미합니다. 그러나 주관적인 확신의 부재가 객관적인 구원의 소유를 부정하지는 않습니다. 그리스도와의 연합 속에서, 신자는 그리스도와 그분의 모든 구속의 유익을 이미 법적으로 소유하고 있으며, 그 사실은 일시적 의심이나 연약한 확신으로 인해 결코 소멸되지 않습니다. 이러한 관계의 원리는 자신이 성찬의 준비를 충분히 하였는지에 대해 의심하는 경우에도 동일하게 적용됩니다. 자신의 믿음과 회개, 사랑이 충분한지에 대한 의심은 불신앙에서 비롯되는 것이 아니라, 오히려 참된 신앙에서 나오는 경건한 자기 성찰의 표현일 수 있습니다. 그러므로 이러한 신자는 성찬의 자리에서 물러나기보다, 오히려 은혜의 수

단을 통해 확신을 새롭게 하고 믿음을 강화하도록 교회의 위로와 격려를 받아야 합니다.

(2) "만약 자신의 자격 없음에 대해서 매우 염려하여, 그리스도 안에서 발견되고 악에서 떠나기를 간절히 원한다면, 그는 하나님 보시기에 권리가 있는 것입니다": 그런데 확신하지 못하는 이유가 성숙한 자기 성찰이 아니라 불신앙에서 비롯된 것은 아닌지를 무엇으로 알 수 있을까요? 이는 하나님께서 보시는 객관적 평가, 곧 하나님의 시선에서 판단되는 신자의 내적 상태를 통해 분별할 수 있습니다. 오늘의 대요리문답은 "하나님 보시기에" 그리스도 안에서 그리스도와 그분의 구속의 유익을 소유한 자로 간주될 수 있는 세 가지 경우를 제시합니다. 첫째는, 성찬에 참여하기를 원하는 자가 자신에게 그리스도와 그분의 구속의 유익을 누릴 자격이 부족하다는 사실을 인식하고, 그 결핍으로 인해 합당하게 마음의 영향을 받고 있는 경우입니다. 이것은 단순히 감정적 불안이나 두려움을 말하는 것이 아니라, 자신의 부족함으로 인해 하나님 앞에서 애통하는 경건한 슬픔을 의미합니다. 이러한 슬픔은 성령의 내적 사역으로 말미암아 일어나는 것이며, 오히려 구원의 은혜가 그 안에서 역사하고 있다는 증거입니다. 둘째는, 그리스도 안에서 발견되기를 진정으로 바라는 경우입니다. 진정한 소원으로 자신이 그리스도 안에 있기를 간절히 바라는 마음은, 하나님 보시기에 이미 그리스도와의 언약적 관계를 가진 자로 인정될 만한 증거입니다. "진정으로" 바라는 신자는 그리스도 안에 있기를 갈망하며, 사도 바울의 고백처럼 "그를 얻고 그 안에서 발견되려 함"(빌 3:8-9)이라는 소원을 품습니다. 또한 바울이 빌립보서 1:20 이하에서 "살든지 죽든지 그리스도가 존귀하게 되기를 바란다"라고 고백한 것처럼, 그리스도와 함께 있기를 바라는 이 갈망은 참된 믿음의 표지입니다. 셋째는, 죄악에서 떠나기를 간절히 바라는 경우입니다. 그리스도 안에 있기를 바라는 진실한 갈망은 필연적으로 죄로부터의 결별을 향한 의지를 동반합니다. 그리스도를 사랑하는 마음은 죄를 미워하는 마

음과 분리될 수 없기 때문입니다. 비록 신자가 연약하여 평생 동안 죄의 잔존 세력으로 인해 넘어질지라도, 그 죄의 상태를 사랑하거나 그 안에 머물지 않고, 끊임없이 돌이키려는 진실한 마음을 가진다면, 하나님께서는 그를 그리스도 안에 있는 자로 인정하시며 주의 만찬에 참여할 수 있는 합당한 권리를 가진 자로 보십니다.

(3) "이 경우에 (연약하고 의심하는 그리스도인조차도 도움받을 수 있도록 약속이 주어졌으며 또한 그런 목적으로도 성례가 제정되었기 때문에), 그는 자신의 불신앙을 애통해 하고 자신의 의심을 해결하려고 노력해야 하며 그렇게 함으로 신앙을 더욱 강화하기 위하여 주의 만찬에 참여할 수 있을 뿐 아니라, 반드시 참여해야 합니다": 대요리문답 172항의 이 구절은 연약한 성도를 향한 강력한 위로의 목회적 권면을 제시합니다. 연약하고 의심하는 그리스도인도 여전히 그리스도 안에 있을 수 있으며, 주의 만찬에 합당한 준비를 한 자로 인정받을 수 있습니다. 자신이 자격 없다고 염려하면서도 그리스도 안에서 발견되기를 간절히 바라고, 죄에서 떠나기를 소망하는 신자는 비록 믿음이 연약하더라도 성찬의 은혜를 받을 수 있습니다. 성찬은 바로 이러한 신자를 믿음 안에서 세우고 도우시기 위하여 주어진 은혜의 수단이기 때문입니다. 성례를 제정하신 그리스도의 목적은 연약한 믿음을 더욱 굳게 세우고, 흔들리는 신앙을 강건하게 하는 데 있습니다. 그러므로 자신이 성찬을 받기에 합당하지 않다는 이유로 성찬을 피하는 일은 오히려 성찬에 나아가야 할 더 큰 이유를 스스로 외면하는 것입니다. 신자는 이러한 사실을 깊이 유념하며, 하나님께서 맺으신 언약의 약속을 신뢰하고, 불신앙이라는 죄의 흔적과 싸워가면서 의심을 극복해야 합니다. 그리고 자신의 믿음이 부족함을 애통해하면서, 그 믿음을 굳게 세우기 위하여 성찬에 참여할 뿐 아니라, 더욱 적극적으로 그렇게 해야 합니다. 여기서 대요리문답은 신자가 단지 성찬의 식탁에 "올 수 있다"라는 가능성을 말하는 데 그치지 않고, "반드시 와서" 참여해야 하는 의무를 명합니다. 그리스도께서

은혜를 베푸시기 위하여 친히 제정하신 성례를 거절하거나 기피하는 것은 그 자체로 잘못된 행위이며, 궁극적으로는 그리스도의 은혜를 받으며 그분의 뜻을 따라 살아가도록 부르신 하나님의 명령에 불순종하는 일입니다.

◨ 적용 질문

1. 대요리문답 172항이 171항과 어떤 관계 속에서 제시되는지를 설명해 보십시오. 확신이 부족한 신자도 성찬에 참여할 수 있다고 가르치는 이 문답의 목적은 무엇입니까? 여러분은 성찬을 준비하는 과정에서 자신의 부족함을 인식할 때 낙심하기보다, 주님께서 연약한 신자를 위하여 성찬을 제정하셨음을 기억하며, 그 자리를 피하지 않고 주님의 초대에 응답하는 겸손한 믿음을 지니기를 원하십니까?

2. 구원의 확신(assurance)과 구원의 소유(possession)를 구별하는 것은 왜 중요한 교리적 구분입니까? 확신이 결여되었다는 사실이 반드시 구원의 결여를 의미하지 않는다는 점을 어떻게 이해해야 합니까? 여러분은 확신이 약한 순간에도 그리스도 안에서 구원의 실재가 결코 흔들리지 않음을 신뢰하며, 의심 가운데서도 주님께 속한 자로서 은혜의 자리를 떠나지 않기를 소망하십니까?

3. 하나님께서 보시는 관점에서, 성찬에 합당한 자로 여겨지는 세 가지 표지는 무엇입니까? 이 표지들이 단순한 감정이나 의지가 아니라 성령의 역사로 나타난다는 사실을 어떻게 설명할 수 있습니까? 여러분은 자신의 마음속에서 일어나는 애통, 그리스도를 향한 갈망, 죄를 미워하는 의지가 성

령의 열매임을 인정하고, 이러한 내적 표지가 있을 때마다 하나님께서 여러분을 그리스도 안에 있는 자로 보신다는 사실을 믿음으로 확신하십니까?

4. 대요리문답 172항은 연약하고 의심하는 신자에게 성찬에 참여할 "허락"만을 말합니까, 아니면 "의무"까지 말합니까? 성찬을 피하는 태도가 왜 불순종의 행위가 될 수 있습니까? 여러분은 자신이 연약하다는 이유로 성찬을 회피하지 않고, 오히려 주님의 은혜의 식탁으로 나아가 믿음을 새롭게 하며, 그리스도의 명령에 순종함으로 자신의 신앙을 더욱 굳건히 세워가기를 결단하십니까?

12월 8일

주의 만찬에 참여를 금해야 하는 경우

대요리문답 173

대요리문답 173:

문173. 신앙을 고백하고 주의 만찬에 참여하고 싶어 하는 사람을 참여하지 못하게 할 수 있습니까?

답. 신앙을 고백하고 주의 만찬에 참여하고 싶어 하는 마음이 있을지라도 무지하거나 아주 잘못된 일이 드러나면, 가르침을 받아들이고 변화된 것을 드러내기까지는[1] 그리스도께서 그분의 교회에 부여하신 권세로 이들이 성찬에 참여하지 못하게 할 수 있고, 또 반드시 그렇게 해야 합니다.[2]

1) 고후 2:7.
2) 고전 11:27-31; 마 7:6; 고전 5장; 유 1:23; 딤전 5:22.

◨ 말씀 요절

고후 2:7 "그런즉 너희는 차라리 그를 용서하고 위로할 것이니 그가 너무 많은 근심에 잠길까 두려워하노라"

고전 11:27-31 "그러므로 누구든지 주의 떡이나 잔을 합당하지 않게 먹고 마시는 자는 주의 몸과 피에 대하여 죄를 짓는 것이니라 사람이 자기를 살피고 그 후에야 이 떡을 먹고 이 잔을 마실지니 주의 몸을 분별하지 못하고 먹고 마시는 자는 자기의 죄를 먹고 마시는 것이니라 그러므로 너희 중에 약한 자와 병든 자가 많고 잠자는 자도 적지 아니하니 우리가 우리를 살폈으면 판단을 받지 아니하려니와"

마 7:6 "거룩한 것을 개에게 주지 말며 너희 진주를 돼지 앞에 던지지 말라 그들이 그것을 발로 밟고 돌이켜 너희를 찢어 상하게 할까 염려하라"

유 1:23 "또 어떤 자를 불에서 끌어내어 구원하라 또 어떤 자를 그 육체로 더럽힌 옷까지도 미워하되 두려움으로 긍휼히 여기라"

딤전 5:22 "아무에게나 경솔히 안수하지 말고 다른 사람의 죄에 간섭하지 말며 네 자신을 지켜 정결하게 하라"

◨ 교리 해설

오늘 읽은 대요리문답 173항은 앞서 살핀 171항과 172항의 논의에서 자연스럽게 이어지는 질문을 다룹니다. 171항은 주의 만찬에 합당하게 참여하기 위해 신자가 준비해야 할 것이 무엇인지를 교훈하였고, 172항은 비록 자신이 충분히 준비되지 못했다고 느끼는 신자일지라도, 그리스도와 그의 구속의 유익에 대한 언약적·법적 권리를 소유하고 있다는 증거가 있다면 성찬에 참여해야 할 의무가 있음을 가르쳤습니다. 이제 173항에서는, 성찬에 참여하기를 원하더라도 그리스도의 몸을 분별할 지식이 없고 자신을 살피는 경건한 성찰이 결여되었으며, 심각한 잘못이 드러난 자는 성찬에 참여하지 못하도록 금지되어야 함을 교훈합니다.

이렇게 전체의 흐름은 성찬에 합당한 준비(171항), 연약한 신자에 대한 위로와 권면(172항), 부적격자의 참여 금지(173항)라는 세 단계로 전개됩니다. 즉, 준비, 위로와 참여 의무, 권징에 의한 금지의 순서입니다. 이제 이러한 맥락에 따라 대요리문답 173항의 내용을 세 부분으로 나누어 살펴보겠습니다.

(1) "신앙을 고백하고 주의 만찬에 참여하고 싶어 하는 마음이 있을지라도 무지하거나 아주 잘못된 일이 드러나면 … 이들이 성찬에 참여하지 못하게 할 수 있고, 또 반드시 그렇게 해야 합니다": 이 문장은 성찬 참여를 금지해야 할 대상이 있음을 선언합니다. 이들은 비록 입술로 신앙을 고백하고 외적으로는 참여의 열망을 보일지라도, 그 신앙고백이 참된 믿음의 열매로 검증되지 못한 외식적이거나 형식적인 신앙이기 때문입니다. "무지하거나 아주 잘못된 일"이 드러난다는 것은 두 가지를 의미합니다. 첫째, 그리스도의 몸을 분별할 지식의 결여입니다. 성찬의 표징이 단순한 빵과 포도주가 아니라, 말씀의 교훈에 따라 그리스도의 몸과 피, 곧 그의 대속적 죽음과 새 언약의 은혜를 의미하며, 성령의 역사로 믿음 안에서 그리스도 자신과 그의 구속의 유익을 받는 것임을 깨닫는 지식이 있어야 합니다. 이러한 분별이 없는 자는 성찬에 참여할 자격이 없습니다. 둘째, 자기 성찰의 결여와 도덕적 일탈입니다. 자신을 돌아보는 경건이 결핍되어 교회의 거룩함과 질서를 훼손하거나, 그리스도의 이름과 복음의 명예를 더럽히는 행위가 드러난 자는 성찬에 참여해서는 안 됩니다.

이러한 금지는 단지 개인과 하나님 사이의 문제로 한정되지 않습니다. 주의 만찬은 그리스도의 몸 된 교회의 거룩함과 질서를 나타내는 언약적 표지이기 때문입니다. 그러므로 교회는 이러한 자들에 대해 성찬 참여를 "금지할 수 있는" 선택의 여지가 아니라, 반드시 "금지해야 하는" 의무를 집행해야 합니다. 이는 곧 교회의 권징(Discipline) 가운데 하나인 수찬정지(Suspension from the Lord's Table)의 형태로 시행됩니다.

성찬의 권징이 실질적인 교훈의 효과를 가지려면, 교회는 주의 만찬을 정기적으로(예: 3개월에 한 번 이상) 시행하는 것이 바람직합니다. 이렇게 할 때 권징의 목적은 단순한 배제에 있지 않고, 회개와 회복을 촉진하여 성도들이 다시금 합당하게 성찬에 참여하도록 돕는 데 있습니다.

(2) "가르침을 받아들이고 변화된 것을 드러내기까지는": 이와 같은 성찬 참여의 금지는 언제까지 지속되어야 할까요? 성찬은 연약한 신자의 믿음을 강화하는 은혜의 수단이므로, 교회는 단지 금지 자체에 머물러서는 안 됩니다. 금지의 목적은 회복이며, 그 회복을 위해 교회는 가르침(teaching)과 권면(instruction and admonition)의 사역을 계속해야 합니다. 수찬정지의 상태에 있는 자가 다시금 성찬에 합당하게 참여하기 위해서는, 교회의 인내로운 가르침을 통하여 믿음의 지식을 갖추고, 참된 신앙고백을 드러내며, 드러난 중대한 잘못에 대해 진심으로 회개하고, 거룩한 삶으로 변화되는 경건의 열매를 맺어야 합니다.

교회, 특히 당회(Session)는 이러한 변화의 열매가 신앙의 진정성과 삶의 갱신으로 나타났는지를 분별해야 합니다. 당회가 그가 충분히 교정되고 신앙의 회복에 이르렀다고 판단할 경우, 수찬정지의 권징을 해벌하고, 사랑으로 공동체와의 교제를 회복시켜야 합니다. 이것이 바로 권징의 본래 목적입니다. 교회의 권징은 단순히 죄인을 배제하기 위한 수단이 아니라, 회개를 통해 그리스도의 몸 안에서의 교제와 연합을 다시 세우는 은혜의 수단입니다.

(3) "그리스도께서 그분의 교회에 부여하신 권세로": 이러한 수찬정지의 권징과 그 해벌은 교회에 주신 권세로 행하는 일입니다. 그리스도께서는 교회에 성찬의 거룩함을 보존하도록 하시며, 이를 위해 교회에게 "성찬의 울타리"(fencing the table)라고 불리는 성찬 문지기의 직무를 맡기셨습니다. 이 표현은 단지 형식적 절차를 의미하지 않습니다. 성찬의 울타리는 교회가 주님의 명령에 따라 성찬에 합당하지 않은 자의 참여를 경계하고, 합당한 자가 복되게 참여하도록 돕는 영적 보호의 사역을 뜻합니다. 이는 그리스도께서 교회에 위임하신 권징권의 한 부분입니다. 그러므로 교회는 권징의 권세를 그리스도에게서 위임받은 청지기로서 행사해야 하며, 이 권세는 사람을 판단하거나 정죄하기 위한 것이 아니라, 사랑과 회복을 위한 은혜의 수단으로 사용되어야 합니다. 이와 같이 성찬의 거룩함을 지키고, 죄인을 회개로 이끌며, 성도의 교제를 회복시키는 일을 통하여, 교회는 그리스도의 몸으로서의 거룩함을 보존하고 세상 가운데 복음의 증거를 지속적으로 드러내게 됩니다.

◀ 적용 질문

1. 대요리문답 173항이 왜 171항과 172항의 뒤를 이어 제시되었습니까? 이 세 문답은 어떤 논리적 흐름 속에서 성찬의 교훈을 전개하고 있습니까? 여러분은 성찬이 단지 위로와 은혜의 수단일 뿐 아니라, 교회의 거룩함을 보존하는 권징의 방편임을 기억하며, 성찬의 자리에 나아갈 때 경외심과 진실한 준비로 자신을 살피는 마음을 가지고 있습니까?

2. 성찬 참여가 금지되어야 하는 "무지하거나 아주 잘못된 일"이란 구체적

으로 무엇을 가리킵니까? 이러한 무지와 잘못이 성찬의 본질과 어떤 관계가 있습니까? 여러분은 성찬이 단순한 예식이 아니라 그리스도의 구속을 믿음으로 참여하는 거룩한 교통임을 명심하며, 성찬을 준비할 때마다 자신의 죄를 돌아보고 회개함으로 주님의 은혜를 더욱 깊이 누리고 계십니까?

3. 교회가 수찬정지를 시행하는 목적은 무엇입니까? 왜 교회는 단순한 징벌이 아니라 회복을 위한 권징을 행해야 합니까? 여러분은 교회의 권징을 징벌이나 배제의 수단으로 여기지 않고, 주님의 사랑으로 회개와 회복을 이루기 위한 은혜의 수단으로 받아들이며, 징계를 통해 더욱 성숙한 믿음과 순종으로 나아가기를 소망하십니까?

4. 교회의 권징권은 어떤 근거 위에 세워졌으며, 그 목적은 무엇입니까? 교회가 "성찬의 울타리(fencing the table)"라는 사명을 감당한다는 것은 어떤 의미입니까? 여러분은 교회의 권세가 사람을 정죄하기 위한 것이 아니라 사랑과 회복을 이루기 위한 주님의 권세임을 인정하며, 교회의 질서와 교훈을 겸손히 받아들이고, 몸 된 교회의 거룩함을 함께 지켜 나가기를 결단하십니까?

12월 9일

주의 만찬을 받는 사람에게 요구되는 일

대요리문답 174

대요리문답 174:

문174. 주의 만찬의 성례를 시행할 때 이것을 받는 사람에게 요구되는 것이 무엇입니까?

답. 주의 만찬을 받는 사람에게 요구되는 것은 성찬이 시행되는 동안 모든 거룩한 경외심과 집중력을 가지고 이 규례에서 하나님을 바라는 것입니다.[1] 성례의 요소들과 행동을 주의해서 살펴보면서,[2] 주의 몸을 주의 깊게 분별하고,[3] 그분의 죽음과 고난을 애정을 담아 묵상해야 합니다.[4] 그럼으로써 자신이 받은 은혜가 힘 있게 역사하도록 열심을 내야 하는데,[5] 자신을 살피고[6] 죄를 슬퍼하는 일에서,[7] 그리스도에 대하여 진정으로 주리고 목말라 하고,[8] 믿음으로 그리스도를 받아 먹고,[9] 그분의 충만함으로부터 받으며,[10] 그분의 공로를

대요리문답 174:

의지하고,[11] 그분의 사랑을 기뻐하며,[12] 그분의 은혜에 대하여 감사하는 일에서,[13] 그리고 하나님의 언약과[14] 모든 성도에[15] 대한 사랑을 새롭게 하는 일에서 열심을 내야 합니다.

1) 레 10:3; 히 12:28; 시 5:7; 고전 11:17, 26-27.

2) 출 24:8; 마 26:28.

3) 고전 11:29.

4) 눅 22:19.

5) 고전 11:26; 10:3-5, 11, 14.

6) 고전 11:31.

7) 슥 12:10.

8) 계 22:17.

9) 요 6:35.

10) 요 1:16.

11) 빌 3:9.

12) 시 63:4-5; 대하 30:21.

13) 시 22:26.

14) 렘 50:5; 시 50:5.

15) 행 2:42.

◗ **말씀 요절**

레 10:3 "모세가 아론에게 이르되 이는 여호와의 말씀이라 이르시기를 나는 나를 가까이 하는 자 중에서 내 거룩함을 나타내겠고 온 백성 앞에서 내 영광을 나타내리라 하셨느니라 아론이 잠잠하니"

출 24:8 "모세가 그 피를 가지고 백성에게 뿌리며 이르되 이는 여호와께서 이 모든 말씀에 대하여 너희와 세우신 언약의 피니라"

고전 11:29 "주의 몸을 분별하지 못하고 먹고 마시는 자는 자기의 죄를 먹고 마시는 것이니라"

눅 22:19 "또 떡을 가져 감사 기도 하시고 떼어 그들에게 주시며 이르시되 이것은 너희를 위하여 주는 내 몸이라 너희가 이를 행하여 나를 기념하라 하시고"

고전 11:31 "우리가 우리를 살폈으면 판단을 받지 아니하려니와"

슥 12:10 "내가 다윗의 집과 예루살렘 주민에게 은총과 간구하는 심령을 부어 주리니 그들이 그 찌른 바 그를 바라보고 그를 위하여 애통하기를 독자를 위하여 애통하듯 하며 그를 위하여 통곡하기를 장자를 위하여 통곡하듯 하리로다"

계 22:17 "성령과 신부가 말씀하시기를 오라 하시는도다 듣는 자도 오라 할 것이요 목마른 자도 올 것이요 또 원하는 자는 값없이 생명수를 받으라 하시더라"

요 6:35 "예수께서 이르시되 나는 생명의 떡이니 내게 오는 자는 결코 주리지 아니할 터이요 나를 믿는 자는 영원히 목마르지 아니하리라"

요 1:16 "우리가 다 그의 충만한 데서 받으니 은혜 위에 은혜러라"

빌 3:9 "그 안에서 발견되려 함이니 내가 가진 의는 율법에서 난 것이 아니요 오직 그리스도를 믿음으로 말미암은 것이니 곧 믿음으로 하나님께로부터 난 의라"

시 22:26 "겸손한 자는 먹고 배부를 것이며 여호와를 찾는 자는 그를 찬송할 것이라 너희 마음은 영원히 살지어다"

시 50:5 "이르시되 나의 성도들을 내 앞에 모으라 그들은 제사로 나와 언약한 이들이니라 하시도다"

행 2:42 "그들이 사도의 가르침을 받아 서로 교제하고 떡을 떼며 오로지 기도하기를 힘쓰니라"

교리 해설

오늘 읽은 대요리문답 제174항은 성찬이 시행되는 동안 수찬자가 취해야 할 바른 태도에 대해 교훈합니다. 앞선 문답들은 성찬 참여의 전 과정을 단계적으로 다루었습니다. 먼저 171항은 성찬에 참여하기 위해 미리 갖추어야 할 준비의 태도를 가르치며, 172항은 준비가 충분하지 않다고 느끼는 신자라도 성찬에 참여해야 할 의무를 권면합니다. 이어 173항은 신앙을 고백하고 참여를 원한다 하더라도 성찬 참여가 금지되어야 할 사람들에 대해 교훈합니다. 그리고 오늘의 174항은 이러한 흐름의 마지막 단계로서, 성찬에 실제로 참여하는 동안 수찬자의 마음과 자세가 어떠해야 하는지를 교훈합니다. 이 항의 내용을 우리는 네 가지 주제로 나누어 살펴보겠습니다.

(1) "주의 만찬을 받는 사람에게 요구되는 것은 성찬이 시행되는 동안 모든 거룩한 경외심과 집중력을 가지고 이 규례에서 하나님을 바라는 것입니다": 성찬에 참여할 때 유의해야 할 것은, 성찬식이 예배의 한 형태라는 사실입니다. 예배는 오직 하나님을 경배하고, 하나님께서 베푸시는 은혜를 사모하며 받는 시간입니다. 그러므로 성찬식에서 모든 신자는 하늘로부터 내리시는 은혜를 굳은 신뢰로 바라보며 기다려야 합니다. 성찬을 통해 우리는 긍휼과 자비와 공의로우신 하나님을 바라보며, 은혜 언약 아래 택하신 자기 백성을 위해 독생자를 내어주신 하나님의 사랑을 찬송하고 경배해야 합니다. 이를 위하여 대요리문답은 '거룩한 경외심과 주의를 기울이며, 온전히, 전적으로, 완전하게, 전심으로 하나님을 바라볼 것'을 교훈합니다. 수찬자는 성찬에 참여할 때 단순히 받는 수동적 자세에 머물러서는 안 되며, 이러한 경건한 마음과 자세로 능동적 참여자가 되어야 합니다. 성찬은 하나님께 드리는 예배의 한 부분이므로, 수찬자는 마음을 다해 하나님의 은혜를 사모하고 바라보는 능동적이고 전심 어린 예배자의 태도를 지녀야 합니다.

(2) "성례의 요소들과 행동을 주의해서 살펴보면서, 주의 몸을 주의 깊게 분별하고, 그분의 죽음과 고난을 애정을 담아 묵상해야 합니다": 성찬이 시행되는 동안 신자는 성찬의 규례를 제정하신 그리스도의 뜻을 깊이 생각해야 합니다. 성찬의 표지가 가리키는 실체, 곧 그리스도의 몸과 피가 의미하는 그분의 죽으심과 그로 인한 죄 사함, 그리고 그분 안에서 누리는 모든 구속의 유익을 묵상하며, 하나님의 긍휼과 자비와 공의를 함께 생각해야 합니다. 성찬의 외적 요소와 행위를 주의 깊게 살피면서, 빵과 포도주가 그리스도의 몸과 피를 표징한다는 사실을 기억해야 합니다. 이를 통해 신자는 그리스도의 죽으심으로 말미암은 구속의 은혜를 더욱 확신하며, 그 은

혜를 찬송하고 감사하는 마음으로 사랑과 경외의 마음을 담아 그리스도의 고난과 죽음을 묵상해야 합니다. 이 모든 묵상은 단순히 머리로만 아는 지식에 머물러서는 안 됩니다. 신자는 자신이 그리스도의 죽음과 그 은혜의 실재를 마음으로 믿고, 감사와 사랑으로 응답하고 있는지를 스스로 살펴야 합니다.

(3) "그럼으로써 자신이 받은 은혜가 힘 있게 역사하도록 열심을 내야 하는데, 자신을 살피고 죄를 슬퍼하는 일에서, 그리스도에 대하여 진정으로 주리고 목말라 하고, 믿음으로 그리스도를 받아 먹고, 그분의 충만한 데서 받으며, 그분의 공로를 의지하고, 그분의 사랑을 기뻐하며, 그분의 은혜에 대하여 감사하는 일에서 … 열심을 내야 합니다": '거룩한 경외심과 주의를 기울이며, 온전히, 전적으로, 완전하게, 전심으로' 하나님을 바라보면서, 동시에 그리스도께서 행하신 일을 깊이 묵상하며, 빵과 포도주를 통해 표지된 그리스도의 몸과 피를 믿음으로 먹고 마실 때, 수찬자는 받은 은혜로 인해 자신 안에서 영적인 유익이 더욱 강화되도록 열심을 내야 합니다. 구체적으로, 신자는 자신을 살피며(고전 11:28-31) 자신에게서 발견되는 죄를 슬퍼하는 마음이 더욱 깊어져야 합니다. 그리하여 그 마음이 의에 주리고 목마른 심령으로 변화되어야 하며(시 42:1-2), 그리스도께서 값없이 베푸시는 의를 믿음으로 받아, 그분의 공로만을 온전히 신뢰해야 합니다. 또한, 하나님과 연합하신 그리스도께서 주시는 생명과 은혜와 평강의 복을 그분의 충만함으로부터 누리기 위해 힘써야 합니다. 아울러, 구속의 은혜를 받은 성도로서 그리스도를 지극히 사랑하며, 감사의 찬송과 삶의 제사를 드리는 일에 마음을 북돋아야 합니다. 실제로 성찬에 참여하는 가운데 신자는 믿음으로 그리스도의 의를 자신의 것으로 받아 먹으며(빌 3:9), 그리스도의 충만함으로부터 나오는 소망의 위로를 가득히 받고(요 1:16), 그리스도를 사랑하는 마음을 새롭게 하며, 주님을 향한 열심을 더욱 강화해야 합니다.

(4) "그리고 하나님과의 언약과 모든 성도에 대한 사랑을 새롭게 하는 일에

서 열심을 내야 합니다": 이처럼 거룩한 경외심과 열정으로 그리스도의 구속 사역을 바라보며, 성찬을 통해 우리의 믿음을 새롭게 하시고 언약을 확증하시는 하나님과의 관계를 새롭게 하는 결단이 있어야 합니다. 다시 말해, 성찬은 단지 은혜를 받는 예식이 아니라 하나님께 마음을 새롭게 헌신하며, 하나님께서 우리의 아버지이시고 우리가 하나님의 자녀임을 언약적으로 재확인하는 시간이 되어야 합니다. 그리하여 신자는 이에 합당한 헌신과 순종의 마음을 하나님께 드려야 합니다. 또한 성찬은 개인과 하나님 사이의 관계를 넘어, 성도 상호 간의 언약적 교제와 연합을 새롭게 하는 자리입니다. 성도는 은혜 언약 아래 한 몸을 이루는 지체들임을 기억하며(고전 10:17), 성찬을 통해 서로 간의 사랑과 교제가 더욱 분명하고 강화되도록 힘써야 합니다(요 13:34-35).

적용 질문

1. 성찬에 참여할 때 성찬식을 예배의 한 형태로 이해하는 것이 왜 중요합니까? 성찬을 예배로 이해할 때 신자는 어떤 태도와 마음으로 임해야 합니까? 여러분은 성찬에 참여할 때 수동적인 자세를 벗어나, 하나님께 드리는 예배자로서 전심으로 그분의 은혜를 사모하며 능동적으로 참여하고 계십니까?

2. 성찬이 시행되는 동안 신자가 성찬의 외적 요소와 행위를 주의 깊게 살펴야 하는 이유는 무엇입니까? 빵과 포도주가 상징하는 그리스도의 몸과 피가 신자에게 어떤 신앙적 의미를 주나요? 여러분은 성찬의 표지를 볼 때마다 단순한 형식으로 여기지 않고, 그리스도의 죽음이 자신을 위한 실

제적 은혜임을 믿음으로 되새기며 감사와 사랑으로 응답하고 계십니까?

3. 성찬에 참여하는 신자가 자신을 살피며 죄를 슬퍼하고 의에 주리고 목말라해야 하는 이유는 무엇입니까? 이러한 마음이 그리스도의 의를 믿음으로 받는 일과 어떻게 연결됩니까? 여러분은 성찬 때마다 자신의 죄를 애통해하며, 그리스도의 공로를 의지하는 믿음으로 새로워져, 감사와 사랑으로 주님께 헌신하고 계십니까?

4. 성찬이 하나님과의 언약을 새롭게 할 뿐 아니라, 성도 간의 사랑과 연합을 강화하는 예식이라는 것은 무슨 뜻입니까? 왜 성찬이 교회의 하나 됨을 드러내는 자리라고 말할 수 있습니까? 여러분은 성찬을 통해 하나님과의 언약적 관계뿐 아니라, 성도와의 사랑과 교제를 새롭게 하며, 교회의 하나 됨을 기쁨과 감사로 지켜가고 계십니까?

12월 10일

주의 만찬을 받은 후에 행하여야 할 일

대요리문답 175

대요리문답 175:

문175. 주의 만찬을 받은 후에 그리스도인이 행할 의무는 무엇입니까?

답. 주의 만찬을 받은 후에 그리스도인은 주의 만찬에서 어떻게 행하였으며, 어떤 결과가 있었는지 신중히 생각해야 합니다.[1] 만일 소생함과 위로를 받았으면 하나님을 찬송하고,[2] 은혜의 지속을 간구하며,[3] 이 은혜에서 다시 떨어지지 않도록 주의하고,[4] 서원한 것을 시행하며,[5] 성찬에 자주 참여하도록 힘써야만 합니다.[6] 그러나 당장 아무런 유익을 얻지 못했다면, 자신이 이 성례를 어떻게 준비했고 어떤 태도로 임했는지 더 면밀하게 돌아봐야 합니다.[7] 만일 이들이 이 두 가지에서 하나님 앞과 자신의 양심에 비추어 떳떳하다면, 적절한 대요리문답 175: 때에 그 열매가 나타날 것을 기다려야 합니다.[8] 만일 이들이 어느 편에서든지 실패했음을 깨달았으면, 스스로 낮추고[9] 다음에는 더 많은 주의와 부지런함으로 성찬에 참여해야 합니다.[10]

1) 시 28:7; 85:8; 고전 11:17, 30-31.
2) 대하 30:21-23, 25-26; 행 2:42, 46-47.
3) 시 36:10; 아 3:4; 대상 29:18.
4) 고전 10:3-5, 12.
5) 시 50:14.
6) 고전 11:25-26; 행 2:42, 46.
7) 아 5:1-6.
8) 시 123:1-2; 42:5, 8; 43:3-5.
9) 대하 30:18-19; 사 1:16, 18.
10) 고후 7:11; 대상 15:12-14.

◀ 말씀 요절

시 28:7 "여호와는 나의 힘과 나의 방패이시니 내 마음이 그를 의지하여 도움을 얻었도다 그러므로 내 마음이 크게 기뻐하며 내 노래로 그를 찬송하리로다"

대하 2:42, 46-47 "그들이 사도의 가르침을 받아 서로 교제하고 떡을 떼며 오로지 기도하기를 힘쓰니라 … 날마다 마음을 같이하여 성전에 모이기를 힘쓰고 집에서 떡을 떼며 기쁨과 순전한 마음으로 음식을 먹고 하나님을 찬미하며 또 온 백성에게 칭송을 받으니 주께서 구원 받는 사람을 날마다 더하게 하시니라"

시 36:10 "주를 아는 자들에게 주의 인자하심을 계속 베푸시며 마음이 정직한 자에게 주의 공의를 베푸소서"

시 50:14 "감사로 하나님께 제사를 드리며 지존하신 이에게 네 서원을 갚으며"

고전 11:25-26 "식후에 또한 그와 같이 잔을 가지시고 이르시되 이 잔은 내 피로 세운 새 언약이니 이것을 행하여 마실 때마다 나를 기념하라 하셨으니 너희가 이 떡을 먹으며 이 잔을 마실 때마다 주의 죽으심을 그가 오실 때까지 전하는 것이니라"

시 43:5 "내 영혼아 네가 어찌하여 낙심하며 어찌하여 내 속에서 불안해 하는가 너는 하나님께 소망을 두라 그가 나타나 도우심으로 말미암아 내 하나님을 여전히 찬송하리로다"

사 1:16, 18 "너희는 스스로 씻으며 스스로 깨끗하게 하여 내 목전에서 너희 악한 행실을 버리며 행악을 그치고 … 여호와께서 말씀하시되 오라 우리가 서로 변론하자 너희의 죄가 주홍 같을지라도 눈과 같이 희어질 것이요 진홍 같이 붉을지라도 양털 같이 희게 되리라"

고후 7:11 "보라 하나님의 뜻대로 하게 된 이 근심이 너희로 얼마나 간절하게 하며 얼마나 변증하게 하며 얼마나 분하게 하며 얼마나 두렵게 하며 얼마나 사모하게 하며 얼마나 열심 있게 하며 얼마나 벌하게 하였는가 너희가 그 일에 대하여 일체 너희 자신의 깨끗함을 나타내었느니라"

◀ 교리 해설

오늘 읽는 대요리문답 175항은 성찬식에 참여한 후, 성찬을 통해 받은 은혜를 지속적으로 유지해야 할 성도의 의무를 교훈합니다. 만일 아무런 유익을 얻지 못했다면, 자신의 성찬 참여 태도가 어떠했는지를 살피고 더욱 부지런히 성찬에 참여해야 하며, 은혜의 때를 기다리며 성찬의 은혜를 간구해야 함을 가르칩니다. 본 문답의 교훈은 크게 네 가지 내용으로 살펴볼 수 있습니다.

(1) "주의 만찬을 받은 후에 그리스도인은 주의 만찬에서 어떻게 행하였으며, 어떤 결과가 있었는지 신중히 생각해야 합니다": 성찬은 단순히 참여하는 것으로 그 목적과 요구를 이루는 외적인 의식이 아닙니다. 성찬은 성례전적 연합을 통해, 빵과 포도주가 표지하는 그리스도의 몸과 피를 믿음으로 먹고 마시는 은혜를 받는 영적 양식입니다. 이것은 하늘로부터 내리시는 그리스도의 은혜를 받고, 우리 마음을 그리스도께로 올려드려 그분과 연합하는 신비로운 은혜의 수단입니다.

따라서 성찬을 받은 후에는 자신이 이러한 영적 양식을 받기에 합당한 믿음으로 성찬에 참여하였는지를 살펴야 합니다. 또 성찬에서 받은 은혜를 감사하면서, 다시 그리스도의 은혜를 구하며 성찬을 통해 누리는 연속적이고 순환적인 은혜의 간구가 자신에게 있었는지를 점검해야 합니다. 구체적으로 이러한 '성찬 후의 자기 점검'(probatio post sacrum)은 자신이 참된 지식과 믿음으로 성찬을 알고 믿었는지, 또한 회개와 사랑의 열매를 맺고 있는지를 확인하는 것입니다. 이는 수찬자가 스스로 돌아보며, 자신이 어떠한 마음으로 이 복된 성찬의 자리에 나아왔는지를 진지하게 생각하는 일을 요구합니다.

성찬 후의 자기 점검에 대한 교훈이 필요한 이유는, 성찬이 한 번의 행위로 끝나는 것이 아니기 때문입니다. 그리스도께서는 성찬 규례를 제정하실 때, 성도로 하여금 지속적으로 행함으로써 그리스도의 중보의 유익을 새기고, 영적 양식을 받아 주님과의 연합을 새롭게 인식하며 강화되기를 바라셨습니다. 이러한 성찬의 성격을 고려할 때, 성찬은 단회적인 것이 아닙니다. 예배 때마다 시행하거나, 최소한 1년에 네 차례 이상은 행하여 성찬 제정의 의도가 실현되도록 해야 합니다. 이번 성찬에서 자신이 어떻게 행하였고 어떤 유익을 누렸는지를 살펴, 다음 성찬에서는 그 유익이 자신의 믿음과 삶에 더 많이, 더 깊이, 더 풍성하게 미치도록 해야 합니다. 이를 위해 성실하게 외적인 참여를 할 뿐 아니라, 신중한 내적 점검을 지속해야 합니다.

(2) "만일 소생함과 위로를 받았으면 하나님을 찬송하고, 은혜의 지속을 간구하며, 이 은혜에서 다시 떨어지지 않도록 주의하고, 서원한 것을 시행하며, 성찬에 자주 참여하도록 힘써야만 합니다.": 자기를 점검한 결과, 성찬에서 유익을 얻은 경우와 그렇지 못한 경우의 두 가지를 확인하게 됩니다. 이 가운데 유익을 얻은 경우는 아래에서, 그렇지 못한 경우는 다음 (3) 항목에서 각각 살펴보겠습니다.

먼저, 만일 영적인 각성과 함께 소생함과 위로의 유익을 얻었다면, 이는 성령 하나님의 은혜로 말미암아 성찬의 성례전적 연합을 통해 영적 양식을 믿음으로 먹고 마셨으며, 그리스도와의 연합이 새롭게 되었음을 의미합니다. 대요리문답은 이러한 은혜를 받은 성도가 마땅히 행해야 할 다섯 가지 경건의 실천 사항을 제시합니다.

첫째, 하나님을 찬송하는 일입니다. 자신이 받은 모든 유익이 하나님께서 베푸신 은혜로 말미암은 것임을 알고 감사해야 합니다. 성도는 성찬이 표지하는 영적 실체, 곧 그리스도의 구속 사역에 감사하며, 성찬에 참여하여 그 영적 유익을 누리게 된 일이 하나님의 은혜임을 인정하고 찬송해야 합니다.
둘째, 이러한 은혜가 지속되기를 간구해야 합니다. 성찬의 은혜를 실제로 누린 사람은 다음 성찬에서도 계속해서 은혜의 유익을 얻기를 바라는 신앙의 의지와 소망을 품게 됩니다. 이러한 간구는 성찬의 유익을 참으로 경험한 자에게서 자연스럽고 필연적으로 나타나는 열매입니다.
셋째, 성찬에서 받은 은혜에서 다시 떨어지지 않도록 주의해야 합니다. 성찬의 유익을 경험한 후, 그 열매가 믿음의 진보로 이어지기를 기대하지만, 실제로는 영적 나태함이나 죄의 유혹에 넘어갈 위험이 있습니다. 그러므로 성도는 항상 영적으로 깨어 있어야 하며, 이 땅에서 죄와 싸우는 지속적인 영적 투쟁 속에 있음을 기억해야 합니다. 성찬에서 큰 은혜를 경험했다고 하더라도, 그때 받은 영적 충만함에 안주하여 교만이나 태만에 빠질 위험이 있음을 유의해야 합니다. 하나님의 말씀을 겸손히 듣고 자신을 살피며, 기도로 하나님의 도우심을 구하는 경건의 훈련을 게을리한다면, 성찬을 통해 강화된 은혜의 유익을 잃게 될 것입니다.
넷째, 서원을 실천하는 일입니다. 성찬을 받으면서 자신이 행한 회개와 헌신의 서원을 성실히 이행해야 합니다. 성찬 중에 새롭게 결단한 약속들을 실제 삶에서 실천할 때, 성찬의 유익이 지속되고 은혜에서 멀어지지 않게 됩니다. 성찬의 은혜는 결심으로 끝나는 것이 아니라, 그 결심이 행함으로 이어질 때 더욱 견고히 보존됩니다.
다섯째, 성찬에 자주 참여하는 일입니다. 성찬 참여는 그리스도께서 "이를 행하여 나를 기념하라"(눅 22:19; 고전 11:24-25)고 명하신 신자의 의무입니다. 그러므로 성찬은 자주 시행되어야 하며, 성도는 그때마다 기꺼이 참여하기에 힘써야 합니다. 성찬을 제정하신 그리스도의 뜻에 순종하는 일은 마땅한 의무이며, 성찬을 통해 약속하신 영적 양식을 먹는 일은 영적 생명을 받은 자에게 필수적인 일입니다. 이는 결코 가끔 행하는 임의적 행위가 아닙니다. 또한 성찬에 참여함으로써 성도는 혼자가 아니라 언약 공동체인 교회의 다른 지체들과 함께 연합을 누리며, 서로 한 몸을 이루는 교회의 기쁨을 경험합니다. 이러한 사랑과 교제의 기쁨은 성찬을 통해서만 누릴 수 있습니다. 그러므로 교회는 성찬 예식을 자주 시행해야 하며, 성도는 그 은혜의 자리에 빠지지 않고 참여해야 합니다.

(3) "그러나 당장 아무런 유익을 얻지 못했다면, 자신이 이 성례를 어떻게 준비했고 어떤 태도로 임했는지 더 면밀하게 돌아봐야 합니다": 그런데 이와 달리, 성찬을 통해 이번에는 영적 소생함이나 위로와 같은 유익을 누리지 못했다면 어떻게 해야 할까요? 대요리문답은 이러한 경우에 성찬의 효과를 의심하거나, 자신의 믿음을 확신하지 못하여 스스로 낙심하는 일이 없어야 한다고 교훈합니다. 성찬의 효과는 하나님께서 약속하신 은혜입니다. 그러므로 그 약속을 의심할 이유가 없습니다. 이 경우 대요리문답이 권고하는 바는, (1) 성찬 참여를 위한 준비와 (2) 성찬 중의 태도에 관한 점검입니다.

먼저, 성찬을 준비하는 과정에 대한 점검을 위해서는 12월 6일에 살핀 대요리문답 171항을 참고하는 것이 도움이 됩니다. 인용하면 다음과 같습니다. "먼저 자신이 그리스도 안에 있는지에 대하여, 자신의 죄와 부족함에 대하여, 지식과 믿음과 회개, 그리고 하나님과 형제들을 향한 사랑, 모든 사람을 향한 자비, 자기에게 잘못한 사람에 대한 용서가 진실하고 충분한지에 대하여, 또한 그리스도를 따르고자 하는 갈망과 새로운 순종에 대하여 자신을 살핌으로써 준비해야 합니다. 그리고 진지하게 묵상하고 열심히 기도하여 이러한 은혜들을 새롭게 실천함으로써 준비해야 합니다." 이상의 내용에 대한 자세한 해설은 12월 6일의 주석을 참조하시기 바랍니다.

다음으로, 성찬 중의 태도와 관련하여 점검해야 할 사항은 어제 살핀 대요리문답 174항의 교훈을 참고할 수 있습니다. 그 요점은 네 가지로 정리됩니다. 첫째, 거룩한 경외심과 집중력으로 성찬이 시행되는 동안 하나님을 바라보았는가를 살핍니다. 둘째, 성례의 요소들과 행동을 주의 깊게 살피며,

주의 몸을 분별하고 그분의 죽음과 고난을 사랑과 애정으로 묵상하였는가를 살핍니다. 셋째, 자기 성찰과 회개, 믿음의 갈망, 감사의 표현이 있었는지를 살핍니다. 곧, 죄를 슬퍼하고, 그리스도께 주리고 목말라 하며, 믿음으로 그리스도를 받아 먹고, 그분의 충만에서 받으며, 그분의 공로를 의지하고, 그분의 사랑을 기뻐하며, 그분의 은혜에 감사하였는가를 돌아봅니다. 넷째, 하나님과의 언약과 성도들에 대한 사랑을 새롭게 하는 일에 힘썼는가를 살핍니다. 대요리문답은 이러한 점검을 통해 자신의 내적인 상태를 살피고, 성찬에 참여함에 있어 합당한 믿음과 지식으로 임했는지를 확인해야 한다고 교훈합니다. 자세한 내용은 어제 살핀 해설 부분을 다시 참고하시기 바랍니다.

(4) "만일 이들이 이 두 가지에서 하나님 앞과 자신의 양심에 비추어 떳떳하다면, 적절한 때에 그 열매가 나타날 것을 기다려야 합니다. 만일 이들이 어느 편에서든지 실패했음을 깨달았으면, 스스로 낮추고 다음에는 더 많은 주의와 부지런함으로 성찬에 참여해야 합니다": 자신을 살펴보았으나, 성례에 대한 준비나 참여 태도에 특별한 문제가 없음에도 영적인 각성이나 일깨움, 위로를 느끼지 못했다면 어떻게 해야 할까요?

먼저, 자신의 태도에 문제가 있는지 여부는 "하나님 앞과 자신의 양심"에 비추어 판단해야 합니다. 이때 양심에 따라 판단한다는 것은 단순히 주관적이거나 감정적인 자기 확신을 의미하지 않습니다. 오히려 성경의 교훈에 비추어 자신을 정직하게 살피는 일을 뜻합니다. 구체적으로 세 가지 기준이 있습니다. 첫째, 성경의 교훈에 비추어 합당한지를 살피는 일입니다. 둘째, 양심이 말씀에 비추어 죄를 회개하고 그리스도의 구속의 은혜를 의지하고 있는지를 정직하게 점검하는 일입니다. 셋째, 자신의 부족함에도 불구하고, 복음의 은혜 안에서 하나님께서 자신을 받아 주신다는 사실을 믿고, 성령의 평안과 위로를 누리는지를 확인하는 일입니다. 이 세 가지 점 중 어느 하나라도 완전하지 않다고 느낀다 하더라도, 그로 인해 자신을 정죄해서는 안 됩니다. 점검의 핵심은 '완전성'이 아니라 양심의 정직성에 있습니다.

다음으로 양심 앞에서 떳떳하다면 이제 필요한 것은 "기다림"입니다. 성령께서 반드시 영적인 열매를 맺게 하실 것이기 때문입니다. 성령 하나님께서 성찬 가운데 역사하심을 믿으며, 이미 말씀을 통해 주신 은혜를 더욱 굳건히 붙잡고, 성찬을 통해 더해질 은혜를 인내하며 기다려야 합니다.

반대로, 만일 성찬 전의 준비나 참여 태도에 분명한 부족함이 있었다면, 이제 해야 할 일은 자신을 겸손히 낮추는 것입니다. 이 말은 자신을 과도하게 비하하라는 뜻이 아니라, 오히려 다음과 같은 태도를 의미합니다. 첫째, 성찬의 규례나 성령의 주권적 사역에 대해 불평하거나 의문을 제기하지 않는 일, 둘째, 성찬의 유익을 받는 것도 전적으로 하나님의 은혜임을 인정하는 일, 셋째, 하나님께서 가장 적절한 때에 은혜를 맛보게 하실 것임을 신뢰하며 기다리는 일입니다.

그리고 겸손히 낮추면서, 더욱 주의 깊고 부지런하게 성찬에 참여하는 일을 계속해야 합니다. 성찬의 은혜를 누리지 못했다는 이유로 성찬을 멀리해서는 안 됩니다. 성찬은 반복적으로 시행되는 은혜의 수단이기에, 이번에 유익을 얻지 못했다 하더라도, 그것을 오히려 다음 성찬에서 더 진실하게 은혜를 사모하며 참여하도록 이끄는 동기로 삼아야 합니다.

◀ 적용 질문

1. 성찬은 단순히 참여하는 의식이 아니라, 신자가 그리스도의 은혜에 참예하는 거룩한 수단입니다. 여러분은 성찬 후에 자신이 어떤 마음으로 참여했는지를 돌아보며, 그 자리를 통해 하나님께서 주신 은혜를 어떻게 감사하고 지켜가고 있습니까?

2. 성찬을 통해 위로와 영적 소생을 경험한 신자는 그 은혜가 오래 지속되도록 힘써야 합니다. 여러분은 하나님께 받은 은혜를 찬송과 감사로 표현하며, 그 은혜가 식지 않도록 말씀과 기도로 지켜가고 있습니까?

3. 때로는 성찬에서 즉각적인 감동이나 유익을 느끼지 못할 때도 있습니다. 여러분은 그런 순간에도 낙심하지 않고, 자신의 준비와 태도를 점검하며, 하나님의 약속이 여전히 신실하게 역사하고 있음을 신뢰하고 있습니까?

4. 성찬의 은혜를 당장 느끼지 못할 때도 하나님께서는 합당한 때에 열매를 주십니다. 여러분은 성령께서 일하심을 믿고 겸손히 기다리며, 더욱 주의 깊고 부지런하게 다음 성찬을 준비하고 있습니까?

12월 11일

세례와 주의 만찬이 일치하는 점

대요리문답 176

대요리문답 176:

문176. 세례와 주의 만찬은 어떤 점에서 일치합니까?

답. 세례와 주의 만찬은 둘 다 창시자가 하나님이시라는 점에서,[1] 이 둘의 영적 부분은 그리스도와 그분의 은택이라는 점에서,[2] 둘 다 같은 언약의 인장이라는 점에서,[3] 둘 다 복음의 사역자가 시행하고 그 밖의 누구에 의해서도 시행될 수 없다는 점에서,[4] 그리고 주님께서 재림하실 때까지 그리스도의 교회에서 계속되어야 한다는 점에서 일치합니다.[5]

1) 마 28:19; 고전 11:23.
2) 롬 6:3-4; 고전 10:16.
3) 롬 4:11; 골 2:11-12; 마 26:27-28.

> 대요리문답
> 176:
>
> 4) 요 1:33; 마 28:19; 고전 11:23, 4:1; 히 5:4.
> 5) 마 28:19-20; 고전 11:26.

◀ 말씀 요절

마 28:19-20 "그러므로 너희는 가서 모든 민족을 제자로 삼아 아버지와 아들과 성령의 이름으로 세례를 베풀고 내가 너희에게 분부한 모든 것을 가르쳐 지키게 하라 볼지어다 내가 세상 끝날까지 너희와 항상 함께 있으리라 하시니라"

고전 11:23 "내가 너희에게 전한 것은 주께 받은 것이니 곧 주 예수께서 잡히시던 밤에 떡을 가지사"

롬 6:3-4 "무릇 그리스도 예수와 합하여 세례를 받은 우리는 그의 죽으심과 합하여 세례를 받은 줄을 알지 못하느냐 그러므로 우리가 그의 죽으심과 합하여 세례를 받음으로 그와 함께 장사되었나니 이는 아버지의 영광으로 말미암아 그리스도를 죽은 자 가운데서 살리심과 같이 우리로 또한 새 생명 가운데서 행하게 하려 함이라"

고전 10:16 "우리가 축복하는 바 축복의 잔은 그리스도의 피에 참여함이 아니며 우리가 떼는 떡은 그리스도의 몸에 참여함이 아니냐"

골 2:11-12 "또 그 안에서 너희가 손으로 하지 아니한 할례를 받았으니 곧 육의 몸을 벗는 것이요 그리스도의 할례니라 너희가 세례로 그리스도와 함께 장사되고 또 죽은 자들 가운데서 그를 일으키신 하나님의 역사를 믿음으로 말미암아 그 안에서 함께 일으키심을 받았느니라"

고전 11:26 "너희가 이 떡을 먹으며 이 잔을 마실 때마다 주의 죽으심을 그가 오실 때까지 전하는 것이니라"

◀ 교리 해설

오늘 읽은 대요리문답 176항은 지금까지 살펴본 성례의 두 부분, 곧 세례와 성찬의 공통점을 정리해 줍니다. 이를 통해 성례의 본질적 특징을 확인할 수 있습니다. 본 항의 내용을 다섯 가지로 나누어 차례대로 살펴보겠습니다.

(1) "세례와 주의 만찬은 둘 다 창시자가 하나님이시라는 점에서": 세례와 주의 만찬은 교회가 고안하여 전통으로 세운 예식이 아닙니다. 두 성례 모두 하나님께서 친히 제정하신 것입니다(참조: 신앙고백서 27.1). 이 사실은 성경에서도 분명히 확인됩니다. 세례는 "모든 민족을 제자로 삼아 아버지와 아들과 성령의 이름으로 세례를 베풀라"(마 28:19) 하신 그리스도의 명령에 근거합니다. 성찬은 그리스도께서 잡히시기 전날 제자들을 모아 빵과 포도주를 나누어 주시며 "이것은 너희를 위하여 주는 내 몸이라, 너희가 이를 행하여 나를 기념하라"(눅 22:19)고 말씀하신 명령에 근거합니다.

이와 같이 그리스도의 명령에 근거한 성례는 모두 신적 기원을 가지므로, 단순한 상징적 의식에 그치지 않습니다. 오히려 성례는 하나님의 은혜를 제시하고, 믿음으로 받는 자에게 실제로 그 은혜를 전달하는 수단과 통로입니다. 그러므로 하나님께서는 믿음으로 성례에 참여하는 자에게 성례를 통해 제시하신 자신의 약속을 반드시 이루실 것임을 보증하십니다.

따라서 성례는 그리스도께서 제정하신 하나님의 은혜의 규례이므로, 사람이 임의로 폐지하거나 변형하거나 변경하여 시행해서는 안 됩니다.

(2) "이 둘의 영적 부분은 그리스도와 그분의 은택이라는 점에서": 성례 가운데 세례는 물을, 성찬은 빵과 포도주를 각각 외적 요소로 합니다. 이 외적 요소들은 단순한 물질이 아니라, 하나님의 은혜를 표하는 표지(sign)로 주어졌습니다. 세례와 성찬은 이러한 표지를 통하여 가리키는 영적 실체, 곧 하나님의 구속 은혜를 나타냅니다. 외적 표지와 그것이 가리키는 영적 실체 사이에는 성례전적 연합이라 불리는 신비한 관계가 작용합니다(참조: 신앙고백서 27.2; 대요리문답 163). 이때 외적 표지가 표지하는 실체는 오직 예수 그리스도와 그의 구속 사역으로 말미암아 주어지는 영적 은택과 유익들입니다. 성례전적 연합의 신비로 말미암아, 세례는 비록 물로 받지만, 실제로(really) 믿음으로 받는 자는 그리스도의 죽으심과 부활에 연합하여 누리는 새 생명을 받습니다(참조: 신앙고백서 28.1; 대요리문답 165; 소요리문답 94). 또한 성찬은 비록 빵과 포도주로 먹고 마시지만, 실제로(really) 믿음으로 받는 자는 그리스도의 죽으심으로 인한 죄 사함과, 그로부터 주어지는 의인됨·하나님의 자녀됨·영원한 생명 등 모든 영적 은택을 누립니다(참조: 신앙고백서 29.7).

(3) "둘 다 같은 언약의 인장이라는 점에서": 성례는 단순한 표지(sign)일 뿐 아니라, 그 표지가 가리키는 실체가 참되고 확실함을 보증하는 인장(seal)입니다. 성례는 표지를 통하여 표지되는 실체, 곧 그리스도와 그의 구속 사역의 유익을 베푸시는 은혜언약이 참되고 확실하다는 사실을 보증하고 확증합니다(참조: 신앙고백서 27.1). 성례가 단순한 상징을 넘어 상징하는 바를 실제로 보증하고 확증할 수 있는 근거는, 성례를 제정하신 분이 바로 은혜언약을 주시고 성취하시는 하나님이시기 때문입니다. 다시 말해, 은혜언약을 세우시고 실행하시는 하나님께서 그 언약을 표지하는 성례를 제정하셨으므로, 성례는 단지 표지로 머무르지 않고 언약의 진실성을 보증하는 인장이 됩니다.

(4) "둘 다 복음의 사역자가 시행하고 그 밖의 누구에 의해서도 시행될 수 없다는 점에서": 성례의 집례는 반드시 복음의 사역자, 곧 목사에 의해서만 시행되어야 합니다. 그 이유는 다음과 같습니다. 첫째, 성례는 교회에 주신 공적 은혜의 수단이기 때문입니다. 이러한 은혜의 수단은 오직 합법적으로 부름을 받고 위임을 받은 말씀 사역자에 의하여 시행되어야 합니다(참조: 신앙고백서 27.4). 성례는 하나님께서 은혜를 베푸시는 특별한 통로이므로, 그 집행은 교회의 가시적 질서 안에서, 사도들과 그들을 계승한 말씀의 증인들인 목사들에 의해 시행되어야 합니다. 둘째, 성례가 참된 효력을 가지려면, 그것이 합법적으로 시행되어야 합니다. 성례 시행의 합법성은 집례자가 합법적으로 임직받은 말씀 사역자이어야 한다는 데 있습니다. 왜냐하면 성례는 그리스도께서 제정하신 말씀에 따라 행해져야 하는 규례이며, 이 제정의 말씀을 선포하고 시행할 권세는 말씀 사역자에게만 위임되었기 때문입니다.

(5) "그리고 주님께서 재림하실 때까지 그리스도의 교회에서 계속되어야 한다는 점에서 일치합니다": 성례는 그리스도의 교회가 이 땅에 존재하는 동안 계속 시행되어야 할 규례입니다. 그리스도께서 재림하셔서 구속 사역을 완성하신 이후에는, 그리스도와 그의 유익을 상징하는 표지가 더 이상 필요하지 않게 될 것입니다. 성례는 종말의 날이 오기까지, 곧 그리스도의 오심과 죽으심을 전하는 교회가 존재하는 동안 지속되어야 합니다. 재림의 날이 이르면, 성도는 보이는 표를 통해 보이지 않는 영적 실체를 믿음으로 받는 일을 더 이상 필요로 하지 않게 됩니다. 그때에는 그리스도와 직접 대면하여 교통하는 영광의 교제를 누리게 될 것이기 때문입니다. 따라서 성례는 이미 임한 그리스도의 나라와, 아직 완성을 기다리는 종말론적 긴장의 시기 속에서 교회에 주신 은혜의 수단입니다. 그리고 그리스도께서 재림하실 때, 성도는 믿음으로가 아니라 실제로 어린 양의 혼인 잔치(계 19:9)에 참여하게 될 것입니다. 이 날에 이르기까지, 성례는 그 효과를 지니며 교회

안에서 지속적으로 시행되어야 합니다.

◀ **적용 질문**

1. 세례와 성찬이 모두 하나님께서 친히 제정하신 성례라는 사실은, 이 두 예식의 권위와 성격을 어떻게 이해하게 합니까? 또한 성례가 단순한 교회의 전통이나 인간의 의식이 아니라 신적 기원을 가진 은혜의 규례라면, 여러분은 성례를 집례하거나 참여할 때 어떤 마음과 태도로 임하시겠습니까?

2. 세례의 물과 성찬의 빵과 포도주는 단순한 외적 요소가 아니라 그리스도의 은혜를 가리키는 표지로 주어졌습니다. 이러한 성례전적 연합의 신비는 성례가 단순한 상징이 아니라 실제로 은혜를 전달하는 수단임을 보여줍니다. 여러분은 성례에 참여할 때 눈에 보이는 표지를 넘어, 그 속에 임재하셔서 은혜를 베푸시는 그리스도를 믿음으로 바라보며 참여하고 있습니까?

3. 성례가 같은 언약의 인장으로서 은혜언약의 확실함을 보증한다는 것은 어떤 의미입니까? 하나님께서 친히 성례를 제정하셨기에 그 약속의 신실성이 확증된다고 할 때, 여러분은 성례를 받을 때마다 하나님께서 그리스도 안에서 맺으신 언약을 반드시 이루신다는 사실을 믿음으로 신뢰하고 계십니까?

4. 성례가 오직 합법적으로 부름을 받고 임직받은 복음의 사역자에 의해 시행되어야 하며, 주께서 재림하실 때까지 교회 안에서 계속되어야 한다는 교훈은 왜 중요합니까? 여러분은 하나님께서 세우신 교회의 질서를 존중하

며, 말씀과 성례의 직분을 통하여 주시는 은혜를 겸손히 받고, 성례를 통해 이미 임한 하나님의 나라를 맛보며 장차 완성될 영광의 날을 소망하고 있습니까?

세례와 주의 만찬이 다른 점

대요리문답 177

대요리문답 177:

문177. 세례와 주의 만찬은 어떤 점에서 다릅니까?

답. 세례와 주의 만찬이 다른 점은 세례는 우리의 중생과 그리스도께 접붙여진 것의 표지와 인장으로서 물을 가지고 단 한 번만 시행되며,[1] 유아에게도 동일하게 시행되는 데 비해서,[2] 주의 만찬은 자주 시행되고, 떡과 포도주라는 요소들로 영혼의 신령한 양식이 되시는 그리스도를 표현하고 제시하며,[3] 우리가 그분 안에 계속 있고 자라감을 확증하는 것으로,[4] 오직 자신을 살필 수 있는 나이에 이르러 그런 능력을 가진 사람에게만 시행되는 점에서 다릅니다.[5]

1) 마 3:11; 딛 3:5; 갈 3:27.

대요리문답	2) 창 17:7, 9; 행 2:38-39; 고전 7:14.
177:	3) 고전 11:23-26.
	4) 고전 10:16.
	5) 고전 11:28-29.

◐ 말씀 요절

마 3:11 "나는 너희로 회개하게 하기 위하여 물로 세례를 베풀거니와 내 뒤에 오시는 이는 나보다 능력이 많으시니 나는 그의 신을 들기도 감당하지 못하겠노라 그는 성령과 불로 너희에게 세례를 베푸실 것이요"

딛 3:5 "우리를 구원하시되 우리가 행한 바 의로운 행위로 말미암지 아니하고 오직 그의 긍휼하심을 따라 중생의 씻음과 성령의 새롭게 하심으로 하셨나니"

창 17:7 "내가 내 언약을 나와 너 및 네 대대 후손 사이에 세워서 영원한 언약을 삼고 너와 네 후손의 하나님이 되리라"

행 2:38-39 "베드로가 이르되 너희가 회개하여 각각 예수 그리스도의 이름으로 세례를 받고 죄 사함을 받으라 그리하면 성령의 선물을 받으리니 이 약속은 너희와 너희 자녀와 모든 먼 데 사람 곧 주 우리 하나님이 얼마든지 부르시는 자들에게 하신 것이라 하고"

고전 11:23-26 "내가 너희에게 전한 것은 주께 받은 것이니 곧 주 예수께서 잡히시던 밤에 떡을 가지사 축사하시고 떼어 이르시되 이것은 너희를 위하는 내 몸이니 이것을 행하여 나를 기념하라 하시고 식후에 또한 그와 같이 잔을 가지시고 이르시되 이 잔은 내 피로 세운 새 언약이니 이것을 행하여 마실 때마다 나를 기념하라 하셨으니 너희가 이 떡을 먹으며 이 잔을 마실 때마다 주의 죽으심을 그가 오실 때까지 전하는 것이니라"

고전 10:16 "우리가 축복하는 바 축복의 잔은 그리스도의 피에 참여함이 아니며 우리가 떼는 떡은 그리스도의 몸에 참여함이 아니냐"

고전 11:28-29 "사람이 자기를 살피고 그 후에야 이 떡을 먹고 이 잔을 마실지니 주의 몸을 분별하지 못하고 먹고 마시는 자는 자기의 죄를 먹고 마시는 것이니라"

교리 해설

오늘 읽는 대요리문답 제177항은 세례와 주의 만찬이 동일하게 성례이면서도 서로 어떤 점에서 다른지를 교훈합니다. 네 가지 주제별로 두 성례의 차이점을 살펴보겠습니다.

(1) "세례는 … 단 한 번만 시행되며 … 주의 만찬은 자주 시행되고": 세례와 성찬의 가장 분명한 차이점은 시행 횟수에서 확인됩니다. 세례는 단 한 번만 시행되어야 합니다. 그 까닭은, 물로 받는 세례가 신자가 그리스도와 함께 죽고 그분과 함께 살아 새 생명을 누리기 시작하게 됨을 상징하기 때문입니다. 이러한 물의 세례로 표지되는 사건은 성령의 은혜로 신자가 그리스도의 몸에 연합하는 단 한 번의 사건을 나타냅니다. 그리스도와의 연합은 한 번 주어지는 구속 사건입니다. 사람이 육체적으로 다시 태어날 수 없

듯이, 그리스도와 연합하여 새 생명으로 거듭나는 일도 단 한 번뿐입니다. 따라서 성령으로 새롭게 생명을 받았음을 가시적으로 상징하는 물의 세례도 한 번만 시행되어야 합니다.

반면 성찬은 반복적으로 시행됩니다. 성찬은 그리스도의 희생을 기념하고, 그분의 죽으심을 그가 다시 오실 때까지 선포하는 의미를 가집니다(고전 11:26). 이러한 의미를 지닌 성찬은 그리스도의 죽으심으로 인하여 나타나는 구속의 효력을 선포하고 적용하는 은혜의 수단(means of grace)입니다. 성도는 성찬의 자리에서 그리스도와의 친밀한 교제를 누리며, 종말에 그리스도께서 재림하실 때 이루어질 어린양의 혼인 잔치의 기쁨을 미리 맛봅니다. 그러므로 성찬은 가능한 한 자주 시행하여, 구속의 은혜와 종말론적 잔치의 기쁨을 지속적으로 누리며, 그리스도와의 연합과 성도 간의 교제가 더욱 견고히 세워지도록 해야 합니다.

(2) "세례는 … 물을 가지고 … 주의 만찬은 … 떡과 포도주라는 요소들로": 성례는 외적이고 감각적인 표지와 그것으로 표시되는 내적이고 영적인 은혜라는 두 요소로 구성됩니다(참조: 대요리문답 163문). 세례의 외적 요소는 물이며, 성찬의 외적 요소는 빵과 포도주입니다. 이러한 외적 요소들은 그리스도께서 성례를 제정하실 때 친히 정하신 것이므로, 교회는 그 의미를 임의로 바꾸거나 다른 것으로 대체할 수 없습니다. 성례의 외적 표지는 하나님의 언약적 은혜를 감각적으로 보여주는 표이며, 그 안에서 신자는 믿음으로 그 은혜의 실체를 받습니다. 세례의 외적 요소인 물은, 물이 몸의 더러움을 씻어내듯이, 그리스도의 은혜로 죄 사함을 받고 죄의 오염에서 깨끗하게 되었음을 인치는 표입니다. 물이 상징하는 영적 실체는 죄의 씻음과 정결이며, 또한 성령으로 거듭남과 그로 인한 새 생명으로의 탄생입니다. 세례는 신자가 그리스도와 연합하여 옛사람이 죽고 새사람으로 살아나게 되었음을 나타내며, 그 은혜를 인치는 하나님의 표징이 됩니다. 그러므로 물세례는 단순한 외적 행위가 아니라, 성령의 내적 사역을 가시적으로

보여주는 언약의 표이자 인입니다.

이에 반해, 성찬의 외적 요소인 빵과 포도주는 그리스도의 죽으신 몸과 흘리신 피를 상징합니다. 빵과 포도주가 육체의 생명을 유지하듯이, 성도는 믿음으로 그리스도를 받아 먹으며 그분과 교제함으로써 영적 생명을 유지하고 강화하는 은혜를 누립니다. 또한 포도주와 잔은 그리스도께서 말씀하신 바에 따라 새 언약의 상징이 됩니다. 성찬의 빵과 포도주를 받아 먹음으로 성도는 그리스도의 새 언약 백성으로서의 복을 기쁨으로 누리고, 그 사실을 확증받습니다. 아울러 성도는 성찬을 통해 그리스도께서 다시 오셔서 베푸실 기쁨의 잔치, 곧 어린양의 혼인 잔치에 초대받은 자로서의 소망을 품습니다. 성찬의 자리는 단지 과거의 구속 사건을 기념하는 자리일 뿐 아니라, 장차 완성될 하나님의 나라를 미리 맛보는 자리입니다. 그리스도와 교제하는 이 은혜의 식탁에서 신자는 현재와 미래의 은혜를 함께 경험하며, 종말의 기쁨을 미리 누리는 친밀한 교제 속으로 초대받습니다.

(3) "세례는 우리의 중생과 그리스도께 접붙여진 것의 표지와 인장으로서 … 주의 만찬은 … 영혼의 신령한 양식이 되시는 그리스도를 표현하고 제시하며, 우리가 그분 안에 계속 있고 자라감을 확증하는 것으로": 성례는 표지이면서 동시에 인장입니다. 이 가운데 세례는 지난 11월 17일에 읽은 대요리문답 제165항이 서술하듯, "물로 씻음이 곧 그리스도께 접붙임 받음과 그분의 피로 죄 사함 받음과 성령님에 의한 거듭남과 양자됨, 그리고 영생에 이르는 부활의 표지와 인장"입니다. 성례는 단지 표지(sign)일 뿐 아니라 인장(seal)이기도 하므로, 하나님께서는 외적 요소로 표지된 그 영적 실체를 실제로 주실 것을 보증하십니다. 이는 그 영적 실체가 하나님의 은혜 안에서 이미 약속된 것이기 때문입니다. 세례는 중생의 표이자 인장일 뿐 아니라, 동시에 그리스도께 접붙여진 것의 표와 인장입니다. 그리스도께 접붙임 받는다는 것은 세례를 통해 성도가 그리스도의 몸 된 교회 안으로 들어오며, 하나님 나라의 시민으로 인침받았음을 의미합니다. 세례는 이러한

언약적 사실에 대한 공적 인침(public sealing)입니다.

주의 만찬 또한 표지이며 인장입니다. 주의 만찬에서 빵과 포도주라는 외적 요소가 표지하는 바는 곧 그리스도의 몸과 피입니다. 이것이 상징하는 것은 그리스도의 구속 사역으로 말미암아 신자에게 주어지는 모든 유익입니다. 대요리문답 제177항은 주의 만찬이 표하고 인치는 내용을 세 가지로 요약합니다.

첫째, 주의 만찬은 영혼의 신령한 양식이 되시는 그리스도를 표하고 인칩니다. 그리스도의 찢기신 몸과 흘리신 피를 상징하는 빵과 포도주는 그리스도의 죽으심을 나타내며, 이를 실재로 제시함으로써 믿음으로 받는 자의 영혼을 살리고 양육하는 생명의 양식이 됩니다.

둘째, 주의 만찬은 그리스도 안에 거함을 확증합니다. 세례가 그리스도 안에 들어가는 단회적 입문의 사건을 인치는 것이라면, 성찬은 그리스도 안에서 계속 머물러 거하는 은혜 가운데 있음을 확증합니다. 성찬을 통해 성도는 그리스도에게서 영적 양식을 받아먹으며, 그분과의 연합 안에서 지속적인 교제와 친밀한 교통을 누리고 있음을 확신하게 됩니다.

셋째, 주의 만찬은 그리스도 안에서 자라남을 확증합니다. 여기서 자라남은 곧 성화를 의미합니다. 마치 육체가 음식으로 자라나듯이, 영혼의 양식인 성찬은 신자가 그리스도를 아는 지식과 은혜 안에서 더욱 성장하도록 합니다. 그리하여 성찬을 통하여 성도는 더욱 회개하며 순종하고, 그리스도를 사랑하는 데로 자라나게 됩니다.

(4) "세례는 … 유아에게도 동일하게 시행되는 데 비해서 … 주의 만찬은 … 오직 자신을 살필 수 있는 나이에 이르러 그런 능력을 가진 사람에게만 시행되는 점에서 다릅니다": 세례는 유아에게도 시행됩니다. 구약의 할례가 신앙 있는 부모의 자녀들에게 베풀어졌던 것은, 그들 또한 외적으로 언약 공동체 안에 속한 자로 받아들여졌기 때문입니다. 신약의 세례 역시 은혜 언약의 연속성 안에서 구약의 할례를 대체하는 표로 주어졌으므로, 신자

인 부모의 자녀들에게도 베풀어져야 합니다. 부모와 교회는 세례를 받은 자녀가 언약 백성의 일원으로 자라나, 장차 자신의 믿음으로 은혜 언약에 합당한 고백을 하도록 신앙 안에서 양육해야 합니다. 유아세례는 대상인 유아의 구원을 직접적으로 보증하는 표가 아니라, 그가 언약 공동체에 속해 있다는 신분을 나타내는 표입니다.

반면 성찬은 오직 자신을 살펴 자신의 죄를 회개하고, 진정한 믿음으로 성찬에 참여하는지를 분별할 수 있는 사람에게만 허락됩니다. 성찬의 참여자는 단지 빵과 포도주를 먹는 것이 아니라, 그것이 표지하는 바, 곧 찢기신 그리스도의 몸과 흘리신 피를 믿음으로 받는 것임을 분별할 수 있어야 합니다. 이러한 제한이 주어지는 이유는 신앙고백서 제29.8이 밝히듯, 성찬에 합당하지 않게 참여하는 것이 죄가 되기 때문입니다. 그러므로 성찬은 단순히 예식에 참여하는 행위가 아니라, 스스로를 살피고 준비하여 참여할 수 있는 믿음의 성숙이 요구되는 성례입니다.

◀ 적용 질문

1. 왜 세례는 단 한 번만 시행되고 성찬은 반복적으로 시행되어야 할까요? 세례와 성찬이 각각 무엇을 나타내며 어떤 관계 속에서 주어지는지 깊이 생각해 보십시오. 여러분은 한번 주어진 세례의 은혜가 이미 그리스도와의 연합을 뜻함을 기억하며, 성찬을 통해 그 은혜 안에 머물러 날마다 새롭게 자라가기를 소망하십니까?

2. 세례의 외적 요소가 물이고 성찬의 외적 요소가 빵과 포도주인 것은 어떤 이유일까요? 그리스도께서 왜 각각의 성례에 서로 다른 표지를 주셨

는지를 묵상해 보십시오. 여러분은 세례의 물이 상징하는 정결의 은혜를 기억하며 죄를 멀리하고 있습니까? 또 성찬의 빵과 포도주를 받을 때마다 그리스도의 몸과 피를 믿음으로 받는 신앙으로 참여하고 있습니까?

3. 왜 성례를 표지이자 인장이라고 부를까요? 하나님께서 성례를 통해 우리에게 무엇을 보여주시고 확증하시는지를 생각해 보십시오. 여러분은 세례를 통해 주신 구원의 약속을 신뢰하며, 성찬을 통해 오늘도 하나님께서 그 약속을 확증하심을 믿고 감사로 응답하고 있습니까?

4. 왜 세례는 유아에게도 베풀어지지만 성찬은 그렇지 않을까요? 두 성례가 각각 어떤 성숙의 단계를 전제하고 있는지 깊이 생각해 보십시오. 여러분은 자녀들이 세례로 언약 공동체 안에 속한 자로 자라나, 장차 자신들의 믿음으로 성찬에 참여하도록 돕고 있습니까? 또 여러분 자신은 성찬의 자리마다 자신을 살피며, 그리스도의 몸을 분별하는 경건한 마음으로 참여하고 있습니까?

날마다 양식으로 읽는
웨스트민스터 표준교리 Ⅵ

30장.

교회 권징

12월 13일

교회 정치와 교회 직원

신앙고백서 30.1

신앙고백서 30.1 교회의 왕이시며 머리이신 주 예수님께서 교회 정치를 국가 통치자의 손이 아니라 교회 직원들에게 맡기셨다.[1]

1) 사 9:6-7; 딤전 5:17; 살전 5:12; 행 20:17-18; 히 13:7, 17, 24; 고전 12:28; 마 28:18-20.

말씀 요절

사 9:6-7 "이는 한 아기가 우리에게 났고 한 아들을 우리에게 주신 바 되었는데 그의 어깨에는 정사를 메었고 그의 이름은 기묘자라, 모사라, 전능하신 하나님이라, 영존하시는 아버지라, 평강의 왕이라 할 것임이라 그 정사와 평강의 더함이 무궁하며 또 다윗의 왕좌와 그의 나라에 군림하여 그 나라를 굳게 세우고 지금 이후로 영원히 정의와 공의로 그것을 보존하실 것이라 만군의 여호와의 열심이 이를 이루시리라"

딤전 5:17 "잘 다스리는 장로들은 배나 존경할 자로 알되 말씀과 가르침에 수고하는 이들에게는 더욱 그리할 것이니라"

살전 5:12 "형제들아 우리가 너희에게 구하노니 너희 가운데서 수고하고 주 안에서 너희를 다스리며 권하는 자들을 너희가 알고"

히 13:7, 17, 24 "하나님의 말씀을 너희에게 일러 주고 너희를 인도하던 자들을 생각하며 그들의 행실의 결말을 주의하여 보고 그들의 믿음을 본받으라 … 너희를 인도하는 자들에게 순종하고 복종하라 그들은 너희 영혼을 위하여 경성하기를 자신들이 청산할 자인 것 같이 하느니라 그들로 하여금 즐거움으로 이것을 하게 하고 근심으로 하게 하지 말라 그렇지 않으면 너희에게 유익이 없느니라 … 너희를 인도하는 자들과 및 모든 성도들에게 문안하라 이달리야에서 온 자들도 너희에게 문안하느니라"

고전 12:28 "하나님이 교회 중에 몇을 세우셨으니 첫째는 사도요 둘째는 선지자요 셋째는 교사요 그다음은 능력을 행하는 자요 그다음은 병 고치는 은사와 서로 돕는 것과 다스리는 것과 각종 방언을 말하는 것이라"

교리 해설

오늘 읽은 웨스트민스터 신앙고백서 제30.1은, 교회가 권징을 시행할 권세의 근원이 무엇이며, 또한 그 권세를 누가 행사하는가를 가르칩니다. 이 조항은 특별히 세속 군주가 교회의 수장이라 주장하는 에라스투스주의(Erastianism)를 명백히 반박하며, 동시에 극단적 회중주의(Congregationalism)와 로마 가톨릭의 교황주의(Papism)를 함께 배격하는 교리적 의도를 내포합니다.

이제 신앙고백서의 내용을 이 세 가지 교회정치 이론과 비교하여 차례로 살펴보겠습니다. 신앙고백서 제30.1은 웨스트민스터 총회에서 에라스투스파와 장로파 사이에 벌어진 치열한 논쟁을 반영하고 있습니다. 에라스투스주의는 스위스 신학자 토마스 에라스투스(Thomas Erastus, 1524-1583)의 이름에서 유래한 교회 정치 이론입니다. 에라스투스는 주 예수 그리스도께서 교회의 왕이시며 머리이심을 부인하지 않았습니다. 그러나 그는 그리스도의 왕권이 오직 영적이고 내적인 통치, 곧 구원의 영역에만 한정된다고 보았습니다. 그리스도께서는 하늘에서 교회를 영적으로 통치하시지만, 지상에서의 교회 통치는 국가를 통해 외적으로 실행된다고 주장했습니다. 에라스투스의 이러한 견해는, 세속 군주를 "그리스도의 대리자"로 보되, 교회의 외적 정치 질서(external polity)를, 특히 권징과 같은 사법적 행정의 영역을 시민 통치자(civil magistrate) 의 관할 아래 두려는 시도였습니다. 그는 교회가 독립된 재판권을 가지는 것을 부정하고, 교회 권징의 권세가 교회의 직분자들이 아니라 국가 권력자에게 속한다고 주장했습니다.

그러나 이러한 체계는 필연적으로 그리스도의 왕권을 형식적으로는 인정하지만, 실질적으로는 세속 군주에게 양도하는 결과를 낳았습니다. 곧, 교회의 외적 통치에 있어서 그리스도의 권세는 명목상에 머물고, 세속 군주가 교회의 권징과 행정 전반을 주관함으로써 교회의 머리와 같은 역할을 담당하게 되는 것입니다. 따라서 에라스투스주의는 "그리스도의 왕권의 실재적 행사"를 세속 통치권 아래 종속시킴으로써, 그리스도의 교회 머리 되심(Headship of Christ over the Church)을 사실상 부정하는 결과를 초래합니다.

이러한 이유로 웨스트민스터 신앙고백서 제30.1은 두 가지 핵심 진리를 명확히 선언함으로써 에라스투스주의를 단호히 거부합니다. 첫째, "주 예수 그리스도께서 교회 정부(government)를 세속 통치자의 손이 아니라, 교회의 직분자들의 손에 맡기셨다"는 사실입니다. 이는 교회의 권징과 행정이 국가의 관할이 아니라, 교회 내부의 직분 제도 안에서 수행되어야 함을 밝힙니다. 둘째, "교회의 왕이시며 머리이신 주 예수 그리스도"라는 고백이 보여주듯, 교회의 왕권은 오직 그리스도께 속해 있으며, 그 통치는 명목상이나 상징적으로가 아니라 실질적이고 실제적인 통치입니다. 그리스도께서는 교회를 영적으로만 다스리시는 분이 아니라, 교회의 외적 정치 질서와 권징 사역 속에서도 친히 통치하시는 왕이십니다. 따라서 교회의 권징과 같은 사법적 행정권은 세속 군주에게 위임된 것이 아니라, 그리스도께서 친히 세우신 교회 직분자들을 통해 교회 안에서 시행되는 것입니다.

요컨대, 그리스도께서는 교회의 권징권을 세속 군주에게 위임하지 않으셨으며, 교회 정부의 모든 권위는 그리스도의 왕권 아래에서 교회의 합법적 직분자들에게 위탁되어 있습니다. 교회와 국가는 각각 하나님께로부터 부여받은 서로 다른 권위 영역을 가지며, 그 권위는 분명히 구별됩니다. 교회는 그리스도로부터 직접 권위를 받았기 때문에, 국가는 교회의 정치를 자기 권한 아래 두려 해서는 안 됩니다. 출교나 성찬 참여 제한과 같은 권징에 관한 사법적 권한은 오직 교회에 주어진 것이며, 그리스도께서 세우신 교회의 직분자들에 의해 정당하게 시행되어야 합니다.

신앙고백서 30.1은 또한 '극단적 회중주의'(Extreme Congregationalism)를 거부해야 할 근거도 제시합니다. 이를테면 극단적 회중주의는 교회의 통치권이 교회 직원이 아니라, 개별 회중 전체에 속하여 있다는 이해 위에서, 교회의 통치에 관한 결정도 교인들의 직접적인 참여로 이루어져야 한다고 주장합니다. 그러나 신앙고백서는 교회의 권징권을 포함하는 교회 정치가 교회 직분자의 손에 위임되었다는 사실을 명시적으로 진술함으로 극단적 회중주의의 정치 원리를 비판합니다.

아울러 오늘의 신앙고백서는 교황주의에 대한 비판도 담고 있습니다. 로마 가톨릭은 교황이 베드로의 후계자이며 지상 교회의 보이는 머리이고 그리스도의 대리자로서 교회 정치의 최고의 권력을 가집니다. 그러나 신앙고백서는 오직 그리스도만이 교회의 왕이시며 머리시라고 명백하게 선언함으로써, 교황이 지상 최고 수위권을 갖는다는 교회 정치적 원리를 배격합니다.

웨스트민스터 신앙고백서 제30.1이 오늘날 교회에 주는 교훈은 무엇일까요? 이 조항은 그리스도의 교회 머리 되심을 고백하는 동시에, 교회와 국가, 그리고 교회 내부의 권위 구조에 대한 중요한 원리를 제시합니다.

먼저, 교회는 국가가 과도하게 행정권을 발동하여 교회의 권징이나 재정 운용과 같은 사안에 간섭하려는 시도를 경계하고 이에 단호히 저항해야 합니다. 교회의 정부(government)는 그리스도께서 친히 제정하신 것이며, 세속 통치자의 권한과는 구별됩니다.

다음으로, 교회는 국가 권력에 종속되어서는 안 될 뿐 아니라, 반대로 국가를 도구화하여 정치적 의도나 세속적 목적을 추구하는 시도 또한 경계해야 합니다. 교회의 사명은 본질적으로 영적인 것이며, 정치적 영향력이나 사회적 이익을 위해 그 본질을 훼손해서는 안 됩니다.

또한, 교회는 내부적으로도 권위의 왜곡과 집중을 경계해야 합니다. 교회의 권위가 담임목사와 같은 특정 개인에게 집중되어 독재적 권한이 행사된다면, 그것은 그리스도의 왕권 아래 세워진 교회정치의 원리를 부정하는 일입니다. 교회의 모든 권위는 그리스도께서 세우신 여러 직분자들의 공동적·합의적 사역을 통해 행사되어야 합니다.

마지막으로, 교회의 정치가 세속적 민주주의의 원리에 따라 회중 전체의 다수결에 의해 결정되어야 한다는 생각 역시 성경적이지 않습니다. 교회의 정치는 단순한 대중 의사 결정이 아니라, 그리스도의 위임을 받은 직분자들 (elders and ministers) 에 의해 신앙적 판단과 영적 권위로 다스려지는 것입니다.

적용 질문

1. 왜 신앙고백서는 에라스투스주의를 단호히 거부합니까? 여러분은 교회의 실제 운영과 권징 속에서도 그리스도의 통치가 실질적으로 드러나야 함을 믿으며, 세속 권위가 아닌 주님의 권위 아래 순종하는 교회의 질서를 세워가고 있습니까?

2. 교회가 국가의 간섭을 받지 말아야 한다는 교훈은 무엇을 의미합니까? 여러분은 국가나 사회의 압력보다 그리스도의 주권을 더 높이 인정하며, 교회의 영적 독립성과 거룩함을 지키기 위해 어떤 태도를 취하고 있습니까?

3. 신앙고백서는 왜 극단적 회중주의를 비판합니까? 여러분은 교회의 결정이 단순한 인간적 다수결이 아니라, 그리스도의 위임을 받은 직분자들의 영적 판단과 순종의 행위임을 인정하며, 주께서 세우신 질서 안에 기꺼이 복종하고 있습니까?

4. 신앙고백서는 왜 교황주의를 거부합니까? 여러분은 어떤 인간적 제도

나 지도자보다 오직 그리스도 한 분만이 교회의 참된 머리이심을 믿으며, 그분께만 충성과 순종을 드리는 신앙을 지켜가고 있습니까?

12월 14일

천국 열쇠의 권세

신앙고백서 30.2

신앙고백서 30.2

이 교회 직원들에게 천국 열쇠들이 위임되었다. 이 열쇠들의 힘으로 이들은 사안별로 죄를 그대로 두거나 사할 권세를 갖는다. 필요에 따라, 회개하지 않는 죄인에게는 말씀과 권징에 의하여 천국 문을 닫을 권세를 가지며, 또한 회개하는 죄인에게는 복음 사역에 의하여 그리고 해벌에 의하여 천국 문을 열 권세를 갖는다.[1]

1) 마 16:19; 마 18:17-18; 요 20:21-23; 고후 2:6-8.

◀ 말씀 요절

마 16:19 "내가 천국 열쇠를 네게 주리니 네가 땅에서 무엇이든지 매면 하늘에서도 매일 것이요 네가 땅에서 무엇이든지 풀면 하늘에서도 풀리리라 하시고"

마 18:17-18 "만일 그들의 말도 듣지 않거든 교회에 말하고 교회의 말도 듣지 않거든 이방인과 세리와 같이 여기라 진실로 너희에게 이르노니 무엇이든지 너희가 땅에서 매면 하늘에서도 매일 것이요 무엇이든지 땅에서 풀면 하늘에서도 풀리리라"

요 20:21-23 "예수께서 또 이르시되 너희에게 평강이 있을지어다 아버지께서 나를 보내신 것 같이 나도 너희를 보내노라 이 말씀을 하시고 그들을 향하사 숨을 내쉬며 이르시되 성령을 받으라 너희가 누구의 죄든지 사하면 사하여질 것이요 누구의 죄든지 그대로 두면 그대로 있으리라 하시니라"

고후 2:6-8 "이러한 사람은 많은 사람에게서 벌 받는 것이 마땅하도다 그런즉 너희는 차라리 그를 용서하고 위로할 것이니 그가 너무 많은 근심에 잠길까 두려워하노라 그러므로 너희를 권하노니 사랑을 그들에게 나타내라"

◀ 교리 해설

어제 읽은 신앙고백서 제30.1은 권징과 같은 교회의 정치적 권세가 "교회 직원들"에게 맡겨졌음을 진술하였습니다. 오늘 읽는 제30.2은 그 교회 직원들에게 위임된 "천국의 열쇠들(the keys of the kingdom of heaven)"에 대하여 설명합니다. 이 절의 내용은 두 가지로 나누어 살펴볼 수 있습니다.

(1) "이 교회 직원들에게 천국 열쇠들이 위임되었다. 이 열쇠들의 힘으로 이들은 사안별로 죄를 그대로 두거나 사할 권세를 갖는다": 이 진술은, 앞서 30.1에서 언급된 교회 직원들이 곧 주 예수 그리스도께서 교회의 정치적 권세를 위임하신 자들이라는 사실을 전제합니다. 장로교회의 교회 정치에서는 이 교회 직원들이 목사와 장로를 의미합니다. 사도 바울은 "잘 다스리는 장로들은 배나 존경할 자로 알되 말씀과 가르침에 수고하는 이들에게는 더욱 그리할 것이니라"(딤전 5:17)라고 말하며, 또 "바울이 밀레도에서 사람을 에베소로 보내어 교회의 장로들을 청하니 … 여러분은 자기를 위하여 또는 온 양 떼를 위하여 삼가라. 성령이 그들 가운데 여러분을 감독자로 삼고, 하나님이 자기 피로 사신 교회를 보살피게 하셨느니라"(행 20:17, 28)라고 증언합니다. 이 말씀에서 보듯이, 가르치는 장로인 목사와 다스리는 장로인 치리 장로는 함께 교회의 감독자(bishops or overseers)로서의 직무를 수행합니다.

목사와 장로들에게 위임된 "천국 열쇠"는 주 예수님께서 베드로에게 하신 말씀에 근거합니다. "내가 천국 열쇠를 네게 주리니, 네가 땅에서 무엇이든지 매면 하늘에서도 매일 것이요, 네가 땅에서 무엇이든지 풀면 하늘에서도 풀리리라"(마 16:19). 천국 열쇠는 그리스도께서 친히 위임하신 것으로, 교회 직원들이 그리스도의 청지기로서 그리스도의 왕권을 대리하여 이 땅에서 하나님의 뜻을 선포하고 실행하는 영적 권세를 뜻합니다. 열쇠는 문을 여닫는 기능을 가지며, 천국 열쇠는 하늘 나라의 문을 닫고 여는 권세를 행사하는 수단입니다. 따라서 이 천국 열쇠는 단순히 개인의 구원 문제에만 국한되지 않고, 교회의 공적 질서와 권징의 영역에 깊이 관련됩니다(마 18:17-18).

예수께서 말씀하신 "땅에서 무엇이든지 매면 하늘에서도 매일 것이요"에서

"매다"(bind)는 것은 묶는다는 뜻으로, 허용하지 않고 금지함을 의미합니다. 그러므로 "땅에서 무엇이든지 매면"이라는 표현은 교회 직원들이 죄가 드러난 신자에게 회개할 때까지 성찬 참여를 금하는 등의 권징을 시행하는 것을 가리킵니다. 이와 같은 권징의 행위는 단순한 사람의 판단이 아니라, 하늘의 뜻이 땅에서 공적으로 선포되는 일입니다. 마찬가지로 "네가 땅에서 무엇이든지 풀면 하늘에서도 풀리리라"는 말씀은, 권징을 받은 신자가 회개하고 믿음으로 돌아올 때 그에게 내린 징계를 해벌하고, 교회의 교제와 성찬의 자리에 다시 받아들이는 권세가 교회 직원들에게 주어졌음을 의미합니다.

이처럼 교회 직원들이 이 땅의 교회에서 행하는 권징과 해벌의 행위는, 그들의 사사로운 판단이나 재량의 문제가 아니라, 그리스도께서 친히 약속하신 대로 하늘의 뜻이 공적으로 선언되고 집행되는 일입니다. 따라서 천국 열쇠의 권세는 결코 인간 중심적이거나 제도적 권력의 행사가 아니라, 오직 그리스도의 왕권이 교회를 통하여 드러나는 영적 통치의 표현이며, 교회는 이 권세를 맡은 청지기로서 신실하게 주님의 뜻을 수행해야 합니다.

(2) "필요에 따라, 회개하지 않는 죄인에게는 말씀과 권징에 의하여 천국 문을 닫을 권세를 가지며 또한 회개하는 죄인에게는 복음 사역에 의하여 그리고 해벌에 의하여 천국 문을 열 권세를 갖는다": 천국의 문을 닫는 권세는 말씀의 선포와 권징을 통하여 실행됩니다. 선포된 말씀을 듣고도 회개하지 않고 오히려 저항하는 자에게는 천국의 문이 닫힙니다. 교회 직원들은 그와 같은 자에 대하여 공적인 차원에서 권징을 시행할 권세를 부여받았습니다. 반면, 선포된 말씀을 듣고 권징 가운데서 회개하는 자에게는 그를 해벌하고 다시 천국 문을 여는 권세를 행사할 수 있습니다. 그러나 교회 직원들이 행사하는 천국 열쇠의 권세는 그들 자신에게 본질적인 근거를 두지 않으며, 오직 그리스도께서 친히 그들에게 위임하신 것입니다. 그러므로 이 권한의 행사는 언제나 복음 사역을 통하여 실현되어야 합니다. 교회 직

원들이 말씀을 선포할 때, 이 말씀 앞에서 회개하는 자에게는 천국이 열리며, 반대로 선포된 말씀에 불순종하고 회개하지 않는 자에게는 천국이 닫힙니다. 곧 천국을 여는 열쇠는 복음의 말씀 선포이고, 천국을 닫는 일은 그 말씀에 대한 불순종과 완고함으로 나타납니다. 그러나 이러한 자들도 교회 직원들에 의해 선포되는 복음의 말씀에 감동되어 회개할 때, 그들에게 천국 문은 다시 열립니다. 천국 열쇠는 하나님의 말씀의 선포와 그것을 듣는 자의 회개를 통하여 천국 문을 열고 닫는 일을 실행하는 것입니다.

정리하자면, 천국 열쇠의 근원적인 권한은 교회의 왕이시며 머리이신 예수 그리스도께 있으며, 교회 직원들은 그리스도로부터 이 권한을 위임받은 청지기들입니다. 그러므로 천국 열쇠의 성격은 철저히 그리스도 중심적입니다. 교회는 그리스도의 복음의 말씀을 선포함으로써, 그리스도께서 "자기 피로 사신 교회"(행 20:28)를 감독하고 돌보시는 사역에 동참합니다. 곧 천국 열쇠의 핵심 기능은 복음의 선포이며, 성령 하나님의 은혜가 이 열쇠의 능력과 작용을 결정합니다. 교회 직원들이 행사하는 천국 열쇠의 권세는 오직 복음의 말씀 선포를 통해서만 유효하게 작동합니다. 복음의 말씀은 회개를 일깨우며, 회개와 순종이 있을 때 천국 문이 열리고, 불순종과 거부가 있을 때 천국 문이 닫힙니다. 또한 닫혀진 천국 문을 다시 여는 유일한 열쇠도 바로 복음의 말씀 선포입니다.

이러한 이유로 천국 열쇠는 개인이 사적으로 행사할 수 있는 권세가 아니라, 언약 공동체 안에서 교회 직원들에 의해 공적으로 시행되는 권세입니다. 교회 직원은 결코 사사로운 판단이나 개인적 감정으로 천국 열쇠를 행사할 수 없습니다. 이 권세의 행사는 언약 공동체의 범위 안에서만 적용되며, 교회 밖에 있는 자들에게는 해당되지 않습니다. 천국 열쇠는 언약 공동체가 거룩함을 지켜 나가도록 돕는 은혜의 도구이며, 동시에 교회를 드러내는 중요한 표지입니다. 그러므로 천국 열쇠는 그리스도 중심적이며, 복음 중심적이고, 또한 언약 공동체 중심적인 교회의 본질적 사역입니다.

적용 질문

1. 예수 그리스도께서 천국의 열쇠를 교회 직원들에게 맡기셨다는 것은 무엇을 뜻합니까? 이 권세는 그들 자신에게서 비롯된 것이 아니라 그리스도의 위임으로 주어진 것임을 어떻게 알 수 있습니까? 여러분은 교회의 직분자들을 단순한 행정가나 종교 지도자가 아니라, 그리스도의 권세를 맡은 청지기로 존중하며, 그들을 통해 주님의 통치가 교회 안에서 나타나도록 순종하고 협력하고 있습니까?

2. "땅에서 무엇이든지 매면 하늘에서도 매일 것이요, 풀면 하늘에서도 풀리리라"는 말씀은 교회가 어떤 사역을 감당함을 보여줍니까? 이 권세가 단순한 인간의 판단이 아니라 하늘의 뜻이 공적으로 선포되는 일임을 어떻게 이해할 수 있습니까? 여러분은 교회의 권징과 해벌의 과정을 인간의 판단으로 여기지 않고, 그리스도께서 세우신 질서 안에서 하늘의 뜻이 드러나는 은혜의 수단으로 겸손히 받아들이고 있습니까?

3. 천국의 문을 여닫는 권세가 말씀의 선포와 권징을 통해 이루어진다고 할 때, 말씀 앞에서 회개하는 자와 완고하게 거부하는 자에게 각각 어떤 결과가 주어집니까? 그리고 이 권세가 복음 사역 안에서만 정당하게 행사된다는 것은 무엇을 의미합니까? 여러분은 말씀을 들을 때마다 자신의 마음을 살피며, 권징의 경고를 통해 회개로 나아가고 있습니까? 복음의 선포가 여러분에게 천국 문을 여는 은혜의 열쇠가 되도록 날마다 순종의 결단을 하고 있습니까?

4. 천국 열쇠가 개인이 사적으로 행사할 수 있는 것이 아니라, 언약 공동

체 안에서 교회 직원들을 통해 공적으로 시행된다고 할 때, 이것이 교회의 거룩성과 연합에 대해 어떤 의미를 가집니까? 천국 열쇠가 왜 그리스도 중심적이고 복음 중심적이며 언약 공동체 중심적 사역이라 말할 수 있습니까? 여러분은 교회를 언약 공동체로서 사랑하며, 교회가 복음의 선포와 권징을 통해 거룩함을 지켜 나갈 때 그 일에 함께 동참하고 있습니까? 또한 교회의 권세가 인본적 통제가 아니라 그리스도의 왕권이 드러나는 은혜의 질서임을 믿으며 순종하고 있습니까?

12월 15일

교회 권징의 의도와 목표

신앙고백서 30.3

신앙고백서 30.3

교회 권징이 필요한 목적은 죄를 범한 형제들을 교정하여 얻기 위함이며, 다른 사람들이 유사한 죄를 범하지 않도록 하기 위함이고, 누룩이 온 덩어리에 퍼지지 않도록 제거하기 위함이며, 그리스도의 명예와 복음에 대한 거룩한 고백을 지키기 위함이다. 그리고 확실히 드러난 완고한 범죄자들에게 하나님의 언약과 그 인장들이 모독을 받도록 내버려둘 경우 교회에 마땅히 임하게 될 하나님의 진노를 면하기 위함이다.[1]

1) 고전 5:1-13; 딤전 5:20; 마 7:6; 딤전 1:20; 고전 11:27-34; 유 23절.

◀ **말씀 요절**

고전 5:1-5 "너희 중에 심지어 음행이 있다 함을 들으니 그런 음행은 이방인 중에서도 없는 것이라 누가 그 아버지의 아내를 취하였다 하는도다 그리하고도 너희가 오히려 교만하여져서 어찌하여 통한히 여기지 아니하고 그 일 행한 자를 너희 중에서 쫓아내지 아니하였느냐 내가 실로 몸으로는 떠나 있으나 영으로는 함께 있어서 거기 있는 것 같이 이런 일 행한 자를 이미 판단하였노라 주 예수의 이름으로 너희가 내 영과 함께 모여서 우리 주 예수의 능력으로 이런 자를 사탄에게 내주었으니 이는 육신은 멸하고 영은 주 예수의 날에 구원을 받게 하려 함이라"

딤전 5:20 "범죄한 자들을 모든 사람 앞에서 꾸짖어 나머지 사람들로 두려워하게 하라"

마 7:6 "거룩한 것을 개에게 주지 말며 너희 진주를 돼지 앞에 던지지 말라 그들이 그것을 발로 밟고 돌이켜 너희를 찢어 상하게 할까 염려하라"

딤전 1:20 "그 가운데 후메내오와 알렉산더가 있으니 내가 사탄에게 내준 것은 그들로 훈계를 받아 신성을 모독하지 못하게 하려 함이라"

고전 11:27-29 "그러므로 누구든지 주의 떡이나 잔을 합당하지 않게 먹고 마시는 자는 주의 몸과 피에 대하여 죄를 짓는 것이니라 사람이 자기를 살피고 그 후에야 이 떡을 먹고 이 잔을 마실지니 주의 몸을 분별하지 못하고 먹고 마시는 자는 자기의 죄를 먹고 마시는 것이니라"

교리 해설

오늘 읽는 웨스트민스터 신앙고백서 제30.3은 교회 권징의 의도와 목표에 대해 진술합니다. 이는 권징이 단순히 처벌 그 자체를 목적으로 하는 것이 아님을 분명히 밝힙니다. 권징은 죄를 범한 형제 개인만을 위한 것이 아니라, 교회 전체를 위한 일이며, 동시에 그리스도의 명예를 보전하기 위한 일입니다. 본 절은 권징의 필요성과 목적을 다섯 가지로 제시합니다.

(1) "교회 권징이 필요한 목적은 죄를 범한 형제들을 교정하여 얻기 위함이며": 권징의 가장 중요한 목적은 죄를 범한 형제를 회복하는 데 있습니다. 권징은 단순히 형벌을 주려는 것이 아니라, 그 형제를 다시 얻기 위한 사랑의 수단입니다. 징계는 형제가 자신의 죄를 깨닫고 회개하도록 하며, 죄의 상태에서 돌이켜 그리스도와의 교제 속으로 복귀하게 하는 효과적인 수단입니다. 여기서 "교정하여"(reclaiming)는 형제가 죄를 자각하고 회개하게 되어 영적으로 본래의 상태로 돌아오는 내면적 변화를 의미하며, "얻기 위함"(gaining)은 교회 공동체 안에서의 교제와 회원 자격의 관계적 회복을 뜻합니다. 따라서 권징은 본질적으로 목회적 사랑의 행위입니다. 사도 바울은 고린도교회 안에서 매우 심각한 죄를 짓고도 회개하지 않는 자에 대하여 "사탄에게 내어 주라"(고전 5:5)고 명령하며, 교회 공동체로부터 세상 곧 사탄의 권세 아래에 내보낼 것을 지시합니다. 그러나 그는 그 목적이 단순한 징벌에 있지 않고, "그의 육신은 멸하고 영은 주 예수의 날에 구원을 받게 하려 함"(고전 5:5)이라고 밝힙니다. 이는 권징의 참된 의도가 죄인을 깨닫게 하고 회개로 인도하여 구원에 이르게 하는 데 있음을 분명히 보여 줍니다. 따라서 권징은 단순히 공의로운 형벌의 시행이 아니라, 죄인을 돌이켜 구원의 자리로 회복시키려는 목회적 사랑과 영적 양육의 수단입니다.

(2) "다른 사람들이 유사한 죄를 범하지 않도록 하기 위함이고": 죄는 전염성이 매우 높습니다. 죄인이 회개하지도 않은 채 교회 안에 그대로 남아 있

고, 이에 대한 권징이 시행되지 않으면, 다른 신자들이 그 죄를 모방할 위험이 커집니다. 따라서 권징은 죄의 확산을 예방하고 교훈적 경고를 주기 위한 수단입니다. 교인들은 권징을 통해 죄의 심각성을 깨닫고, 동일한 죄를 범하지 않도록 경계하게 됩니다. 그러므로 권징은 교회 공동체 전체를 위한 예방적 기능을 수행합니다.

(3) "누룩이 온 덩어리에 퍼지지 않도록 제거하기 위함이며": 이 구절은 사도 바울이 말을 옮긴 것입니다. "너희가 자랑하는 것이 옳지 아니하도다 적은 누룩이 온 덩어리에 퍼지는 것을 알지 못하느냐 너희는 누룩 없는 자인데 새 덩어리가 되기 위하여 묵은 누룩을 내버리라 우리의 유월절 양 곧 그리스도께서 희생되셨느니라"(고전 5:6-7) 사도 바울은 교회 공동체의 거룩함을 보존하기 위해, 죄의 본질을 누룩에 비유하며 경고합니다. 죄를 방치하면 누룩이 온 덩어리에 퍼지듯이 교회의 영적 순결을 빠르게 오염시킬 수 있기 때문입니다. 그는 이에 "묵은 누룩을 내버리라"(고전 5:7)고 명령하며, 죄의 확산을 막아 교회를 새 덩어리로 보존할 것을 요구합니다. 그러므로 권징은 죄의 전염성과 파괴력을 고려하여, 회개하지 않는 자를 공적으로 징계함으로써 공동체를 보호하는 교회적 의무이자 거룩을 지키는 책임 있는 행위입니다.

(4) "그리스도의 명예와 복음에 대한 거룩한 고백을 지키기 위함이다": 권징은 곧 그리스도의 왕권과 명예를 수호하는 사역입니다. 그리스도께서 말씀으로 교회를 다스리시며, 교회는 그분의 몸으로서 그리스도를 세상 가운데 드러냅니다. 그러므로 교회가 복음을 자랑하고 그 교훈에 순종함으로써 복음의 거룩한 고백을 지켜야 합니다. 이것은 은혜 언약 안에서 용서받은 교인으로서 하나님께 뜻에 따라 살고자 하는 거룩한 고백을 지키는 일입니다. 이러한 일의 순종을 통해서 교회는 그리스도를 공개적으로 나타내 보입니다. 그러나 교회 안에서 죄가 방치될 경우, 성경이 경고하듯 "하나님의 이름이 너희로 말미암아 이방인 중에서 모독을 받"(롬 2:24)는 일이 일어납니

다. 따라서 권징은 단순한 교회 행정 절차가 아니라, 복음의 명예를 지키는 영적 행위입니다. 교회의 직원들은 그리스도의 권위를 대행하는 자로서, 복음의 거룩한 고백과 은혜의 열매가 교회 안에 유지되도록 힘써야 합니다.

(5) "그리고 확실히 드러난 완고한 범죄자들에게 하나님의 언약과 그 인장들이 모독을 받도록 내버려둘 경우 교회에 마땅히 임하게 될 하나님의 진노를 면하기 위함이다": 권징이 시행되어야 할 필요성은 결코 개인적인 차원에만 국한되지 않습니다. 죄를 고의적으로 행하고 그것이 공개적으로 드러났음에도 회개하지 않는 완고한 자들을 방치한다면, 교회 구성원들 가운데 유사한 죄가 반복되어 나타나고, 교회 공동체는 죄로 오염되며, 그리스도의 명예가 훼손되고 복음에 대한 진정한 고백이 모독을 받게 됩니다. 그 결과 복음에 합당한 거룩한 열매가 드러나지 않게 된다면, 이는 하나님의 언약과 그 인(印), 곧 하나님의 은혜 언약을 가시적으로 표지하고 인치는 세례와 성찬의 규례를 심히 더럽히는 일이 됩니다. 이러한 일에 대하여 권징을 시행하지 않는다면, 하나님께서 교회를 향해 진노를 내리실 수 있음을 두려운 마음으로 명심해야 합니다. 그러므로 교회 정치를 위임받은 교회 직원들, 곧 목사와 장로들은 하나님의 진노로부터 교회 공동체를 보호하기 위하여 권징을 반드시 실행해야 할 의무를 지니고 있음을 깊이 유념해야 합니다.

◀ 적용 질문

1. 교회의 권징은 왜 단순한 형벌이 아니라, 죄인을 회개로 이끌어 구원으로 회복시키는 목회적 사랑의 수단이라 할 수 있습니까? 여러분은 하나님의 교회 안에서 징계가 있을 때 그것을 비난하거나 두려워하기보다, 그 안

에 담긴 하나님의 사랑과 구원의 의도를 깨닫고 회개의 자리로 나아가고 있습니까?

2. 권징은 어떻게 교회 공동체 안에서 죄의 확산을 막고 다른 신자들이 동일한 죄에 빠지지 않도록 경고하는 예방적 역할을 합니까? 여러분은 교회의 권징을 통해 죄의 무서움을 배우고, 그리스도 안에서 거룩한 삶을 지켜 가려는 경건한 두려움과 순종의 마음을 품고 있습니까?

3. 사도 바울은 왜 교회의 죄를 누룩에 비유하며, "묵은 누룩을 내버리라"고 명령하였습니까? 그리고 권징은 어떻게 그리스도의 명예와 복음의 거룩한 고백을 지키는 수단이 됩니까? 여러분은 교회가 복음의 거룩함을 드러내는 공동체로 서기 위해, 자신의 삶 속에서도 죄의 누룩을 내어버리고 거룩을 지키는 일에 헌신하고 있습니까?

4. 신앙고백서는 왜 공개적이고 완고한 죄인을 방치하는 일이 교회의 오염과 하나님의 진노를 불러오는 일이라고 경고합니까? 또한 교회 직분자들은 어떤 책임을 가지고 권징을 시행해야 합니까? 여러분은 교회의 거룩과 복음의 명예를 지키기 위해 권징이 필요할 때, 그것을 회피하거나 방관하지 않고 하나님의 뜻에 순종하여 교회를 보호하려는 마음으로 서 있습니까?

12월 16일

교회 권징의 유형

신앙고백서 30.4

신앙고백서 30.4

이러한 목적을 더 잘 실현하기 위하여 교회 직원들은 범죄의 성질과 해당 교인의 과실에 따라 견책, 일시적 수찬정지, 그리고 출교의 절차를 진행해야 한다.[1]

1) 살전 5:12; 살후 3:6, 14-15; 고전 5:4-5, 13; 마 18:17; 딛 3:10.

◀ 말씀 요절

살전 5:12 "형제들아 우리가 너희에게 구하노니 너희 가운데서 수고하고 주 안에서 너희를 다스리며 권하는 자들을 너희가 알고"

살후 3:6, 14-15 "형제들아 우리 주 예수 그리스도의 이름으로 너희를 명하노니 게으르게 행하고 우리에게서 받은 전통대로 행하지 아니하는 모든 형제에게서 떠나라 … 누가 이 편지에 한 우리 말을 순종하지 아니하거든 그 사람을 지목하여 사귀지 말고 그로 하여금 부끄럽게 하라 그러나 원수와 같이 생각하지 말고 형제 같이 권면하라"

고전 5:4-5, 13 "주 예수의 이름으로 너희가 내 영과 함께 모여서 우리 주 예수의 능력으로 이런 자를 사탄에게 내주었으니 이는 육신은 멸하고 영은 주 예수의 날에 구원을 받게 하려 함이라 … 밖에 있는 사람들은 하나님이 심판하시려니와 이 악한 사람은 너희 중에서 내쫓으라"

마 18:17 "만일 그들의 말도 듣지 않거든 교회에 말하고 교회의 말도 듣지 않거든 이방인과 세리와 같이 여기라"

딛 3:10 "이단에 속한 사람을 한두 번 훈계한 후에 멀리하라"

◀ 교리 해설

오늘 읽는 웨스트민스터 신앙고백서 30.4은 권징의 목적을 보다 효과적으로 실현하기 위한 구체적인 실행 단계를 제시합니다. 권징의 궁극적 목적은 앞서 30.3에서 살핀 바와 같이, 죄를 범한 형제를 교정하고 회복시키며, 다른 사람들이 유사한 죄에 빠지지 않도록 예방하고, 죄의 누룩이 교회 공동체 전체를 오염시키지 않도록 방지하며, 그리스도의 명예와 복음의 거룩한 고백이 욕되지 않도록 하는 것입니다. 또한 이러한 권징을 태만히 하는 것은 하나님의 진노를 초래할 수 있는 일이므로, 교회의 직원들은 필요할 때 반드시 권징을 시행해야 합니다. 오늘은 이 절이 가르치는 권징의 실행 기준과 절차를 두 가지로 나누어 살펴봅니다.

(1) "이러한 목적을 더 잘 실현하기 위하여 교회 직원들은 범죄의 성질과 해당 교인의 과실에 따라": 권징은 교회 직원의 사사로운 감정이나 자의적 판단에 따라 행해져서는 안 됩니다. 신앙고백서는 권징의 두 가지 기준을 제시합니다. 첫째는 범죄(crime)의 성질을 살피는 일이며, 둘째는 범죄자의 과실(demerit) 정도를 살피는 일입니다.

먼저, "범죄의 성질에 따라 행한다"라는 것은 그 죄가 교회와 신앙의 질서를 어느 정도로 해치는가를 면밀히 살피는 것을 의미합니다. 죄의 성질이 단순히 언행이나 태도의 부적절함과 같이 비교적 사소한 것인지, 혹은 성찬에 대한 태만, 교회 지도에 대한 고의적 불순종, 이단 교리의 전파, 음행·살인·거짓 증언과 같은 중대한 악행인지를 구별해야 합니다.

이처럼 범죄의 성질을 고려하는 것은 공의(justice)의 원리를 반영합니다. 즉, 동일한 죄에는 동일한 징계를, 죄의 중대성이 다를 경우에는 그 정도에 상응하는 징계를 내리는 것입니다. 권징이 공의의 원리를 따라야 하는 이유는, 모든 자에게 편파적 적용 없이 하나님의 거룩한 법도에 따라 공정하고 단호한 판단이 내려져야 하기 때문입니다.

둘째는 범죄자의 주관적 태도와 상태를 살피는 일입니다. 그는 회개하고 있는가, 아니면 완고하게 버티고 있는가? 그 죄는 습관적·반복적이었는가, 아니면 일시적이었는가? 또한 알고 행한 죄인지, 무지에서 비롯된 죄인지를 살펴야 합니다. 더 나아가, 그는 교회의 직분자로서 더 큰 책임을 지는 위치에 있었는가, 아니면 신앙의 초보자인가도 고려해야 합니다. 전자의 경우 더 엄중한 징계가 필요하지만, 후자의 경우에는 보다 온유하고 교정적인 징계가 합당합니다.

이처럼 권징은 죄를 범한 개인의 형편과 상황을 세밀히 고려해야 하며, 지나치게 가혹하거나 부당한 처벌이 되지 않도록 신중히 행해져야 합니다. 이는 권징이 단순한 법적 조치가 아니라, 회복과 구원이라는 복음적 목적을 담고 있기 때문입니다. 따라서 권징은 공의의 원칙으로 객관적 엄격성을 세우되, 동시에 형평(equity)의 원칙으로 사랑과 긍휼의 목회적 배려를 유지해야 합니다. 결국 교회 권징은 정의와 자비의 조화를 이루는 사역으로, 그리스도의 몸을 세우며 범죄한 형제를 회복시키는 은혜의 수단이 되어야 합니다.

(2) "견책, 일시적 수찬정지, 그리고 출교의 절차를 진행해야 한다": 권징은 범죄의 성질과 해당 교인의 과실 정도를 고려하여 공의와 형평의 원리를 반영하는 처벌이어야 합니다. 먼저, "범죄의 성질"(the nature of the crime)은 하나님의 율법에 대한 객관적 위반을 뜻하며, "과실의 정도"(the demerit of the person)는 범죄자의 주관적 상태, 곧 완고함이나 회개의 결여 정도를 가리킵니다. 따라서 권징은 공의의 원리(범죄의 객관적 중대성에 따른 정의로운 판단)와 형평의 원리(범죄자의 태도와 상황에 따른 적절한 조치)를 함께 반영해야 합니다. 이러한 권징은 단순한 처벌이 아니라, 죄인을 회복시키고 교회의 거룩을 보존하며 하나님의 진노를 예방하려는 사랑의 행위입니다(참조: 신앙고백서 30.3). 웨스트민스터 신앙고백서 30.4은 이러한 원리를 구체화하며, 세 단계의 권징 절차를 제시합니다.

첫째, 견책(admonition) 가장 낮은 단계의 권징으로, 주로 사적인 교정의 형태로 시행됩니다. 잦은 예배 결석, 태만한 경건 생활, 반복적이며 습관적인 부주의한 언행, 교인 간의 사소한 다툼 등으로 인해 신앙과 공동체에 덕을 세우지 못할 때, 목사나 장로는 해당 교인을 심방하여 하나님의 말씀으로 교훈하고 권면합니다(마 18:15). 이로써 죄가 더 심각해지지 않도록 예방하고, 형제가 사랑 가운데 돌이키도록 돕습니다. 이 단계는 아직 당회가 공식적으로 권징 절차를 개시하기 전의 목회적 심방 단계입니다. 피해자가 있을 경우, 그에게만 혹은 관련된 소수에게만 알리고 사태를 비공개적으로 처리하여, 당회의 공식 기록에 남기지 않고 형제를 회복시키는 일에 집중합니다. 그러나 이러한 사적 권면에도 불구하고 죄가 계속될 경우, 이후에는 공적 권면(public admonition)이나 수찬정지(suspension)의 단계로 나아가게 됩니다.

둘째, 일시적 수찬정지(suspension) 입니다. 수찬정지는 교회의 언약적 교제에서의 일시적 단절을 의미하며, 보다 공적이고 무거운 단계의 권징입니다. 습관적 음주, 공금 횡령, 간음, 도박, 사기 등 사회적 덕을 심각히 훼손한 경우, 또는 여러 차례의 사적 권면을 완고하게 거부한 경우에 해당합니다. 이때 교회 직원들은 당회로 모여 사실을 조사하고, 범죄의 성격과 공적 파급력, 그리고 범죄자의 태도를 함께 판단합니다. 범죄가 비교적 경미하거나 회개의 여지가 있는 경우에는 회중 앞에서 공적 권면을 시행하여 죄를 책망하고 회개를 촉구합니다. 그러나 이러한 권면에도 회개하지 않을 경우, 일정 기간 동안 성찬 참여를 금지하는 수찬정지의 징계를 내립니다. 이 수찬정지는 교회의 거룩성을 보전하기 위한 언약적 교제의 일시적 제한이며, 징계의 목적은 회개와 회복입니다. 공적 권면이나 수찬정지는 모두 교회의 공식 기록에 남기며, 이 기록은 훗날 회개의 열매가 있을 때 해벌(restoration) 절차의 근거가 됩니다(딤전 5:20).

셋째, 출교(excommunication) 입니다. 출교는 교회가 내릴 수 있는 가장 엄중하고 최종적인 권징입니다. 수찬정지에도 불구하고 죄를 완고하게 고집할 때 내려집니다. 예를 들어, 이단 교리를 퍼뜨리거나 교인을 미혹하여 이단 집단으로 이끌거나, 살인·사기·패륜 등 사회적·도덕적으로 중대한 범죄를 저지르고도 회개하지 않을 경우, 당회는 공식적으로 교인 명부에서 제명하는 출교의 권징을 시행합니다(마 18:17; 고전 5:4-5, 13). 출교는 단순한 형벌이 아니라, 언약의 교제에서의 공식적 분리를 통하여 그 사람이 영적 고통을 통해 회개에 이르도록 돕는 은혜의 수단입니다. 따라서 당회는 회중에게 출교의 목적이 단절이 아니라 회복에 있음을 분명히 알려야 합니다. 교회는 출교된 자가 언제든지 회개로 돌아와 다시 교제에 참여할 수 있음을 선포하며, 이것이 교회의 거룩과 질서를 지키기 위한 목회적 사랑의 행위임을 가르칩니다. 결국 권징의 모든 단계는 그리스도의 몸 된 교회의 거룩함을 보존하고, 회개의 은혜를 통해 잃은 형제를 다시 얻기 위한 복음적 사역입니다.

적용 질문

1. 웨스트민스터 신앙고백서 30.4은 권징을 단순한 처벌이 아니라 공의와 형평의 원리를 반영한 사랑의 행위로 설명합니다. 왜 교회는 죄인을 징계하면서도 그 안에 하나님의 사랑과 자비를 드러내야 합니까? 또한 "범죄의 성질"과 "과실의 정도"를 함께 고려해야 한다는 이 원리는, 교회가 하나님의 거룩함과 긍휼을 동시에 보여주는 방식과 어떤 관련이 있습니까? 여러분은 권징을 받을 때, 그것을 사람의 판단이 아니라 하나님께서 우리를 회복시키려 하시는 은혜의 수단으로 받아들이고 있습니까? 그리고 다른 성도의 허물을 볼 때 정죄가 아니라 회복을 바라보며, 사랑으로 권면하려는 마음을 품고 있습니까?

2. 견책(admonition)은 가장 낮은 단계의 권징으로, 주로 사적인 권면을 통해 형제를 돌이키는 일을 의미합니다. 왜 교회는 이런 개인적이고 비공개

적인 권면을 먼저 시행해야 하며, 그것이 교회의 평화와 질서에 어떤 유익을 줍니까? 또한 이 사적인 권면이 목회적 사랑의 표현이 되는 이유는 무엇입니까? 여러분은 누군가의 잘못을 보았을 때, 비난하거나 방관하기보다 그를 사랑으로 세우기 위해 조용히 권면하려고 노력합니까? 그리고 다른 이가 여러분에게 권면할 때, 그것을 불쾌하게 여기지 않고 하나님의 말씀으로 받아들이며 교훈을 얻으려 합니까?

3. 수찬정지(suspension)는 회개하지 않는 자가 계속해서 성찬에 참여함으로써 교회의 거룩함을 더럽히는 일을 막기 위한 조치입니다. 왜 교회는 이런 징계를 통해 성찬의 존귀함을 지키고, 동시에 죄인을 회개로 이끌어야 합니까? 또한 수찬정지가 단순한 벌이 아니라 "언약적 교제의 일시적 제한"으로서 가지는 복음적 의미는 무엇입니까? 여러분은 성찬에 참여하기 전 자신을 살피며, 혹시라도 회개하지 않은 죄로 인해 주님의 몸과 피를 합당하지 않게 받는 일이 없도록 준비하고 있습니까? 또 교회의 징계를 받을 때 그것을 수치로만 여기지 않고, 하나님께서 회복의 기회를 주시는 은혜로 이해하고 있습니까?

4. 출교(excommunication)는 교회의 언약적 교제에서 공식적으로 분리하는 가장 엄중한 권징입니다. 왜 교회는 이렇게까지 단호한 조치를 취해야 하며, 그것이 단절이 아니라 회개의 길을 열어 주는 은혜의 수단이 되는 이유는 무엇입니까? 또한 출교를 통해 드러나는 교회의 거룩과 사랑은 어떤 방식으로 복음을 증거합니까? 여러분은 교회의 징계를 하나님께서 잃은 자를 다시 찾으시려는 사랑의 표현으로 이해합니까? 또 징계를 받은 형제가 참된 회개로 돌아올 때, 그를 용납하고 함께 기뻐하며 교제를 회복하려는 마음의 준비가 되어 있습니까?

날마다 양식으로 읽는
웨스트민스터 표준교리 Ⅵ

31장.

대회와 공의회

대회와 공의회의 필요성

신앙고백서 31.1

신앙고백서 31.1 더 나은 교회 정치와 건덕을 위하여, 일반적으로 대회 또는 공의회라고 불리는 교회 회의가 있어야 한다.[1]

1) 행 15:2, 4, 6.

말씀 요절

행 15:2, 4, 6 "바울 및 바나바와 그들 사이에 적지 아니한 다툼과 변론이 일어난지라 형제들이 이 문제에 대하여 바울과 바나바와 및 그 중의 몇 사람을 예루살렘에 있는 사도와 장로들에게 보내기로 작정하니라 … 예루살렘에 이르러 교회와 사도와 장로들에게 영접을 받고 하나님이 자기들과 함께 계셔 행하신 모든 일을 말하매 … 사도와 장로들이 이 일을 의논하러 모여"

교리 해설

오늘 읽는 웨스트민스터 신앙고백서 제31.1은 일반적으로 대회(synod) 또는 공의회(councils)라고 불리는 교회 회의(assemblies)에 대하여 설명합니다.
(1) "일반적으로 대회 또는 공의회라고 불리는 교회 회의가": 보이는 교회는 참된 신앙을 고백하는 모든 사람과, 그들의 유아세례를 받은 자녀들로 구성됩니다. 이러한 보이는 교회는 지상에 존재하는 모든 지역 교회의 총체를 포함합니다. 오늘 살펴보는 대회와 공의회는 이 보이는 교회 안에 존재하는 치리 기관들(governing bodies) 중 하나입니다. 보이는 교회가 여러 지역 교회의 총합으로 이루어진다고 할 때, 대회와 공의회는 이 지역 교회들을 다스리고 질서를 세우는 공교회의 치리 기관이라 할 수 있습니다. 따라서 대회와 공의회는 보이는 교회의 정치적이며 행정적인 실현을 위한 도구이자 기관입니다. 특히 대회와 공의회는 지역 교회를 다스리는 당회의 회원들이 모여 구성되며, 교리적 쟁점에 대한 바른 답을 제시하고, 예배와 권징의 규칙을 제정하여 교회 안의 통일성을 도모하며, 이단이나 외부 세력으로 인한 교회의 영적 혼란을 방지하고, 행정상의 문제를 바로잡는 등의 일을 수행합니다. 즉, 교회의 정치와 행정 전반을 주관하고 결정하는 기관입니다. 장로교회에는 노회(presbytery)와 총회(general assembly)가 있으며, 이 회의체들이 바로 신앙고백서가 말하는 "대회(synods)"의 형태로 존재합니다. 그리고 전 세계 교회들의 연합된 치리적 성격을 띤 회의를 "공의회(councils)"라 부릅니다.

이러한 대회 형태의 공의회는 신약교회가 처음 모습을 드러냈을 때부터 존재했습니다. 그 대표적인 예가 바로 예루살렘 공의회(행 15장)입니다. 당시 교회는 "이방인 신자들도 율법을 지켜야 하는가?"라는 쟁점으로 큰 혼란을 겪고 있었습니다. 이에 사도들과 장로들이 예루살렘에 모여 회의를 열었고, 성경의 원리를 따라 신중히 논의한 후, 교회 전체에 공포할 결정을 내렸습니다. 이 예루살렘 대회는 공교회적 협의체의 첫 번째 모범으로서, 훗날 모든 교회 회의의 근거가 되었습니다. 따라서 대회나 공의회는 단순히 행정적 업무를 협조하는 회의체가 아닙니다. 그것은 그리스도의 몸인 교회가 교리적 일치와 권징의 일치를 이루어 가도록 돕는 치리 기관입니다. 개별 교회의 상위 기관으로서 존재하는 대회와 공의회는 지역 교회의 자율성을 억압하거나 방해하는 기관이 아닙니다. 오히려 그리스도의 통치 아래서 지역 교회가 안전하고 질서 있게 유지되도록 보호하는 은혜로운 교회 질서의 구조입니다.

역사적으로 "공의회"(councils)의 대표적인 사례로는, 삼위일체론과 기독론, 원죄론 등을 바르게 확립한 초대교회의 여러 공의회를 들 수 있습니다. 예를 들어 니케아 공의회(325), 콘스탄티노플 제1차 공의회(381), 카르타고 공의회(418), 에베소 공의회(431), 칼케돈 공의회(451) 등이 있습니다. 또한 개혁신학적 교회론에 따라 교회를 바르게 세우기 위해 세계 각국의 대표들이 모였던 도르트 총회(1618-1619)도 신앙고백서가 말하는 "공의회"(council)의 성격을 지닌 대표적인 사례입니다.

(2) "더 나은 교회 정치와 건덕을 위하여 … 있어야 한다": 오늘 읽는 웨스트민스터 신앙고백서 제31.1은 대회(synod)와 공의회(councils)가 "있어야 한다"(ought to be)라고 진술합니다. 이는 교회의 머리이신 그리스도께서 교회의 모든 일이 질서 있고 통일성 있게 행해지도록 명하셨기 때문입니다 (고전 14:40). 만일 지역 교회들이 단지 개별적으로만 존재하고, 어떠한 연합체를 구성하지 않거나 이미 세워진 연합체에 속하지 않는다면, 각 교회

가 자기 소견에 따라 독립적으로 행하게 될 것입니다. 그렇게 되면 그리스도의 몸인 보편 교회는 필연적으로 정치적 무질서, 교리적 혼란, 권징의 의미 상실, 그리고 분열과 갈등의 위험에 노출될 수밖에 없습니다. 이러한 혼란을 방지하고 개교회를 보호하기 위하여, 신앙고백서는 대회(synod) 형태의 교회 회의가 반드시 "있어야 한다"(ought to be)라고 가르칩니다. 이러한 교회 회의들은 단순한 협의체가 아니라, 질서를 통하여 그리스도의 보편적 왕국의 통치를 충실히 반영하고 실현하는 필수적인 조직입니다. 따라서 이것은 "있어도 되고 없어도 되는 선택적 제도"가 아니라, 반드시 "있어야 하는 필수적이며 당위적인 정치 질서"입니다.

이러한 점에서 대회와 공의회는 개별 교회의 자율성을 억압하거나 제한하는 기관이 아닙니다. 오히려 그것들은 개 교회를 보호하고, 그리스도의 통치 아래 질서 있게 세워지도록 돕는 은혜로운 정치 질서입니다. 신앙고백서는 이를 통해 대회와 공의회가 교회를 다스리는 가장 높은 상위 기관으로서, 그리스도의 권위를 위임받은 기관임을 보여줍니다. 대회와 공의회와 같은 교회 회의는 "더 나은 교회 정치"와 "더 나은 건덕(edification)"을 위한 것입니다. 여기서 "더 나은"(better)이라는 표현은 단순한 비교가 아니라, 교회 정치와 교회의 건덕을 도모하는 데 있어 가장 적합하고 성경적인 기준을 의미합니다.

"더 나은 교회 정치"란 곧 장로교적 교회 정치를 뜻합니다. 신앙고백서 제31.1은 이 표현을 통해, 회중주의(congregationalism)보다 장로교 정치가 교회 전체의 선을 위한 최적의 정치 제도임을 가르칩니다. 신앙고백서가 말하는 "대회"(synod)는 구체적으로 노회(presbytery)와 총회(general assembly)의 상위 치리 기관을 가리킵니다. 회중주의는 개 교회의 독립성을 강조하여, 치리의 최종적 권위를 개교회의 당회나 협의회에만 두고, 그 밖의 상위 치리 기관의 권위를 인정하지 않습니다. 설령 여러 개교회가 협의체를 구성하더라도, 그것은 단지 자문적 성격에 머무를 뿐이며, 실제적인 치리권을 행사하지 않습니다. 이에 반해 신앙고백서는 전체 교회의 질서와 연합을 위해, 개교회를 다스리는 상위 기관의 권위가 필수적임을 분명히 선언합니다. 따라서 "있어야 한다"(ought to be)라는 표현은 단순한 행정적 제안이 아니라, 교회의 본질적 질서를 가리키는 신학적 당위 명제입니다.

또한 신앙고백서는 대회와 공의회와 같은 교회 회의의 필요성을 설명하면서, "더 나은 건덕"을 언급합니다. 여기서 "건덕"(edification)이란 교회를 진리와 사랑 가운데 더욱 견고하게 세워가는 모든 것을 뜻합니다. 예를 들어 진리를 증진하고 보호하는 일에 있어서, 대회와 공의회는 전국 또는 세계의 교회 지도자들이 모여 올바른 교리를 정립하고 이를 선언하는 권위 있는 기관입니다. 이러한 선언은 신앙의 표준을 세움으로써, 각 개교회가 이단의 오류와 영적 혼란에 빠지지 않도록 보호하며, 진리 위에 굳게 서게 합니다. 또한 사랑의 실천, 곧 구제와 선교와 같은 공동의 사역에서도 대회와 공의회는 개교회보다 훨씬 더 큰 규모의 사역을 감당할 수 있습니다. 대회는 여러 교회의 협력을 이끌어내고, 각 교회가 사랑과 선행으로 건덕을 세우도록 격려하고 인도합니다.

요컨대, 보편 교회(catholic church)는 그 안에 세워진 대회와 공의회와 같은 치리 기관들을 통하여 진리 안에서 사랑을 실천하며, 거룩하고 질서 있는 교회 공동체로 세워져 갑니다. 이러한 목적과 필요에 따라, 개교회를 다스리는 대회와 공의회와 같은 교회 회의는 반드시 있어야 하는 것입니다.

◀ 적용 질문

1. 대회와 공의회가 교회의 치리 기관으로서 존재한다는 것은 무엇을 의미합니까? 그리스도께서 교회의 머리로서 세우신 이 회의들이 단순한 행

정 기구가 아니라 교리와 권징을 통해 교회를 보호하고 질서를 세우는 기관임을 이해할 때, 여러분은 교회의 질서 속에 순종하며 그리스도의 통치를 신뢰하고 있습니까?

2. 웨스트민스터 신앙고백서가 대회와 공의회가 "있어야 한다"라고 진술하는 이유는 무엇입니까? 교회의 모든 일이 질서 있고 통일성 있게 이루어져야 한다는 그리스도의 명령을 따라, 교회가 독립적 무질서가 아니라 연합과 일치 속에서 보호받아야 함을 기억할 때, 여러분은 교회의 연합된 질서와 상회의 지도에 대해 감사와 신뢰의 마음으로 참여하고 있습니까?

3. "더 나은 교회 정치"란 무엇을 의미하며, 왜 장로교 정치가 그 기준에 해당합니까? 신앙고백서가 회중주의의 자율성을 넘어서 교회 전체의 선을 위한 공교회적 질서를 강조할 때, 여러분은 교회의 권세가 사람에게서가 아니라 그리스도의 통치에서 비롯됨을 믿고, 그 질서 안에서 협력하며 섬기고 있습니까?

4. 신앙고백서가 말하는 "더 나은 건덕"은 교회를 진리와 사랑 가운데 더욱 견고하게 세워가는 것을 의미합니다. 대회와 공의회를 통해 교리가 바로 세워지고, 이단으로부터 보호받으며, 사랑의 사역이 확장된다는 사실을 이해할 때, 여러분은 교회의 건덕을 위해 자신이 속한 공동체 안에서 진리를 수호하고 사랑을 실천하기 위해 헌신하고 있습니까?

12월 18일

대회와 공의회의 합법적 소집

신앙고백서 31.2

신앙고백서 31.2

국가 통치자가 신앙 문제에 대해 상의하고 조언을 구하기 위하여 목사들과 다른 적합한 사람들로 구성된 대회를 합법하게 소집할 수 있다.[1] 그러나 만약 국가 통치자가 교회에 대한 공공연한 대적자라면, 그리스도의 목사들도 자신들의 직무의 권한을 가지고 자체적으로 회의를 열어 모일 수 있으며, 또는 교회들로부터 받은 위임에 근거하여 다른 적합한 사람들과 함께 모일 수 있다.[2]

1) 사 49:23; 딤전 2:1-2; 대하 19:8-11; 29-30; 마 2:4-5; 잠 11:14.
2) 행 15:2, 4, 22-23, 25.

말씀 요절

사 49:23 "왕들은 네 양부가 되며 왕비들은 네 유모가 될 것이며 그들이 얼굴을 땅에 대고 네게 절하고 네 발의 티끌을 핥을 것이니 네가 나를 여호와인 줄을 알리라 나를 바라는 자는 수치를 당하지 아니하리라"

딤전 2:1-2 "그러므로 내가 첫째로 권하노니 모든 사람을 위하여 간구와 기도와 도고와 감사를 하되 임금들과 높은 지위에 있는 모든 사람을 위하여 하라 이는 우리가 모든 경건과 단정함으로 고요하고 평안한 생활을 하려 함이라"

대하 19:8-11 "여호사밧이 또 예루살렘에서 레위 사람들과 제사장들과 이스라엘 족장들 중에서 사람을 세워 여호와께 속한 일과 예루살렘 주민의 모든 송사를 재판하게 하고 그들에게 명령하여 이르되 너희는 진실과 성심을 다하여 여호와를 경외하라"

행 15:2, 24 "바울 및 바나바와 그들 사이에 적지 아니한 다툼과 변론이 일어난지라 형제들이 이 문제에 대하여 바울과 바나바와 및 그 중의 몇 사람을 예루살렘에 있는 사도와 장로들에게 보내기로 작정하니라 … 사람을 택하여 우리 주 예수 그리스도의 이름을 위하여 생명을 아끼지 아니하는 자인 우리가 사랑하는 바나바와 바울과 함께 너희에게 보내기를 만장일치로 결정하였노라"

◀ 교리 해설

오늘 읽는 웨스트민스터 신앙고백서 제31.2은 국가 통치자가 대회와 같은 교회 회의를 소집할 수 있는 권한이 있음을 진술합니다. 또한 국가 통치자가 교회를 대적하는 자라면, 그리스도의 목사들이 자체적으로 회의를 소집할 수 있음을 밝힙니다. 이러한 내용은 17세기 영국의 역사적 상황을 배경으로 합니다. 그런데 미국 장로교회는 1788년에 이 절을 완전히 삭제하였습니다. 그러므로 1647년 신앙고백서 원판과 1788년 미국 수정판 사이에 어떠한 신학적 이해의 차이가 있는지를 살펴볼 필요가 있습니다.

(1) 먼저 1647년판 신앙고백서 제31.2을 살펴봅니다. 신앙고백서는 세속 국가 통치자가 "합법적으로" 목사와 적합한 여러 사람들로 구성된 교회 회의를 소집할 수 있다고 명시합니다. 이러한 회의는 신앙 문제에 대해 상의하고 조언을 구하기 위한 목적을 지닙니다. 이러한 진술만 보면 1647년판 신앙고백서가 마치 에라스투스주의(Erastianism)를 옹호하는 듯 보일 수 있습니다. 에라스투스주의는 국가 통치자가 교회의 외적 질서를 관장하며, 교회는 자체적으로 권징을 행할 수 없고 통치자가 세속법적 통제 아래에서 교회의 권징을 주관해야 한다고 주장합니다. 비록 국가 통치자가 직접 성례를 집행하지는 않지만, 권징의 일환으로 성례 참여를 제한할 권한을 가진다고 보는 것입니다.

그러나 웨스트민스터 신앙고백서를 에라스투스주의로 규정하는 것은 옳지 않습니다. 이어지는 진술에서 신앙고백서는 만일 국가 통치자가 교회를 대적하여 합법적인 대회를 소집하지 않을 경우, 그리스도의 목사들이 국가의 승인을 받지 않고도 교회 회의를 소집할 수 있음을 명확히 밝힙니다. 즉 교회가 국가로부터 박해를 받아 자유롭게 사역을 감당할 수 없을 경우, 그리스도의 사역자들은 본질적 권한(essential authority)에 따라 회의를 가질 수 있습니다. 교리와 성례의 질서는 오직 교회에 속한 고유 권한입니다. 더 나아가 신앙고백서 제30.1은 교회 정치가 주 예수 그리스도께서 교회의 왕이자 머리로서 세우신 질서임을 밝히며, 이 권세를 국가 통치자가 아니라 교회 직원들에게 맡기셨다고 선언합니다.

이어 신앙고백서 30.2은 천국의 열쇠가 교회 직원들에게만 위임되었음을 분명히 하며, 이 열쇠를 통해 죄를 사하거나 남기는 권세가 교회의 직분자들에게만 있음을 가르칩니다. 이는 본질적으로 에라스투스주의를 배격하는 진술입니다. 따라서 신앙고백서 31.2은 국가 통치자가 교회 회의를 소집할 수 있음을 인정하지만, 그 권한에 명확한 제한을 둡니다. 국가 통치자가 교회 회의를 소집할 때는 "신앙 문제에 대하여 상의하고 조언을 구하기 위한 목적"이어야 하며, 신앙 문제에 대해 결정하거나 교회를 통제하는 권한은 없습니다.

또한 신앙고백서 23.3은 국가 통치자가 말씀과 성례의 시행, 혹은 천국 열쇠의 권세를 행사할 권한이 전혀 없음을 밝힙니다. 다만 국가는 교회의 일치와 평화, 진리의 온전한 보존, 이단의 억제, 예배와 권징의 부패 방지와 개혁, 그리고 하나님의 규례의 적절한 시행을 위하여 "조치를 취하여야 할"(to take order) 의무를 가진다고 진술합니다. 즉 국가 통치자는 교회의 영적 사무에 직접 간섭해서는 안 되지만, 교회의 외적 질서가 선히 유지되도록 하여 국가의 공적 선(public good)을 도모할 세속적 조치를 취해야 합니다. 이러한 목적을 위해 필요하다면, 국가 통치자는 교회 회의를 소집하거나 참석할 수 있으며, 그 결의가 하나님의 뜻에 부합하도록 조치를 취할 책임을 집니다.

이처럼 신앙고백서가 규정하는 국가 통치자의 의무와 권한은 에라스투스주의를 그대로 반영하지 않습니다. 웨스트민스터 신앙고백서의 교회정치 이해는 철저히 장로교적 원리에 서 있으며, 다만 교회의 보호와 외적 질서의 유지와 관련해 국가의 섭리적 역할을 인정한다는 점에서 에라스투스적 흔적이 남아 있다고 말할 수 있겠습니다.

(2) 반면, 미국 장로교회의 1788년 수정판은 31.2항을 완전히 삭제하였습니다. 또한 20.4에서 이단이나 신성모독을 행한 자가 교회의 징계뿐 아니라 국가 통치자의 권세에 의해 소환되고 처벌될 수 있다는 내용을 삭제하고, 교회의 권징에 의해서만 처리되도록 수정했습니다. 그리고 제23장 제3절에서는 교회의 평화와 진리의 보존, 이단의 억제, 예배의 개혁 등을 위해 국가가 조치를 취해야 한다는 의무를 삭제하고, 대신 국가가 모든 교파에 대한 편애 없이 교회의 자유로운 활동을 보장할 책임만을 남겼습니다.

1788년 수정판의 신학적 의도는 명확합니다. 교회의 왕이시며 머리이신 주 예수 그리스도께서 교회의 통치를 국가 통치자에게가 아니라 교회 직원들에게 맡기셨다는 30.1의 원리와, 천국의 열쇠가 교회 직원들에게만 주어졌다는 30.2의 교리를 교회의 영적 내적 영역뿐 아니라 외적 영역까지도 포괄적으로 적용한 것입니다. 따라서 국가 통치자가 교회 회의를 소집하거나 이단을 억제하는 일은 교회의 고유한 권한을 침탈하는 행위이며, 천국 열쇠의 권세를 세속화하는 것으로 판단되었습니다.

역사적으로 보면, 웨스트민스터 총회는 영국 의회의 권한 아래 소집되었고, 총회가 작성한 문서는 의회의 승인을 통해 효력을 가졌습니다. 이러한 맥락에서 웨스트민스터 신앙고백서는 에라스투스주의를 배격하면서도, 당시 영국 국교회 체제 안에서 국가 통치자가 외적 질서를 보장하고 교회 회의를 소집할 권한을 인정하는 절충적 진술을 한 것으로 이해할 수 있습니다. 반면 미국 장로교회는 1776년 독립선언 이후, 17세기 영국의 국가교회 체제를 부정하고 정교분리의 원칙을 확립하였습니다. 미국은 다양한 교파와 종교를 가진 이민자들로 구성된 사회였기 때문에, 국가 통치자가 특정 종파를 대표하거나 이단을 억제할 권한을 행사할 수 없었습니다. 따라서 교회의 자유를 보장하고 종교 간 평등을 유지하기 위해, 교회와 국가를 완전히 분리하는 방향을 택하게 되었습니다.

이러한 역사적·신학적 배경을 고려할 때, 오늘 읽는 신앙고백서 31.2의 의미를 이해하는 것은 단순히 교회 정치의 형식 문제를 넘어서, 국가와 교회에 대한 근본적 신학 이해의 차이를 드러냅니다. 1647년 판의 관점에서 국가는 교회를 보호하는 외적 수단으로서 하나님의 섭리 안에 세워진 기관입니다. 국가와 교회는 모두 하나님께로부터 위임된 질서 속에서 서로 다른 목적과 범위를 지닌 기관이지만, 그리스도의 주권 아래에서 협력해야 한다는 점에서 분리되되 대립되지 않습니다. 그러나 역사 속에서는 국가가 이러한 한계를 넘어 교회의 영적 영역에 간섭하고, 때로는 공의회를 소집하거나 교리 문제에 개입하는 에라스투스적 폐단이 발생했습니다.

이에 반해 1788년 미국 수정판은 교회와 국가를 일반은총과 특별은총의 두 영역으로 구분하여, 각각의 고유한 책임을 강조했습니다. 국가는 시민사회의 질서와 정의를 유지하는 일반은총의 사명을 담당하고, 교회는 구속의 복음을 전파하는 특별은총의 사역을 수행합니다. 이러한 구분은 자유교회(Free Church) 원리를 구현하려는 긍정적 의도를 지니지만, 동시에 국가가 교회의 선한 사역을 외적으로 보호하거나 지원할 의무마저 부정하는 해석으로 기울 위험도 내포합니다. 따라서 교회는 이단 억제를 법적으로 강제할 것을 국가에 요청할 수 없으며, 오직 영적 수단을 통해 이단을 경계하고 대적해야 합니다.

결국 우리는 국가를 교회의 보호자(guardian)로 보아야 하는가, 아니면 종교적 자유를 평등하게 보장하는 중립적 관리자(administrator)로 보아야 하는가의 관점 차이에 직면하게 됩니다. 이상적으로는 1647년 판이 제시하는 신정론적 이상, 곧 국가가 교회를 보호하는 책임을 지는 것이 하나님의 통치 질서에 부합하지만, 현실적으로는 1788년 판이 제시하는 국가와 교회의 상호 독립 원칙, 곧 자유교회적 질서(Free Church polity)가 다종교 사회 속에서 교회의 자유를 보전하는 데 더 큰 타당성을 갖습니다.

결론적으로, 현재 우리는 1788년 미국 수정판의 이해를 따르는 현실 속에 살고 있습니다. 그러나 1647년 판 31.2을 함께 읽으며, 하나님께서 세우신 기관인 국가가 본래 교회의 외적 평안과 복음 진리의 보전을 위해 섭리적으로 봉사할 책임이 있다는 원리를 살펴보는 것은 여전히 유익합니다. 이는 국가가 교회의 영적 사역에 간섭해야 한다는 뜻이 아니라, 국가 또한 그리스도의 보편적 주권 아래에서 진리의 확산과 교회의 선한 사역을 보호해야 할 도덕적 의무가 있음을 일깨워 주기 위함입니다.

적용 질문

1. 왜 1647년 판 신앙고백서는 국가 통치자에게 교회 회의를 소집할 권한을 인정했습니까? 그 권한에는 어떤 제한이 따릅니까? 여러분은 교회의 회의와 권징의 권세가 세속 권력에서가 아니라 그리스도의 위임에서 비롯된 것임을 믿으며, 교회의 모든 질서를 말씀과 주님의 통치 아래 세우고자 합니까?

2. 웨스트민스터 신앙고백서는 어떤 이유로 에라스투스주의를 거부합니까? 교회의 통치 권한은 어떤 점에서 국가의 간섭과 구별됩니까? 여러분은 교회가 세속 권력의 승인이나 간섭 없이, 오직 그리스도의 권세 아래 말씀과 성례, 권징을 바르게 시행해야 함을 확신하며, 교회의 권위를 하나님의 말씀 안에서 존중하고 있습니까?

3. 왜 1788년 미국 장로교회는 신앙고백서 31.2을 삭제하고 국가의 역할을 교회의 자유 보장으로 한정했습니까? 이 변화는 교회와 국가의 관계를 어떻게 새롭게 규정합니까? 여러분은 오늘날 교회가 세속 권력의 도움 없이도 복음의 진리를 수호해야 함을 깨닫고, 세상의 압력과 불의한 권세 앞에

서도 말씀의 능력으로 교회를 지키려는 믿음을 붙들고 있습니까?

4. 1647년 판과 1788년 판은 교회와 국가의 관계를 각각 어떻게 이해합니까? 오늘날 널리 알려진 견해는 어느 쪽 입장에 가깝다고 생각하십니까? 오늘날에도 1647년 판을 읽는 것이 필요한 이유는 무엇입니까? 여러분은 국가와 교회가 각자의 영역에서 그리스도의 주권 아래 섭리적으로 공존해야 함을 인정하며, 시민으로서 국가를 위해 기도하고, 동시에 교회의 순결과 복음의 사역을 위해 헌신하고 있습니까?

12월 19일

대회와 공의회의 결정과 그것의 기준

신앙고백서 31.3

신앙고백서 31.3

대회와 공의회가 수종 드는 사역은 신앙의 논쟁들과 양심의 문제들을 결정하는 일, 하나님께 드리는 공예배의 더 나은 순서와 하나님의 교회를 다스리기 위한 일을 위한 규칙과 지침을 제정하는 일, 또한 잘못된 행정 사안에 대한 불만을 접수하는 일, 그리고 이 사안을 권위 있게 결정하는 일이다. 이 결정과 판결이 하나님의 말씀에 일치한다면 존경과 복종으로 받아들여야 한다. 이 결정과 판결이 하나님의 말씀과 일치하기 때문만이 아니라, 또한 이것들이 하나님의 말씀에서 명하신 하나님의 규례라고 판단한 권세 때문에 그렇게 해야 한다.[1]

1) 행 15:15, 19, 24, 27-31; 16:4; 마 18:17-20.

◀ **말씀 요절**

행 15:15, 19, 24, 27-31 "선지자들의 말씀이 이와 일치하도다 기록된 바 … 그러므로 내 의견에는 이방인 중에서 하나님께로 돌아오는 자들을 괴롭게 하지 말고 … 들은즉 우리 가운데서 어떤 사람들이 우리의 지시도 없이 나가서 말로 너희를 괴롭게 하고 마음을 혼란하게 한다 하기로 … 그리하여 유다와 실라를 보내니 그들도 이 일을 말로 전하리라 성령과 우리는 이 요긴한 것들 외에는 아무 짐도 너희에게 지우지 아니하는 것이 옳은 줄 알았노니 우상의 제물과 피와 목매어 죽인 것과 음행을 멀리할지니라 이에 스스로 삼가면 잘되리라 평안함을 원하노라 하였더라 그들이 작별하고 안디옥에 내려가 무리를 모은 후에 편지를 전하니 읽고 그 위로한 말을 기뻐하더라"

행 16:4 "여러 성으로 다녀 갈 때에 예루살렘에 있는 사도와 장로들이 작정한 규례를 그들에게 주어 지키게 하니"

마 18:17-20 "만일 그들의 말도 듣지 않거든 교회에 말하고 교회의 말도 듣지 않거든 이방인과 세리와 같이 여기라 진실로 너희에게 이르노니 무엇이든지 너희가 땅에서 매면 하늘에서도 매일 것이요 무엇이든지 땅에서 풀면 하늘에서도 풀리리라 진실로 다시 너희에게 이르노니 너희 중의 두 사람이 땅에서 합심하여 무엇이든지 구하면 하늘에 계신 내 아버지께서 그들을 위하여 이루게 하시리라 두세 사람이 내 이름으로 모인 곳에는 나도 그들 중에 있느니라"

교리 해설

오늘 읽는 웨스트민스터 신앙고백서 제31장 제3절은 대회(synod)와 공의회(council)가 섬기는 일들이 무엇이며, 또한 성도들이 그 결정에 대하여 어떠한 태도를 가져야 하는가를 교훈합니다. 내용을 다섯 가지로 나누어 살펴보겠습니다.

(1) "대회와 공의회가 수종 드는 사역은": 대회와 공의회는 회의를 통해 교회의 중요한 사안을 결정합니다. 그러나 그들의 결정은 단순히 권위를 행사하는 것이 아니라, "수종 드는 사역"(ministerially)입니다. 이 표현은 대회와 공의회의 본질을 드러냅니다. 대회와 공의회는 그리스도의 교회의 복된 성장과 유익을 위한 제도이지, 개교회를 위에서 통제하거나 군림하는 권위주의적 기관이 아닙니다. 하위 기관 위에 군림하여 복종을 강요하는 상급 기관의 태도는 대회나 공의회의 본질과는 거리가 멉니다. 대회와 공의회는 그리스도의 주권 아래에서, 하나님의 말씀에 순종하는 자세로 맡은 책무를 이행해야 합니다. 그러므로 그들은 성경에 계시된 원리에 기초하여 결정하고, 이미 결정된 바를 유지하며, 새롭게 결정된 일은 신실하게 집행해야 합니다. 이것은 곧, 대회와 공의회가 성경에 없는 새로운 법을 제정하거나, 성경에 근거하지 않은 새로운 교리를 만들어서는 안 된다는 것을 의미합니다. 그들의 사역은 그리스도의 말씀을 '봉사적으로' 섬기는 일이지, 새로운 권위를 세우는 것이 아닙니다.

(2) "신앙의 논쟁들과 양심의 문제들을 결정하는 일": 대회와 공의회가 다루는 주요한 사역 가운데 하나는 교리적 논쟁과 양심의 문제를 성경에 따라 판단하는 일입니다. 먼저, "신앙의 논쟁들(controversies of faith)"은 교회 안의 교리적 혼란과 분열을 바로잡기 위한 사안입니다. 예를 들어, 삼위일체론, 기독론, 인간론과 같은 교리 논쟁이 일어날 때, 대회와 공의회는 성경에 근거한 판단을 내려 올바른 교리를 세웁니다. 이렇게 함으로써 교회의

교리적 순결을 보존하고, 전체 교회의 일치와 통일을 이루며, 이단으로부터 교회를 보호합니다.

이때 유의할 점은, 대회와 공의회가 교리 문제를 결정할 때 성경 외의 새로운 계시를 제시하거나, 성경에 의해 지지받지 않는 명령을 내릴 권위를 가지지 않는다는 것입니다. 성경은 "어리석은 변론과 족보 이야기와 분쟁과 율법에 대한 다툼은 무익하고 헛된 것"이라 경고합니다(딛 3:9). 교회는 이러한 무익한 논쟁으로 인해 혼란과 무질서에 빠지지 않도록 보호받아야 합니다. 따라서 대회와 공의회는 단순한 의견 조정 기구가 아니라, 그리스도의 말씀의 권위 아래서 교리가 바르게 세워지고 지켜지도록 봉사하는 권위 있는 기관입니다. 그들의 권한과 책임은 곧 말씀의 봉사와 교리의 선언으로 요약됩니다.

다음으로, "양심의 문제들"(cases of conscience)을 다루는 일도 대회와 공의회의 중요한 사역입니다. 신자들이 하나님의 말씀에 따라 살고자 할 때, 구체적 상황 속에서 무엇이 옳은지 판단하기 어려운 경우가 있습니다. 예를 들어, 안식일에 행해도 되는 일인지의 여부, 성찬에 참여해도 되는지에 대한 판단의 불확실성, 직분의 부르심에 합당한 자인지에 대한 성찰 등과 같은 양심과 관련된 윤리적 사안들이 있습니다. 구체적으로는, 주일이 휴일이므로 일상적으로 행해지고 있는 세속적 오락 활동에 참여해도 괜찮은 것인지, 국가에 대해 충성을 맹세해도 되는 것인지, 국가가 신앙의 교리 문제에 개입한다면 이를 따라야 하는 것인지, 아니면 교리 판단은 오직 말씀에 따라 교회가 결정해야 하는 것인지, 세례받은 사람은 누구나 성찬에 참여할 권리를 가지며 이를 금지할 경우가 없는 것인지, 예배에서 악기를 사용해도 되는 것인지, 혹은 이혼과 재혼이 가능한 것인지 등의 문제가 이에 해당합니다.

교회가 다루는 이러한 "양심의 문제들"(cases of conscience)은 단지 개인 차원에서 어떤 행동이 규범에 합당한지를 묻는 도덕적 질문이나, 그 행동이 옳거나 그른 이유를 탐구하는 윤리적 질문을 다루는 것이 아닙니다. 웨스트민스터 신앙고백서가 말하는 "양심의 문제들"은 교회가 성경의 원리에 따라 하나님의 뜻을 분별하고, 그 뜻에 비추어 신자들이 양심을 따라 살도록 지도해야 하는 문제를 가리킵니다. 따라서 교회는 하나님의 말씀의 교훈 아래에서 각 신자가 양심의 자유를 바르게 행사하도록 돕는 역할을 감당해야 합니다. 즉, 구체적인 상황 속에서 무엇이 옳은지, 곧 양심에 거리낌이 없는 선택이 무엇인지를 분별하여, 하나님의 뜻에 일치하도록 방향을 이끌어 가는 일이 바로 대회가 책임지는 "양심의 문제"입니다. 예를 들어, 안식일 준수의 문제에서 신자들이 자신의 양심을 세속적 풍습이나 개인의 사사로운 판단에 두지 않고, 하나님의 말씀 아래 두도록 지도하는 판결을 대회와 같은 교회 회의가 결정합니다. 또한 국가의 정치적 행위에 대해 충성해야 하는가 하는 문제에 있어서도, 교회 회의는 국가의 권위가 아니라 하나님의 말씀의 권위에 양심의 최종적 근거를 두어야 한다는 원칙을 제시합니다. 요컨대, 웨스트민스터 신앙고백서 20.2에서 읽은 바와 같이, "오직 하나님만이 양심의 주인"이십니다. 그러므로 신자가 양심의 자유를 내세워 하나님의 말씀에 어긋나는 사람의 교훈이나 계명을 따르는 것은, 오히려 양심의 참된 자유를 저버리는 행위입니다. 오늘 읽는 신앙고백서는 대회와 공의회가 공적 수준에서 신자들이 양심을 바르게 행사하도록 지도할 책임이 있음을 밝히고 있습니다.

(3) "하나님께 드리는 공예배의 더 나은 순서와 하나님의 교회를 다스리기 위한 일을 위한 규칙과 지침을 제정하는 일": 대회와 공의회는 그리스도의 뜻에 따라 예배와 교회 정치 질서에 관한 규칙과 지침을 세워야 합니다. 성경이 밝히는 예배의 원리를 근거로, 대회는 공적 예배의 질서가 하나님께 합당하게 드려지도록 구체적 실행 지침을 마련합니다. 예를 들어, 예배에서의 기도 구성, 찬송의 선택, 설교자의 자격과 설교 내용, 성례 시행 절차, 예배자의 태도와 참여 방식, 예배 순서 등이 포함됩니다. 또한 교회의 조직과

운영에 관한 지침도 세워야 합니다. 목사와 장로의 임직, 당회 운영 방식, 노회와 총회의 구성과 역할, 권징의 절차 등 교회의 정치적·행정적 틀을 마련함으로써, 모든 교회가 하나님의 말씀에 부합하는 통일된 질서 안에서 목회를 수행할 수 있도록 도와야 합니다. 이 모든 일의 목적은 하나님의 영광을 높이고, 교회가 왕이신 그리스도의 뜻에 따라 질서 있게 다스려지도록 하는 것입니다.

(4) "또한 잘못된 행정 사안에 대한 불만을 접수하는 일, 그리고 이 사안을 권위 있게 결정하는 일이다": 예배와 정치 질서에 대한 규칙과 지침이 합당하게 실행되지 않았다고 불만이 제기되는 경우, 행정상의 오류가 있는지, 부당한 처사를 행한 것인지를 살펴서 권위 있게 판단을 내려주는 일 또한 대회의 책임입니다. 하급 치리 기관은 상급 치리 기관에 상소하는 절차를 통해서 바르게 교정되기를 요청할 수 있습니다. 이에 해당하는 주요 사안들 가운데 목회자의 불법적 권한 행사, 권징의 남용, 당회나 노회나 총회의 절차적 위반이나 결정 사항의 부당성, 또한 개교회의 노회 가입과 목회자 신분에 관한 결정의 하자, 성례의 불법적 시행 등과 같은 일들이 있습니다. 총회는 예배 모범을 만들고 교회 정치 구조에 대한 규정을 성경적 근거 위에 세워서 이러한 불만 사항들을 판결할 기준을 마련해야 합니다. 그리하여 온 교회가 이 규정과 지침은 하나님의 말씀에 부합되며 공교회적 회의를 통한 것이라는 인식을 갖도록 하여야 합니다. 그러할 때 그 결정이 권위를 갖게 됩니다.

(5) "이 결정과 판결이 하나님의 말씀에 일치한다면 존경과 복종으로 받아들여야 한다. 이 결정과 판결이 하나님의 말씀에 일치하기 때문만이 아니라, 또한 이것들이 하나님의 말씀에서 명하신 하나님의 규례라고 판단한 권세 때문에 그렇게 해야 한다": 하급 치리기관은 상급 치리기관의 결정과 판결을 무조건적으로 수용하는 것은 아닙니다. 그 결정과 판결이 성경의 교훈에 일치하며, 또한 이에 근거한 규정에 따른 것인지 다시 확인하는 일이

필요합니다. 어떤 대회나 공의회도 무오하지 않기 때문입니다. 그러나 두 가지 조건에 따라 그 결정은 존경과 복종으로 받아들여져야 합니다. 첫째, 그것이 하나님의 말씀에 일치하는 경우입니다. 둘째, 이 결정을 내린 상급 치리기관이 하나님의 뜻에 따라 세워진 규례이며, 그 규례에 근거해 제정된 총회를 통해 결정과 판단의 권세를 행사하도록 하신 것이 하나님의 뜻이기 때문입니다. 하나님께서 교회의 질서와 통일성을 위해 대회와 공의회라는 상급 치리기관을 두셨다는 것이 성경의 가르침임을 우리는 믿습니다. 그러므로 성경의 말씀과 일치하는 결정이라면, 또한 그 결정이 하나님의 규례에 따른 총회에 의해 이루어진 것이라면, 성도들은 하나님의 말씀과 총회의 권위에 대해 존경과 복종의 마음으로 받아들여야 합니다. 총회의 결정은 단순한 권고 사항이 아니라, 존경과 복종의 마음으로 받아들여야 하는 권위 있는 결정임을 유의해야 합니다.

◀ 적용 질문

1. 웨스트민스터 신앙고백서는 대회와 공의회의 사역을 "수종 드는 사역"(ministerially)이라 부릅니다. 이는 그들의 권위가 그리스도의 주권 아래에서 봉사적으로 행사되는 것임을 뜻합니다. 그렇다면 왜 교회의 회의는 세속 권위처럼 군림하는 기관이 아니라 그리스도의 뜻에 순종하는 기관이어야 합니까? 여러분은 교회의 회의나 결정이 단순한 행정 절차가 아니라, 주님의 말씀에 수종 드는 사역임을 믿고 있습니까? 우리 교회는 회의를 통해 사람의 이익이 아니라 그리스도의 뜻을 섬기고 있는지 돌아보아야 하지 않겠습니까?

2. "신앙의 논쟁들"(controversies of faith)을 결정한다는 것은 교회 안의 교리적 혼란과 분열을 바로잡고, 성경에 근거한 판단으로 올바른 교리를 세운다는 의미입니다. 그렇다면 왜 대회와 공의회는 성경 외의 다른 기준이나 전통이 아니라 오직 말씀만을 판단의 표준으로 삼아야 합니까? 우리는 교회의 교리적 논쟁이나 신앙의 차이를 대할 때, 개인의 경험이나 세상의 여론이 아니라 성경의 권위에 귀를 기울이고 있습니까? 우리의 신앙적 판단은 그리스도의 말씀에 복종하며 교회의 공적 교훈을 존중하는 태도를 가지고 있습니까?

3. "양심의 문제들"(cases of conscience)은 단순히 개인의 도덕적 선택이나 윤리적 판단이 아니라, 교회가 성경의 원리에 따라 하나님의 뜻을 분별하고 신자들이 그 말씀에 따라 양심을 행사하도록 지도하는 문제를 말합니다. 그렇다면 왜 교회는 신자의 양심이 세속적 풍습이나 사사로운 판단에 따라 흔들리지 않도록, 말씀 아래에서 바르게 형성되도록 돕는 책임을 져야 합니까? 우리는 신앙의 실천 속에서 양심의 자유를 자기 판단의 근거로 삼기보다, 하나님의 말씀의 통치 아래 두고 있습니까? 우리의 양심은 세상의 기준이나 감정이 아니라 성경의 진리에 의해 바르게 다스려지고 있습니까?

4. 하급 치리기관이 상급 치리기관의 결정을 무조건적으로 수용하지 않으면서도, 그것이 성경에 일치할 때 존경과 복종으로 받아들여야 한다고 말하는 이유는 무엇입니까? 이 원리가 교회의 질서와 통일성을 유지하는 데 어떤 역할을 합니까? 우리는 교회의 공적 결정이 하나님의 말씀에 일치할 때, 비록 개인의 생각과 다르더라도 그것을 존중하고 순종하는 마음을 가지고 있습니까? 교회의 일치를 위해, 우리는 그리스도의 주권 아래서 겸손과 복종의 태도로 공적 판단을 받아들이고 있습니까?

12월 20일

대회와 공의회의 결정과 오류 가능성

신앙고백서 31.4

신앙고백서 31.4

사도 시대 이래로, 보편 규모이든지 지역 규모이든지, 모든 대회나 공의회는 오류를 범할 수 있으며 많은 회의가 오류를 범했다. 그러므로 이 회의들은 신앙과 행위의 규칙이 되어서는 안 되며 도움이 되는 것으로만 여겨야 한다.[1]

1) 엡 2:20; 행 17:11; 고전 2:5; 고후 1:24.

◀ **말씀 요절**

엡 2:20 "너희는 사도들과 선지자들의 터 위에 세우심을 입은 자라 그리스도 예수께서 친히 모퉁잇돌이 되셨느니라"

행 17:11 "베뢰아에 있는 사람들은 데살로니가에 있는 사람들보다 더 너그러워서 간절한 마음으로 말씀을 받고 이것이 그러한가 하여 날마다 성경을 상고하므로"

고전 2:5 "너희 믿음이 사람의 지혜에 있지 아니하고 다만 하나님의 능력에 있게 하려 하였노라"

고후 1:24 "우리가 너희 믿음을 주관하려는 것이 아니요 오직 너희 기쁨을 돕는 자가 되려 함이니 이는 너희가 믿음에 섰음이라"

◀ **교리 해설**

오늘 읽는 웨스트민스터 신앙고백서 31.4은 대회(synod)와 공의회(council)의 결정이 오류를 범할 수 있으며, 실제로 많은 오류가 있었다는 사실을 지적합니다. 이 절은 신앙과 행위의 규칙은 오직 성경 말씀뿐이며, 공의회의 결정은 다만 도움이 되는 보조적 수단으로 사용되어야 함을 교훈합니다. 내용을 두 부분으로 나누어 살펴보겠습니다.

(1) "사도 시대 이래로, 보편 규모이든지 지역 규모이든지, 모든 대회나 공의회는 오류를 범할 수 있으며 많은 회의가 오류를 범했다": 이 진술은 앞 절 (31.3)에서 공의회의 판단이나 결정을 "하나님의 말씀에 일치한다면 존경

과 복종으로 받아들여야 한다"라고 한 내용을 완화하는 것처럼 들릴 수 있습니다. 그러나 앞 절의 진술에는 이미 "하나님의 말씀에 일치한다면"이라는 조건이 전제되어 있습니다. 교회의 권위만으로는 그 결정이 오류가 없다고 주장할 수 없습니다. 공의회의 결정이 옳은지 그른지를 판정하는 기준은 성경 말씀입니다. 따라서 "하나님의 말씀에 일치한다면"이라는 전제는 공의회의 판단을 검증하는 불변의 기준이 됩니다. 사도들은 특별계시를 교회에 전달하는 독특한 지위와 임무를 받았지만, 사도들 이후에는 어떠한 사람이나 교회 회의도, 그것이 보편 공의회이든 지역 공의회이든, 무오한 권위를 지니지 않습니다. 이 진술은 로마 가톨릭교회의 "공의회 무오성"(infallibility of councils) 교리를 명확히 배격하는 것입니다.

역사적 사례를 살펴보면 다음과 같습니다. 2차 에베소 공의회(449년)는 그리스도의 단성론을 받아들여, 그리스도의 인성과 신성이 연합된 후 하나의 본성으로 존재한다고 결정했습니다. 그러나 이것은 심각한 오류였습니다. 두 해 뒤에 열린 칼케돈 공의회(451년)는 이 단성론을 폐기하고, 그리스도의 두 본성을 정통 교리로 확립했습니다. 2차 에베소 공의회의 결정은 내용뿐 아니라 절차상에서도 강압적이고 폭력적이었기에, 역사적으로 "강도회의"(Latrocinium)라고 불립니다. 또한 콘스탄티노플 공의회(381년)에서는 그 교구의 대주교를 안디옥이나 알렉산드리아보다 높은 지위로 세우려는 시도가 있었고, 칼케돈 공의회(451년)에서도 로마의 교황과 동등한 권위를 부여하려는 정치적 조항이 논의되었으나, 결국 절차상의 이유로 거부되었습니다. 2차 콘스탄티노플 공의회(553년)는 마리아의 "영원 동정성"(ever-virginity)이라는 비성경적 교리를 수용했습니다.

중세에 들어 공의회의 오류는 더욱 심화되었습니다. 4차 라테라노 공의회(1215년)는 성경에 근거하지 않는 화체설(transubstantiation)을 공식 교리로 확정했습니다. 트리엔트 공의회(1545-1563)는 성인들의 중보적 역할을 인정하면서, 마리아를 가장 탁월한 중보자로 높이고, 마리아에게 모든 성인

보다 더 높은 "상급공경"(hyperdulia)을 드리도록 규정했습니다. 이 공의회는 또한 성인들의 중재를 통해 하나님께 기도하도록 가르치고, 성인의 유해와 성화상을 공경하도록 결정했습니다.

이러한 오류적 결정은 근대와 현대에도 계속되었습니다. 교황 비오 9세는 1854년 교황령을 통해 마리아가 원죄의 오염 없이 잉태되었다는 "무염시태"(Immaculate Conception)를 교리로 선포했습니다. 교황 비오 12세는 1950년 "성모승천"(Assumption of Mary) 교리를 제정하여, 마리아가 영혼과 육체가 함께 하늘로 올려졌다고 선언했습니다. 또한 제2차 바티칸 공의회(1962-65)는 마리아를 "구속자의 어머니"(Mater Redemptoris)라 부르며, 예수 그리스도와 더불어 공동 중보자의 위치에까지 올려놓았습니다. 이처럼 성경의 가르침에 어긋나는 공의회와 교황령의 결정들은 수없이 많습니다.

(2) "그러므로 이 회의들은 신앙과 행위의 규칙이 되어서는 안 되며 도움이 되는 것으로만 여겨야 한다": 이러한 많은 오류를 낳은 공의회의 결정들은 마땅히 배격되어야 합니다. 그렇다면, 성경에 일치하는 공의회의 결정은 신앙과 행위의 규칙으로 받을 수 있을까요? 그렇지 않습니다. 신앙고백서 31.3에서 "하나님의 말씀에 일치한다면 존경과 복종의 마음으로 받아들여야 한다"라는 말은, 공의회의 결정이 곧 신앙의 규칙이라는 뜻이 아닙니다. 신앙고백서 1.2은 성경 66권을 "하나님의 영감으로 주어진, 믿음과 생활의 규범"이라고 선언하며, 1.10은 "신앙과 관련한 모든 논쟁은 최고의 재판관이신 성령 하나님께서 성경을 통하여 판결하신다"라고 밝힙니다. 결국 신앙과 행위의 유일한 규칙은 오직 성경 말씀입니다.

따라서 하나님의 말씀에 일치하는 공의회의 결정은 존경과 복종으로 받아들여야 하지만, 그것 자체가 신앙의 규칙은 아닙니다. 다만 "도움이 되는 것"으로 여겨야 합니다. 여기서 '도움'이란 공의회의 결정이 성경의 진리를 섬기고 증언하는 보조적 역할(testimonium subserviens)을 가리킵니다. 예를 들어 웨스트민스터 총회가 제정한 신앙 표준문서들은 그 자체로 신앙과 행위의 규칙이 아니라, 유일한 규범인 성경의 가르침을 충실히 요약하고 해설한 것입니다. 따라서 그것들은 성경에 종속된 "섬기는 규칙"으로서, 교회를 세우는 유익한 도구입니다. 요컨대 성경은 모든 규범을 세우는 근원적 규범(norma normans)이며, 대회나 공의회가 제정한 신앙 문서들은 성경에 의해 세워진 종속적 규범(norma normata)입니다. 이런 의미에서 공의회의 결정이나 신앙 표준문서는 신앙과 행위의 규칙에 있어서 보조적·종속적 가치를 가집니다. "종속적 가치"를 가진다는 말은 그것이 성경의 권위 아래 있으며, 성경의 가르침에 일치할 때만 그 효력을 가진다는 뜻입니다. 동시에, 이러한 표준문서들은 교회의 신앙에 통일성과 연속성을 부여하며, 역사적 계승을 따라 이어지는 교회의 신앙 전통을 보존한다는 점에서 귀하고 필수적인 가치를 지닙니다.

적용 질문

1. 왜 웨스트민스터 신앙고백서는 사도 시대 이후의 모든 대회나 공의회가 오류를 범할 수 있다고 말합니까? 여러분은 교회의 권위를 존중하되, 그 어떤 회의의 결정이라도 오직 성경의 진리에 비추어 검증해야 한다는 원리를 실제 신앙생활 속에서 실천하고 있습니까?

2. 왜 공의회의 결정이 오류를 범할 수 있다는 사실이 로마 가톨릭의 "공의회 무오성" 교리를 반박하는 근거가 됩니까? 여러분은 신앙의 근거를 교회나 전통이 아니라 성경의 절대적 권위 위에 두며, 교회의 결정이 아니라 하나님의 말씀을 최종 판단의 기준으로 삼고 있습니까?

3. 왜 신앙고백서는 "성경에 일치하는 공의회의 결정조차 신앙과 행위의 규칙이 될 수 없다"라고 말합니까? 여러분은 신앙생활에서 신조나 교리문서를 성경보다 높이지 않고, 그것들이 성경의 가르침을 더 깊이 이해하도록 돕는 종의 자리에 머물게 하고 있습니까?

4. 왜 성경은 모든 규범을 세우는 근원적 규범(norma normans)이며, 공의회의 결정은 종속적 규범(norma normata)이라 불립니까? 여러분은 신앙의 통일성과 역사적 계승을 소중히 여기되, 언제나 그 중심에 하나님의 말씀을 두어, 교회의 모든 신앙 문서와 결정이 말씀에 종속되어야 함을 확신하며 살아가고 있습니까?

12월 21일

대회와 공의회의 관할권

신앙고백서 31.5

신앙고백서 31.5 대회와 공의회는 교회에 관한 것 이외에 어떠한 것도 다루거나 결정해서는 안 되고, 국가에 속한 시민사회의 문제에 관여해서는 안 된다. 단, 특별한 경우에 겸손히 청원하는 방식으로 관여할 수 있다. 또는 국가 통치자가 조언을 요청한다면 양심을 만족시키는 조언의 방식으로 관여할 수 있다.[1]

1) 눅 12:13-14; 요 18:36.

◀ 말씀 요절

눅 12:13-14 "무리 중에 한 사람이 이르되 선생님 내 형을 명하여 유산을 나와 나누게 하소서 하니 이르시되 이 사람아 누가 나를 너희의 재판장이나 물건 나누는 자로 세웠느냐 하시고"

요 18:36 "예수께서 대답하시되 내 나라는 이 세상에 속한 것이 아니라 만일 내 나라가 이 세상에 속한 것이었더라면 내 종들이 싸워 나로 유대인들에게 넘겨지지 않게 하였으리라 이제 내 나라는 여기에 속한 것이 아니니라"

◀ 교리 해설

오늘 읽는 신앙고백서 31.5은 대회(synod)와 공의회(council)가 관할해야 할 일의 범위에 대하여 교훈합니다. 특히 국가의 관할 영역에 대해서는 예외적인 경우가 아니면 관여하지 말아야 함을 명백히 가르칩니다. 내용을 두 부분으로 나누어 살펴보겠습니다.

(1) "대회와 공의회는 교회에 관한 것 이외에 어떠한 것도 다루거나 결정해서는 안 되고, 국가에 속한 시민사회의 문제에 관여해서는 안 된다": 대회와 공의회는 "교회에 관한 일"에만 관여해야 합니다. 여기서 "교회에 관한 일"이란 앞서 12월 19일에 살핀 신앙고백서 31.3의 내용, 곧 "신앙의 논쟁들과 양심의 문제들을 결정하는 일, 공예배의 질서와 교회 정부의 규칙과 지침을 제정하는 일, 행정상의 불만을 접수하고 권위 있게 판단하는 일" 등을 말합니다. 요약하면 예배, 교리, 성례, 기도, 권징 등 교회의 영적 사역에 직접 관련된 일들입니다.

반면 교회가 간섭해서는 안 되는 "국가에 속한 시민사회의 문제"는 국가 또는 정부의 고유 권한입니다. 예를 들어 다음과 같은 일들이 이에 해당합니다. 입법 활동(법률의 제정과 폐지), 사법 활동(재판과 형 집행), 특정 정치 세력의 지지, 경제 분야에서의 노동·세금·재정 정책, 국방 분야의 군사 모집과 전쟁 수행, 사회 기반 시설의 조성, 공공정책의 입안 등입니다. 이러한 일들은 시민 생활의 질서를 세우기 위한 국가의 고유한 책무로서, 교회 회의가 이에 대해 어떤 결정을 내리는 것은 국가의 통치권을 침해하는 행위가 됩니다.

(2) "단, 특별한 경우에 겸손히 청원하는 방식으로 관여할 수 있다. 또는 국가 통치자가 조언을 요청한다면 양심을 만족시키는 조언의 방식으로 관여할 수 있다": 교회는 일반적으로 국가의 정치적 영역에 간섭해서는 안 됩니다. 그러나 예외적인 경우, 곧 국가의 정책이나 법이 교회가 그 고유한 영적 사역을 수행하지 못하도록 훼방하거나 억압할 때는 겸손히 청원하는 방식으로 의견을 표명할 수 있습니다. 이는 국가의 고유 권한을 인정하면서도, 국가 정책이 교회의 자유로운 신앙 행위를 억누르지 않도록 요청하는 것입니다. 따라서 교회는 "겸손히 청원하는 방식"으로 국가 사회가 하나님의 뜻에 합당한 질서 안에 서기를 바라는 소망을 표현할 수 있습니다. 예를 들어, 국가가 예배를 금지하거나 주일 성수를 방해하는 정책을 시행할 때, 동성혼을 합법화하여 혼인 제도를 왜곡하려 할 때, 교회의 대회나 공의회가 이에 대해 청원을 제출하거나 성명서를 발표하는 것은 합당한 일입니다. 다만 그 성명은 하나님의 법도를 존중할 것을 촉구하는 수준에 머물러야 하며, 정부에 대해 명령하듯 법안을 폐지하라고 요구하는 것은 교회의 권한을 넘어서는 행위입니다.

한편, 국가 통치자가 교회에 조언을 요청할 경우, 교회는 "양심을 만족시키는 조언의 방식"으로 참여할 수 있습니다. 이때 "조언의 방식"이란 법규나 명령의 형식이 아니라, 통치자가 자신의 양심에 따라 바른 판단을 내릴 수 있도록 지혜롭고 도덕적인 기준을 제공하는 것을 의미합니다. 교회는 이러한 조언의 기회를 통해 국가가 하나님의 뜻에 부합하는 결정을 내릴 수 있도록 돕되, 국가에 명령하거나 강제하려 해서는 안 됩니다. 그 조언의 내용 또한 종교적·도덕적 사안과 관련된 것이어야 합니다. 예를 들어, 낙태 합법화가 가져올 생명 경시 문제, 동성혼 허용이 사회의 도덕 규범에 미칠 영향, 경제 정책이 야기할 수 있는 빈곤과 사회적 불안, 혹은 윤리적 딜레마의 상황 등에 대해 통치자가 조언을 요청할 경우, 교회는 그의 양심이 하나님의 뜻에 따라 판단하도록 돕는 조언을 제공할 수 있습니다. 이것은 교회가 국가의 정책을 지배하려는 것이 아니라, 통치자와 공무원들이 하나님 앞에서 바른 양심으로 판단하도록 돕는 영적 사역입니다.

◀ 적용 질문

1. 대회와 공의회가 다루어야 할 "교회에 관한 일"은 어떤 범위에 속한 것입니까? 이것이 왜 교회의 영적 사역에 국한되어야 하는지를 생각해 보십시오. 여러분은 교회의 모든 회의와 결정이 세속적 권력의 모양을 닮지 않고, 예배와 교리와 성례, 권징과 기도의 질서를 바로 세우는 일에만 집중해야 한다는 사실을 기억하고 있습니까?

2. 신앙고백서가 "국가에 속한 시민사회의 문제"에 교회가 관여해서는 안 된다고 한 이유는 무엇입니까? 교회가 이러한 세속 영역에 간섭할 때 어떤 위험이 따르는지 생각해 보십시오. 여러분은 교회가 정치나 경제, 사회 문제에 직접 개입하기보다, 말씀 선포와 성도의 양육을 통해 하나님의 공의와 사랑이 드러나도록 해야 한다는 원칙을 지키고 있습니까?

3. 신앙고백서가 말하는 "겸손한 청원"은 어떠한 경우에 가능한 것입니까? 교회가 국가 정책이나 법률에 대해 의견을 표명할 수 있는 올바른 방식은 무엇인지 살펴보십시오. 여러분은 교회의 자유로운 예배와 신앙을 훼방하는 정책 앞에서, 비난이나 강요가 아니라 겸손한 청원과 간구로 하나님의 뜻을 구하고 있습니까?

4. 국가 통치자가 교회의 조언을 요청할 때, 교회는 어떤 태도로 그 요청에 응해야 합니까? 이러한 조언은 어떤 내용에 한정되어야 하며, 그 목적은 무엇입니까? 여러분은 교회가 국가의 정책을 지배하려 하지 않고, 통치자들이 하나님 앞에서 바른 양심으로 판단할 수 있도록 진리와 도덕의 빛으로 섬겨야 함을 인식하고 있습니까?

날마다 양식으로 읽는
웨스트민스터 표준교리 Ⅵ

32장.

사람의 사후 상태와
죽은 자의 부활

12월 22일

죽음의 필연성

대요리문답 84

대요리문답 84:

문84. 모든 사람은 죽어야 합니까?

답. 죄의 삯으로 죽음을 경고하셨으므로[1] 한 번 죽는 것은 모든 사람에게 정해진 것입니다.[2] 왜냐하면 모든 사람이 죄를 범했기 때문입니다.[3]

1) 롬 6:23.
2) 히 9:27.
3) 롬 5:12.

◀ 말씀 요절

롬 6:23 "죄의 삯은 사망이요 하나님의 은사는 그리스도 예수 우리 주 안에 있는 영생이니라"

히 9:27 "한번 죽는 것은 사람에게 정해진 것이요 그 후에는 심판이 있으리니"

롬 5:12 "그러므로 한 사람으로 말미암아 죄가 세상에 들어오고 죄로 말미암아 사망이 들어왔나니 이와 같이 모든 사람이 죄를 지었으므로 사망이 모든 사람에게 이르렀느니라"

◀ 교리 해설

오늘 읽는 대요리문답 84항은 인간의 죽음이 필연적인 이유와 이 죽음을 피할 수 있는 사람은 아무도 없다는 사실을 교훈합니다. 이 문답의 내용을 세 부분으로 나누어 살펴보겠습니다.
(1) "죄의 삯으로 죽음을 경고하셨으므로": "죄의 삯"이라는 표현은 성경의 언어입니다. "죄의 삯은 사망이요 하나님의 은사는 그리스도 예수 우리 주 안에 있는 영생이니라"(롬 6:23). 여기서 "삯"은 어떤 행위에 대해 마땅히 지급되어야 하는 보상이나 대가를 의미합니다. 그러므로 "죄의 삯"이란 죄를 범한 결과로 죄인이 정당하게 받아야 할 형벌을 가리키며, 그 형벌은 곧 죽음입니다. 죄는 단순한 실수나 부주의가 아니라, 하나님의 거룩한 율법을 정면으로 거스르는 반역입니다. 한 번 범한 죄는 반드시 사망의 형벌을 초래합니다. 죄의 무게와 두려움은 그 결과인 "사망"이 뜻하는 바를 깊이 생

각할 때 더욱 분명히 드러납니다.

성경이 가르치는 사망은 세 가지로 구분됩니다. 이에 대하여 3월 3일에 읽은 웨스트민스터 신앙고백서 6.6은 다음과 같이 진술합니다. "원죄와 자범죄는 둘 다 하나님의 의로운 율법의 위반이며, 그 성질상 죄인에게 죄책을 초래한다. 이로 말미암아 죄인은 하나님의 진노와 율법의 저주 아래 결박되고, 그 결과 영적이며 현세적이며 영원한 모든 비참함과 함께 죽어야 하는 처지가 되었다."

첫째, 영적 사망입니다. 이것은 하나님과의 생명적 교제가 단절된 상태, 곧 "허물과 죄로 죽은"(엡 2:1) 상태를 말합니다. 2월 22일에 읽은 신앙고백서 6.2은 이를 다음과 같이 설명합니다. "이 죄로 말미암아 그들은 원의와 하나님과의 교제에서 떨어졌으며, 그리하여 죄 가운데 죽은 자가 되었고, 영혼과 몸의 모든 기능과 부분이 완전히 오염되었다." 둘째, 육체적 사망입니다. 이것은 영혼과 육체가 분리되는 것으로, 사람이 더 이상 생명을 유지하지 못하고 육체가 썩어 흙으로 돌아가는 상태를 말합니다(창 3:19). 셋째, 영원한 사망입니다. 이것은 마지막 심판 후 하나님에게서 영원히 분리되어 지옥에서 공의의 형벌을 받는 상태를 가리킵니다. 3월 2일에 읽은 소요리문답 19항은 이를 "영원한 지옥의 고통"이라고 표현합니다.

"죄의 삯으로 죽음을 경고하셨다"라는 것은 죽음이 인간의 본성에 속한 것이 아님을 보여줍니다. 사람은 창조될 때부터 "죽을 존재"로 지음 받지 않았습니다. 죽음은 죄로 인해 하나님의 공의로운 진노 아래 임한 결과요 형벌입니다. 그러나 인간이 본래 생물학적 죽음을 겪도록 창조되었다고 주장하는 잘못된 견해가 교회사 속에 있어 왔습니다. 특히 현대의 자유주의 신학자들과 유신진화론자들은 죽음을 인간 존재의 유한성에서 비롯된 자연적 현상으로 해석하며, 죄의 결과로 주어진 형벌이라는 성경적 교리를 부정합니다. 이러한 주장은 성경의 명백한 가르침에 어긋납니다. 만일 죽음이 죄의 형벌이 아니라면, 그리스도의 대속적 죽음, 곧 죄인을 대신하여 형벌을 담당하신 사건은 의미를 잃게 됩니다. 죄로 인해 죽음이 들어왔기에, 그리스도께서 죽음을 담당하심으로 죽음의 권세를 깨뜨리시고 부활과 영생을 주셨다는 복음의 진리가 선포될 수 있는 것입니다. 따라서 죽음은 본래 창조의 일부가 아니라, 죄로 인해 더해진 저주의 결과입니다.

(2) "한 번 죽는 것은 모든 사람에게 정해진 것입니다": "한 번 죽는 것"의 의미는 단지 기회적으로 한 번만 죽는다는 사실에 그치지 않습니다. 그것은 단회적이며, 동시에 돌이킬 수 없는 결정적 죽음을 뜻합니다. 죽음은 결코 윤회나 다른 생애로 이어지는 자연 안에 있는 순환과정이 아닙니다. 사람이 자연 질서 안에서 스스로 죽음에서 일어날 수 있는 길은 없습니다. 죽음은 저주의 심판이며 형벌이기 때문입니다.

죽음은 모든 사람에게 정해진 것이며, 따라서 보편적입니다. "선악을 알게 하는 나무의 열매는 먹지 말라 네가 먹는 날에는 반드시 죽으리라 하시니라"(창 2:17)라는 말씀은 단지 아담 개인에게만 해당하는 명령이 아니라, 모든 인류에게 적용되는 언약적 말씀입니다. 3월 9일에 읽은 웨스트민스터 신앙고백서 7.2은 이 사실을 명확히 진술합니다. "사람과 맺으신 첫 번째 언약은 행위 언약이었다. 이 언약 안에서 완전하며 인격적인 순종을 조건으로 하여, 아담에게 그리고 아담 안에 있는 그의 후손들에게 생명이 약속되었다." 여기서 언급된 행위 언약(Covenant of Works)은 앞서 인용한 창세기 2:17 말씀, 곧 "네가 먹는 날에는 반드시 죽으리라"는 언약적 명령을 가리킵니다. 아담은 그의 후손들의 언약적 대표자입니다. 따라서 아담의 불순종으로 말미암아 주어진 죽음의 형벌은 단지 아담 한 사람에게만이 아니라, 그의 후손들 전체에게 미치게 되었습니다. 그러므로 "한 번 죽는 것"은 모든 사람에게 정해진 것입니다.

(3) "왜냐하면 모든 사람이 죄를 범했기 때문입니다": 모든 사람이 죽는 이유는 모든 사람이 죄를 범했기 때문입니다. 이는 앞서 살핀 것처럼, 아담이 인류의 대표로서 하나님과 행위 언약을 맺었기 때문입니다. 아담이 그 언

약을 어겼을 때, 그 불순종의 결과인 죽음의 형벌이 그의 모든 후손에게도 예외 없이 임하게 되었습니다. 이 말은 아담의 후손들이 자신에게 죄가 없음에도 불구하고 억울하게 죽음을 당한다는 뜻이 아닙니다. 그들은 언약의 머리이자 대표자인 아담의 죄책을 함께 짊어졌기 때문입니다. 사도 바울을 통해 성경은 이렇게 말씀합니다. "그러므로 한 사람으로 말미암아 죄가 세상에 들어오고 죄로 말미암아 사망이 들어왔나니, 이와 같이 모든 사람이 죄를 지었으므로 사망이 모든 사람에게 이르렀느니라"(롬 5:12). 이 구절이 보여주는 바와 같이, 아담이 죄를 범하였을 때 그 안에 있는 모든 사람도 죄를 지은 것으로 간주됩니다. 여기서 "죄를 지었다"라는 말은 아담이 대표로 범한 죄의 죄책(guilt)이 그의 모든 후손에게 전가(imputation)되었음을 의미합니다. 동시에 이는 모든 사람이 죄의 오염(corruption) 아래 놓이게 되었음을 부수적으로 포함합니다. 곧, 모든 사람에게 사망이 임한 것은 모든 사람이 죄를 범하였기 때문이며, 이는 아담의 죄책이 그의 모든 후손에게 전가되고, 그 결과 인간의 본성이 부패하게 되었기 때문입니다. 따라서 모든 사람은 타고난 부패한 본성을 가지고 세상에 태어나는 것입니다.

◀ 적용 질문

1. 하나님께서 "죄의 삯으로 죽음을 경고하셨다"라는 말씀은 인간의 죄와 죽음 사이에 어떤 관계를 보여줍니까? 여러분은 죄가 단순한 실수나 약점이 아니라 하나님의 거룩한 율법을 거스르는 반역이며, 그 결과가 죽음이라는 사실을 깊이 인식하고 있습니까? 그렇다면 우리는 날마다 죄의 심각성을 자각하며, 죄로부터 돌이켜 거룩한 삶을 추구하기 위해 어떻게 살아야 하겠습니까?

2. 성경이 말하는 사망이 영적―육체적―영원한 세 가지로 구분된다는 것은 인간의 타락이 얼마나 전인적인지를 보여줍니다. 여러분은 하나님과의 교제가 끊어진 영적 사망 상태가 얼마나 비참한지를 깨닫고 있습니까? 우리는 이 세 가지 죽음의 실재를 깊이 인식함으로써, 오직 그리스도의 생명 안에서만 참된 회복과 소망이 있음을 어떻게 더 확신하며 살아갈 수 있을까요?

3. "한 번 죽는 것은 모든 사람에게 정해진 것"이라는 진리는 인간의 죽음이 단순한 자연의 순환이 아니라 하나님의 공의로운 심판임을 보여줍니다. 여러분은 죽음을 피할 수 없는 현실로만 보지 않고, 죄에 대한 하나님의 거룩한 심판의 결과로 받아들이고 있습니까? 우리는 죽음의 필연성을 깨달을 때, 그리스도의 부활 안에서 주어진 새 생명의 소망을 어떻게 더 확고히 붙들며 살아야 하겠습니까?

4. "모든 사람이 죄를 범하였기 때문"이라는 말씀은 아담의 범죄가 모든 인류에게 영향을 미쳤다는 대표성과 전가의 교리를 가르칩니다. 여러분은 자신의 죄가 단지 개인적 행위의 결과가 아니라, 아담 안에서 이미 부패한 본성을 지닌 존재로 태어난 데에서 비롯되었음을 이해하고 있습니까? 우리는 이러한 교리를 깨달을 때, 인간의 구원이 오직 두 번째 아담이신 예수 그리스도의 은혜와 의의 전가에 의해서만 가능하다는 사실을 어떻게 더 깊이 감사하며 고백할 수 있을까요?

12월 23일

그리스도 안에서 죄 사함을 받은 자의 죽음의 의미

대요리문답 85

대요리문답 85:

문85. 죄의 삯이 죽음이라면 의롭다 하심을 받은 사람이 그리스도 안에서 모든 죄를 용서받았음에도 왜 죽음에서 건짐을 받지 못합니까?

답. 의롭다 하심을 받은 사람은 죽음 자체에서 마지막 날에는 건짐을 받을 것입니다. 지금 죽어도 사망의 쏘는 것과 저주에서는 건짐을 받습니다.[1] 그러므로 이들이 비록 주는다 할지라도, 이 죽음은 오히려 하나님의 사랑에서[2] 비롯된 것입니다. 이 죽음을 통하여 죄와 비참에서 완전히 해방되며,[3] 또한 죽음 후에 들어가는 영광 중에서 그리스도와 함께 더 깊은 교제를 갖게 됩니다.[4]

대요리문답 85:	1) 고전 15:26-55; 히 2:15.
	2) 사 57:1-2; 왕하 22:20.
	3) 계 14:13; 엡 5:27.
	4) 눅 23:43.

◀ 말씀 요절

히 2:15 "또 죽기를 무서워하므로 한평생 매여 종 노릇 하는 모든 자들을 놓아 주려 하심이니"

고전 15:51-55 "보라 내가 너희에게 비밀을 말하노니 우리가 다 잠 잘 것이 아니요 마지막 나팔에 순식간에 홀연히 다 변화되리니 나팔 소리가 나매 죽은 자들이 썩지 아니할 것으로 다시 살아나고 우리도 변화되리라 이 썩을 것이 반드시 썩지 아니할 것을 입겠고 이 죽을 것이 죽지 아니함을 입으리로다 이 썩을 것이 썩지 아니함을 입고 이 죽을 것이 죽지 아니함을 입을 때에는 사망을 삼키고 이기리라고 기록된 말씀이 이루어지리라 사망아 너의 승리가 어디 있느냐 사망아 네가 쏘는 것이 어디 있느냐"

사 57:1-2 "의인이 죽을지라도 마음에 두는 자가 없고 진실한 이들이 거두어 감을 당할지라도 깨닫는 자가 없도다 의인들은 악한 자들 앞에서 불리어가도다 그들은 평안에 들어갔나니 바른 길로 가는 자들은 그들의 침상에서 편히 쉬리라"

왕하 22:20 "그러므로 보라 내가 너로 너의 조상들에게 돌아가서 평안히

묘실로 들어가게 하리니 내가 이 곳에 내리는 모든 재앙을 네 눈이 보지 못하리라 하셨느니라 하니 사자들이 왕에게 보고하니라"

계 14:13 "또 내가 들으니 하늘에서 음성이 나서 이르되 기록하라 지금 이 후로 주 안에서 죽는 자들은 복이 있도다 하시매 성령이 이르시되 그러하다 그들이 수고를 그치고 쉬리니 이는 그들의 행한 일이 따름이라 하시더라"

엡 5:27 "자기 앞에 영광스러운 교회로 세우사 티나 주름 잡힌 것이나 이런 것들이 없이 거룩하고 흠이 없게 하려 하심이라"

눅 23:43 "예수께서 이르시되 내가 진실로 네게 이르노니 오늘 네가 나와 함께 낙원에 있으리라 하시니라"

교리 해설

그리스도를 믿는 사람은 하나님께 의롭다 하심을 받았습니다. 이것은 그리스도 안에서 모든 죄의 삯이 이미 완전히 갚아졌음을 의미합니다. 그렇다면 왜 그리스도인들도 여전히 죽음을 겪어야 할까요? 오늘 읽는 대요리문답 85항은 이 질문에 대하여 답을 제시합니다. 곧 사망이 죄의 삯임에도 불구하고, 그리스도 안에서 죄 사함을 받은 자들이 왜 여전히 주는가를 교리적으로 설명합니다. 그 내용을 세 부분으로 나누어 살펴보겠습니다.
(1) "의롭다 하심을 받은 사람은 죽음 자체에서 마지막 날에는 건짐을 받을 것입니다": 의롭다 하심을 받은 사람은 죽음의 형벌을 받는 모든 저주에서 놓임을 받았습니다. 따라서 장래 주님께서 다시 오시는 마지막 날에는 죽음 자체로부터 완전히 건짐을 받을 것입니다. 여기서 마지막 날에 죽음 자

체에서 건짐을 받는다는 말은 썩지 아니할 거룩한 몸의 부활을 뜻합니다. 성도는 썩지 아니할 몸으로 부활하여 죽음 자체의 폐지를 경험하게 됩니다(고전 15:26, 54-55). 따라서 죽음은 더 이상 형벌이 아니라 구속의 완성으로 가는 문이 됩니다. 다시 말해 그리스도의 구속 사역으로 말미암아 죄 사함을 받고 의롭다 하심을 받은 성도는, 성화의 여정을 마친 후 영화의 상태에 들어가 죽음에서 건짐을 받은 자의 복을 누립니다. 그리고 마지막 날, 몸의 부활을 입음으로써 최종적으로 죽음에서 완전히 해방된 자의 복을 온전히 누리게 됩니다.

(2) "지금 죽어도 사망의 쏘는 것과 저주에서는 건짐을 받습니다": 의롭다 하심을 받은 자는 마지막 날의 부활뿐 아니라, 지금 죽는 순간에도 이미 죽음에서 건짐을 받습니다. 그리스도 안에 있는 성도 역시 이 땅에서 영혼과 몸이 분리되는 죽음을 겪지만, 그 순간에도 사망의 쏘는 것과 저주에서 해방됩니다. 그리스도와 연합된 신자는 그분께서 십자가에서 죄의 값을 완전히 치르셨고, 의의 완전한 순종을 통해 하나님 앞에서 의인으로 인정받았기 때문에 더 이상 죄책과 형벌로서의 죽음을 당하지 않습니다. 신자의 육체는 무덤에서 썩음을 당하더라도 여전히 그리스도와 연합된 상태에 있으며, 겉보기에는 부패로 모든 것이 끝난 것처럼 보여도 그 몸은 저주 아래 있지 않습니다. 오히려 죄로 인한 모든 고통과 수고에서 벗어나 평안한 안식 가운데 부활의 때를 기다립니다. 그리스도께서는 자신의 부활로 성도의 몸이 장차 영광스럽게 변화될 것을 확증하셨습니다. 그러므로 신자의 몸은 죽음 가운데서도 사망의 쏘는 것과 저주에서 건짐을 받아 그리스도의 안식에 거합니다. 한편 신자의 영혼은 즉시 거룩하게 되어 낙원, 곧 셋째 하늘에 이르러 그리스도와 연합의 복락을 누립니다. 신자의 몸은 비록 흙으로 돌아가지만 여전히 그리스도와 연합된 상태로 보존되며, 그분의 능력으로 죄의 모든 저주와 형벌에서 해방되어 부활의 영광을 입을 것입니다. 이러한 소망의 보증 아래 신자의 몸은 안식하며, 사라지는 것이 아니라 오히

려 그리스도와의 연합 안에서 보존되는 복을 누립니다. 이처럼 그리스도와 연합되어 보존의 은혜를 받는 신자의 몸의 상태를 가리켜 안식한다고 말합니다.

(3) "그러므로 이들이 비록 죽는다 할지라도, 이 죽음은 오히려 하나님의 사랑에서 비롯된 것입니다. 이 죽음을 통하여 죄와 비참에서 완전히 해방되며, 또한 죽음 후에 들어가는 영광 중에서 그리스도와 함께 더 깊은 교제를 갖게 됩니다": 의인은 여전히 죽음을 겪지만, 그 죽음은 하나님의 사랑의 섭리 속에 있습니다. 이 죽음을 통하여 성도는 죄와 비참으로부터 완전히 해방되며, 그 이후에는 그리스도와 함께 영광 중에서 더 깊은 교제를 누립니다(빌 1:23). 죽음은 성화의 마지막 과정이며, 영화로 들어가는 통로입니다. 영화의 상태에서 신자는 하나님을 직접 뵙는 지복직관(visio beatifica)의 복을 누립니다. 지복직관은 신자가 하나님을 "그분 자체로 완전히 아는 것"이 아니라, 하나님께서 자신을 계시하신 만큼 참되게(truly) 아는 것입니다. 이는 원형적 신학(theologia archetypa)이 아니라 모형적 신학(theologia ectypa)의 영역입니다. 예수 그리스도께서는 신성에 따라 원형적 지식을 가지시며, 인성에 따라 모형적 지식을 완전하고 참되게 아십니다. 성도는 영화의 상태에서 그리스도의 인성에 따르는 인식의 방식을 따라, 그분과 함께 하나님의 영광을 얼굴과 얼굴을 대하듯이 보는 복을 누리게 됩니다(고전 13:12). 따라서 성도의 죽음은 두려운 형벌이 아니라, 그리스도와 함께 지복직관의 교제와 영광의 생명으로 들어가는 하나님의 사랑의 도구입니다.

적용 질문

1. 왜 대요리문답 85항은 그리스도인이 죽음을 겪음에도 불구하고 그것을 형벌이 아니라 구속의 완성으로 가는 문이라고 설명합니까? 여러분은 죽음을 두려움의 끝이 아니라 그리스도 안에서 완성될 구속의 문으로 바라보며, 영화의 소망 가운데 현재의 삶을 신실하게 살아가고 있습니까?

2. 왜 의롭다 하심을 받은 성도는 죽는 순간에도 사망의 쏘는 것과 저주에서 해방된 자로 여겨집니까? 여러분은 그리스도와의 연합이 죽음 이후에도 끊어지지 않으며, 육체의 죽음조차 그분 안에서 평안한 안식의 상태로 변하는 은혜임을 믿고 있습니까?

3. 왜 신자의 영혼은 죽음 직후 즉시 낙원에 이르러 복락을 누린다고 말할 수 있습니까? 여러분은 죽음이 끝이 아니라 그리스도와의 더 깊은 교제의 시작임을 확신하며, 부활의 날까지 몸과 영혼이 그분의 손 안에서 보존될 것이라는 소망으로 위로를 받고 있습니까?

4. 왜 성도의 죽음이 하나님의 사랑의 섭리 속에 있는 복된 사건이라고 말할 수 있습니까? 여러분은 죽음을 통해 죄와 비참에서 완전히 해방되고, 지복직관의 영광 가운데 하나님을 대면할 것을 소망하며, 이 땅의 성화의 여정을 인내와 감사로 걸어가고 있습니까?

12월 24일

죽음의 성질과 중간 상태

신앙고백서 32.1

신앙고백서 32.1

사람의 몸은 죽은 후에 흙으로 돌아가 썩음을 당한다.[1] 그러나 (죽지도 않으며 잠자지도 않는) 영혼은 불멸성을 가지므로 영혼을 주신 하나님께로 즉시 돌아간다.[2] 의인의 영혼은, 이때 완전히 거룩하게 되어, 가장 높은 하늘에 받아들여진다. 이곳에서 이들은 자신들의 몸의 완전한 구속을 기다리면서[3] 빛과 영광 가운데 하나님의 얼굴을 뵙는다. 그러나 악인의 영혼은 지옥에 던져져 큰 날의 심판을 받기까지 그곳에서 고통과 칠흑 같은 어둠 가운데 거한다.[4] 몸에서 분리된 영혼들의 장소로 이 두 곳 외에 성경은 어떤 곳도 인정하지 않는다.

1) 창 3:19; 행 13:36.

> 신앙고백서
> 32.1
>
> 2) 눅 23:43; 전 12:7.
> 3) 히 12:23; 고후 5:1, 6, 8; 빌 1:23; 행 3:21; 엡 4:10.
> 4) 눅 16:23-24; 행 1:25; 유 1:6-7; 벧전 3:19.

말씀 요절

창 3:19 "네가 흙으로 돌아갈 때까지 얼굴에 땀을 흘려야 먹을 것을 먹으리니 네가 그것에서 취함을 입었음이라 너는 흙이니 흙으로 돌아갈 것이니라 하시니라"

행 13:36 "다윗은 당시에 하나님의 뜻을 따라 섬기다가 잠들어 그 조상들과 함께 묻혀 썩음을 당하였으되"

눅 23:43 "예수께서 이르시되 내가 진실로 네게 이르노니 오늘 네가 나와 함께 낙원에 있으리라 하시니라"

전 12:7 "흙은 여전히 땅으로 돌아가고 영은 그것을 주신 하나님께로 돌아가기 전에 기억하라"

히 12:23 "하늘에 기록된 장자들의 모임과 교회와 만민의 심판자이신 하나님과 및 온전하게 된 의인의 영들과"

고후 5:1, 6, 8 "만일 땅에 있는 우리의 장막 집이 무너지면 하나님께서 지으신 집 곧 손으로 지은 것이 아니요 하늘에 있는 영원한 집이 우리에게 있는 줄 아느니라 … 그러므로 우리가 항상 담대하여 몸으로 있을 때에는 주와 따로 있는 줄을 아노니 … 우리가 담대하여 원하는 바는 차라리 몸을 떠나 주와 함께 있는 그것이라"

눅 16:23-24 "그가 음부에서 고통중에 눈을 들어 멀리 아브라함과 그의 품에 있는 나사로를 보고 불러 이르되 아버지 아브라함이여 나를 긍휼히 여기사 나사로를 보내어 그 손가락 끝에 물을 찍어 내 혀를 서늘하게 하소서 내가 이 불꽃 가운데서 괴로워하나이다"

유 1:6-7 "또 자기 지위를 지키지 아니하고 자기 처소를 떠난 천사들을 큰 날의 심판까지 영원한 결박으로 흑암에 가두셨으며 소돔과 고모라와 그 이웃 도시들도 그들과 같은 행동으로 음란하며 다른 육체를 따라 가다가 영원한 불의 형벌을 받음으로 거울이 되었느니라"

교리 해설

오늘 읽는 웨스트민스터 신앙고백서 제32.1은 사람의 죽음의 본질이 무엇이며, 죽음 이후 몸과 영혼이 각각 어떤 상태에 있게 되는가를 교리적으로 설명합니다. 이 내용을 세 부분으로 나누어 살펴보겠습니다.
(1) "사람의 몸은 죽은 후에 흙으로 돌아가 썩음을 당한다. 그러나 (죽지도 않으며 잠자지도 않는) 영혼은 불멸성을 가지므로 영혼을 주신 하나님께로 즉시 돌아간다": 사람이 죽는다는 것은 몸과 영혼이 분리되는 것을 의미합니다. 몸은 더 이상 기능하지 못하고 부패하기 시작합니다. 이것은 아담의 범죄 이후 하나님께서 내리신 말씀, "너는 흙이니 흙으로 돌아갈지니라"(창 3:19)의 성취입니다. 이 세상에서 어떤 인간도 이 부패의 과정을 피할 수 없

습니다. 아담의 모든 후손은 죄의 오염된 본성을 타고나므로, 그들의 몸 역시 부패함으로 죽음의 형벌을 입습니다.

그러나 영혼은 멸절되지 않습니다. 영혼은 본질적으로 영적인 존재로서, 죽음 이후에도 의식적 존재로 남아 있습니다. 즉, 영혼은 잠들지 않으며 수면 상태로 들어가지 않습니다. 이 세상에서 살아 있는 동안 영혼은 몸과 결합하여 하나의 인격체로서 의식적 활동을 합니다. 그러나 사람이 죽은 후에도 영혼의 의식 활동은 중단되지 않습니다. 영혼은 본질적으로 영적인 존재이기 때문입니다. 하나님과 천사들이 몸을 가지지 않고도 인격적으로 사고하고 의식적으로 활동하는 것처럼, 사람의 영혼도 몸이 없이 인격적 활동을 지속합니다. 이러한 사실은 성경에서 분명히 증언됩니다. 예를 들어, 죽은 부자의 영혼이 음부에서 고통을 받으며 아브라함에게 간구하고, 아직 세상에 있는 다섯 형제에게 증언해 주기를 요청하는 장면(눅 16:22-31)은 영혼이 죽은 후에도 의식과 인격을 유지한다는 것을 보여줍니다. 또한 복음을 증언하다가 죽임을 당한 영혼들이 하나님의 공의로운 보응을 간구하는 모습(계 6:9-11) 역시, 사후에도 영혼이 의식적으로 활동함을 증언합니다.

사람의 영혼은 죽는 즉시 하나님께로 돌아갑니다. 여기서 "즉시"(immediately)라는 표현은 중요한 의미를 가집니다. 이는 영혼이 부활의 날까지 무의식적인 수면 상태에 머물러 있다가 다시 깨어난다고 주장하는 영혼수면설(psychopannychia)을 정면으로 반박하는 것입니다. 웨스트민스터 신앙고백서는 이러한 사상을 단호히 배격하며, 영혼이 죽은 직후에도 의식적 존재로서 하나님 앞에 선다고 가르칩니다.

(2) "의인의 영혼은, 이때 완전히 거룩하게 되어, 가장 높은 하늘에 받아들여진다. 이곳에서 이들은 자신들의 몸의 완전한 구속을 기다리면서 빛과 영광 가운데 하나님의 얼굴을 뵙는다. 그러나 악인의 영혼은 지옥에 던져져 큰 날의 심판을 받기까지 그곳에서 고통과 칠흑 같은 어둠 가운데 거한다": 그리스도 안에서 의롭다 함을 받은 성도의 영혼은 죽는 즉시 완전한

성화를 이루며 "가장 높은 하늘"(신 10:14; 왕상 8:27), 곧 하나님의 임재가 충만한 셋째 하늘(고후 12:2)에 받아들여집니다. 그곳에서 성도들은 빛과 영광 가운데서 하나님의 얼굴을 직접 뵙는 지복직관(beatific vision)의 복을 누립니다. 그리고 그리스도의 재림 때 완성될 몸의 구속, 곧 부활의 날을 소망하며 기다립니다.

반면 악인의 영혼은 죽는 즉시 지옥으로 던져집니다. 이곳은 최종적 형벌의 장소(불못)는 아니지만, 마지막 심판의 날까지 그들이 의식적으로 고통을 받는 중간 상태의 처소입니다. 그들은 극심한 고통과 칠흑 같은 어둠 속에서 양심의 고발에 시달리며, 하나님의 자비와 긍휼로부터 완전히 끊어진 채 영원한 정죄의 날을 기다립니다. 이 역시 의식적 고통이며, 하나님께로부터 영원히 분리된 상태를 미리 경험하는 것입니다.

(3) "몸에서 분리된 영혼들의 장소로 이 두 곳 외에 성경은 어떤 곳도 인정하지 않는다": 성경이 가르치는 사후 세계는 단 두 가지 길만을 제시합니다. 곧 하늘의 낙원과 지옥입니다. 사람의 영혼은 멸절되지 않으며, 죽음과 동시에 하나님께로 나아가 심판을 받습니다. 사람은 그 존재가 시작된 이후 아무도 멸절되지 않습니다. 이 땅의 삶을 마치면 몸을 떠난 영혼은 하늘의 낙원이나 지옥 가운데 어느 한 곳으로 반드시 가게 되어 있습니다. 이 두 가지 길 이외에 다른 어떠한 곳도 인정되지 않습니다.

개혁신학은 로마 가톨릭이 주장하는 연옥(purgatorium) 교리를 단호히 거부합니다. 연옥은 죄의 정화를 위해 중간 단계를 거친다는 비성경적 교리로, 그리스도의 완전한 속죄 사역을 훼손하는 가르침입니다. 또한 개혁신학은 영혼이 죽음 이후 일정 기간 의식이 정지된다는 주장, 곧 영혼수면설도 배격합니다. 성경은 사람의 영혼이 죽음 이후에도 의식적 존재로서 계속 활동하며, 각기 의와 불의의 상태에 따라 하늘의 위로 또는 지옥의 고통 가운데 머문다고 가르칩니다.

적용 질문

1. 사람의 죽음은 단순한 생물학적 소멸이 아니라, 몸과 영혼의 분리를 의미합니다. 그렇다면 신앙고백서가 말하는 인간의 죽음의 본질은 무엇입니까? 여러분은 이 진리를 깨닫고, 육체의 죽음이 끝이 아니라 하나님의 뜻 가운데 이루어지는 과정임을 믿으며, 죽음의 현실 속에서도 부활의 소망을 굳게 붙들고 있습니까?

2. 영혼은 본질적으로 영적인 존재로서, 죽음 이후에도 의식과 인격을 유지합니다. 그렇다면 성경이 증언하는 바, 영혼의 의식적 활동은 어떤 의미를 지니며 어떻게 확인할 수 있습니까? 여러분은 사후에도 하나님 앞에 선 인격적 존재로서의 자신을 생각하며, 지금 이 땅에서 하나님 앞에 깨어 있는 영적 의식을 가지고 살아가고 있습니까?

3. 신앙고백서는 의인의 영혼이 하늘의 영광 가운데서 하나님의 얼굴을 뵙고, 악인의 영혼은 지옥에서 고통과 어둠 속에 거한다고 가르칩니다. 그렇다면 이 구분은 하나님의 공의와 자비를 어떻게 드러냅니까? 여러분은 하나님께서 의인과 악인을 구별하시는 이 영원한 기준을 기억하며, 오늘의 삶을 거룩함과 경건함으로 준비하고 있습니까?

4. 성경은 몸에서 분리된 영혼의 처소로 하늘과 지옥 두 곳만을 인정합니다. 그렇다면 왜 개혁신학은 연옥이나 영혼수면설과 같은 중간 상태의 교리를 단호히 거부합니까? 여러분은 오직 그리스도의 완전한 속죄와 부활의 능력만이 죽음 이후의 소망임을 확신하며, 비성경적 위로가 아닌 복음의 진리 위에 자신의 믿음을 굳건히 세우고 있습니까?

12월 25일

부활과 그로 인한 영광스러운 변화

대요리문답 87
신앙고백서 32.2

대요리문답 87:

문87. 우리는 부활에 대하여 무엇을 믿어야 합니까?

답. 우리는 마지막 날에 의인이나 불의한 자 모두의 일반 부활이 있음을 믿습니다.[1] 이때 살아 있는 사람들은 순식간에 변화됩니다. 그리고 무덤 속에 있는 죽은 자들은 바로 그 몸이 이들의 영혼과 영원히 연합되어 그리스도의 권능으로 다시 살아납니다.[2] 의인의 몸은 그리스도의 영에 의하여, 그리고 이들의 머리이신 그리스도의 부활에 힘입어 강하고 신령하며 썩지 않는 몸으로 다시 살아나서 그분의 영광스러운 몸과 같이 됩니다.[3] 그러나 악인의 몸은 진노하신 심판주 그리스도에 의해 부활하여 수욕을 당합니다.[4]

대요리문답 87:

1) 행 24:15.
2) 고전 15:51-53; 살전 4:15-17; 요 5:28-29.
3) 고전 15:21-23, 42-44; 빌 3:21.
4) 요 5:27-29; 마 25:33.

신앙고백서 32.2

마지막 날에, 살아 있는 자들은 죽지 않을 것이며 단지 변화될 것이다.1) 그리고 모든 죽은 자들은, 비록 질적으로는 다르지만, 다른 몸이 아닌 바로 자기 자신의 몸으로 부활할 것이다. 그리고 그 몸은 자신의 영혼과 다시 결합하여 영원히 하나로 있을 것이다.2)

1) 살전 4:17; 고전 15:51-52.
2) 욥 19:26-27; 고전 15:42-44.

◐ 말씀 요절

행 24:15 "그들이 기다리는 바 하나님께 향한 소망을 나도 가졌으니 곧 의인과 악인의 부활이 있으리라 함이니이다"

고전 15:51-53 "보라 내가 너희에게 비밀을 말하노니 우리가 다 잠 잘 것이 아니요 마지막 나팔에 순식간에 홀연히 다 변화되리니 나팔 소리가 나매 죽은 자들이 썩지 아니할 것으로 다시 살아나고 우리도 변화되리라 이 썩을 것이 반드시 썩지 아니할 것을 입겠고 이 죽을 것이 죽지 아니함을 입으리로다"

살전 4:17 "그 후에 우리 살아 남은 자들도 그들과 함께 구름 속으로 끌어 올려 공중에서 주를 영접하게 하시리니 그리하여 우리가 항상 주와 함께 있으리라"

욥 19:26-27 "내 가죽이 벗김을 당한 뒤에도 내가 육체 밖에서 하나님을 보리라 내가 그를 보리니 내 눈으로 그를 보기를 낯선 사람처럼 하지 않을 것이라 내 마음이 초조하구나"

고전 15:42-44 "죽은 자의 부활도 그와 같으니 썩을 것으로 심고 썩지 아니할 것으로 다시 살아나며 욕된 것으로 심고 영광스러운 것으로 다시 살아나며 약한 것으로 심고 강한 것으로 다시 살아나며 육의 몸으로 심고 신령한 몸으로 다시 살아나나니 육의 몸이 있은즉 또 영의 몸도 있느니라"

◀ 교리 해설

오늘 읽는 웨스트민스터 신앙고백서 32.2과 대요리문답 87항은 마지막 날, 곧 개인의 종말이 아니라 인류 전체의 종말로서 그리스도의 재림 때 일어날 사건들을 교훈합니다. 이날에는 지상에서 살아 있는 사람들에게 일어날 변화와, 이미 죽은 모든 자들에게 있을 부활이 동시에 일어납니다. 대요리문답 87항은 신앙고백서 32.3에서 다루는 의인의 영광스러운 부활과 악인의 수치스러운 부활에 대한 내용을 함께 포함하고 있습니다. 신앙고백서에서 "비록 질적으로 다르지만"이라고 한 것과 동일한 내용입니다. 이 내용은 내일 함께 살펴보기로 하고, 오늘은 32.2의 내용을 세 가지로 구분하여 살펴보겠습니다.

(1) "마지막 날에, 살아 있는 자들은 죽지 않을 것이며 단지 변화될 것이다"(신앙고백서 32.2); "이때 살아 있는 사람들은 순식간에 변화됩니다"(대요리문답 87항): "마지막 날"은 곧 그리스도의 재림의 날을 가리킵니다. 그리스도께서 다시 오실 때 곧바로 최종 심판이 시작됩니다. 여기서 "살아 있는 자들"이란 일반적으로 그리스도 안에 있는 성도들을 가리킵니다. "죽지 않을 것이며 단지 변화될 것이다"라는 표현은 성경에서 직접 인용된 것으로, 사도 바울이 고린도전서 15:51-52에서 말한 바와 같습니다. "보라 내가 너희에게 비밀을 말하노니, 우리가 다 잠잘 것이 아니요, 마지막 나팔에 순식간에, 홀연히 다 변화되리니. 나팔 소리가 나매 죽은 자들이 썩지 아니할 것으로 다시 살아나고 우리도 변화되리라."

여기서 사도 바울이 말하는 "우리"는 재림의 때까지 살아 있을 성도들을 가리킵니다. 따라서 재림의 날에 살아 있는 성도들은 죽음을 경험하지 않고, 이 땅에서 살던 육체 그대로 영광스럽게 변화될 것입니다. "죽지 않을 것이며 단지 변화될 것이다"라는 말은, 성도들에게 죽음의 권세가 더 이상 영향을 미치지 못함을 뜻하며, 그들의 몸이 곧바로 부활의 몸으로 변화됨을 나타냅니다. 즉, 살아 있는 성도들은 죽음을 통해 몸과 영혼이 분리되는 과정을 거치지 않고, 즉각적으로 변화된 몸으로 주님을 맞이하게 됩니다.

이 신비로운 변화에 대해 사도 바울은 또 이렇게 증언합니다. "그 후에 우리 살아남은 자들도 그들과 함께 구름 속으로 끌어올려 공중에서 주를 영접하게 하시리니, 그리하여 우리가 항상 주와 함께 있으리라"(살전 4:17). 이 변화는 "구름 속으로 끌어올려" 주님을 "공중에서 영접"하는 과정 속에서 일어나는 사건이며, 고린도전서 15장의 말씀과 같이 순식간에, 홀연히 이루어집니다.

그러나 그리스도께서 재림하실 때, 살아 있는 악인들은 이러한 영광스러운 변화를 경험하지 않습니다. 살아 있는 성도들은 영화로운 몸으로 변화되어, 먼저 죽었다가 부활한 성도들과 함께 공중으로 끌어올려 주님을 영접하게 되지만, 악인들에게는 이와 같은 구속의 영광이 없습니다. 그리스도 안에 있는 자들의 변화는 성화의 완성, 곧 영화(glorification)의 과정입니다. 반면 그리스도 밖에 있는 악인들에게는, 그들의 몸이 형벌을 받기에 합당한 상태로 변화됩니다. 이는 "부활"이라기보다 "심판을 위한 재구성"이라 할 수 있습니다. 죽은 악인들이 부활할 때 받는 몸이 "영원한 형벌을 감당할 수 있는 몸"이 되듯이, 재림 시 살아 있는 악인들의 몸도 심판과 고통을 견디기에 합당한 몸의 상태로 변화될 것입니다(단 12:2; 요 5:29). 이들은 꺼지지 않는 불 가운데서 영원한 고통을 받게 될 것입니다(마 25:41; 막 9:48).

종합하면, 마지막 날에 살아 있는 사람들에게 일어나는 변화는 모두 죽음의 과정을 거치지 않고 직접적으로 일어나는 신적 행위입니다. 그러나 그 목적과 결과는 전혀 다릅니다. 성도는 그리스도 안에서 영광의 몸으로 변화되어 주님과 영원히 함께 거하게 되며, 악인은 그리스도 밖에서 형벌을 받기에 합당한 몸으로 변화되어 영원한 심판을 받습니다. 그러므로 "마지막 날에 살아 있는 자들은 죽지 않을 것이며 단지 변화될 것이다"라는 진술은, 형식적으로는 모든 사람에게 적용될 수 있으나, 그 본래의 문맥과 성경적 인용(고전 15:51-52)에 비추어 볼 때 성도들에게 국한된 약속으로 이해하는 것이 가장 합당합니다. 악인의 변화는 성도의 변화에 대응하는 것이 아니라, 심판을 위한 부활과 같은 본질적으로 다른 성격의 변화로 이해되어야 합니다.

(2) "그리고 모든 죽은 자들은 … 다른 몸이 아닌 바로 자기 자신의 몸으로 부활할 것이다. 그리고 그 몸은 자신의 영혼과 다시 결합하여 영원히 하나로 있을 것이다"(신앙고백서 32.2); "우리는 마지막 날에 의인이나 불의한 자 모두의 일반 부활이 있음을 믿습니다 … 그리고 무덤 속에 있는 죽은 자들은 바로 그 몸이 이들의 영혼과 영원히 연합되어 그리스도의 권능으로

다시 살아납니다"(대요리문답 87): 그리스도께서 재림하시는 날에는, 무덤 속에 있는 모든 죽은 자들이, 의인이든 악인이든, 다 함께 부활합니다. 이것을 신학적으로 "일반 부활"(general resurrection)이라 부릅니다. 왜냐하면 의인과 악인 모두가 예외 없이 동일한 시점에 부활하기 때문입니다(요 5:28-29; 행 24:15). 부활이란 죽음으로 인해 분리되었던 몸과 영혼이 다시 결합하여 영원히 살아나는 것을 의미합니다. 이때 이루어지는 연합은 다시는 분리되지 않습니다. 곧, 부활한 사람은 다시 죽지 않습니다. "다시는 죽음이 없고"(계 21:4), 몸과 영혼의 분리는 부활 이후로 영원히 종결됩니다.

이 부활은 오직 하나님의 초자연적 역사입니다. 인간의 생물학적 과정이나 자연적 원리로는 결코 설명될 수 없습니다. 그 직접적 원인은 웨스트민스터 대요리문답 87항이 진술하듯, "그리스도의 권능"(the power of Christ)에 있습니다. 이 권능은 다음 세 가지 측면에서 이해할 수 있습니다. 첫째, 그리스도께서는 삼위일체 하나님의 제2위로서 창조주이십니다(요 1:3; 골 1:16). 그분은 생명의 근원이시며, 모든 피조물에게 생명을 부여하실 권세를 가지신 분입니다. 예수님은 스스로 이렇게 말씀하셨습니다. "아버지께서 죽은 자들을 일으켜 살리심 같이 아들도 자기가 원하는 자들을 살리느니라"(요 5:21). 따라서 그리스도의 부활 능력은 그분의 신적 본질과 창조의 권능에서 비롯됩니다.

둘째, 그리스도께서는 구속 사역을 완성하신 주이시며, 마지막 날의 심판자로서 세상을 다스리십니다(요 5:22; 행 17:31). 그리스도께서는 심판을 행하시기 위해 죽은 자들을 모두 일으키십니다. 이 부활은 이중적 결과를 지닙니다. 의인에게는 영원한 생명과 영화의 시작이며,
악인에게는 영원한 형벌과 멸망의 시작입니다(요 5:29). 그러므로 부활은 심판을 위한 보편적 준비이며, 그리스도는 심판을 행하시기 위해 모든 죽은 자를 일으키십니다.

셋째, 그리스도께서는 자신이 먼저 부활하심으로써 "잠자는 자들의 첫 열

매"(고전 15:20)가 되셨습니다. 그분의 부활은 성도의 부활을 보증하는 언약적 근거와 능력이 됩니다. 그리스도는 모든 보이지 않는 교회의 머리로서, 성도들이 그분과 연합되어 있기 때문에 그분의 부활의 능력이 그들에게 전달됩니다(엡 1:20-23). 이 점에서 부활의 생명적 연합은 의인에게만 해당하는 특별한 관계입니다. 모든 인류가 그리스도의 권능에 의해 부활하지만, 오직 그리스도와 연합된 성도들만이 생명의 부활(요 5:29)에 참여합니다. 악인들은 동일한 그리스도의 권능 아래에서 부활하지만, 그것은 심판의 부활(resurrectio ad judicium)입니다.

(3) "그리고 모든 죽은 자들은, 비록 질적으로는 다르지만, 다른 몸이 아닌 바로 자기 자신의 몸으로 부활할 것이다."(신앙고백서 32.2); "그리고 무덤 속에 있는 죽은 자들은 바로 그 몸이 이들의 영혼과 영원히 연합되어"(대요리문답 87): 사람이 죽으면 몸은 썩어 흙으로 돌아가고, 그 물질은 자연의 순환 속에서 다시 세상 만물의 일부가 되는 것은 부인할 수 없는 사실입니다. 그러나 그렇다면 부활할 때의 몸은 어떤 몸일까요? 대요리문답 97항은 "무덤 속에 있는 죽은 자들은 바로 그 몸이 이들의 영혼과 영원히 연합되어"라고 진술하면서, "그 몸"(the selfsame bodies)이라는 표현을 사용합니다. 오늘 읽는 신앙고백서 또한 "다른 몸이 아닌 바로 자기 자신의 몸으로"(with the selfsame bodies)라는 동일한 진술을 합니다. 그렇다면 "그 몸"이라는 말이 무엇을 뜻할까요? 이를 세 가지로 살펴보겠습니다.

첫째, "그 몸"이라는 말은 부활이 단지 마음속에서 기억되는 상징적인 사건이 아니라, 실제로 일어나는 육체적 부활임을 명확히 합니다. 성경이 말하는 부활은 영혼의 각성이 아니라, 실제의 몸이 다시 살아나는 사건입니다(요 5:28-29; 롬 8:11).

둘째, "그 몸"은 부활의 몸과 죽은 몸의 동일한 실체적 연속성(identity of the same body)을 강조합니다. 성도가 부활할 때 입는 몸은 죽기 이전의 몸과 동일한 인격체의 몸이지, 완전히 다른 물질로 새롭게 창조된 별개의 존재가 아닙니다. 만일 완전히 새로운 존재가 창조된다면, 그것은 죽은 자의 부활이 아니라 다른 피조물의 창조가 될 것입니다. 그러나 이 동일성은 죽었던 몸의 물질 하나하나가 정확히 복원된다는 의미는 아닙니다. 부활의 동일성은 물질의 재조립(material reconstruction)에 있지 않고, 하나님의 창조적 능력에 의해 동일한 인격체의 몸이 새롭게 세워지는 것에 있습니다. 하나님께서는 그 몸을 동일한 실체로 영화롭게 변화시키십니다(빌 3:21; 고전 15:42-44).

셋째, "그 몸"이라는 말은 부활한 자와 죽은 자가 동일한 인격체임을 뜻합니다. 그렇지 않다면, 심판의 대상이 살아 있을 때 죄를 지은 바로 그 사람이 아니게 됩니다. 예수 그리스도께서 부활하신 후 제자들에게 보이신 것도 십자가에 못 박히셨던 그 동일한 몸이었습니다. 주님은 "내 손과 발을 보고 나인 줄 알라 또 나를 만져 보라. 영은 살과 뼈가 없으되 너희 보는 바와 같이 나는 있느니라"(눅 24:39)라고 말씀하시며, 자신의 부활이 상징이 아닌 실제이며, 동일한 인격의 몸으로 부활하셨음을 보이셨습니다.

결론적으로, 부활한 몸은 죽기 이전의 몸과 동일한 인격적 실체를 가지지만, 썩지 아니하는 새로운 성질을 지닌 영화로운 몸으로 변화됩니다. 부활은 자연적 복원이 아니라, 하나님의 전능하신 능력에 의한 창조적 재구성(creative reconstitution)입니다. 하나님께서는 그리스도 안에서 택하신 자들의 몸을 새롭게 하시되, 동일한 인격체의 몸으로 다시 세워 영화롭게 하십니다.

◀ 적용 질문

1. 재림의 날에 "살아 있는 자들은 죽지 않고 단지 변화될 것"이라는 말은

누구에게 해당하며, 그 변화는 어떤 방식으로 일어납니까? 여러분은 이 교리를 통해 죽음과 재림, 그리고 현재의 고난을 어떻게 바라보며 살아야 하겠습니까?

2. 왜 모든 죽은 자들, 곧 의인과 악인 모두가 부활한다고 말합니까? 부활이 몸과 영혼의 재결합이라는 교리는 지금 우리의 몸을 어떻게 바라보게 합니까?

3. "다른 몸이 아닌 바로 그 몸으로 부활한다"라는 말은 부활의 동일성과 어떤 관련이 있습니까? 여러분은 이 교리가 현재의 육체적 연약함, 노화, 질병을 어떻게 바라보게 합니까?

4. 누가 모든 죽은 자를 부활시키며, 그 부활은 어떤 권능에 근거합니까? 여러분은 이 진리를 알 때, 그리스도의 주권과 권세를 오늘의 신앙과 예배 속에서 어떻게 고백하고 순종해야 하겠습니까??

12월 26일

의인의 영광스러운 부활과 악인의 수치스러운 부활

신앙고백서 32.3

신앙고백서 32.3

악인의 몸은 그리스도의 능력으로 말미암아 부활하여 수치를 당하게 될 것이다. 반면에 의인의 몸은 그리스도의 성령으로 말미암아 부활하여 영광에 이르게 될 것이며, 그리스도 그분의 영광스러운 몸의 형체와 같이 변화될 것이다.[1]

1) 행 24:15; 요 5:28-29; 고전 15:42; 빌 3:21.

◀ 말씀 요절

행 24:15 "그들이 기다리는 바 하나님께 향한 소망을 나도 가졌으니 곧 의인과 악인의 부활이 있으리라 함이니이다"

요 5:28-29 "이를 놀랍게 여기지 말라 무덤 속에 있는 자가 다 그의 음성을 들을 때가 오나니 선한 일을 행한 자는 생명의 부활로, 악한 일을 행한 자는 심판의 부활로 나오리라"

고전 15:42 "죽은 자의 부활도 그와 같으니 썩을 것으로 심고 썩지 아니할 것으로 다시 살아나며"

빌 3:21 "그는 만물을 자기에게 복종하게 하실 수 있는 자의 역사로 우리의 낮은 몸을 자기 영광의 몸의 형체와 같이 변하게 하시리라"

◀ 교리 해설

어제 살펴본 대요리문답 87항은 "마지막 날에 의인과 불의한 자 모두의 일반 부활이 있을 것"을 믿는다고 고백합니다. 그러나 이 부활은 단일한 사건이지만, 그 본질은 의인과 불의한 자에게서 전혀 다르게 나타납니다. 의인의 부활의 몸은 죽기 이전의 몸과 질적으로 다른 몸으로 변화됩니다. 이 사실은 신앙고백서 32.2에서 이미 진술된 바이며, 그 "질적으로 다른 상태"가 무엇인지 오늘 읽는 32.3이 명확히 설명합니다. 곧 의인의 부활의 몸은 "그리스도께서 가지신 영광스러운 몸의 형체와 같이 변화되는" 것입니다. 반면 불의한 자의 부활은 전혀 다른 성격을 지닙니다. 그들의 몸은 영광의 상태가 아니라, 하나님의 공의로운 심판과 형벌을 받을 수 있는 상태로 변화된 몸입니다. 그러므로 의인의 부활과 악인의 부활은 단지 시기나 방식의 차이가 아니라, 존재의 질적 본질에서 근본적으로 다르다고 할 수 있습니다. 이제 이러한 내용에 대하여 오늘 읽는 신앙고백서 32.3을 두 가지로 나누어 살펴보겠습니다. 동시에 어제 살펴본 대요리문답 87항의 가르침을 함께 참조하여, 부활의 영광과 심판의 실재를 함께 고백하도록 하겠습니다.

(1) "악인의 몸은 그리스도의 능력으로 말미암아 부활하여 수치를 당하게 될 것이다"(신앙고백서 32.3); "그러나 악인의 몸은 진노하신 심판주 그리스도에 의해 부활하여 수욕을 당합니다"(대요리문답 87): 앞서 대요리문답 87항은 모든 사람의 부활이 "그리스도의 권능으로 말미암는다"고 밝히고 있습니다. 부활이 그리스도의 권능으로 이루어지는 이유는 세 가지로 요약할 수 있습니다. 첫째, 그리스도께서는 창조주이시며 모든 생명의 근원이시기 때문입니다. 둘째, 그리스도께서는 구속 사역을 완성하신 분으로서 마지막 날의 심판자이시기 때문입니다. 셋째, 그리스도께서는 "잠자는 자들의 첫 열매"(고전 15:20)로서 성도의 부활의 모형과 원형이 되시기 때문입니다. 이 가운데 악인의 부활은 구속과 연합의 범주에 속하지 않습니다. 그들의 부활은 오직 그리스도께서 창조주이시며 동시에 심판자로서 가지신 주권적 명령과 권능에 의해 이루어집니다. 이것을 신앙고백서는 "그리스도의 능력으로 말미암아" 악인의 부활이 일어날 뿐이라고 진술합니다. 악인의 부활은 생명으로 나아가는 부활이 아니라 심판을 받기 위한 부활입니다. 대요리문답 87항이 말하듯, 악인의 부활은 "진노하신 심판주 그리스도에 의해" 일어납니다. 그리스도께서 악인을 부활시키시는 목적은 그들이 범한 죄의 대가를 몸소 받게 하시려는 데 있습니다. 그러므로 악인의 존재는 부활로 인해 회복되지만, 그것은 복된 존재로의 회복이 아니라 형벌을 감당할 수 있는 존재로의 회복입니다. 육체 안에서 범한 죄가 육체 안에서 심판받게 되는 것입니다. 성경은 이를 다음과 같이 말씀합니다. "또 인자됨으로

말미암아 심판하는 권한을 주셨느니라. 이를 놀랍게 여기지 말라. 무덤 속에 있는 자가 다 그의 음성을 들을 때가 오나니, 선한 일을 행한 자는 생명의 부활로, 악한 일을 행한 자는 심판의 부활로 나오리라."(요 5:27-29) 이 심판의 결과로 악인은 부활하여 정죄와 저주와 불명예와 수치를 당하게 됩니다. 그들의 부활한 몸은 영원히 하나님의 공의로운 진노 아래 놓이며, 그 존재 전체가 저주 속에 머물게 됩니다.

(2) "반면에 의인의 몸은 그리스도의 성령으로 말미암아 부활하여 영광에 이르게 될 것이며, 그리스도 그분의 영광스러운 몸의 형체와 같이 변화될 것이다"(신앙고백서 32.3); 신앙고백서 32.3은 의인의 몸의 부활이 "그리스도의 성령으로 말미암아" 이루어진다고 진술합니다. 그리고 대요리문답 87항은 의인의 몸이 "그리스도의 영"에 의하여 다시 살아난다고 가르칩니다. 두 진술은 서로를 보완하며, 의인의 부활이 그리스도의 권능에 근거하면서 동시에 성령 하나님의 사역에 의한 것임을 보여줍니다. 성령 하나님께서 의인의 부활의 주체로 언급되는 이유는, 성령께서 성도들을 영화롭게 하시는 분이시기 때문입니다. 성령은 성도 안에 내주하시며, 그리스도와의 연합을 실제적으로 적용하심으로써 그 연합의 완성을 영화의 상태에까지 이르게 하십니다. 이러한 영화의 완성이 바로 의인의 부활입니다.

부활한 의인의 몸의 특징을 대요리문답 87항은 네 가지로 요약합니다. 첫째, 강한 몸(in power), 둘째, 신령한 몸(spiritual), 셋째, 썩지 않는 몸(incorruptible), 넷째, 그리스도의 영광스러운 몸과 같이 된 몸(made like to his glorious body)입니다. 이 진술은 고린도전서 15장 42-44절의 말씀을 근거로 합니다. "죽은 자의 부활도 이와 같으니 썩을 것으로 심고 썩지 아니할 것으로 다시 살아나며, 욕된 것으로 심고 영광스러운 것으로 다시 살아나며, 약한 것으로 심고 강한 것으로 다시 살아나며, 육의 몸으로 심고 신령한 몸으로 다시 살아나나니." 이 말씀은 죽은 몸과 부활한 몸의 대조를 통해 의인의 부활이 어떤 본질적 변화를 수반하는지를 보여줍니다.

대요리문답이 정리한 바와 같이, 이러한 모든 특성의 종합은 곧 의인의 몸이 "그리스도의 영광스러운 몸의 형체와 같이 되는 것"입니다. "같이 된다"라는 말은 단순한 유사성의 표현이 아니라, 그리스도의 몸에 나타난 영광의 속성이 성도의 몸에도 반사적으로 나타난다는 의미입니다. 성도의 부활한 몸은 그리스도의 영화의 실체에 참여하여, 그분의 영광을 비추는 거울이 됩니다.

요컨대 의인의 부활은 단지 죽은 몸이 다시 살아나는 생물학적 회복이 아니라, 그리스도와의 연합 속에서 "질적으로 다른" 영화로운 몸으로 변화되는 사건입니다. 그 몸은 완전한 거룩함을 입은 영혼과 결합하여, 새 하늘과 새 땅에서 그리스도의 영광을 반사하는 새로운 존재로서 완전한 생명에 참여하게 됩니다.

적용 질문

1. 신앙고백서 32.3은 악인의 부활이 "그리스도의 능력으로 말미암아" 된다고 가르칩니다. 왜 악인의 부활이 구속과 생명의 연합에 근거하지 않고 오직 그리스도의 능력으로만 이루어진다고 할 수 있을까요? 여러분은 이 진리를 통해 하나님의 심판이 피조물의 존재 전체를 관통하는 절대적 주권의 행사임을 어떻게 인식하고 있습니까?

2. 악인의 부활은 생명의 부활이 아니라 심판을 받기 위한 부활이며, 그들의 몸은 형벌을 받아야 하는 존재로 회복됩니다. 왜 하나님의 공의는 악인의 죄를 영혼뿐 아니라 몸으로도 심판하시는 방식으로 드러나는 것일까요? 여러분은 죄가 영적 차원에만 머무는 것이 아니라 몸을 통해 드러난다

는 사실을 기억하며, 자신의 몸을 거룩하게 보존하려는 신앙의 책임을 어떻게 실천하고 있습니까?

3. 신앙고백서와 대요리문답은 의인의 부활이 "그리스도의 성령으로 말미암아" 이루어진다고 말합니다. 왜 의인의 부활이 단순히 하나님의 권능의 결과가 아니라 성령의 사역으로서 이해되어야 할까요? 여러분은 지금 성령께서 내주하시며 그리스도와 연합하게 하신다는 사실을 믿고, 장차 영화의 몸으로 부활하게 될 소망을 어떤 방식으로 현재의 삶 속에서 드러내고 있습니까?

4. 의인의 부활한 몸은 강하고, 신령하며, 썩지 않으며, 그리스도의 영광스러운 몸의 형체와 같이 됩니다. 왜 이 네 가지 특징이 의인의 영화로운 부활을 가장 잘 묘사한다고 할 수 있을까요? 여러분은 이 영광스러운 부활의 약속을 바라보며, 현재의 연약함과 고난 속에서도 어떻게 그리스도의 영광을 반사하는 삶을 살아가려 합니까?

날마다 양식으로 읽는
웨스트민스터 표준교리 Ⅵ

33장.

최후의 심판

12월 27일

부활 직후에 일어날 일

대요리문답 88

대요리문답 88:

문88. 부활 직후에는 어떤 일이 일어납니까?

답. 부활 직후에는 천사들과 사람들 모두에 대한 최후 심판이 있습니다.[1] 그러나 그날과 그때는 아무도 모릅니다. 그래서 모두 깨어 기도하며 주님의 오심을 항상 준비해야 합니다.[2]

1) 벧후 2:4; 유 1:6-7, 14-15; 마 25:46.
2) 마 24:36, 42, 44; 눅 21:35-36.

◀ 말씀 요절

벧후 2:4 "하나님이 범죄한 천사들을 용서하지 아니하시고 지옥에 던져 어두운 구덩이에 두어 심판 때까지 지키게 하셨으며"

유 1:6-7, 14-15 "또 자기 지위를 지키지 아니하고 자기 처소를 떠난 천사들을 큰 날의 심판까지 영원한 결박으로 흑암에 가두셨으며 소돔과 고모라와 그 이웃 도시들도 그들과 같은 행동으로 음란하며 다른 육체를 따라가다가 영원한 불의 형벌을 받음으로 거울이 되었느니라"

마 25:36, 42, 44, 46 "헐벗었을 때에 옷을 입혔고 병들었을 때에 돌보았고 옥에 갇혔을 때에 와서 보았느니라 … 내가 주릴 때에 너희가 먹을 것을 주지 아니하였고 목마를 때에 마시게 하지 아니하였고 … 그들도 대답하여 이르되 주여 우리가 어느 때에 주께서 주리신 것이나 목마르신 것이나 나그네 되신 것이나 헐벗으신 것이나 병드신 것이나 옥에 갇히신 것을 보고 공양하지 아니하더이까 … 그들은 영벌에, 의인들은 영생에 들어가리라 하시니라"

눅 21:35-36 "이 날은 온 지구상에 거하는 모든 사람에게 임하리라 이러므로 너희는 장차 올 이 모든 일을 능히 피하고 인자 앞에 서도록 항상 기도하며 깨어 있으라 하시니라"

◀ 교리 해설

오늘 살피는 대요리문답 88항은 그리스도의 재림 이후, 부활한 인류에게 어떤 일이 이어지는가에 대해 답을 제시합니다. 그 내용을 두 부분으로 나누어 살펴보겠습니다.

(1) "부활 직후에는 천사들과 사람들 모두에 대한 최후 심판이 있습니다": 그리스도의 재림과 최후 심판 사이에는 어떠한 시간적 간격이나 중간 단계가 존재하지 않습니다. 세대주의자들은 재림 후에 이 땅에서 천년 동안 그리스도의 지상 통치가 이어지고, 그 기간이 끝난 후에 최후 심판이 있다고 주장하지만, 개혁신학은 이를 부정합니다.

개혁신학은 전통적으로 무천년설(amillennialism) 또는 후천년설(post-millennialism)을 견지합니다. 무천년설은 요한계시록 20장의 '천년'을 문자적 기간으로 보지 않고, 그리스도의 초림부터 재림까지의 교회 시대로 이해합니다. 이 기간 동안 그리스도께서는 하늘 보좌에서 말씀과 성령으로 교회를 통치하시며, 사탄을 결박하셔서 복음이 온 세상에 전파되도록 하십니다. 이 시대가 끝나면 곧바로 재림과 함께 부활과 심판이 일어납니다. 후천년설은 복음의 점진적 확장으로 세상이 그리스도의 통치 아래 변화되고, 그 후 재림과 최후 심판이 연속적으로 일어난다고 봅니다. 두 견해 모두 부활과 최후 심판 사이에 중간 단계가 없으며, 재림 직후에 최후 심판이 곧바로 시행됨을 공통적으로 인정합니다.

예수님께서는 이러한 사실에 대해 이렇게 말씀하셨습니다. "인자가 자기 영광으로 모든 천사와 함께 올 때에 자기 영광의 보좌에 앉으리니 모든 민족을 그 앞에 모으고 각각 구분하기를 목자가 양과 염소를 구분하는 것 같이 하여 … 그들은 영벌에, 의인들은 영생에 들어가리라 하시니라."(마 25:31-32, 46) 이 말씀은 재림과 심판이 단일한 사건으로 연속됨을 보여줍니다(요 5:28-29; 살후 1:7-10 참조).

성경은 또한 천사들조차 최후 심판의 대상이 됨을 밝힙니다. "하나님이 범죄한 천사들을 용서하지 아니하시고 지옥에 던져 어두운 구덩이에 두어 심판 때까지 지키게 하셨으며"(벧후 2:4) 또한 "또 자기 지위를 지키지 아니하고 자기 처소를 떠난 천사들을 큰 날의 심판까지 영원한 결박으로 흑암에 가두셨으며"(유 1:6). 성경의 교훈은 부활한 모든 사람들만이 아니라 죽지 않고 항상 살아 있는 천사들도 최후 심판의 대상임을 명확하게 밝힙니다. 따라서 심판은 부활한 인간들뿐 아니라 타락한 천사들까지 포함하는 우주적 사건입니다. 요한계시록 20장은 그 최종적 결과를 보여줍니다 "또 그들을 미혹하는 마귀가 불과 유황 못에 던져지니 거기는 그 짐승과 거짓 선지자도 있어 세세토록 밤낮 괴로움을 받으리라 … 또 내가 보니 죽은 자들이 큰 자나 작은 자나 그 보좌 앞에 서 있는데 책들이 펴 있고 또 다른 책이 펴졌으니 곧 생명책이라 죽은 자들이 자기 행위를 따라 책들에 기록된 대로 심판을 받으니 바다가 그 가운데에서 죽은 자들을 내주고 또 사망과 음부도 그 가운데에서 죽은 자들을 내주매 각 사람이 자기의 행위대로 심판을 받고 … 누구든지 생명책에 기록되지 못한 자는 불못에 던져지더라"(계 20:10, 12-13, 15). 악인들과 불의한 천사들은 모두 최후 심판의 대상이며 이들은 모두 불못에 던져집니다.

여기서 최후 심판의 대상인 사람이 부활한 자들이라는 사실 때문에 천사의 경우도 부활한 천사들이 심판의 대상이라고 생각하지 않아야 합니다. 천사는 부활하지 않습니다. 부활은 몸을 가진 사람에게만 있는 일입니다. 그런 까닭에 몸을 가지지 않은 영적 존재인 천사에게는 부활이란 없습니다. 또한 예수님께서 천사에 대하여 이르시기를 "그들은 다시 죽을 수도 없나니 이는 천사와 동등이요 부활의 자녀로서 하나님의 자녀임이라"(눅 20:36)라고 하신 말씀에서 부활한 사람들은 천사와 같아서 다시는 죽는 일이 없다고 하셨습니다. 천사는 죽는 존재가 아니므로 죽음을 전제로 하는 부활이란 있을 수 없습니다.

(2) "그러나 그날과 그때는 아무도 모릅니다. 그래서 모두 깨어 기도하며 주님의 오심을 항상 준비해야 합니다": 최후 심판의 날이 언제일지는 아무도 알 수 없습니다. 최후 심판의 날과 때는 "하늘의 천사들도, 아들도 모르고

오직 아버지만" 아십니다(마 24:36). 여기서 "아들도 모르고"라는 말씀은 예수님의 인성에 따른 제한된 지식을 가리킵니다. 신성에 따라 예수님은 참 하나님으로서 모든 것을 아시지만, 인성에 따라서는 성령의 계시에 따라 아버지께로부터 배우시며 순종하셨습니다. 따라서 이 말씀은 삼위일체의 위격 간의 본질적 차이를 말하는 것이 아니라, 성육신의 신비 속에서 참 사람으로서의 지식의 유한성을 보여줍니다(빌 2:6-8).

그날을 알 수 없다는 사실은 신자들에게 영적 긴장감과 깨어 있음의 삶을 요구합니다. "깨어 있으라"라는 명령은 단순한 경계심이 아니라, 죄의 유혹과 세속의 무감각함으로부터 자신을 지키며, 재림을 기다리는 신앙의 자세를 뜻합니다. 사도 베드로는 이렇게 권면합니다. "거룩한 행실과 경건함으로 하나님의 날이 임하기를 바라보고 간절히 사모하라 … 그러므로 사랑하는 자들아 너희가 이것을 기다리니 점도 없고 흠도 없이 평강 가운데서 나타나기를 힘쓰라"(벧후 3:11, 14). 이처럼 신자는 날마다 주님의 재림을 사모하며, 기도와 거룩한 생활로 그날을 준비해야 합니다.

한편, 재림의 시기를 특정하려는 모든 시도는 성경이 경고하는 오류입니다. 1992년의 '다미선교회' 사건처럼, 거짓된 종말론은 신자들의 삶을 파괴하고 사회적 혼란을 초래합니다. 재림의 시기는 인간이 정할 수 있는 영역이 아니며, 오직 하나님 아버지께 속한 주권적 비밀입니다. 그러므로 신자는 때를 계산하기보다 항상 준비된 삶으로 재림을 기다려야 합니다.

◀ 적용 질문

1. 왜 개혁신학은 세대주의의 천년왕국론을 부정하고 재림 직후에 최후 심판이 곧바로 시행된다고 가르칩니까? 여러분은 그리스도의 재림이 역사

적 시간의 한 장면이 아니라 하나님의 구속 역사의 완성으로 즉각적인 심판과 영원한 나라의 도래를 이루는 사건임을 믿고, 지금 이 시대를 하늘의 통치 아래 살아가고 있습니까?

2. 왜 성경은 천사들까지도 최후 심판의 대상이 된다고 말씀합니까? 여러분은 인간뿐 아니라 모든 피조물이 하나님의 의로운 심판 아래 있음을 깨닫고, 그분 앞에서 자신도 예외가 아님을 인식하며 날마다 회개와 경건의 삶을 힘쓰고 있습니까?

3. 예수님께서 "아들도 모르고 오직 아버지만 아신다"(마 24:36)라고 하신 말씀은 어떤 의미입니까? 여러분은 그리스도의 인성과 신성의 조화를 바르게 이해하여, 하나님께서 정하신 때와 방식에 대한 인간의 알 수 없는 한계를 인정하며 겸손히 순종하는 신앙을 유지하고 있습니까?

4. 재림의 때를 알 수 없다는 사실이 신자에게 어떤 신앙적 자세를 요구합니까? 여러분은 때를 계산하려는 불필요한 호기심을 버리고, 오늘 하루를 주님의 재림 앞에 서 있는 날처럼 여기며 깨어 기도하고 거룩한 행실로 준비된 삶을 살고 있습니까?

최후의 심판

신앙고백서 33.1

신앙고백서 33.1

하나님께서 예수 그리스도를 통하여 세상을 공의로 심판하실 한 날을 정하셨다.[1] 성부 하나님께서는 예수 그리스도께 모든 권세와 심판하는 권한을 주셨다.[2] 그날에, 타락한 천사들이 심판받을 뿐만 아니라,[3] 지상에서 살았던 모든 사람도 또한 그리스도의 심판대 앞에 나타나, 자신들의 생각과 말과 행위를 고하고, 선악 간에 자신의 몸으로 행한 것을 따라 받을 것이다.[4]

1) 행 17:31.
2) 요 5:22, 27.
3) 고전 6:3; 유 1:6; 벧후 2:4.
4) 고후 5:10; 전 12:14; 롬 2:16; 14:10, 12; 마 12:36-37.

◀ 말씀 요절

행 17:31 "이는 정하신 사람으로 하여금 천하를 공의로 심판할 날을 작정하시고 이에 그를 죽은 자 가운데서 다시 살리신 것으로 모든 사람에게 믿을 만한 증거를 주셨음이니라 하니라"

요 5:22, 27 "아버지께서 아무도 심판하지 아니하시고 심판을 다 아들에게 맡기셨으니 … 또 인자됨으로 말미암아 심판하는 권한을 주셨느니라"

고전 6:3 "우리가 천사를 판단할 것을 너희가 알지 못하느냐 그러하거든 하물며 세상 일이랴"

유 1:6 "또 자기 지위를 지키지 아니하고 자기 처소를 떠난 천사들을 큰 날의 심판까지 영원한 결박으로 흑암에 가두셨으며"

벧후 2:4 "하나님이 범죄한 천사들을 용서하지 아니하시고 지옥에 던져 어두운 구덩이에 두어 심판 때까지 지키게 하셨으며"

고후 5:10 "이는 우리가 다 반드시 그리스도의 심판대 앞에 나타나게 되어 각각 선악간에 그 몸으로 행한 것을 따라 받으려 함이라"

롬 2:16 "곧 나의 복음에 이른 바와 같이 하나님이 예수 그리스도로 말미암아 사람들의 은밀한 것을 심판하시는 그 날이라"

마 12:36-37 "내가 너희에게 이르노니 사람이 무슨 무익한 말을 하든지 심판 날에 이에 대하여 심문을 받으리니 네 말로 의롭다 함을 받고 네 말로 정죄함을 받으리라"

◀ 교리 해설

오늘 읽는 신앙고백서 33.1은 그리스도께서 심판자로 심판하시는 최후 심판의 날이 있을 것과 타락한 천사들과 모든 사람이 선악 간에 행한 바를 따라 심판을 받을 것임을 교훈합니다. 이것을 세 가지 내용으로 구분하여 살펴보겠습니다.

(1) "하나님께서 예수 그리스도를 통하여 세상을 공의로 심판하실 한 날을 정하셨다. 성부 하나님께서는 예수 그리스도께 모든 권세와 심판하는 권한을 주셨다": 성부 하나님께서는 예수 그리스도께 모든 권세와 심판의 권한을 위임하셨습니다. 하나님은 세상을 심판하실 한 날을 정하셨으며(행 17:31), 이는 그분의 절대적인 주권 안에서 작정된 일입니다. 그 날의 심판은 "공의로" 이루어집니다. 곧 이 심판은 하나님의 공의가 완전히 드러나고 찬양받는 사건이 될 것입니다.

그러나 하나님 아버지께서는 이 심판을 직접 행하지 않으시고, 중보자 예수 그리스도를 심판주로 세우셨습니다. "아버지께서 아무도 심판하지 아니하시고, 심판을 다 아들에게 맡기셨으니 … 또 인자됨으로 말미암아 심판하는 권한을 주셨느니라"(요 5:22, 27). 이는 그리스도의 신성과 인성 모두가 심판 사역에 합당함을 보증합니다. 신성으로는 심판의 절대 권세를 가지시며, 인성으로는 인간의 사정을 아시고 공의롭게 판결하십니다.

이렇게 심판의 권세가 그리스도께 위임된 사실은 신자에게 큰 위로가 됩니다. 그분은 택하신 자들의 사랑 많으신 중보자이시며 동시에 공의로운 재판장이십니다. 구속과 심판은 서로 대립되는 사역이 아니라, 한 구속사 안에서 하나님의 공의와 긍휼이 함께 나타나는 두 국면입니다. 그리스도께서는 구속 사역을 통해 하나님의 공의의 요구를 친히 만족시키셨으며, 바로 그 공의를 온전히 이해하고 성취하신 분이시기에 세상을 심판하기에 가장 합당하신 분입니다.

또한 그리스도께서는 이미 낙원에서 함께 거하며 구속의 은혜를 누리던 성도들에게는 그들의 구원이 확정되었음을 드러내시는 구속주이시며, 최후의 날에는 그 은혜를 영화롭게 완성하시는 심판주로 나타나십니다. 그러므로 낙원에서의 교제와 최후 심판의 영광은 단절된 사건이 아니라, 한 구속사 안에서 연속된 은혜의 흐름입니다. 그리스도께서 심판주로 계신다는 사실은 신자에게 두려움이 아니라 오히려 완전한 위로와 소망의 근거가 됩니다. 결국 그리스도의 심판은 공의의 두려운 선언이 아니라, 그분의 구속이 완전히 성취되어 드러나는 영광의 표지입니다. 구속받은 자들에게는 사랑과 영광으로, 불신자들에게는 공의와 심판으로 나타나심으로써, 하나님의 사랑과 공의가 그리스도 안에서 완전하게 하나로 드러나게 됩니다.

(2) "그날에, 타락한 천사들이 심판받을 뿐만 아니라": 최후 심판의 대상에는 타락한 천사들이 포함됩니다. 성경은 천사들 가운데 택함받은 거룩한 천사들과 타락한 천사들이 있음을 밝힙니다.

먼저 택하심을 받은 천사들이 있습니다. 바울은 디모데전서 5장 21절에서 "하나님과 그리스도 예수와 택하심을 받은 천사들 앞에서"라고 하여, 이들의 존재를 명확히 증언합니다. 이들은 하나님께서 창조하신 본래의 거룩함과 지위를 끝까지 지키며, 하나님으로부터 그 상태가 확정된 자들입니다. 그러므로 이들은 더 이상 죄를 지을 가능성이 없으며, "구원의 상속자들을 위하여 섬기라고 보내심을 받은" 섬기는 영들입니다(히 1:14). 이들은 정죄받을 어떤 죄가 없기에, 최후 심판의 대상이 아니라 하나님의 심판을 함께 증거하는 증인적 존재로 참여합니다.

반면 타락한 천사들도 있습니다. 그들의 존재 역시 하나님의 영원한 작정 안에서 이해되어야 합니다. 웨스트민스터 신앙고백서 3.3은 "자신의 영광을 나타내기 위한 하나님의 작정에 의하여 어떤 사람들과 천사들은 영원한 생명에, 다른 이들은 영원한 사망에 이르도록 정하셨다"고 선언합니다. 또한 대요리문답 13항은 "하나님께서 어떤 천사들은 영광에 이르도록 택하시고, 나머지 천사들은 자신들의 죄로 인한 수치와 진노를 받도록 간과하셨다"라고 설명합니다.

그러나 천사들에 대한 하나님의 작정은 그들의 도덕적 책임을 제거하지 않습니다. 사람의 선택적 작정이 인간의 믿음과 순종의 책임을 부정하지 않는 것처럼, 타락한 천사들 역시 자유의지를 따라 죄를 범함으로써 스스로 타락하였습니다. 유다서 6절은 "자기 지위를 지키지 아니하고 자기 처소를 떠난 천사들을 큰 날의 심판까지 흑암 속에 가두셨다"라고 증언합니다. 이들은 스스로의 교만과 불순종으로 하나님과 같이 되려는 욕망을 품고 반역하였습니다(사 14:12-14; 딤전 3:6). 그러므로 이들은 자유로운 선택을 한 도덕적 피조물로서 그 책임을 면하지 못합니다.

하나님께서는 타락한 천사들이 범죄하도록 직접 명하시거나 그 죄를 조성하지 않으셨습니다. 다만 그들이 악을 선택하도록 허용적 작정(permissive decree) 가운데 내버려 두셨습니다. 그러나 이러한 허용이 곧 무관심이나 승인을 뜻하지는 않습니다. 신앙고백서 5.4이 말하듯이, 하나님의 섭리는 피조물의 죄악성이나 악한 행위를 조성하거나 승인하는 것이 아닙니다.

결국 하나님께서는 이들을 용서하지 않으시고 심판하십니다. "하나님이 범죄한 천사들을 용서하지 아니하시고 지옥에 던져 어두운 구덩이에 두어 심판 때까지 지키게 하셨다"(벧후 2:4). 그러므로 타락한 천사들은 최후 심판의 분명한 대상이며, 그 심판은 하나님의 의와 거룩하심을 온전히 드러내는 사건이 될 것입니다.

(3) "지상에서 살았던 모든 사람도 또한 그리스도의 심판대 앞에 나타나, 자신들의 생각과 말과 행위를 고하고, 선악 간에 자신의 몸으로 행한 것을 따라 받을 것이다": 지상에서 살았던 모든 사람은 그리스도의 심판대 앞에

서서 공개적인 심판을 받습니다. 이 심판은 전 인류를 포괄하며, 각 사람은 자신의 생각과 말과 행위를 낱낱이 고해야 합니다(전 12:14; 고후 5:10). 심판의 자료는 단순한 외적 행위에 국한되지 않고, 내면의 동기와 말까지 포함됩니다. 주님께서 말씀하신 바와 같습니다. "사람이 무슨 무익한 말을 하든지 심판 날에 이에 대하여 심문을 받으리니 네 말로 의롭다 함을 받고 네 말로 정죄함을 받으리라"(마 12:36). "무익한 말"이란 무심코 한 말조차도 하나님의 거룩한 심판의 기준에서 벗어나지 못함을 뜻합니다. 신앙고백서 33.1이 "thoughts, words, and deeds"라 말한 것은 인간 삶의 전 영역이 심판의 대상이 됨을 밝히는 것입니다.

심판대 앞에는 악인과 의인이 모두 섭니다. 악인은 자신들의 생각과 말과 행위를 고백하고, 이에 합당한 형벌을 받아 수치와 멸망 가운데 불못에 던져집니다(마 25:41; 계 20:12-15). 악인의 모든 죄는 공개적으로 드러나 정죄의 근거가 되며, 그 드러남은 하나님의 공의와 거룩함을 증거하는 목적을 가집니다.

그러나 의인의 경우, "선악 간에 그 몸으로 행한 것을 따라 심판을 받는다"(고후 5:10)라는 말씀은 결코 죄로 인한 영원한 정죄를 뜻하지 않습니다. 의인은 이미 그리스도의 의의 전가로 의롭다 하심을 받은 자입니다(롬 8:1, 33-34). 의인의 "생각과 말과 행위"가 드러나는 것은 심판의 자리에서 그리스도의 구속의 은혜가 어떻게 역사했는지를 만민 앞에 드러내기 위한 것입니다. 그들의 불순종과 허물은 그리스도의 피로 덮여 있으며, 하나님께서는 그것을 다시 정죄의 근거로 제시하지 않으십니다.

주님의 말씀 "네 말로 의롭다 함을 받고 네 말로 정죄함을 받으리라"(마 12:36)에서 "의롭다 함을 받고"는 믿음의 열매로 의로움이 입증됨을 의미합니다(약 2:24). 의인의 행위는 구원의 근거가 아니라, 구속받은 자의 신분이 실제로 드러나는 증거입니다. 반대로 "정죄함을 받으리라"는 구원을 상실한다는 뜻이 아니라, 자신의 불충과 부족함에 대한 일시적 부끄러움과 자각을 의미합니다. 이는 형벌이 아니라 겸손한 회개의 부끄러움이며, 곧 그리스도의 은혜를 더 깊이 찬양하게 하는 계기가 됩니다(요일 2:28). 그리스도 안에 있는 신자에게는 믿음으로 의롭다 하심을 받았은즉 결코 불못에 던져지는 정죄의 수치가 더 이상 적용되지 않습니다. 이들은 이미 영광스러운 부활의 몸을 입고 그리스도의 심판대 앞에 서 있는 자들임을 유의하여야 합니다.

고린도전서 3:15은 이렇게 말합니다. "누구든지 그 공적이 불타면 해를 받으리니 그러나 자신은 구원을 받되 불 가운데서 받은 것 같으리라." 여기서 "해를 받는다"라는 것은 공로의 손실이지 구원의 상실이 아닙니다. 신자는 구원을 잃지 않지만, 은혜에 합당한 열매를 맺지 못한 자신의 불충함을 통하여 겸손히 부끄러움을 느끼게 됩니다. 그러나 이 부끄러움은 징벌적 수치가 아니라, 은혜를 더욱 찬송하게 하는 거룩한 감정입니다. 이로써 신자는 더욱 완전한 겸손과 찬양으로 하나님께 영광을 돌리게 됩니다.

결국 신자는 그리스도의 심판대 앞에서 자신의 구원이 확정되고 공적으로 선포되는 은혜의 자리에 서게 됩니다. 그 자리에서 신자는 자신의 삶을 통해 맺은 감사와 헌신의 열매에 따라 칭찬과 영광을 받습니다(마 25:21; 롬 2:7). "선악 간에 행한 대로 보응받는다"라는 말씀에서, "악"은 그리스도의 속죄로 인하여 더 이상 정죄되지 않으며, "선"은 그리스도의 은혜로 맺은 열매로 칭찬을 받는 것입니다. 신자의 죄가 공개되는 이유는 그리스도의 은혜의 영광을 드러내기 위함입니다. 신자의 죄는 수치의 폭로가 아니라, "그 죄가 어떻게 그리스도의 피로 씻김을 받았는지"를 온 세상 앞에 드러내는 은혜의 선포입니다. 최후의 심판은 신자에게 두려움의 날이 아니라, 그리스도의 대속의 완전함과 하나님의 공의가 함께 찬양되는 날이 됩니다.

적용 질문

1. 왜 성부 하나님께서는 심판을 직접 집행하지 않으시고, 모든 심판의 권한을 중보자 그리스도께 위임하셨다고 말합니까(요 5:22, 27의 의미와 그리스도의 신성과 인성의 합당성에 비추어 생각해 보십시오)? 그렇다면 여러분은 "심판주가 곧 우리를 위해 자기 몸을 내어주신 구속주이시다"는 사실이 일상 속에서 두려움이 아니라 위로와 담대함으로 어떻게 나타나야 한다고 생각하십니까?

2. 왜 선택받은 거룩한 천사들은 심판의 피고가 아니라 증인적 존재로 참여하고, 타락한 천사들만이 정죄의 대상이 된다고 말합니까(딤전 5:21; 유 6; 벧후 2:4의 말씀을 함께 생각해 보십시오)? 그렇다면 여러분은 하나님의 거룩한 질서와 섭리를 경외하며, 보이지 않는 영적 전쟁의 현실 속에서 어떤 태도와 순종의 습관을 구체적으로 세우시겠습니까?

3. 왜 최후 심판의 자료가 외적인 행위뿐만 아니라 "생각과 말과 행위"의 전 영역을 포함한다고 말합니까(전 12:14; 마 12:36; 고후 5:10의 교훈에 비추어 살펴보십시오)? 그렇다면 여러분은 마음의 동기와 혀의 사용을 포함한 전인적인 경건을 위해 이번 주에 무엇을 점검하고, 어떤 말을 절제하며, 어떤 삶의 변화를 실천하시겠습니까?

4. 왜 의인에게 "선악 간에 행한 대로"의 심판은 정죄의 확정이 아니라 구속의 공적 확인과 상급의 평가이며, 부족에 대한 일시적인 부끄러움은 징벌이 아니라 은혜를 더 찬송하게 하는 거룩한 감정이라고 말합니까(롬 8:1; 고전 3:15; 요일 2:28의 말씀에 비추어 보십시오)? 그렇다면 여러분은 마지

막 날의 공개적인 확인을 바라보며, 오늘 무엇을 버리고 무엇을 힘써 행하여 감사의 열매와 상급의 기쁨을 준비하시겠습니까?

12월 29일

심판 날에 악인이 당할 형벌과 의인이 누릴 복

소요리문답 38
대요리문답 89, 90

소요리문답 38:

문38. 신자는 부활할 때 그리스도로부터 어떤 은택을 받습니까?

답. 부활할 때 영광스러움으로 다시 살아난[1] 신자는 심판 날에 공적으로 인정받아 무죄선언을 받고,[2] 완전히 복을 받아 하나님을 영원토록[3] 충만히 즐거워합니다.[4]

1) 고전 15:43.
2) 마 25:23; 10:32.
3) 살전 4:17-18.
4) 요일 3:2; 고전 13:12.

대요리문답 89:

문89. 심판 날에 악인에게는 어떤 일이 있습니까?

답. 심판 날에 악인은 그리스도의 왼편에 놓입니다.[1] 그리고 명백한 증거와 양심의 완전한 책망에 따라[2] 이들에게 두려우면서도 공정한 정죄의 선고가 내려집니다.[3] 그리하여 하나님의 사랑의 얼굴을 떠나, 그리고 그리스도와 성도들과 모든 거룩한 천사들과 더불어 누리는 영화로운 교제로부터 쫓겨나 지옥에 던져져서 마귀와 그 사자들과 함께 몸과 영혼 모두 말할 수 없는 고통의 형벌을 영원히 받습니다.[4]

1) 마 25:33.
2) 롬 2:15-16.
3) 마 25:41-43.
4) 눅 16:26; 살후 1:8-9.

대요리문답 90:

문90. 심판 날에 의인에게는 어떤 일이 있습니까?

답. 심판 날에 의인은 구름 속으로 그리스도에게 끌어올려져 그분의 오른편에 놓이며,[1] 거기서 공적으로 인정받아 무죄 선언을 받고,[2] 타락한 천사들과 사람들을 그리스도와 함께 심판하며,[3] 하늘에 영접받아 들어갑니다.[4] 거기서 이들은 모든 죄와 비참에서 온전히 그리고 영원히 해방되어[5] 상상할 수도 없는 기쁨으로 충만해집니다.[6] 그리고 몸과 영혼이 완전히 거룩하고 행복하게 되어 셀 수 없이 많은 성도와 거룩한 천사들과

> 대요리문답 90:
>
> 함께 어울리고,⁷⁾ 특별히 영원무궁토록 하나님 아버지와 우리 주 예수 그리스도와 성령님을 직접 대면하며 즐깁니다.⁸⁾ 이것이 곧 보이지 않는 교회의 지체들이 부활과 심판 날에 영광 가운데 그리스도와 더불어 누릴 완전하고 충만한 교제입니다.
>
> 1) 살전 4:17.
> 2) 마 25:33; 마 10:32.
> 3) 고전 6:2-3.
> 4) 마 25:34-46.
> 5) 엡 5:27; 계 14:13.
> 6) 시 16:11.
> 7) 히 12:22-23.
> 8) 요일 3:2; 고전 13:12; 살전 4:17-18.

◀ 말씀 요절

마 25:33, 41 "양은 그 오른편에 염소는 왼편에 두리라 … 또 왼편에 있는 자들에게 이르시되 저주를 받은 자들아 나를 떠나 마귀와 그 사자들을 위하여 예비된 영원한 불에 들어가라"

롬 2:15-16 "이런 이들은 그 양심이 증거가 되어 그 생각들이 서로 혹은 고발하며 혹은 변명하여 그 마음에 새긴 율법의 행위를 나타내느니라) 곧 나의 복음에 이른 바와 같이 하나님이 예수 그리스도로 말미암아 사람들의 은밀한 것을 심판하시는 그 날이라"

눅 16:26 "그뿐 아니라 너희와 우리 사이에 큰 구렁텅이가 놓여 있어 여기서 너희에게 건너가고자 하되 갈 수 없고 거기서 우리에게 건너올 수도 없게 하였느니라"

살전 4:17 "그 후에 우리 살아 남은 자들도 그들과 함께 구름 속으로 끌어 올려 공중에서 주를 영접하게 하시리니 그리하여 우리가 항상 주와 함께 있으리라"

고전 6:2-3 "성도가 세상을 판단할 것을 너희가 알지 못하느냐 세상도 너희에게 판단을 받겠거든 지극히 작은 일 판단하기를 감당하지 못하겠느냐 우리가 천사를 판단할 것을 너희가 알지 못하느냐 그러하거든 하물며 세상 일이랴"

엡 5:27 "자기 앞에 영광스러운 교회로 세우사 티나 주름 잡힌 것이나 이런 것들이 없이 거룩하고 흠이 없게 하려 하심이라"

계 14:13 "또 내가 들으니 하늘에서 음성이 나서 이르되 기록하라 지금 이후로 주 안에서 죽는 자들은 복이 있도다 하시매 성령이 이르시되 그러하다 그들이 수고를 그치고 쉬리니 이는 그들의 행한 일이 따름이라 하시더라"

시 16:11 "주께서 생명의 길을 내게 보이시리니 주의 앞에는 충만한 기쁨이 있고 주의 오른쪽에는 영원한 즐거움이 있나이다"

히 12:22-23 "그러나 너희가 이른 곳은 시온 산과 살아 계신 하나님의 도

성인 하늘의 예루살렘과 천만 천사와 하늘에 기록된 장자들의 모임과 교회와 만민의 심판자이신 하나님과 및 온전하게 된 의인의 영들과"

요일 3:2 "사랑하는 자들아 우리가 지금은 하나님의 자녀라 장래에 어떻게 될지는 아직 나타나지 아니하였으나 그가 나타나시면 우리가 그와 같을 줄을 아는 것은 그의 참모습 그대로 볼 것이기 때문이니"

고전 13:12 "우리가 지금은 거울로 보는 것 같이 희미하나 그 때에는 얼굴과 얼굴을 대하여 볼 것이요 지금은 내가 부분적으로 아나 그 때에는 주께서 나를 아신 것 같이 내가 온전히 알리라"

교리 해설

오늘 읽는 소요리문답 38항과 대요리문답 89항, 90항은 마지막 심판의 날에 악인과 의인에게 각각 어떤 일이 일어나는가를 교훈합니다. 소요리문답 38항이 말하는 의인의 영광은 대요리문답 90항 안에 포함되어 있으므로, 여기서는 대요리문답 89항(악인)과 90항(의인)을 차례로 살펴보겠습니다.

1. 심판 날에 악인이 당할 형벌과 의인이 누릴 복

(1) "심판 날에 악인은 그리스도의 왼편에 놓입니다": 최후 심판에서 의인과 악인의 공개적 분리가 이루어집니다. 예수께서는 "그 양은 오른편에, 염소는 왼편에 두시리라"(마 25:33) 하셨습니다. '양과 염소'의 비유는 구속사적으로 구원의 경계선을 드러냅니다. 왼편은 그리스도의 은혜로운 사역에서 완전히 배제된 자리를 상징하며, 악인은 구속의 은총에 참여하지 못한 자들로 판명됩니다.

(2) "그리고 명백한 증거와 양심의 완전한 책망에 따라 이들에게 두려우면서도 공정한 정죄의 선고가 내려집니다": 하나님의 심판은 자의적이거나 감정적이지 않고, 인간의 행위에 대한 명백한 증거를 따라 공의로 진행됩니다. 심판의 기준은 하나님의 율법이며, 인간의 마음에 새겨진 양심의 증언 또한 그 법의 내적 증거가 됩니다(롬 2:14-15). 이때 양심의 책망은 죄인이 어떤 변명도 할 수 없게 하는 자기고발적 증언으로 작용합니다. 심판은 하나님의 불가피한 공의의 행위로서, 죄의 대가가 정당하게 선포되는 두려운 자리입니다.

(3) "지옥에 던져져서 마귀와 그 사자들과 함께 몸과 영혼 모두 말할 수 없는 고통의 형벌을 영원히 받습니다": 악인이 받는 형벌의 장소는 지옥입니다. 예수께서 "마귀와 그 사자들을 위하여 예비된 영원한 불"(마 25:41)이라 하셨으며, 요한계시록은 이를 "불과 유황의 못"(계 20:10)으로 묘사합니다. 이 형벌은 몸과 영혼 모두에게 가해지는 전인적 고통이며, 끝이 없는 지속적 상태입니다. 이것은 단순한 정서적 고통이나 상징적 표현이 아니라, 의식적이고 실재적인 형벌임을 개혁신학은 분명히 합니다.

(4) "그리하여 하나님의 사랑의 얼굴을 떠나, 그리고 그리스도와 성도들과 모든 거룩한 천사들과 더불어 누리는 영화로운 교제로부터 쫓겨나": 지옥의 본질은 단순히 불의 고통이 아니라 하나님의 임재로부터의 영원한 단절(살후 1:9)입니다. 악인은 이 땅에서 누렸던 하나님의 일반은총마저 완전히 상실하며, 하나님의 은혜로운 얼굴빛으로부터 영원히 끊어집니다. 이것이 바로 "어린양의 진노"(계 6:16)라 불리는 형벌의 중심입니다. 따라서 악인의 비극은 단순히 형벌의 고통이 아니라, 은혜의 하나님으로부터 영원히 버려진 상태에 있다는 사실입니다.

2. 심판 날에 의인이 누릴 복

(5) "심판 날에 의인은 구름 속으로 그리스도에게 끌어올려져 그분의 오른

편에 놓이며":의인은 공중에서 주님을 영접하여(살전 4:17) 그분의 오른편, 곧 왕의 나라에 상속받는 영광스러운 자리에 놓입니다. 이 들림(rapture)은 은밀한 사건이 아니라, 세상 만민 앞에 드러나는 공적 선언(public vindication)의 순간입니다.

(6) "거기서 공적으로 인정받아 무죄 선언을 받고, 타락한 천사들과 사람들을 그리스도와 함께 심판하며": 이것은 칭의의 공적 선언(public justification)이라 부를 수 있습니다. 의인은 이미 은혜로 의롭다 하심을 받았지만, 그 최종적 진실이 심판의 날에 공개적으로 확증됩니다. 이때 성도들은 그리스도의 통치에 참여하는 보조적 심판자들로 서게 됩니다(고전 6:2-3). 이는 본질적 심판권이 아니라, 그리스도의 의로우심에 대한 찬양과 동의의 참여적 심판입니다.

(7) "하늘에 영접받아 들어갑니다. 거기서 이들은 모든 죄와 비참에서 온전히 그리고 영원히 해방되어": 성도는 하늘의 성소, 곧 하나님의 임재의 거처로 영접됩니다. 이곳에서 그는 죄의 오염, 비참, 슬픔, 질병, 죽음에서 완전히 해방됩니다. "처음 것들이 다 지나갔음이라"(계 21:4) 하신 말씀처럼, 영화롭게 된 성도는 죄의 근원과 결과로부터 완전한 구속을 누립니다.

(8) "상상할 수도 없는 기쁨으로 충만해집니다. 그리고 몸과 영혼이 완전히 거룩하고 행복하게 되어": 천국의 기쁨은 인간의 언어로 표현할 수 없는 지복의 상태(beatitudo)입니다. 영혼뿐 아니라, 부활의 영화로운 몸도 그 기쁨에 참여합니다(빌 3:21). 부활체(glorified body)는 썩지 아니하고, 고통이나 부패의 영향으로부터 완전히 자유로운 존재로 변모됩니다.

(9) "셀 수 없이 많은 성도와 거룩한 천사들과 함께 어울리고, 특별히 영원 무궁토록 하나님 아버지와 우리 주 예수 그리스도와 성령님을 직접 대면하며 즐깁니다. 이것이 곧 보이지 않는 교회의 지체들이 부활과 심판 날에 영광 가운데 그리스도와 더불어 누릴 완전하고 충만한 교제입니다": 천상의 교제의 절정은 삼위일체 하나님과의 직접 교통입니다. 이를 개혁신학은 지

복직관(beatific vision)이라 부릅니다. 이는 피조물이 하나님의 본질을 본다는 의미가 아니라, 하나님께서 그리스도 안에서 자신을 계시하신 만큼을 완전하고 참되게 아는 지식입니다. 성도는 그리스도의 인성 안에서 하나님을 보는 언약적 대면의 복을 누립니다. 그리스도의 지식을 모형적으로 따라 참여하는 참된 인식이 이때 완성됩니다.

이 교제는 "보이지 않는 교회"(invisible church)의 모든 지체가 부활과 심판 후에 그리스도와 더불어 누릴 완전한 연합의 교제이며, 곧 인간 존재의 궁극적 목적, "하나님을 영화롭게 하고, 그분을 영원토록 즐거워하는 것"(대요리문답/소요리문답 1항)의 완성입니다.

적용 질문

1. 마지막 심판 날에 악인은 왜 그리스도의 왼편에 놓이게 됩니까? 여러분은 하나님께서 지금도 의인과 악인을 구분하시는 공의로운 심판자이심을 믿으며, 그 심판의 날을 바라보며 현재의 삶을 어떻게 살아가고 있습니까?

2. 하나님의 심판이 자의적이거나 감정적인 것이 아니라 명백한 증거와 양심의 책망을 따라 공의로 이루어진다는 것은 무엇을 의미합니까? 여러분은 하나님의 공의로운 기준 앞에서 자신의 말과 행위가 드러날 날을 기억하며, 지금의 삶을 어떻게 점검하고 있습니까?

3. 의인은 왜 공중에서 주님을 영접하고 그분의 오른편에 놓이게 됩니까? 여러분은 장차 모든 믿는 자에게 주어질 그 영광스러운 자리와 공개적 인

정의 복을 소망하며, 지금 이 땅에서 주님의 재림을 기다리는 삶을 어떻게 준비하고 있습니까?

4. 지복직관(beatific vision)이란 무엇이며, 성도가 삼위일체 하나님과 직접 교제하게 된다는 것은 어떤 의미입니까? 여러분은 장차 그리스도 안에서 하나님을 참되게 알고 대면할 그 영광스러운 교제를 소망하며, 오늘의 예배와 기도 속에서 하나님과의 교제를 어떻게 더 깊이 누리고자 합니까?

12월 30일

의인을 향한 긍휼의 영광과 악인을 향한 공의의 영광

신앙고백서 33.2

신앙고백서 33.2

하나님께서 이날을 정하신 목적은 선택된 자들의 영원한 구원에서 자신의 긍휼의 영광을 나타내시고, 사악하고 불순종하는 유기된 자들의 정죄에서 자신의 공의의 영광을 나타내시는 것이다. 그때 의인들은 영원한 생명에 들어가 주님의 임재로부터 나오는 충만한 기쁨과 새롭게 됨을 받을 것이다. 그러나 하나님을 알지 못하며 예수 그리스도의 복음에 순종하지 않은 악인들은 영원한 고통 속에 던져지고, 주님의 임재와 그분의 능력의 영광을 떠나 영원한 멸망의 형벌을 받을 것이다.[1]

1) 마 25:31-46; 롬 2:5-6; 9:22-23; 마 25:21; 행 3:19; 살후 1:7-10.

말씀 요절

마 25: 31-34, 41 "인자가 자기 영광으로 모든 천사와 함께 올 때에 자기 영광의 보좌에 앉으리니 모든 민족을 그 앞에 모으고 각각 구분하기를 목자가 양과 염소를 구분하는 것 같이 하여 양은 그 오른편에 염소는 왼편에 두리라 그 때에 임금이 그 오른편에 있는 자들에게 이르시되 내 아버지께 복 받을 자들이여 나아와 창세로부터 너희를 위하여 예비된 나라를 상속 받으라 … 또 왼편에 있는 자들에게 이르시되 저주를 받은 자들아 나를 떠나 마귀와 그 사자들을 위하여 예비된 영원한 불에 들어가라"

롬 2:5-6 "다만 네 고집과 회개하지 아니한 마음을 따라 진노의 날 곧 하나님의 의로우신 심판이 나타나는 그 날에 임할 진노를 네게 쌓는도다 하나님께서 각 사람에게 그 행한 대로 보응하시되"

롬 9:22-23 "만일 하나님이 그의 진노를 보이시고 그의 능력을 알게 하고자 하사 멸하기로 준비된 진노의 그릇을 오래 참으심으로 관용하시고 또한 영광 받기로 예비하신 바 긍휼의 그릇에 대하여 그 영광의 풍성함을 알게 하고자 하셨을지라도 무슨 말을 하리요"

행 3:19 "그러므로 너희가 회개하고 돌이켜 너희 죄 없이 함을 받으라 이같이 하면 새롭게 되는 날이 주 앞으로부터 이를 것이요"

살후 1:7-10 "환난을 받는 너희에게는 우리와 함께 안식으로 갚으시는 것이 하나님의 공의시니 주 예수께서 자기의 능력의 천사들과 함께 하늘로부터 불꽃 가운데에 나타나실 때에 하나님을 모르는 자들과 우리 주 예수의 복음에 복종하지 않는 자들에게 형벌을 내리시리니 이런 자들은 주의 얼굴과 그의 힘의 영광을 떠나 영원한 멸망의 형벌을 받으리로다 그 날에 그가 강림하사 그의 성도들에게서 영광을 받으시고 모든 믿는 자들에게서 놀랍게 여김을 얻으시리니 이는 (우리의 증거가 너희에게 믿어졌음이라)"

◀ 교리 해설

오늘 읽는 웨스트민스터 신앙고백서 33.2은 최후 심판의 목적이 무엇이며, 그날 하나님께서 택자 안에서 어떤 방식으로 자신의 긍휼의 영광을 드러내시는가를 교리적으로 진술합니다. 본 절은 "긍휼의 영광"(the glory of His mercy)과 "의인의 영원한 생명"(everlasting life of the righteous)을 중심으로 전개되며, 하나님의 선택에서 시작된 구속의 계획이 종말의 영화로 완성된다는 사실을 가르칩니다.

(1) "하나님께서 이날을 정하신 목적은 선택된 자들의 영원한 구원에서 자신의 긍휼의 영광을 나타내시고 … 그때 의인들은 영원한 생명에 들어가 주님의 임재로부터 나오는 충만한 기쁨과 새롭게 됨을 받을 것이다": 신앙고백서는 "하나님께서 이날을 정하신 목적은 …"이라고 선언하면서, 최후 심판이 단순히 죄와 행위를 판결하는 재판의 날이 아니라, 하나님의 언약적 영광이 완전하게 드러나는 날임을 밝힙니다. 이 영광은 두 가지로 드러납니다. 하나는 택자 안에서 나타나는 긍휼의 영광이며, 다른 하나는 불신자에게 나타나는 공의의 영광입니다.

하나님의 긍휼은 창세 전의 선택의 계획 속에서 이미 시작되었습니다. "세상이 창조되기 전 그리스도 안에서 우리를 택하사"(엡 1:4) 하신 하나님의 선택은 인간의 공로나 의지에서 비롯된 것이 아니라, 전적으로 하나님의 자유롭고 선하신 긍휼의 의지에 근거합니다. 이 선택은 언약 안에서 구속으로 실현되고, 성화와 영화로 완성됩니다. 그러므로 "이날을 정하신 목적"이란 선택으로 시작된 긍휼의 역사가 최후 심판의 날에 완전한 영광으로 드러나는 것을 의미합니다. 하나님은 긍휼히 여기실 자들을 선택하셨을 때, 단지 불쌍히 여기시는 감정에 머무르지 않으시고, 언약적 긍휼의 행위로 구속을 실행하셨습니다. 그분은 아들을 보내어 죄인을 대신하여 순종하고 죽게 하셨으며(롬 5:8; 딛 3:4-5), 그리스도의 순종과 의를 택자에게 전가하심으로 의롭다 하셨습니다. 더 나아가 하나님은 의롭다 하신 자를 거룩하게 하시고, 성령으로 보존하시며, 마침내 영화롭게 하십니다(롬 8:30). 이처럼 의인의 구원 전 과정은 긍휼로 시작되어 긍휼로 유지되며, 긍휼로 완성되는 역사입니다. 그러므로 긍휼은 단순한 감정이 아니라, 하나님의 언약적 성품의 역사적 표현입니다(출 34:6-7). 그분은 자비와 은혜가 풍성하신 하나님으로서(엡 2:4), 택하신 백성을 끝까지 버리지 않으시고 언약을 완성하십니다. 또한 최후 심판의 주체이신 그리스도(요 5:22)는 자신의 피로 값 주고 사신 백성을 영화롭게 하심으로, 구속의 긍휼을 완성하십니다.

신앙고백서는 "그때 의인들은 영원한 생명에 들어가 주님의 임재로부터 나오는 충만한 기쁨과 새롭게 됨을 받을 것이다"라고 선언합니다. 이것은 긍휼의 목적이 종말에 완성되는 순간을 묘사합니다. 그날 하나님은 택하신 자들을 영화롭게 하시어 죄의 모든 흔적과 저주로부터 완전히 해방시키십니다(롬 8:21; 계 22:3). 그들은 부활의 몸을 입고(고전 15:42-44), 사망과 슬픔이 사라진 새 하늘과 새 땅(계 21:4)에서 하나님과 영원히 교제합니다. 그리스도 안에서 성도는 지복직관(beatific vision)의 복을 누립니다. 곧 하나님을 직접 보고(요일 3:2), 하나님의 임재 안에서 영광을 나누는 언약적 교제를 경험합니다. 그러나 이는 피조물이 하나님의 본질에 참여하는 것이 아니라, 그리스도 안에서 완전한 인식과 사랑으로 하나님을 아는 참되고 충만한 교제입니다. 새 하늘과 새 땅은 아브라함에게 약속된 "영원한 기업"(히 11:10)의 성취이며, 하나님이 자기 백성과 함께 거하시는 임마누엘 언약의 완전한 성취입니다(계 21:3). 영화의 목적은 인간의 행복에 있지 않고, 오히려 하나님의 영광이 모든 피조물 안에 충만하게 되는 데 있습니다 (합 2:14).

이 모든 구원의 결말은 곧 임마누엘의 복, 즉 "하나님이 자기 백성과 함께 거하신다"는 약속의 완전한 성취입니다. 창세기에서 타락으로 인해 하나님과 분리된 인간이, 언약적 은혜를 따라 새 창조 안에서 다시 하나님과 함께 거하게 되는 것 — 이것이 긍휼의 역사가 지향하는 최종 목표입니다.

이 임마누엘의 복은 성부의 예정, 성자의 구속, 성령의 내주라는 삼위 하나님의 구속사적 사역이 완전하게 통합되는 순간입니다. 첫 아담 안에서 잃은 교제가 둘째 아담 안에서 회복되고, 사망이 들어온 곳에 생명이 넘치게 됩니다(롬 5:18-21; 고전 15:22). 그리스도 안에서 모든 창조가 새로워지고(고후 5:17), 하나님과 화목하게 됩니다(골 1:20). 최후 심판은 이 화목의 완성을 선포하는 자리이며, 하나님의 긍휼이 온전히 빛나는 종말론적 성취의 순간입니다.

(2) "사악하고 불순종하는 유기된 자들의 정죄에서 자신의 공의의 영광을 나타내시는 것이다 … 그러나 하나님을 알지 못하며 예수 그리스도의 복음에 순종하지 않은 악인들은 영원한 고통 속에 던져지고, 주님의 임재와 그분의 능력의 영광을 떠나 영원한 멸망의 형벌을 받을 것이다": 이 구절은 유기된 자 안에서는 공의의 영광을 드러내신다고 진술합니다. 이것은 하나님의 성품이 앞서 말한 긍휼의 영광과 지금 여기서 긍휼의 영광이라는 두 가지 상반된 방향으로 나뉜다는 뜻이 아닙니다. 하나님의 하나 된 거룩하심이 긍휼과 공의를 통해 각각 다른 방식으로 드러난다는 의미입니다. 긍휼의 영광은 택자의 구원 안에서, 공의의 영광은 악인의 정죄 안에서 나타납니다. 하나님의 공의는 그분의 거룩하신 뜻 앞에서 어떤 죄와 불의가 그 앞에서 숨을 수 없음을 뜻합니다(롬 2:5-8). 따라서 최후 심판은 하나님의 영광의 이중적 완성, 즉 긍휼의 영광과 공의의 영광이 동시에 빛나는 날입니다.

신앙고백서는 하나님께서 "사악하고 불순종하는 유기된 자들(reprobate)"을 정죄하심으로 자신의 공의를 나타내신다고 말합니다. 유기(reprobation)는 하나님께서 일부를 구원에서 제외하시기로 작정하신 주권적 결정이지만(롬 9:18-22), 그들의 정죄는 하나님의 불의가 아니라 인간의 자의적 불순종과 죄에 근거합니다(롬 1:18-21). 구원과 유기의 작정은 대칭이 아닙니다. 구원은 은혜의 적극적 사역이지만, 유기는 죄인을 그 죄 가운데 내버려두시는 하나님의 소극적 사역입니다.

"하나님을 알지 못하며 복음에 순종하지 않은 악인들"이란 단순히 무지한 자가 아니라, 계시의 빛을 거부한 자들을 뜻합니다(요 3:19-20). 그들은 자연계시와 특별계시 모두에 대하여 스스로 어둠을 택했습니다. 그 결과 "그들은 주의 임재와 그분의 영광을 떠나 영원한 멸망의 형벌을 받는다"라고 합니다. 여기서 '주의 임재를 떠난다'는 것은 하나님이 악인으로부터 분리하신다는 존재론적 분리를 의미하지 않습니다. "주의 임재와 그분의 영광을 떠난다"(살후 1:9)라는 말은 이들이 하나님의 임재를 더 이상 은혜로 경험하지 못하며, 하나님의 은혜의 빛을 전혀 받을 수 없는 영원한 어둠에 놓이게 됨을 뜻합니다(유 13절). 악인은 여전히 심판하시는 하나님의 임재 아래에 있으며(시 139:7-12), 그 임재는 사랑이 아닌 진노로 나타납니다. 그러기 때문에 악인이 받는 형벌은 존재의 소멸이 아니라, 끝없는 의식적 고통(conscious torment)의 지속입니다(마 25:46; 계 14:11). 악인들은 영원히 하나님을 미워하면서도 그분의 진노의 불길 속에서 존재를 지속합니다. 이것이 공의의 영광이 드러나는 방식입니다.

오늘 읽는 신앙고백서 33.2은 하나님께서 최후 심판을 정하신 목적이 "긍휼과 공의의 영광을 나타내기 위함"임을 분명히 합니다. 긍휼의 영광은 선택된 자들의 구원 안에서, 공의의 영광은 유기된 자들의 정죄 안에서 드러납니다. 하나님께서는 최후 심판의 날에 하나님의 공의는 악인을 심판하고, 긍휼은 선택받은 자에게 주신 은혜를 완성합니다. 그리고 온 교회는 하나님의 긍휼과 공의의 영광을 찬양하게 될 것입니다.

◀ 적용 질문

1. 최후 심판의 날은 하나님께서 세상의 모든 일을 공의로 판단하시며, 동시에 택하신 자 안에서 자신의 긍휼의 영광을 나타내시는 날이라고 합니다. 이 두 가지, 곧 긍휼과 공의는 서로 다른 속성이 아니라 한 분 하나님의 거룩하심의 두 빛이라고 할 때, 그것이 어떤 의미를 갖는다고 생각합니까? 여러분은 이러한 하나님의 거룩하심을 믿는 신앙이 오늘 우리의 예배와 삶에서 어떤 태도와 마음을 낳아야 한다고 생각합니까? 우리가 심판주 앞에 설 자로서 경외와 감사로 예배하며, 은혜로 구원받은 자로서 거룩과 순종을 추구하고 있습니까?

2. 최후 심판의 날 악인은 "주의 임재와 능력의 영광을 떠나 영원한 멸망의 형벌을 받는다"라고 합니다. 여기서 그 형벌은 존재의 소멸이 아니라, 하나님의 은혜로운 임재가 거두어진 가운데 남게 되는 영원한 의식적 고통입니다. 이 교리를 어떻게 이해합니까? 여러분은 이 심판의 교리가 단순한 두려움이 아니라, 오늘의 신앙과 사명에 어떤 각성을 주어야 한다고 생각합니까? 우리가 이 영원한 형벌의 현실을 진지하게 믿는다면, 죄를 가볍게 여기지 않고 거룩함을 힘쓰며, 동시에 복음을 전할 자로서 잃어버린 영혼을 긍휼히 여기는 마음으로 살아가야 하지 않겠습니까?

3. 신앙고백서가 말하는 "의인들이 주님의 임재로부터 나오는 충만한 기쁨과 새롭게 됨을 받는다"는 것은 단순한 평안이 아니라 하나님을 직접 보

고 교제하는 영화의 복을 가리킵니다. 이것은 피조물이 하나님의 본질에 참여하지 않으면서도 하나님을 완전하게 알고 사랑하는 지복직관의 복입니다. 여러분은 이 복된 소망이 오늘의 예배와 신앙의 방향을 어떻게 바꾸어야 한다고 생각합니까? 우리는 하나님을 뵈올 그날을 바라보며 지금의 예배 속에서도 하나님의 임재를 더 깊이 사모하고, 자기 만족이 아닌 하나님의 영광을 기뻐하는 삶으로 나아가고 있습니까?

4. 하나님께서 선택하신 자를 구속하시고, 성화시키시며, 마침내 영화롭게 하시는 언약적 계획이 최후 심판의 날에 완전하게 드러난다고 할 때, 이 교리는 구원의 확실성과 하나님의 신실하심을 어떻게 보여줍니까? 여러분은 이 진리가 오늘의 믿음 생활에 어떤 힘이 되어야 한다고 생각합니까? 우리는 하나님께서 끝까지 이루실 영화의 목적을 바라보며 흔들리지 않는 소망으로 인내하고, 현재의 경건훈련 속에서 그 완성을 미리 누리는 삶을 살고 있습니까?

12월 31일

최후의 심판과 신앙 실천을 위한 하나님의 뜻

신앙고백서 33.3

신앙고백서 33.3

모든 사람이 죄짓는 일을 두려워하도록, 또한 경건한 자들이 역경 속에서 더 큰 위로를 얻도록, 그리스도께서는 심판 날이 있음을 우리가 분명히 확신하기를 원하신다.[1] 그렇지만 주님께서 이날을 모르게 하실 것이다. 이는 주님께서 언제 오실지 모르기 때문에 사람들이 육적인 안전감을 일체 떨쳐버리고 항상 깨어 있도록, 그리고 다음과 같이 말할 준비가 항상 되어 있도록 하기 위함이다. "오시옵소서, 주 예수여 속히 오시옵소서, 아멘."[2]

1) 벧후 3:11, 14; 고후 5:10-11; 살후 1:5-7; 눅 21:27-28; 롬 8:23-25.

2) 마 24:36, 42-44; 막 13:35-37; 눅 12:35-36; 계 22:20.

말씀 요절

벧후 3:11, 14 "이 모든 것이 이렇게 풀어지리니 너희가 어떠한 사람이 되어야 마땅하냐 거룩한 행실과 경건함으로 … 그러므로 사랑하는 자들아 너희가 이것을 바라보나니 주 앞에서 점도 없고 흠도 없이 평강 가운데서 나타나기를 힘쓰라"

고후 5:10-11 "이는 우리가 다 반드시 그리스도의 심판대 앞에 나타나게 되어 각각 선악간에 그 몸으로 행한 것을 따라 받으려 함이라 우리는 주의 두려우심을 알므로 사람들을 권면하거니와 우리가 하나님 앞에 알리어졌으니 또 너희의 양심에도 알리어지기를 바라노라"

살후 1:5-7 "이는 하나님의 공의로운 심판의 표요 너희로 하여금 하나님의 나라에 합당한 자로 여김을 받게 하려 함이니 그 나라를 위하여 너희가 또한 고난을 받느니라 너희로 환난을 받게 하는 자들에게는 환난으로 갚으시고 환난을 받는 너희에게는 우리와 함께 안식으로 갚으시는 것이 하나님의 공의시니 주 예수께서 자기의 능력의 천사들과 함께 하늘로부터 불꽃 가운데에 나타나실 때에"

마 24:36, 42-44 "그러나 그 날과 그 때는 아무도 모르나니 하늘의 천사들도, 아들도 모르고 오직 아버지만 아시느니라 … 그러므로 깨어 있으라 어느 날에 너희 주가 임할는지 너희가 알지 못함이니라 너희도 아는 바니 만일 집 주인이 도둑이 어느 시각에 올 줄을 알았더라면 깨어 있어 그 집을 뚫지 못하게 하였으리라 이러므로 너희도 준비하고 있으라 생각하지 않은 때에 인자가 오리라"

막 13:35-37 "그러므로 깨어 있으라 집 주인이 언제 올는지 혹 저물 때일는지, 밤중일는지, 닭 울 때일는지, 새벽일는지 너희가 알지 못함이라 그가 홀연히 와서 너희가 자는 것을 보지 않도록 하라 깨어 있으라 내가 너희에게 하는 이 말은 모든 사람에게 하는 말이니라 하시니라"

눅 12:35-36 "허리에 띠를 띠고 등불을 켜고 서 있으라 너희는 마치 그 주인이 혼인 집에서 돌아와 문을 두드리면 곧 열어 주려고 기다리는 사람과 같이 되라"

계 22:20 "이것들을 증언하신 이가 이르시되 내가 진실로 속히 오리라 하시거늘 아멘 주 예수여 오시옵소서"

◀ 교리 해설

오늘 읽는 신앙고백서 33.3은 하나님께서 심판의 때를 우리가 알 수 없도록 하신 이유와, 이러한 상황에서 신자들이 어떠한 신앙적 자세와 의무를 가져야 하는지를 설명합니다. 내용을 두 부분으로 나누어 살펴보겠습니다.
(1) 그리스도께서는 최후의 심판이 실제로 있으며, 그 날이 반드시 임할 것임을 모든 사람이 확신하기를 원하십니다. 이 확신은 단순한 교리적 동의가 아니라, 인간의 삶 전체를 변화시키는 도덕적·영적 확신입니다. 성경은 "이는 우리가 다 반드시 그리스도의 심판대 앞에 나타나게 되어 각각 선악간에 그 몸으로 행한 것을 따라 받으려 함이라. 우리는 주의 두려우심을 알므로 사람들을 권면하거니와"(고후 5:10-11)라고 증언합니다. 사도 바울은 이 말씀을 통해 심판의 교리가 단순한 공포의 메시지가 아니라, 성도의 삶을 거룩으로 이끄는 복된 동기임을 가르칩니다.

이 확신에는 두 가지 중요한 목적이 있습니다. 첫째, 죄를 억제하기 위한 목적입니다. 최후 심판의 교훈은 불신자들에게는 그리스도의 심판대 앞에 서야 할 두려움을 일깨워 줍니다. 하나님의 공의로운 심판은 세상의 무질서와 인간의 자만에 대한 경고이며, 모든 은밀한 죄악까지 드러내시는 하나님의 거룩함을 선포합니다(전 12:14; 롬 2:5-6). 이 확신은 또한 신자들에게 경건한 경외심을 일깨워 줍니다. 그리스도의 구속으로 의롭다 함을 받은 자라 할지라도, 그분의 은혜에 합당하지 못한 행실에 대해 부끄러움을 느끼며(고전 3:13-15), 날마다 회개와 감사의 삶을 살아가도록 이끌어줍니다. 결국, 심판의 확신은 죄를 대수롭지 않게 여기지 않게 하며, 죄의 유혹 앞에서 스스로를 경계하게 하는 거룩한 제동 장치로 작용합니다.

둘째, 경건한 자들에게 위로와 소망을 주기 위한 목적입니다. 그리스도의 재림과 최후의 심판은 성도들에게 가장 큰 위로의 원천입니다. 세상에서 불의가 승리하는 것처럼 보일 때에도, 하나님께서 결국 모든 것을 바로 세우시리라는 확신은 성도의 인내를 견고하게 합니다(벧후 3:13). "보라, 내가 속히 오리니 내가 줄 상이 내게 있어 각 사람에게 그가 행한 대로 갚아 주리라"(계 22:12)라는 약속은 고난 중의 성도에게 영원한 정의와 보상의 확증이 됩니다. 세상에서는 억울함과 눈물이 끊이지 않지만, 그날에는 하나님께서 친히 "그들의 눈에서 모든 눈물을 닦아 주실 것"(계 21:4)입니다. 그러므로 심판의 확신은 단지 두려움의 근거가 아니라, 의의 면류관을 바라보는 복된 소망의 확신입니다(딤후 4:8).

이처럼, 최후 심판에 대한 그리스도의 가르침은 경건한 두려움과 위로를 함께 안겨 줍니다. 믿는 자는 그날을 두려움으로 피하는 것이 아니라, 거룩한 소망으로 준비하는 자로 살아가야 합니다. 심판의 확신은 우리로 하여금 세상 속에서 거룩함을 지키며, 마침내 의로우신 재판장이신 그리스도의 임재 앞에서 온전한 기쁨과 영광에 참여하도록 이끄는 하나님의 지혜로운 섭리입니다.

(2) "그렇지만 주님께서 이날을 모르게 하실 것이다. 이는 주님께서 언제 오실지 모르기 때문에 사람들이 육적인 안전감을 일체 떨쳐버리고 항상 깨어 있도록, 그리고 다음과 같이 말할 준비가 항상 되어 있도록 하기 위함이다. "오시옵소서, 주 예수여 속히 오시옵소서, 아멘."; 그리스도께서는 심판의 날이 반드시 올 것임을 분명히 알게 하셨지만, 그때와 시기는 감추셨습니다. "그 날과 그 때는 아무도 모르나니 하늘의 천사들도, 아들도 모르고 오직 아버지만 아시느니라"(마 24:36)라는 주님의 말씀은 인류가 미래를 예측하거나 호기심으로 탐색하려는 잘못된 욕망을 꺾고, 언제나 하나님의 주권 아래 겸손히 깨어 있으라는 경고의 선언입니다. 이는 단순히 인간의 무지를 강조하기 위함이 아니라, 하나님의 백성들이 언제든 그리스도를 맞이할 준비가 된 삶을 살도록 하시려는 자비로운 섭리입니다.

신앙고백서 33.3이 말하듯, 주님은 재림의 날을 알지 못하게 하심으로써 성도들로 하여금 "육적인 안전감"(carnal security)을 일체 떨쳐버리게 하십니다. 만일 그날을 미리 안다면 사람은 반드시 방심하게 되고, 신앙을 날짜와 사건에 종속시켜 형식적이고 계산적인 경건으로 변질시키게 됩니다. 그러나 주님은 우리로 하여금 "오늘이라도 오실 수 있다"라는 의식을 가지고, 날마다 현재의 시간 속에서 주님을 맞이할 준비를 하도록 부르십니다. 이처럼 재림의 불확정성은 불안의 원인이 아니라, 오히려 거룩한 긴장과 경건의 흐름을 회복시키는 은혜의 장치입니다.

사도 바울은 "주께서 도둑같이 오실 줄 너희 자신이 자세히 알기 때문이라"(살전 5:2)라고 말하며, 성도는 "빛의 자녀"로서 언제든 주님을 맞을 준비가 되어 있어야 함을 강조했습니다. 이러한 깨어 있음은 단지 두려움에서 비롯된 경계심이 아니라, 사랑하는 주님을 다시 만나기를 간절히 바라는 신부의 기다림입니다. 신앙의 본질은 단순한 '준비 또는 대비'를 넘어서는 '갈망'입니다. 그래서 요한계시록의 마지막 기도처럼 "아멘, 주 예수여 오시옵소서"(계 22:20; 고전 16:22)라는 부르짖음은 심판의 날을 두려워하는 자의 외침이 아니라, 그리스도의 임재를 갈망하는 자의 찬송입니다.

개혁신학은 이 교리를 하나님의 섭리적 지혜로 해석합니다. 하나님은 자신의 백성에게 재림의 날짜를 숨기심으로써, 그들의 신앙을 외적 예언과 표적에 의존하게 하지 않으시고, 성경 말씀에 근거한 믿음과 순종으로 살게 하십니다. 진정한 신앙은 시간의 정보를 아는 데서 오지 않고, 약속하신 하나님을 신뢰하는 데서 자랍니다(히 11:1). 그러므로 성도는 매일의 삶 속에서 "오늘이라도 주께서 오신다면 나는 그분 앞에 설 준비가 되어 있는가?"를 자문하며, 회개와 순종, 사랑과 감사의 삶을 이어가야 합니다.

목회적으로 볼 때, 오늘 읽는 신앙고백서는 재림의 때를 알리지 않으신 것이 성도에게 두 가지 유익을 줍니다. 첫째, 영적 각성의 은혜입니다. 세상의 안락함에 묶이지 않고, 매 순간 주님 앞에 서 있는 자로서 자신의 신앙을 점검하게 합니다. 둘째, 위로의 은혜입니다. 재림이 언제일지 모르지만, 반드시 임한다는 약속은 고난 속에서도 인내할 수 있는 소망의 힘이 됩니다. 우리가 확실히 아는 것은 "그날이 점점 가까워 오고 있다"(히 10:25)라는 사실이며, 하나님께서 모든 악을 심판하시고 의를 세우실 것이라는 진리입니다.

그러므로 그리스도께서 재림의 날을 감추신 것은 오히려 복이며, 위로입니다. 이 불확실성 속에서 신자는 항상 준비된 삶을 사는 확실한 믿음으로 부름 받았습니다. 주님께서 약속하신 그 날을 기다리는 교회의 고백은 언제나 같습니다. "주 예수여, 속히 오시옵소서. 아멘."

◀ 적용 질문

1. 왜 그리스도께서는 최후의 심판이 실제로 있으며 반드시 임할 것임을 모든 사람이 확신하기를 원하셨습니까? 여러분은 심판의 확신이 단지 두려

움이 아니라, 거룩한 삶을 향한 동기임을 기억하며, 오늘의 삶 속에서 하나님의 심판대 앞에 설 사람으로 자신을 준비하고 있습니까?

2. 최후 심판의 교훈이 죄를 억제하는 목적을 가진다는 것은 무엇을 의미합니까? 여러분은 하나님의 심판을 묵상할 때마다 죄를 가볍게 여기지 않으며, 은밀한 유혹 앞에서 스스로를 절제하고 회개로 나아가고 있습니까?

3. 그리스도의 재림과 최후 심판이 성도에게 위로와 소망의 원천이 되는 이유는 무엇입니까? 그리스도의 재림과 최후 심판 날에 대한 확신이 여러분에게 실제적인 위로와 인내의 힘이 되고 있습니까? 고난 중에도 의의 면류관을 바라보며, 주님의 오심을 소망하는 믿음의 시선을 잃지 않고 살아가고 있습니까?

4. 왜 하나님께서는 심판의 때와 시기를 감추셨으며, 이것이 성도에게 주는 유익은 무엇입니까? 여러분은 오늘이라도 주님께서 오신다면 기쁨으로 맞이할 준비가 되어 있습니까? 주님의 재림을 두려워하기보다, "주 예수여 속히 오시옵소서"라는 고백으로 살아가는 신앙의 자세를 가지고 있습니까?

날마다 양식으로 읽는
웨스트민스터 표준교리 VI

웨스트민스터 신앙표준문서
일 년 통독 일정표

참고서적:

Smith, *Morton H. Harmony of the Westminster Confession and Catechisms: 350th Anniversary of the Westminster Assembly 1643-1993*, Greenville, SC: Southern Presbyterian Press, 1990. 4th Reprint, 1999.

1월

	1장. 사람에게 주어진 목적 1월 1일: 사람에게 주어진 첫째가며 가장 높은 목적은 무엇입니까? 소요리문답 1; 대요리문답 1	2장. 성경 1월 2일: 하나님의 계시와 성경의 필요성 대요리문답 2; 신앙고백서 1.1
1월 3일: 신앙과 순종의 유일한 규범 소요리문답 2; 대요리문답 3	1월 4일: 하나님의 말씀인 정경 신앙고백서 1.2	1월 5일: 하나님의 말씀이 아닌 외경 신앙고백서 1.3
1월 6일: 성경 계시의 권위 신앙고백서 1.4	1월 7일: 계시의 진정성: 외적 증거 대요리문답 4; 신앙고백서 1.5	1월 8일: 성경 계시의 진정성: 내적 증거 대요리문답 4; 신앙고백서 1.5
1월 9일: 성경의 핵심 교훈 소요리문답 3; 대요리문답 5	1월 10일: 성경 계시의 충분성 신앙고백서 1.6	1월 11일: 성경 계시의 명료성 신앙고백서 1.7
1월 12일: 성경 계시의 영감, 내용의 보전과 번역 신앙고백서 1.8	1월 13일: 성경 계시의 해석의 규칙 신앙고백서 1.9	1월 14일: 성경 교리 결정의 최종적 권위 신앙고백서 1.10
3장. 삼위일체 하나님 1월 15일: 성경의 요약 대요리문답 6	1월 16일: 살아계시고 참되신 한 분 하나님 소요리문답 5; 대요리문답 8	1월 17일: 하나님의 본질 소요리문답 4; 대요리문답 7
1월 18일: 비공유적 속성: 자존성, 무한성, 불변성, 광대성, 영원성, 불가해성 신앙고백서 2.1.a	1월 19일: 공유적 속성: 전능성, 전지성, 거룩성, 인격성, 사랑, 은혜, 긍휼, 오래 참으심, 선, 진실함, 공의로우심 신앙고백서 2.1.b	1월 20일: 하나님의 충분성, 영광, 존재의 근원, 주권, 전지성, 거룩성, 예배 받으심의 합당성 신앙고백서 2.2
1월 21일: 위격의 복수성과 동등성 소요리문답 6; 대요리문답 9; 신앙고백서 2.3.a	1월 22일: 세 위격의 특성 대요리문답 10; 신앙고백서 2.3.b	1월 23일: 세 위격의 동등성에 대한 성경의 표현 대요리문답 11
4장. 하나님의 영원한 작정 1월 24일: 작정의 정의와 대상 소요리문답 7; 대요리문답 12	1월 25일: 죄, 자유의지와 우발성에 관련한 작정의 방식 신앙고백서 3.1	1월 26일: 작정과 예지의 상관성 신앙고백서 3.2
1월 27일: 작정의 두 사실, 생명 또는 죽음 신앙고백서 3.3	1월 28일: 천사와 사람을 향한 특별한 작정 대요리문답 13	1월 29일: 작정의 불변성 신앙고백서 3.4
1월 30일: 선택 작정의 이유와 목적 신앙고백서 3.5	1월 31일: 선택 작정의 실행 방편들과 이의 실행에 따른 결과들 신앙고백서 3.6	

2월

	2월 1일: 간과 작정의 이유와 목적 신앙고백서 3.7	2월 2일: 예정 교리의 신비와 목회적 신중성 신앙고백서 3.8
2월 3일: 작정의 실행 방식 소요리문답 8; 대요리문답 14	5장. 창조 2월 4일: 창조 사역의 정의 소요리문답 9; 대요리문답 15	2월 5일: 창조의 목적 신앙고백서 4.1
2월 6일: 천사의 창조 대요리문답 16	2월 7일: 사람의 창조 - 남자와 여자 소요리문답 10; 대요리문답 17	2월 8일: 사람의 창조 - 하나님의 형상 신앙고백서 4.2
6장. 섭리 2월 9일: 섭리 - 간단한 의미 소요리문답 11; 대요리문답 18	2월 10일: 섭리 - 자세한 의미 신앙고백서 5.1	2월 11일: 제 1 원인과 제 2 원인 신앙고백서 5.2
2월 12일: 통상 섭리와 비상 섭리 신앙고백서 5.3	2월 13일: 천사를 향한 섭리 대요리문답 19	2월 14일: 악의 허용과 죄악성의 기원 신앙고백서 5.4
2월 15일: '신자의 죄'의 허용과 그 목적 신앙고백서 5.5	2월 16일: '악인의 죄'의 허용과 그 목적 신앙고백서 5.6	2월 17일: 일반 섭리와 교회를 위한 특별 섭리 신앙고백서 5.7
2월 18일: 죄의 정의 소요리문답 14; 대요리문답 24	2월 19일: 사람의 첫 범죄 소요리문답 13, 15; 대요리문답 21	2월 20일: 첫 범죄의 허용과 그 목적 신앙고백서 6.1
2월 21일: 타락이 초래한 상태 소요리문답 17; 대요리문답 23	2월 22일: 타락으로 인한 죄의 결과 신앙고백서 6.2	2월 23일: 아담의 타락과 그의 후손 소요리문답 16; 대요리문답 22
2월 24일: : 아담과 하와의 타락이 이들 후손에 미친 결과 신앙고백서 6.3	2월 25일: 첫 범죄로 인한 죄악성과 자범죄의 기원 소요리문답 18	2월 26일: 원죄와 자범죄 신앙고백서 6.4
2월 27일: 원초적 부패와 무능력, 그리고 자범죄 대요리문답 25	2월 28/29일: 중생자와 원죄 신앙고백서 6.5	

3월

	3월 1일: 원죄의 전달 대요리문답 26	3월 2일: 타락으로 초래된 비참한 상태 소요리문답 19; 대요리문답 27
3월 3일: 죄의 본질과 결과 신앙고백서 6.6	3월 4일: 이 세상에서 받는 죄의 형벌 대요리문답 28	3월 5일: 오는 세상에서 받을 죄의 형벌 대요리문답 29
7장. 사람과 맺으신 하나님의 언약 3월 6일: 창조된 상태의 사람에 대한 특별 섭리 소요리문답 12	3월 7일: 창조된 상태의 사람에 대한 섭리와 생명언약 대요리문답 20	3월 8일: 사람과 맺으시는 하나님의 언약의 성격 신앙고백서 7.1
3월 9일: 사람과 맺으신 첫 번째 언약 - 행위언약 신앙고백서 7.2	3월 10일: 사람과 맺으신 두 번째 언약 - 은혜언약 소요리문답 20; 대요리문답 30	3월 11일: 은혜언약의 의미 신앙고백서 7.3
3월 12일: 은혜언약의 대상 대요리문답 31	3월 13일: 은혜언약에 나타난 하나님의 은혜 대요리문답 32	3월 14일: 언약과 유언 신앙고백서 7.4
3월 15일: 은혜언약의 시행 방식 대요리문답 33	3월 16일: 은혜언약과 구약 대요리문답 34	3월 17일: 구약 아래에서 은혜언약의 시행 방식 신앙고백서 7.5
3월 18일: 은혜언약과 신약 대요리문답 35	3월 19일: 신약 아래에서 은혜언약의 시행 방식 신앙고백서 7.6	8장. 중보자 그리스도 3월 20일: 중보자 그리스도의 선택, 신분, 직무와 그분의 백성 신앙고백서 8.1
3월 21일: 구속주 그리스도의 단일 위격과 두 본성 소요리문답 21	3월 22일: 은혜언약의 중보자의 단일 위격과 두 본성 대요리문답 36	3월 23일: 하나님의 아들 그리스도의 성육신 소요리문답 22; 대요리문답 37
3월 24일: 참 하나님이시며 참 사람이신 하나님의 아들, 그리스도 신앙고백서 8.2	3월 25일: 중보자가 하나님이셔야 하는 이유 대요리문답 38	3월 26일: 중보자가 사람이셔야 하는 이유 대요리문답 39
3월 27일: 단일 위격과 두 본성의 필요성 대요리문답 40	3월 28일: 중보자의 이름, 예수 대요리문답 41	3월 29일: 구주 그리스도의 직무 소요리문답 23
3월 30일: 중보자의 직함, 그리스도 대요리문답 42	3월 31일: 중보자의 기름 부으심과 직분에로 부르심 신앙고백서 8.3	

4월

	4월 1일: 그리스도의 선지자 직분 소요리문답 24; 대요리문답 43	4월 2일: 그리스도의 제사장 직분 소요리문답 25; 대요리문답 44
4월 3일: 그리스도의 속죄 사역 신앙고백서 8.5	4월 4일: 그리스도의 왕 직분 소요리문답 26; 대요리문답 45	4월 5일: 그리스도의 위격적 연합과 속성의 교류 신앙고백서 8.7
4월 6일: 그리스도의 낮아지신 지위 소요리문답 27; 대요리문답 46	4월 7일: 그리스도의 낮아지심의 사역 - 의와 고난의 순종 신앙고백서 8.4.a	4월 8일: 그리스도의 낮아지심 - 잉태와 출생 대요리문답 47
4월 9일: 그리스도의 낮아지심 - 생활 대요리문답 48	4월 10일: 그리스도의 낮아지심 - 죽으심 대요리문답 49	4월 11일: 그리스도의 낮아지심 - 죽으신 이후 대요리문답 50
4월 12일: 그리스도의 높아지신 지위 소요리문답 28; 대요리문답 51	4월 13일: 그리스도의 높아지심의 사 역 신앙고백서 8.4.b	4월 14일: 그리스도의 높아지심 - 부활 대요리문답 52
4월 15일: 그리스도의 높아지심 - 승천 대요리문답 53	4월 16일: 그리스도의 높아지심 - 하나님 우편에 앉으심 대요리문답 54	4월 17일: 그리스도의 높아지심 - 신자를 위해 중재하심 대요리문답 55
4월 18일: 그리스도의 높아지심 - 재림과 심판 대요리문답 56	4월 19일: 그리스도의 속죄 사역의 선취 신앙고백서 8.6	4월 20일: 그리스도의 구속 사역의 적용 신앙고백서 8.8
9장. 자유의지 4월 21일: 자유의지의 본질 신앙고백서 9.1	4월 22일: 순전한 상태의 사람의 자유로운 선택과 능력 신앙고백서 9.2	4월 23일: 타락 이후, 사람의 영적 선 의 무능력 신앙고백서 9.3
4월 24일: 타락 이후, 계명의 완전한 실행이 불가능한 사람의 무능력 소요리문답 82; 대요리문답 149	4월 25일: 은혜의 상태에 있는 사람 의 자유로운 선택과 능력 신앙고백서 9.4	4월 26일: 영광의 상태에 있는 사람의 자유로운 선택과 능력 신앙고백서 9.5
10장. 효과 있는 부르심 4월 27일: 그리스도의 중보사역으로 인한 유익 대요리문답 57	4월 28일: 그리스도의 중보사역의 유익에 참여와 성령 하나님 소요리문답 29; 대요리문답 58	4월 29일: 그리스도의 구속사역에 참여와 성령 하나님 소요리문답 30; 대요리문답 59
4월 30일: 선택받은 자들과 그리스도의 연합 대요리문답 66		

5월

	5월 1일: 효과 있는 부르심 소요리문답 31; 대요리문답 67	5월 2일: 효과 있는 부르심의 대상과 부르심의 효과 신앙고백서 10.1
5월 3일: 선택받은 자들만을 위한 효과 있는 부르심 대요리문답 68	5월 4일: 사람의 수동성과 성령 하나님의 특별한 은혜 신앙고백서 10.2	5월 5일: 유아들과 외적 부르심을 받을 능력이 없는 자들의 구원의 여부 신앙고백서 10.3
5월 6일: 복음을 듣지 못해서 그리스도를 알지 못하는 사람의 구원의 불가함 대요리문답 60	5월 7일: 선택받지 않은 사람의 구원의 불가함 신앙고백서 10.4	5월 8일: 효과 있는 부르심을 받은 자들이 금생에서 누리는 은택 소요리문답 32
11장. 의롭다 하심(칭의) 5월 9일: 의롭다 하심의 의미 소요리문답 33; 대요리문답 70	5월 10일: 의롭다 하심의 근거와 방식 신앙고백서 11.1	5월 11일: 의롭다 하심을 받는 수단 - 믿음 대요리문답 72
5월 12일: 의롭다 함을 받는 믿음과 이것에 동반되는 다른 은혜들 신앙고백서 11.2	5월 13일: 믿음이 의롭다 하는 방식 대요리문답 73	5월 14일: 하나님의 값없는 은혜의 행위인 의롭다 하심 대요리문답 71
5월 15일: 그리스도의 순종에 근거한 의롭다 하시는 은혜의 행위 신앙고백서 11.3	5월 16일: 정하신 때에 받는 의롭다 하심의 은혜 신앙고백서 11.4	5월 17일: 의롭다 하심을 받은 자들의 은혜의 상태와 계속되는 죄 신앙고백서 11.5
5월 18일: 구약 아래 있는 신자와 신약 아래 있는 신자의 의롭다 하심 신앙고백서 11.6	12장. 양자 삼으심 5월 19일: 양자 삼으심의 의미 소요리문답 34; 대요리문답 74	5월 20일: 양자 삼으심의 은혜로 인한 복 신앙고백서 12.1
13장. 거룩하게 하심(성화) 5월 21일: 거룩하게 하심(성화)의 의미 소요리문답 35; 대요리문답 75	5월 22일: 거룩하게 하심의 은혜와 방식 신앙고백서 13.1	5월 23일: 신자의 불완전한 성화 대요리문답 78; 신앙고백서 13.2
5월 24일: 중생한 소욕의 궁극적인 승리 신앙고백서 13.3	5월 25일: 의롭다 하심(칭의)과 거룩하게 하심(성화)의 차이 대요리문답 77	5월 26일: 의롭다 하심, 양자 삼으심, 거룩하게 하심으로 인한 금생의 은택들 소요리문답 36
14장. 구원하는 믿음 5월 27일: 진노와 저주를 받지 않도록 하기 위해 하나님께서 요구하시는 것 소요리문답 85; 대요리문답 153	5월 28일: 그리스도를 믿는 믿음의 의미 소요리문답 86	5월 29일: 성령 하나님의 사역에 의한 은혜의 수단과 구원하는 믿음 신앙고백서 14.1
5월 30일: 구원하는 믿음의 성질과 반응 신앙고백서 14.2	5월 31일: 구원하는 믿음의 정도 신앙고백서 14.3	

6월

	15장. 생명에 이르는 회개 6월 1일: 생명에 이르는 회개의 의미 소요리문답 87; 대요리문답 76; 신앙고백서 15.2	6월 2일: 생명에 이르는 회개와 설교 신앙고백서 15.1
6월 3일: 회개의 필요성 신앙고백서 15.3	6월 4일: 회개에 주어지는 은혜 신앙고백서 15.4	6월 5일: 회개의 구체성 신앙고백서 15.5
6월 6일: 회개의 실행 방식 신앙고백서 15.6	16장. 선행 6월 7일: 선행의 의미 신앙고백서 16.1	6월 8일: 선행 - 믿음의 증거, 그것의 가치 신앙고백서 16.2
6월 9일: 선행의 능력 신앙고백서 16.3	6월 10일: 선행 수준의 불완전성 신앙고백서 16.4	6월 11일: 선행과 공로 신앙고백서 16.5
6월 12일: 선행과 상 주심 신앙고백서 16.6	6월 13일: 중생하지 않은 자들의 행위 신앙고백서 16.7	17장. 성도의 견인(堅忍, perseverance) 6월 14일: 참 신자와 은혜의 상태에서 떨어질 가능성 대요리문답 79
6월 15일: 참 신자의 영원한 구원의 확실성 신앙고백서 17.1	6월 16일: 성도의 견인의 근거 신앙고백서 17.2	6월 17일: 시험과 유혹으로 인한 은혜의 일시적 상실과 징계 신앙고백서 17.3
18장. 은혜와 구원의 확신 6월 18일: 구원의 헛된 억측과 참된 확신 신앙고백서 18.1	6월 19일: 구원의 확신의 성격과 근거 신앙고백서 18.2	6월 20일: 구원의 확신의 오류 없는 가능성 대요리문답 80
6월 21일: 구원의 확신에 이르는 방식과 경험 신앙고백서 18.3	6월 22일: 구원의 확신의 위기 경험 대요리문답 81	6월 23일: 구원의 확신의 위기 경험과 성령 하나님의 도우심 신앙고백서 18.4
19장. 하나님의 율법 6월 24일: 하나님께서 사람에게 요구하시는 의무 소요리문답 39; 대요리문답 91	6월 25일: 하나님께서 제일 처음 계시하신 순종의 규범 소요리문답 40; 대요리문답 92	6월 26일: 행위언약과 율법 신앙고백서 19.1
6월 27일: 도덕법 대요리문답 93	6월 28일: 의의 완전한 규칙인 십계명 신앙고백서 19.2	6월 29일: 의식법 신앙고백서 19.3
6월 30일: 사법적 율법 신앙고백서 19.4		

7월

	7월 1일: 도덕법의 효력 신앙고백서 19.5	7월 2일: 타락 후 도덕법 용도 대요리문답 94
7월 3일: 모든 사람을 향한 도덕법 용도 대요리문답 95	7월 4일: 중생하지 않은 사람들을 향한 도덕법 용도 대요리문답 96	7월 5일: 중생한 신자들을 향한 도덕법 용도 대요리문답 97
7월 6일: 중생한 신자를 향한 율법의 용도의 자세한 기술 신앙고백서 19.6	7월 7일: 율법의 용도와 복음의 은혜 신앙고백서 19.7	7월 8일: 도덕법의 요약인 십계명 소요리문답 41; 대요리문답 98
7월 9일: 십계명의 바른 이해를 위한 규칙 대요리문답 99	7월 10일: 십계명의 구성과 서문 소요리문답 43, 44; 대요리문답 100, 101	7월 11일: 십계명의 강령과 첫 네 계명의 요점 소요리문답 42; 대요리문답 102
7월 12일: 제1계명 소요리문답 45; 대요리문답 103	7월 13일: 제1계명이 요구하는 의무 소요리문답 46; 대요리문답 104	7월 14일: 제1계명이 금지하는 죄 소요리문답 47; 대요리문답 105
7월 15일: 제1계명의 "나 외에"라는 말씀의 교훈 소요리문답 48; 대요리문답 106	7월 16일: 제2계명 소요리문답 49; 대요리문답 107	7월 17일: 제2계명이 요구하는 의무 소요리문답 50; 대요리문답 108
7월 18일: 제2계명이 금지하는 죄 소요리문답 51; 대요리문답 109	7월 19일: 제2계명에 더하여진 이유 소요리문답 52; 대요리문답 110	7월 20일: 제3계명 소요리문답 53; 대요리문답 111
7월 21일: 제3계명이 요구하는 의무 소요리문답 54; 대요리문답 112	7월 22일: 제3계명이 금지하는 죄 소요리문답 55; 대요리문답 113	7월 23일: 제3계명에 더하여진 이유 소요리문답 56; 대요리문답 114
7월 24일: 제4계명 소요리문답 57; 대요리문답 115	7월 25일: 제4계명이 요구하는 의무 소요리문답 58; 대요리문답 116	7월 26일: 안식일을 거룩하게 지키는 방식 소요리문답 60; 대요리문답 117
7월 27일: 안식일 준수의 책임 대요리문답 118	7월 28일: 제4계명이 금지하는 죄 소요리문답 61; 대요리문답 119	7월 29일: 제4계명에 더하여진 이유 소요리문답 62; 대요리문답 120
7월 30일: 제4계명의 "기억하라"는 말씀의 이유 대요리문답 121	7월 31일: 십계명의 둘째 여섯 계명의 요약 소요리문답 42; 대요리문답 122	

8월

	8월 1일: 제5계명 소요리문답 63; 대요리문답 123	8월 2일: 제5계명의 "부모"가 가리키는 대상 대요리문답 124
8월 3일: 윗사람과 부모 대요리문답 125	8월 4일: 제5계명의 의무와 대상 범위 소요리문답 64; 대요리문답 126	8월 5일: 윗사람에 대한 존경 대요리문답 127
8월 6일: 윗사람에 대한 죄 소요리문답 65; 대요리문답 128	8월 7일: 윗사람에게 요구되는 의무 대요리문답 129	8월 8일: 윗사람의 죄 대요리문답 130
8월 9일: 동등한 사람들 사이의 의무 대요리문답 131	8월 10일: 동등한 사람들 사이의 죄 대요리문답 132	8월 11일: 제5계명에 더하여진 이유 소요리문답 66; 대요리문답 133
8월 12일: 제6계명 소요리문답 67; 대요리문답 134	8월 13일: 제6계명이 요구하는 의무 소요리문답 68; 대요리문답 135	8월 14일: 제6계명이 금지하는 죄 소요리문답 69; 대요리문답 136
8월 15일: 제7계명 소요리문답 70; 대요리문답 137	8월 16일: 제7계명이 요구하는 의무 소요리문답 71; 대요리문답 138	8월 17일: 제7계명이 금지하는 죄 소요리문답 72; 대요리문답 139
8월 18일: 제8계명 소요리문답 73; 대요리문답 140	8월 19일: 제8계명이 요구하는 의무 소요리문답 74; 대요리문답 141	8월 20일: 제8계명이 금지하는 죄 소요리문답 75; 대요리문답 142
8월 21일: 제9계명 소요리문답 76; 대요리문답 143	8월 22일: 제9계명이 요구하는 의무 소요리문답 77; 대요리문답 144	8월 23일: 제9계명이 금지하는 죄 소요리문답 78; 대요리문답 145
8월 24일: 제10계명 소요리문답 79; 대요리문답 146	8월 25일: 제10계명이 요구하는 의무 소요리문답 80; 대요리문답 147	8월 26일: 제10계명이 금지하는 죄 소요리문답 81; 대요리문답 148
8월 27일: 계명의 완전한 준수의 불가능성 소요리문답 82; 대요리문답 149	8월 28일: 계명을 어긴 범죄들 사이의 죄악 정도 차이 소요리문답 83; 대요리문답 150	8월 29일: 죄를 더 흉악하게 만드는 상황 대요리문답 151
8월 30일: 죄가 받아야 할 보응 소요리문답 84; 대요리문답 152	20장. 그리스도인의 자유와 양심의 자유 8월 31일: 죄가 받아야 할 보응 신앙고백서 20.1	

9월

	9월 1일: 양심의 자유의 의미 신앙고백서 20.2	9월 2일: 그리스도인의 자유의 목적과 왜곡 신앙고백서 20.3
9월 3일: 하나님께서 세우신 합법적 권세와 그리스도인의 자유와 양심 신앙고백서 20.4	21장. 경건한 예배와 안식일 9월 4일: 예배의 의무와 합당한 방식 신앙고백서 21.1	9월 5일: 오직 하나님께만 드려야 할 예배 신앙고백서 21.2
9월 6일: 기도의 의미 소요리문답 98; 대요리문답 178	9월 7일: 하나님께만 드려야 하는 기도 대요리문답 179	9월 8일: 기도하는 태도와 방식 대요리문답 185
9월 9일: 예배와 기도 신앙고백서 21.3	9월 10일: 그리스도의 이름으로 기도하는 의미 대요리문답 180	9월 11일: 그리스도의 이름으로 기도하는 이유 대요리문답 181
9월 12일: 기도와 성령 하나님의 도우심 대요리문답 182	9월 13일: 기도해야 할 대상과 하지 말아야 할 대상 대요리문답 183; 신앙고백서 21.4	9월 14일: 기도해야 할 일들 대요리문답 184; 신앙고백서 21.4
9월 15일: 기도의 의무에 대한 지침으로 주신 규범 소요리문답 99; 대요리문답 186	9월 16일: '주님께서 가르치신 기도'의 올바른 사용 대요리문답 187	9월 17일: '주님께서 가르치신 기도'의 구성 대요리문답 188
9월 18일: '주님께서 가르치신 기도'의 머리말 소요리문답 100; 대요리문답 189	9월 19일: 첫째 간구에서 구하는 기도 소요리문답 101; 대요리문답 190	9월 20일: 둘째 간구에서 구하는 기도 소요리문답 102; 대요리문답 191
9월 21일: 셋째 간구에서 구하는 기도 소요리문답 103; 대요리문답 192	9월 22일: 넷째 간구에서 구하는 기도 소요리문답 104; 대요리문답 193	9월 23일: 다섯째 간구에서 구하는 기도 소요리문답 105; 대요리문답 194
9월 24일: 여섯째 간구에서 구하는 기도 소요리문답 106; 대요리문답 195	9월 25일: '주님께서 가르치신 기도'의 결론 소요리문답 107; 대요리문답 196	9월 26일: 기도 이외의 여러 예배 요소들 신앙고백서 21.5
9월 27일: 예배의 장소와 자세 신앙고백서 21.6	9월 28일: 예배의 날 소요리문답 59; 신앙고백서 21.7	9월 29일: 예배 준비와 안식일 준수 소요리문답 60; 대요리문답 117; 신앙고백서 21.8
22장. 합법적 맹세와 서원 9월 30일: 합법적 맹세의 의미 신앙고백서 22.1		

10월	10월 1일: 합법적 맹세의 근거 신앙고백서 22.2	10월 2일: 맹세의 한계 신앙고백서 22.3
10월 3일: 맹세로 인해 부과되는 의무 신앙고백서 22.4	10월 4일: 서원 신앙고백서 22.5	10월 5일: 합당한 서원의 목적과 요건 신앙고백서 22.6
10월 6일: 서원의 한계 신앙고백서 22.7	23장. 국가 통치자 10월 7일: 국가 통치자를 세우신 목적과 권세 신앙고백서 23.1	10월 8일: 통치자의 직무와 그리스도인 신앙고백서 23.2
10월 9일: 국가 통치자의 권세와 교회 신앙고백서 23.3	10월 10일: 국가 통치자의 권세에 대한 국민의 의무 신앙고백서 23.4	24장. 혼인과 이혼 10월 11일: 혼인의 의미 신앙고백서 24.1
10월 12일: 혼인의 목적 신앙고백서 24.2	10월 13일: 합법한 혼인의 요건과 개혁교회 교인의 혼인의 제한 신앙고백서 24.3	10월 14일: 혼인해서는 안 되는 범위 신앙고백서 24.4
10월 15일: 합법적 이혼과 재혼 신앙고백서 24.5	10월 16일: 이혼의 합당한 근거와 절차 신앙고백서 24.6	25장. 교회 10월 17일: 보이지 않는 보편교회의 의미 대요리문답 64; 신앙고백서 25.1
10월 18일: 보이지 않는 교회의 지체가 누리는 유익들 대요리문답 65	10월 19일: 보이는 보편교회의 의미 대요리문답 62; 신앙고백서 25.2	10월 20일: 보이는 교회의 목적과 이 를 위한 수단 신앙고백서 25.3
10월 21일: 보이는 교회의 특권 대요리문답 63	10월 22일: 보이는 교회와 구원 대요리문답 61	10월 23일: 보이는 교회의 가시성과 순수성의 정도 신앙고백서 25.4
10월 24일: 보이는 교회의 혼합과 타락과 보존 신앙고백서 25.5	10월 25일: 교회의 머리 신앙고백서 25.6	26장. 성도의 교제 10월 26일: 그리스도와의 연합과 성도의 교제 대요리문답 69; 신앙고백서 26.1
10월 27일: 성도가 행하여야 할 교제의 의무 신앙고백서 26.2	10월 28일: 성도의 교제에 대한 오해 신앙고백서 26.3	10월 29일: 그리스도와 함께하는 영광의 교제 대요리문답 82
10월 30일: 현세에서 누리는 그리스도와 함께하는 영광의 교제 대요리문답 83	10월 31일: 신자가 죽을 때 그리스도로부터 받는 은택 소요리문답 37; 대요리문답 86	

11월

	27A장. 말씀과 성례 11월 1일: 진노와 저주를 피할 수 있도록 하나님께서 요구하시는 것 소요리문답 85; 대요리문답 153	11월 2일: 그리스도의 구속의 유익을 전달하는 외적 수단들 소요리문답 88; 대요리문답 154
11월 3일: 구원을 효과 있게 하는 말씀 소요리문답 89; 대요리문답 155	11월 4일: 모든 사람이 읽어야 하는 하나님의 말씀 대요리문답 156	11월 5일: 하나님의 말씀을 읽고 듣는 자세 소요리문답 90; 대요리문답 157
11월 6일: 하나님의 말씀의 설교자 대요리문답 158	11월 7일: 하나님의 말씀의 설교자에게 요구하는 의무 대요리문답 159	11월 8일: 하나님의 말씀을 듣는 자에게 요구하는 의무 대요리문답 160
27B장. 말씀과 성례 11월 9일: 성례의 의미 소요리문답 92; 대요리문답 162	11월 10일: 은혜언약의 거룩한 표지이며 인장인 성례 신앙고백서 27.1	11월 11일: 성례의 표지와 실체의 성례전적 연합 대요리문답 163; 신앙고백서 27.2
11월 12일: 구원의 효과 있는 수단인 성례 소요리문답 91; 대요리문답 161	11월 13일: 성례가 구원의 효과 있는 수단이 되는 근거 신앙고백서 27.3	11월 14일: 그리스도께서 제정하신 두 가지 성례 소요리문답 93; 대요리문답 164
11월 15일: 그리스도께서 제정하신 두 성례의 합법적 시행자 신앙고백서 27.4	11월 16일: 구약의 성례 신앙고백서 27.5	28장. 세례 11월 17일: 세례의 의미 소요리문답 94; 대요리문답 165
11월 18일: 세례의 의미와 의의 신앙고백서 28.1	11월 19일: 세례의 요소와 시행 신앙고백서 28.2	11월 20일: 세례의 방식 신앙고백서 28.3
11월 21일: 세례를 베풀기에 합당한 자 소요리문답 95; 대요리문답 166; 신앙고백서 28.4	11월 22일: 세례의 유익을 더욱 누리기 위해 해야할 일 대요리문답 167	11월 23일: 세례의 필요성 신앙고백서 28.5
11월 24일: 세례의 효력 신앙고백서 28.6	11월 25일: 세례의 횟수 신앙고백서 28.7	29장. 주의 만찬(성찬) 11월 26일: 주의 만찬의 의미 소요리문답 96; 대요리문답 168
11월 27일: 주의 만찬의 제정과 목적 신앙고백서 29.1	11월 28일: 희생제사가 아닌 주의 만찬 신앙고백서 29.2	11월 29일: 주의 만찬의 시행 대요리문답 169
11월 30일: 주의 만찬의 시행과 제한 신앙고백서 29.3		

12월

	12월 1일: 주의 만찬의 본질에 역행하는 행위들 신앙고백서 29.4	12월 2일: 외적 요소와 그것이 의미하는 것의 성례전적 관계 신앙고백서 29.5
12월 3일: 화체설의 오류 신앙고백서 29.6	12월 4일: 주의 만찬에 합당한 참여자가 그리스도의 몸과 피를 먹는 방식 대요리문답 170; 신앙고백서 29.7	12월 5일: 주의 만찬에 합당하게 참여하지 않는 죄의 위험성 신앙고백서 29.8
12월 6일: 주의 만찬에 합당하게 참여하기 위한 준비 소요리문답 97; 대요리문답 171	12월 7일: 주의 만찬에 합당한 준비가 되어 있는지를 의심하는 자의 참여 대요리문답 172	12월 8일: 주의 만찬에 참여를 금해야 하는 경우 대요리문답 173
12월 9일: 주의 만찬을 받는 사람에게 요구되는 일 대요리문답 174	12월 10일: 주의 만찬을 받은 후에 행하여야 할 일 대요리문답 175	12월 11일: 세례와 주의 만찬이 일치하는 점 대요리문답 176
12월 12일: 세례와 주의 만찬이 다른 점 대요리문답 177	30장. 교회 권징 12월 13일: 교회 정치와 교회 직원 신앙고백서 30.1	12월 14일: 천국 열쇠의 권세 신앙고백서 30.2
12월 15일: 교회 권징의 의도와 목표 신앙고백서 30.3	12월 16일: 교회 권징의 유형 신앙고백서 30.4	31장. 대회와 공의회 12월 17일: 대회와 공의회의 필요성 신앙고백서 31.1
12월 18일: 대회와 공의회의 합법적 소집 신앙고백서 31.2	12월 19일: 대회와 공의회의 결정과 그것의 기준 신앙고백서 31.3	12월 20일: 대회와 공의회의 결정과 오류 가능성 신앙고백서 31.4
12월 21일: 대회와 공의회의 관할권 신앙고백서 31.5	32장. 사람의 사후 상태와 죽은 자의 부활 12월 22일: 죽음의 필연성 대요리문답 84	12월 23일: 그리스도 안에서 죄 사함을 받은 자의 죽음의 의미 대요리문답 85
12월 24일: 죽음의 성질과 중간 상태 신앙고백서 32.1	12월 25일: 부활과 그로 인한 영광스러운 변화 대요리문답 87; 신앙고백서 32.2	12월 26일: 의인의 영광스러운 부활과 악인의 수치스러운 부활 신앙고백서 32.3
33장. 최후의 심판 12월 27일: 부활 직후에 일어날 일 대요리문답 88	12월 28일: 최후의 심판 신앙고백서 33.1	12월 29일: 심판 날에 악인이 당할 형벌과 의인이 누릴 복 소요리문답 38; 대요리문답 89, 90
12월 30일: 의인을 향한 긍휼의 영광과 악인을 향한 공의의 영광 신앙고백서 33.2	12월 31일: 최후의 심판과 신앙 실천을 위한 하나님의 뜻 신앙고백서 33.3